外交学经典译丛　任远喆主编

外交实践：演进、理论与管理

（第二版）

The Practice of Diplomacy:
Its Evolution, Theory and Administration
2nd Edition

［英］基思·汉密尔顿　［英］理查德·兰霍恩◎著
（Keith Hamilton）　（Richard Langhorne）

陆晓红　陈实◎译

出版社

The Practice of Diplomacy: Its Evolution, Theory and Administration
2nd Edition/by Keith Hamilton; Richard Langhorne/ ISBN: 978-0-415-49765-7
Copyright © 1995, 2011 Keith Hamilton & Richard Langhorne
Authorized translation from English language edition published by Routledge, a member of the Taylor & Francis Group. All Rights Reserved.
本书原版由Taylor & Francis出版集团旗下Routledge出版公司出版,并经其授权翻译出版。版权所有,侵权必究。
World Affairs Press Co., Ltd. is authorized to publish and distribute exclusively the Chinese (Simplified Characters) language edition. This edition is authorized for sale throughout Mainland of China. No part of the publication may be reproduced or distributed by any means, or stored in a database or retrieval system, without the prior written permission of the publisher.
本书中文简体翻译版版权由世界知识出版社有限公司独家出版并仅限在中国大陆地区销售,未经出版者书面许可,不得以任何方式复制或发行本书的任何部分。
Copies of this book sold without a Taylor & Francis sticker on the cover are unauthorized and illegal.
本书贴有Taylor & Francis公司防伪标签,无标签者不得销售。
Simplified Chinese edition copyright © 2022 World Affairs Press Co., Ltd.
简体中文版版权所有© 2022 世界知识出版社有限公司。

> **图书在版编目(CIP)数据**
>
> 外交实践:演进、理论与管理:第二版/(英)基思·汉密尔顿,(英)理查德·兰霍恩著;陆晓红,陈实译. --北京:世界知识出版社,2022.9
> (外交学经典译丛/任远喆主编)
> 书名原文:The Practice of Diplomacy: Its Evolution, Theory and Administration 2nd Edition
> ISBN 978-7-5012-6544-2
>
> Ⅰ.①外… Ⅱ.①基… ②理… ③陆… ④陈… Ⅲ.①外交史—世界 Ⅳ.①D819
>
> 中国版本图书馆CIP数据核字(2022)第111766号

图字:01-2022-3338号

责任编辑	刘豫徽
责任出版	王勇刚
责任校对	张 琨
书 名	外交实践:演进、理论与管理(第二版) Waijiao Shijian: Yanjin, Lilun yu Guanli (Di Er Ban)
作 者	[英]基思·汉密尔顿 [英]理查德·兰霍恩
译 者	陆晓红 陈实
出版发行	世界知识出版社
地址邮编	北京市东城区干面胡同51号(100010)
经 销	新华书店
网 址	www.ishizhi.cn
投稿信箱	lyhbbi@163.com
印 刷	北京虎彩文化传播有限公司
开本印张	787毫米×1092毫米 1/16 24¾印张
字 数	342千字
版次印次	2022年9月第一版 2022年9月第一次印刷
标准书号	ISBN 978-7-5012-6544-2
原书书号	ISBN 978-0-415-49765-7
定 价	89.00元

版权所有 侵权必究

外交学院中央高校基本科研业务费专项资金资助

《外交实践》简介

《外交实践》一书已公认为外交学专业经典教材。顺应时势,《外交实践》推出第二版。第二版在第一版基础上进行更新、改写,具有鲜明的实证性和历史性。

第二版新增和更新的主题如下:

● 更加全面、深入地分析了古代与非欧洲外交渊源,包括对前希腊外交、早期阿拉伯外交、早期中国外交以及印度次大陆国家间外交实践的研究和讨论。

● 对非洲被殖民前的外交和非洲为反抗奴隶贸易所使用的外交方法进行考证。

● 借鉴最新学术成果,对冷战期间的多边外交和峰会外交进行了深入分析。

● 专设全新一章,对全球化时代外交的普及和演变、非政府组织及其联盟、跨国公司的影响、发展援助和转型援助、电子通信技术革命带来的影响及公共外交展开讨论。

● 对结论一章进行了修订。

《外交实践》一书已被公认为外交学领域的核心教材。第二版也必将成为一部适合外交专业学习者和实践者的经典读物。

基思·汉密尔顿(Keith Hamilton)是英国外交和联邦事务部一名历史学家。2009年,他与帕特里克·萨尔蒙(Patrick Salmon)合编出版图书《奴隶制、外交和帝国：英国及对奴隶贸易的镇压，1807—1975》。

理查德·兰霍恩（Richard Langhorne）是白金汉大学全球政治学教授，也是美国罗格斯大学全球事务系教授。他曾任英国外交和联邦事务部威尔顿庄园主任（1993—1996 年）和剑桥大学国际问题研究中心主任（1987—1993 年）。

总　序

外交是跨越历史的实践方式。透过人类学家的视角，外交在人类不同群团关系中无处不在，无时不在。外交是文明发展的产物，避免了国家间关系被武力单独主导，随着不同时代的政治特性时而备受推崇，时而充满争议。外交是安邦治国的艺术，历史上大国兴衰无一例外都面对军事与外交之间的张力，天平向哪一方倾斜决定了国家和民族的命运。外交是国内政治的延续，其根本目的是塑造国家昌盛、社会稳定、人民幸福的良好外部环境。从上述意义来看，专门进行外交研究的外交学已成为名副其实的"显学"。

在社会科学的知识谱系中，外交学是一门蓬勃发展的年轻学科。英国外交官哈罗德·尼克尔森（Harold Nicolson）在20世纪初出版了经典的《外交学》一书，奠定了外交研究作为一门独立学科的基本体系。此后，国内外种类繁多、内容丰富的外交学著作相继问世，从历史、思想、规则、方式等方面逐步构建起学科体系的"四梁八柱"。令人遗憾的是，在冷战的大背景下，以美国为代表的西方国家对外交"普遍忽视"，导致外交研究门庭冷落、成果寥寥，几乎完全成为国际关系的"附属品"。冷战结束后，全球化的发展使外交活动在国际舞台上的重要性日渐上升，随之而来的是外交学研究的复兴和繁荣，其学理建构日臻完备，学科边界日渐清晰，学术共同体日益形成，"找回"外交成为学术界的共识。外交学的发展体现在以下三个方面。

第一，外交研究理论化有所提升。一直以来，外交学始终带有"重实践、轻学理"的标签。理论来自实践，高于实践，又指导实践。冷战结束后，丰富的外交实践为外交学提供了充足的理论土壤，同时外交理论化也因远远落后于实践而饱受诟病。正如前人所述，"有术无学则失之黯，有学无术则失之虚"，外交学应是学理与实践的有机统一。以美国学者保罗·夏普（Paul Sharp）为代表的一批学者一直努力将外交学理论化，也取得了积极成效。比如，关于外交互动的研究已经成为国际关系理论的一部分，国际关系的实践转向也为外交研究提供了新的路径。

第二，学科交叉融合更加深入。外交学从建立之初就带有跨学科的特点。除国际关系学科之外，外交学借鉴了许多其他学科的智慧，包括经济学、历史学、法学、哲学、心理学和社会学，等等。荷兰学者扬·梅利森（Jan Melissen）早就在展望外交学研究前景时指出，"外交学的研究要超越国际关系和政治学的视野，借鉴更多学科"。如今，随着外交领域的不断扩展和外交方式的极大丰富，外交学交叉融合学科的属性体现得更加明显。最近几年具有代表性的外交研究成果中，这一特点多有体现。例如，美国学者马库斯·霍姆斯（Marcus Holmes）将社会神经科学运用于国家间意图的判定，强调外交官之间的会面对理解彼此意图具有实质性影响，应该更为积极地开展面对面外交。

第三，聚焦外交沟通的新模式。人工智能和数字化带来的外交变革一直是外交学界关注的重点。牛津大学科尔内留·波乔拉（Corneliu Bjola）教授团队围绕数字外交进行了一系列开创性研究，在国际疫情常态化背景下，云外交、虚拟访问等新的外交方式层出不穷，正在以实践发展引领数字外交的理论创新。当然，数字外交永远无法取代面对面的外交，但是科技创新可以在很大程度上重构外交制度。外交沟通在逐步适应数字时代。

外交学的发展还得益于人们对于外交兴趣的不断上升。当前百年变

总　序

局加速演进，世界进入新的动荡变革期，世界之变、时代之变、历史之变的特征更加明显。乌克兰危机影响深远、大国博弈与地区热点交织、全球经济衰退风险上升、新冠疫情持续延宕、气候变化等全球性挑战增多，许多问题都成为外交需要应对的重要议题。没有各国代表在外交舞台上折冲樽俎，冲突与和平、经济与发展、医疗卫生、人口迁徙、灾难救助等方面不计其数的挑战就无法得以妥善应对。毋庸讳言，研究外交恰逢其时、意义重大、影响深远。

今天的中国，正在前所未有地走近世界舞台中央，外交工作正站在新的历史起点，内涵和外延不断扩展，形势和任务不断变化。这不仅对外交实践者提出了更高的要求，也对规模日益壮大的中国外交学研究者提供了新的动力。习近平总书记强调，"要按照立足中国、借鉴国外，挖掘历史、把握当代，关怀人类、面向未来的思路，着力构建中国特色哲学社会科学，在指导思想、学科体系、学术体系、话语体系等方面充分体现中国特色、中国风格、中国气派"。他山之石，可以攻玉。国外外交学研究的经典著作、最新成果和学术前沿可以为构建中国外交学的学科体系、学术体系、话语体系提供借鉴，早日实现当年周恩来总理在外交部成立大会上提出的"把外交学中国化"的目标。

在世界知识出版社的大力支持下，我们多方组织了外语精湛、外交学功底深厚的翻译团队，精心挑选了这一系列外交学经典著作翻译出版。这套丛书不仅是外交学专业本科生和研究生必备教材，也适合关注外交实践、外交事务的普通读者阅读品鉴。希望通过高标准选书、高质量翻译、高水平出版，能够对中国外交学学科建设贡献绵薄之力。

任远喆
外交学经典译丛主编
2022 年 8 月 24 日

第二版序言

本书是在20世纪80年代末构思的,是一本为国际政治专业学生编写的外交简史。在第一版完成前不久,编写范围和内容都有所扩大,以适应在东欧和中东地区剧变后研究视角的变化和新的外交实践。在过去的15年里,外交演变的步伐没有放缓,然而我们的目标仍然保持不变。第一章的内容有所扩展,以便对古代外交实践和非欧洲传统进行更多的讨论;全新的第七章探讨了1995年以来外交领域新发展的主流。包括"结论"在内的其他章节,也都进行了修订。我们希望由此推出的第二版将继续为那些寻求了解外交演变方式的人以及外交从业者提供有用的介绍。

我们仍然要感谢德里克·比尔斯(Derek Beales)教授、已故的理查德·伯恩(Richard Bone)先生、埃莉诺·布鲁宁(Eleanor Breuning)博士、已故的格林·丹尼尔(Glyn Daniel)夫人、简·戴维斯(Jane Davis)小姐、埃里克·戈尔茨坦(Erik Goldstein)博士、安·莱恩(Ann Lane)博士、弗雷德里克·帕森斯(Frederick Parsons)博士和穆尔黑德·赖特(Moorhead Wright)博士在编写原书过程中给予的支持。对于第二版,我们也要感谢杜伦大学图书馆档案和特藏部(Archives and Special Collections of Durham University Library)助理管理员简·霍根(Jane Hogan)女士,她允许我们引用和引述她所保管的怀尔德(Wylde)文件。同时也要感谢格兰特·希伯德(Grant Hibberd)先生、杰弗里·皮格曼(Geoffrey

Pigman）博士和伊恩·罗伯茨（Ian Roberts）先生的所有建议和帮助。我们要特别感谢詹姆斯·阿梅马索尔（James Amemasor）先生对第一章的扩充所提供的帮助。然而，成书仍然完全由我们自己负责。

基思·汉密尔顿与理查德·兰霍恩
2010年圣帕特里克节

目　录

001　　英汉对照缩略语表

001　　引言

第一部分
从源起到 1815 年

007　　1. 旧世界
058　　2. 文艺复兴时期的外交以及常驻大使
097　　3. "旧外交"的出现

第二部分
从 1815 年至今

145　　4. "旧外交"
207　　5. "新外交"
265　　6. 整体外交
321　　7. 外交的普及

第三部分
结　论

357　　8. 外交的改变与超越

英汉对照缩略语表

ACPG	African, Caribbean and Pacific Group	非洲、加勒比和太平洋地区国家集团
AID	Agency for International Development (US)	（美国）国际开发署
AMTE	Allied Maritime Transport Executive	同盟国海上运输执委会
AO	Auslandsorganisation	纳粹党海外组织
APA	Aussenpolitischesamt	纳粹外交政策办公室
ASEAN	Association of South East Asian Nations	东南亚国家联盟（东盟）
CFE	Conventional Forces in Europe Treaty	欧洲常规武装力量条约
CIA	Central Intelligence Agency	中央情报局
COREPER	Committee of Permanent Representatives (EC/EU)	（欧共体/欧盟）常驻代表委员会
CSCE	Conference on Security and Co-operation in Europe	欧洲安全与合作会议
CSO	Civil Society Organization	市民社会组织
EC	European Community/Communities	欧洲共同体
ECOSOC	Economic and Social Council (UN)	（联合国）经济及社会理事会
ECSC	European Coal and Steel Community	欧洲煤钢共同体
EEC	European Economic Community	欧洲经济共同体
EPC	European Political Co-operation	欧洲政治合作

续表

ERP	European Recovery Programme	欧洲复兴计划
FCO	Foreign and Commonwealth Office	（英国）外交和联邦事务部
GATT	General Agreement on Tariffs and Trade	关税与贸易总协定
GC&CS	Government Code and Cypher School	政府密码学校
GCHQ	Government Communications Headquarters	政府通信总部
GRU	Glavnoye Razvedivatel'noye Upravileniy	俄罗斯联邦武装力量总参谋部情报总局
HIPC	Highly Indebted Poor Country	重债穷国
IBRD	International Bank for Reconstruction and Development (World Bank)	国际复兴开发银行（世界银行）
ICC	International Chamber of Commerce	国际商会
ICVA	International Committee of Voluntary Associations	（欧洲）志愿协会国际委员会
IGO	Inter-Governmental Organization	政府间国际组织
IMF	International Monetary Fund	国际货币基金组织
KGB	Komitet Gosudarstvennoi Bezopasnosti	苏联国家安全委员会
KHF	Know How Fund	专有技术基金组织
MAI	Multilateral Agreement on Investment	多边投资协议
MEI	Multilateral Economic Institution	多边经济机构
MERCOSUR	Mercado Común del Sur	南方共同市场
MITI	Ministry of International Trade and Industry	（日本）通商产业省
MSF	Médécins sans Frontières (Doctors without Borders)	无国界医生组织
NAFTA	North American Free Trade Agreement	北美自由贸易协定
NAM	Non-Aligned Movement	不结盟运动

续表

NATO	North Atlantic Treaty Organization	北大西洋公约组织
NGO	Non-Governmental Organization	非政府组织
NIEO	New International Economic Order	国际经济新秩序
NSC	National Security Council (USA)	（美国）国家安全委员会
NSEE	Non-State Economic Entity	非国家经济体
OECD	Organization for Economic Co-operation and Development	经济合作与发展组织
OEEC	Organization for European Economic Co-operation	欧洲经济合作组织
OPEC	Organization of Petroleum Exporting Countries	石油输出国组织
OSCE	Organization for Security and Co-operation in Europe	欧洲安全与合作组织
OSS	Office of Strategic Services	（美国）战略情报局
PLO	Palestine Liberation Organization	巴勒斯坦解放组织
RSHA	Reichssicherheitshauptamt	党卫队国家安全部
SALT	Strategic Arms Limitation Talks/Treaty	限制战略武器谈判/条约
SIS	Secret Intelligence Service	（英国）秘密情报局
SOE	Special Operations Executive	（英国）特别行动执行处
SRE	Special Representative for Europe (US)	（美国）欧洲问题特别代表
SS	Schutzstaffel	纳粹党卫军
START	Stabilization and Reconstruction Task Force (Canada)	（加拿大）稳定和重建特别工作组
TNC	Transnational Corporation	跨国公司
TRIMs	Trade Related Investment Measures	与贸易有关的投资措施
UDC	Union of Democratic Control	民主控制联盟

UKTI	United Kingdom Trade and Investment	英国贸易投资总署
UNCTAD	United Nations Conference on Trade and Development	联合国贸易和发展会议
UNDP	United Nations Development Program	联合国开发计划署
UNESCO	United Nations Educational, Scientific and Cultural Organization	联合国教育、科学及文化组织
USIA	US Information Agency	美国新闻署
USRO	US Mission to NATO and European Regional Organizations	美国驻北约和欧洲地区组织代表团
VDA	Verein für das Deutschtum im Ausland	海外德国文化关系协会
WEF	World Economic Forum	世界经济论坛
WTO	World Trade Organization	世界贸易组织

引　言

　　外交是以和平方式处理政治实体间的相互关系，而外交原则和外交原则的实践者却几乎一直受到批评，甚至饱受诟病。外交有时被视为一种不得已而为之的必要手段，有时却又因取得的成就而颇受推崇。但无论如何，外交目前正在各类事务中扮演着前所未有的重要作用。当今时代，无序、混乱的多极格局取代了相对稳定的两极格局，因此日益活跃的外交活动更凸显了有组织、系统性对话的必要性。当传统霸权国式微，长期被忽视的国家间敌意重现时，那些长于调解、协调、磋商和交涉的人们的工作就变得更为重要、更有意义。同时，对现有国际机制的改革或重构让公众有机会更加关注当局对外政策的制定与执行情况。30多年前，英国前外交官斯特朗勋爵（Lord Strang）曾做出这样的评论："在这个世界上，战争带来更多的悲伤与梦魇，而外交带来的却是和平与安宁，因此外交关乎每个人的利益。"冷战的终结让这一至理名言失去了价值和作用，似乎外交已不再重要。

　　即使是最古老、最原始的社会也需要掌握与邻居通过交流来处理问题的有效手段。通常情况下，为确保这一沟通过程顺利进行，不同实体间应达成一般性协议，因为只有这样外交信使的安全才能得到神的护佑。同时，尽管我们对最早期外交活动不甚了解，但我们非常清楚外交曾广泛存在过，因为当时外交活动的成果常被公开地记录在诸如石碑之类的物体上，从而得以保存。从这些历史记录中我们不难发现，当时人们已经设计出某些外交"游戏规则"并已取得一定发展。

外交实践的过程、外交机构与外交惯例一直以来都处于时断时续的发展变化中。在这一变化过程中，外交实践不断演变，变得愈发复杂。之所以会这样，是由于人类社会中那些具有内在联系的问题本身不断发展，不断变化，例如由于政权结构变得日益复杂，各国更需要就日益复杂的议题进行沟通与交涉，等等。国家这一概念的演化始于中世纪末期的欧洲，到20世纪中叶国家已经具有了结构上的普遍性，只在形式上有细微差别。这样，各方便有了明确、清晰的官方机构以合法派遣与接受外交代表。外交人员与当局之间的严格而明确关系在那时就已经非常重要，稍有不慎，就可能引发争端，最终还将引发经年战争。直到18世纪，这种无意义的争端才因为其本身过于不切实际而被各方摒弃。

尽管确实存在着关于"如何判定一个人何时能被视为真正的外交官"，以及"特权及豁免应该包括哪些内容"等问题的争议，但外交官在处理外交事务中享有特权与豁免权的基本事实是毋庸置疑的。类似争论在18世纪逐渐消失，但同时又逐渐出现了关于特权及豁免程度与本质的广泛讨论。在17世纪，随着持续性外交的出现，外交官逐渐成为一个受到普遍认可的专门职业。这样又产生了一系列新的争论，例如，关于"外交官的家庭成员中哪些人应被授予特权和豁免"或是"应给予大使馆馆舍与配套场地何种地位"等。实际上，大多数问题在1815年已得到解决，其中，大部分关于特权的问题在1815年[1]已有了规范性内容，后又于1818年做了补充说明。但是，直到1961年，有关外交关系法律基础的基本协议才终于以条约的形式确定下来。[2] 这类协议得到大多数新独立的前殖民地国家的广泛支持，因为这些国家没有适应旧的国家体系既有规则的经验，它们需要适应二战后国际体系的新的外交关系协议。另外，

---

[1] 指的是1815年召开的维也纳会议。——译者注
[2] 指的是1961年签订的《维也纳外交关系公约》。——译者注

新协议的产生在一定程度上也是为了对部分国家进行反制,防止它们蓄意违背冷战初期制定的国际规则的企图和做法。

外交发展始终受到某种压力的作用,这种压力便成为现代外交发展的重要推动力之一。外交制度的发展与它所代表的政治实体的变化是同步的,最显而易见的是它会伴随着国家的进化而进化;同时,随着主权国家以外的各种力量中心的出现,外交制度会再次顺应不断变化的国际环境的新需要而发生新变化。战争期间外交的发展最为明显。出于各种原因,战争已被视为一种低效逐利手段,已被外交所取代。常驻大使制度正是文艺复兴时期的意大利为应对战争乱局而创设的,而通过常设使团之间的联系建立起来的外交部长间的关系网则是18世纪晚期密集外交的结果。1815年后外交的首要目标就是阻止战争爆发,为达此目的,随后在19世纪初和平时期会议的发展,以及20世纪的国联和后来联合国的建立也都是外交发展的必然结果。

在当今世界,维持和平与防止战争这两种压力,显然同时存在着。世界权力分配正在发生着变化,这种变化既源于权力本身性质的变化,也源于权力中心位置的迁移。这些改变带来了冲突的风险,外交因此变得越发重要,备受关注。同时,国家的角色也发生了显著变化。从17世纪起主权就成为主要的,有时甚至是唯一的有效国际行为体。但现在国家的数量比以往任何时候都要多,它们在类型、规模以及国力上各不相同,仅仅这一变化就已经导致外交活动数量猛增,涉及主题范围不断扩大。当前,一些外交活动的主题源自经济、金融及技术方面的相关议题,这已远远超越了国家的传统角色,使国家游离出了垂直结构,转而在全球范围内进行水平运作。新旧权力来源以及新旧权力中心之间的对话,正在使外交活动与非外交活动、职业外交官与非职业外交官之间的区别日渐模糊起来。这类对话同时也催生了外交的新层次,那就是非国家行为体可以与国家、国家机构和其他非国家行为体进行互动,反之亦然。

这样，毫无疑问，外交及准外交行为激增。本书将系统阐释外交特有的结构是如何形成的，并将对那些深刻影响外交的特有结构的各种要素进行分析、讨论，以为当代世界提供借鉴。显见，这整个过程展现出外交的演进是连续的。长久以来，社群、统治者、国家以及国际组织间对于对话的迫切需求带来了这种结构性发展。

在本书的写作过程中，作者一直关注着国际关系和世界史学生的学习需求。本书同样希望能够为世界各国或各组织的外事部门中涉及外交理论及实践的培训提供有价值的背景资料。

第一部分

从源起到1815年

1. 旧世界

> 以色列向亚摩利的国王西宏（Sihon）派出信使，说："求你容我们从你的地经过。我们不偏入田间和葡萄园，也不喝井里的水，只走大道（原文作王道），直到过了你的境界。"
>
> （民数记 22 章：21—22 节）

尽管西宏极其不愿意这样做，并且确实也没有接受以色列提出的对通行许可的申请，但我们常常做出这样的判断，当人类最早期的社会认识到倾听信使带来的消息比起杀掉他更加可取的时候，外交就开始出现了。这个判断没错。不过，如果早期对于信使的认识得到了普遍认同，那么各方就需要制定各项规则，以确保信使安全，而一旦有了规则，就需要对打破规则的行为进行制裁的措施。此类情况其实已经出现过，远早于我们目前掌握的最古老的记载。在有记载的早期历史中，相关证据几乎都来源于碑文——可惜的是，这些碑文的关键部分常有损毁——不过我们仍可明确地了解到以下几点：频繁的外交往来催生了条约，条约相关的诚信和执行在当时也已经是长期性问题，而信使安全的保证措施、大使总体上的良好待遇则都归为神的旨意。在当时的世界，人类期望众神能够干预日常生活，并且直接或间接地（通过人类机构）以迅速、高效的手段惩罚恶行,而神明指引下的外交无疑是更有效的方式。①

同样明确的是,我们已有足够证据来清晰描述古代外交的样貌。当然,我们也必须承认古代外交是间歇性的,时断时续,还未形成固定的外交机构。同时,关于统治者对交易或协商的记载是否完善,记载的内容与实际行为间究竟有多大出入等问题,我们的了解还是非常零散而有限的。不过,好在有时也有例外,这便弥足珍贵了。

古代近东

最近对人类已知最早的文学作品和书信的翻译与研究揭示了一个事实,那就是我们所谓的外交实践概念在大约公元前 3 世纪中叶就在古代近东地区出现了。② 这些翻译包括"早期美索不达米亚的信件"、公元前 17 世纪马里(叙利亚)档案以及"阿玛尔纳信件"(包括大约 400 封埃及第十八王朝宫廷与古代近东各政治实体之间的外交通信)。③ 古代近东

---

① H. Nicolson, *The Evolution of Diplomatic Method* (London: Constable, 1954), pp. 3-5.

② 已知最早的外交信件,见 Piotr Michalowski & Erica Reiner (eds.), *Letters from Early Mesopotamia* (Atlanta, GA: Scholars Press, 1993), p. 11。

③ 有关学术研究和翻译的扩展列表,见 William L. Moran, John Huehnergard and Shlomo Izre'el (eds.), *Armana Studies: Collected Writings* (Winona Lake, IN: Harvard Semitic Museum, 2003); Raymond Cohen and Raymond Westbook (eds.), *Armana Diplomacy: The Beginnings of International Relations* (Baltimore, MD: Johns Hopkins, 2000); Raymond Cohen, "On Diplomacy in the Ancient Near East: The Armana Letters," *Diplomacy & Statecraft* VII, no. 2 (July 1996): 245-270; J. T. Munn-Rankin, "Diplomacy in Western Asia in the Early Second Millennium B. C.," *Iraq* XVIII, no. 1 (Spring 1956): 68-110, reproduced in Christer Jönsson and Richard Langhorne, *Diplomacy* II: *History of Diplomacy* (London: Sage Publications, 2004); Bertrand Lafont, "International Relations in the Ancient Near East: The Birth of a Complete Diplomatic System," *Diplomacy & Statecraft* XII, no. 1 (March 2001): 39-60; Raymond Cohen, "All in the Family: Ancient Near Eastern Diplomacy," *International Negotiation* I (1996): 11-28; Marian H. Feldman, *Diplomacy by Design: Luxury Arts and an "International Style" in the Ancient Near East, 1400-1200 BCE* (Chicago, IL: University of Chicago Press, 2006)。除了具体的引文外,此处有关古代近东的材料都是从以上确定的扩展列表中挑选整合而成。

（或同样被称为古代西亚地区）在地理上包括了以下现代国家和地区：塞浦路斯、伊朗、伊拉克、以色列、苏丹、黎巴嫩、俄罗斯西南部、叙利亚、土耳其、地中海沿岸国家和埃及。这一区域曾经出现过各类型政治实体，例如王国、王朝、帝国、城邦和其他有组织的政治实体，它们的规模、实力、自主权、统治方式和统治时期各有不同。其中包括：美索不达米亚、埃卡拉图姆、巴比伦、赫梯、哈苏拉、阿拉拉赫、埃兰、哈马兹、亚述、卡拉那、亚摩利、乌加里特和马里。其他政治实体还包括：埃什努纳、米坦尼、雅姆哈德、埃及、埃什努纳、卡巴拉、卡特纳、阿拉法、拉格什、阿加德和乌尔。这些政治实体被权势滔天的国王和皇帝统治，例如巴比伦的汉谟拉比（Hammurabi）、拉尔萨的瑞姆辛（Rim-Sin）、埃什努纳的伊宝皮里（Ibal-pi-El）、卡特纳的阿穆德皮埃勒（Amut-pi-il）、雅姆哈德的雅瑞姆·利姆（Yarim-Lim）以及埃及法老。

这些最初写在黏土片上的信件为人类打开了有价值的信息之窗，记述了这些曾经存在过的政治实体之间的关系。从这些信件中，我们获知了当时为抢夺贸易通道控制权而展开的竞争，[1] 军事战略合作与反联盟、条约磋商与批准、引渡政治逃犯和逃兵、特使派遣、王朝联姻，交换政治、艺术甚至"豪华奢侈"礼物[2]等外交故事。这些信件同样记载着用来表达友谊、提议并接受组建联盟所使用的术语和表达方式。例如，在马里档案中，*salâmum* 这一词意思是"表达善意"或"结盟"，*salîman lêqum* 意思是"接受善意"。*Salîmum šakânum* 意思是"建立"，*Salîman epêšum* 意思是"建立友谊"。*Qâtam napâsum* 意思是"挡开对方伸来的手"，可引申为拒绝结盟提议。我们同样也能从这些文件里了解到外交官会使用哪些手势和仪式来表示条约与结盟的达成或被拒绝。例如，马里档案中的

---

[1] Ellen Churchill Semple, "The Ancient Piedmont Route of Northern Mesopotamia," *Geographical Review* Ⅷ, no. 3 (September 1919): 153-179, 167-169.

[2] Feldman, *Diplomacy by Design: Luxury Arts and an "International Style" in the Ancient Near East, 1400-1200 BCE*, pp. 15-17.

sissiktum 指的是可以收紧的外衣褶边或带子；握住 *sissiktum* 的意思就是像握紧或缠住衣服的褶边一样结成联盟；还有，触碰喉咙同样象征着达成了协议或条约；*Qaran Subât X wuṣṣurum* 意思是 "放开衣服的褶边"，也就是破坏或背弃条约或同盟。① 其中还有我们更为熟悉的行为，如皇室间交换礼物是一种表示友谊的外交举动；而如果没有进行礼物交换则被视作敌意的一种表现。②

除了关于这些术语、象征性手势和礼仪的记录之外，这些信件也包含了有关仲裁与调解、外交行动准则、习俗与惯例、使节交换和对他们的出使任务的描述等各种记载。大使们是根据特定的任务与特定的指示来获得提名的。他们是从善于处理国家事务、制定国家政策的博学的高级官员中选拔出来的。大使最基本的职能就是帮助协调君主制定的各项军事、贸易和外交政策。③ 他们始终谋求本国利益，捍卫本国政策。在一些情况下，东道主官员需要为到访的外交官安排各种事项，包括他们的到达、安全、食宿和离开等。东道主同样保留了批准来访使节离开的权力，有时他们也会为来访使节的回程提供武装护卫。④ 一些君主向在任外交官员授予了全部权限。例如，马里国王济姆里利姆（Zimri-Lim）任命阿布姆埃金（Abum-ekin）为全权大使，前往巴比伦国王与汉谟拉比就一项条约进行磋商。阿布姆埃金否决了条约中的一则条款，体现了他享有

---

① Munn-Rankin, "Diplomacy in Western Asia in the Early Second Millennium B. C.," *Iraq* XVIII, no. 1 (Spring 1956): 85–92.

② 玛丽安·H. 费尔德曼（Marian H. Feldman）认为，"物品使统治者双方短暂的行礼具体化，并实现了统治者之间纽带的物质化"。有关详细信息，见 Marian H. Feldman, *Diplomacy by Design*, p. 15。

③ Y. 林恩·霍姆斯（Y. Lynn Holmes）认为，阿玛尔纳时代的信使不仅是主人信息的传达者、阅读者、翻译者和辩护者，也是一名外交官，更重要的是他还具有商人身份。有关详细信息，请参阅 Y. Lynn Holmes, "The Messengers of the Armana Letters," *Journal of the American Oriental Society* XCV, no. 3 (July–September, 1975): 376–381。

④ Munn-Rankin, "Diplomacy in Western Asia in the Early Second Millennium B. C.," *Iraq* XVIII, no. 1 (Spring 1956): 87–101.

的"特权"。后来他向国王做了如下汇报：

> 我到达了巴比伦并向汉谟拉比陈述了全部问题。关于触碰喉咙一事，我也向他告知了相关内容，但他在希特（Hît）镇问题上制造了一些麻烦。他在这个问题上羞辱了我，所以我并未和他达成协议。我以恰当的礼仪处理了这个事件。我让他降低了他的要求。所以只剩下希特镇问题仍存在争议。到了第 25 日他仍然没有触碰他的喉咙。①

授予全权在当时并未广泛应用于外交实践，只在几个拥有同等实力与影响力的政治实体之间实行过。强大国家的国王们将不同的义务强加于较弱小的政治实体。例如，附庸国与它们宗主国的敌人之间不会建立外交关系，因为附庸国的政策必须从属于宗主国的利益。实际上，宗主国经常向附庸国要求提供军事支持。威廉·莫兰（William Moran）写道："附庸国要履行诸多义务，宗主国却不用。"② 简单来说，宗主国与附庸国之间存在着 abûtum，也就是"父子般"的身份关系。

从现存史料中，我们可以总结出早期外交关系的两个突出特征。第一个特征是平等且已结盟的国家之间处理相互关系时建构的总体概念框架，那就是他们通过人文主义精神中的"兄弟关系"和"友爱"，即 ahûtum 和 athûtum，来构建国家间关系。例如，亚述国王沙姆希·阿达德（Šamši-Adad）称自己是埃什努纳统治者以及卡特纳的伊西·阿达德（Išhi-Adad）的"兄弟"。巴比伦国王汉谟拉比以同样的方式称呼马里国

---

① Munn-Rankin, "Diplomacy in Western Asia in the Early Second Millennium B. C.," *Iraq* XVIII, no. 1 (Spring 1956): 87.

② Ibid., pp. 76, 80 – 81; Cohen, "All in the Family: Ancient Near Eastern Diplomacy," *International Negotiation* (1996): 13; Moran, *Armana Studies: Collected Writings* (Winona Lake, IN: Harvard Semitic Museum, 2003), p. 328.

王济姆里利姆。伊西·阿达德和济姆里利姆也尊敬地称呼伊什美·达干（Išme-Dagan）和巴比伦的统治者为"兄弟"。[1]"兄弟关系"的概念多次出现在埃卜拉国王吉尔卡布·达姆（Jirkab-Damu）手下的一名高级官员伊布布（Ibubu）写给哈马兹统治者兹斯（Zizi）的使者的一封信中。他这样写道：

> 于是，王宫的管家伊布布对使者（说），我是（你的）兄弟，你也是（我的）兄弟。对于兄弟（们）来说，（应该做的）事情是：无论你表达了何种需求，我都会满足你。而（无论）（我表达了）何种需求，你也应该相应地满足我。[2]

很明显，在上述指称和引用中对兄弟的比喻主导着平等的政治实体间的关系。支撑着这一比喻的则是经引申后的"家族"的概念。雷蒙德·科恩对阿玛尔纳信件中的这一概念的评价对我们很有启示。他认为：

> 家族问题占据了通信的绝大部分内容，包括问候、回忆家族历史、打听家人疾病情况、表达对死者的缅怀、讨论婚姻、邀请访问、送礼等话题。即便事关防御同盟的磋商也是虔诚地以兄弟般的相处模式进行，而不是出于国家利益的考虑。[3]

值得注意的是，在这些外交信件中出现的"家族"概念并不仅限于

---

[1] Munn-Rankin, "Diplomacy in Western Asia in the Early Second Millennium B. C.," *Iraq* XVIII, no. 1 (Spring 1956): 76; Cohen, "All in the Family: Ancient Near Eastern Diplomacy," *International Negotiation* I (1996): 21.

[2] Michalowski, *Letters from Early Mesopotamia* (Atlanta: Scholars Press, 1993), pp. 13-14.

[3] Cohen, "All in the Family: Ancient Near Eastern Diplomacy," *International Negotiation* I (1996): 13-14; Lafont, "International Relations in the Ancient Near East: The Birth of a Complete Diplomatic System," pp. 42-43.

生物学上的血缘关系，也不限于君臣关系；它同样被用于描述宗主国与附庸国领袖之间的关系。一些王子和王位继承人同样用这些词汇相互称呼。① 因此，兄弟关系这一概念实际上铺就了通向政治联盟的通途。

第二个特征是宗教对外交关系的影响。宗教观点在一定程度上塑造着国家间关系，这可以借用布瑞恩·考克斯和丹尼尔·菲尔波特的观点来解释，他们将这一现象描述为"基于信仰的外交"。② 他们注意到，古代世界中的政治及国家间关系具有一个"双重矢量的精神导向"；③ 在那时，政治被导向了超自然力，而人类活动则更多地表现为对经验的超越。换句话说，古代近东社会的政治秩序是建构在神的原则之上的，众神之主是人类社会的所有者，也就是国家的最高统治者。同时，外交关系被设想为神与神之间的关系。这个概念在赫梯、哈图西利斯和埃及的拉美西斯二世间签订的条约中得到了完美阐释：

> 为了实现受太阳之神和风暴之神影响下的埃及大地和赫梯大地之间的关系，埃及大地的王认识到自己身处的这段关系是永恒有效的，这种关系不允许在他们之间制造敌对，直至永恒……这神圣的法令永久有效，太阳之神和风暴之神已经实现了埃及大地和赫梯大地间寻求和平与兄弟关系的需求，因此不允许任何人在他们之间制造敌对。④

上面这段引言表明了国家间的条约是受神灵护佑的。换句话说，神

---

① Munn-Rankin, "Diplomacy in Western Asia in the Early Second Millennium B. C.," *Iraq* XVIII, no. 1 (Spring 1956): 79.

② Brian Cox and Daniel Philpott, "Faith-Based Diplomacy: An Ancient Idea Newly Emergent," *The Brandywine Review of Faith & International Affairs* (Fall 2003): 31–40.

③ Ibid., pp. 31–32.

④ Munn-Rankin, "Diplomacy in Western Asia in the Early Second Millennium B. C.," *Iraq* XVIII, no. 1 (Spring 1956): 72.

才是终极的缔约方,而国王只是他们在现世的代表。因为神是权力和权威的终极来源,所以条约都需要在神的面前达成并进行宣誓,条约的碑匾也要陈放于他们面前。① 条约是对神的誓言,神又见证缔约者的宣誓。这也是条约文件在马里档案中被称为"神的生命之碑匾"或者"*tuppa nîš ilâni*"即"纽带碑匾"的原因。② 由于是神授权签订的协议,因此条约是永续的。人们相信违背条约的一方将遭到神的惩罚。可以认为,这样就解释了为何缔约方要在达成协议时举行触碰喉咙的仪式。

政治实体间除了总体上友好的自然状态外,同样存在着大量战争与征伐的实例。③ 只有当对外征伐体现了神明旨意时才会得到执行,而国王则视为神明派遣的将军。征服被奉为向神灵敬献的厚礼,战败则被视为神明对该国所犯罪过降下的惩罚。因此,众神的无处不在提出了一个关于神的作用的问题:是神首先在战争与外交中发挥作用呢?还是将神作为让外交更好发挥作用的原因呢?

兄弟般的称谓可能象征着这些政治实体间的平等关系。那时,无论是从人力资源还是从自然资源来看,没有任何一个政治实体拥有可以长期支配其他政治实体的显著优势。④ 阿布姆埃金拒绝了与汉谟拉比磋商的条约中的一项条款这一史实,证明这一地区曾经出现过均势。我们知道,

---

① Munn-Rankin, "Diplomacy in Western Asia in the Early Second Millennium B. C.," *Iraq* XVIII, no. 1 (Spring 1956): 87.

② *tuppa nîš ilâni* 指"批准仪式中的核心宣誓行为"。有关详细信息,请参阅 Munn-Rankin, "Diplomacy in Western Asia in the Early Second Millennium B. C.," *Iraq* XVIII, no. 1 (Spring 1956): 84-88, 109。

③ Cohen, "On Diplomacy in the Ancient Near East: The Armana Letters," *Diplomacy & Statecraft* VII, no. 2 (July 1996): 248-249.

④ 例如,科恩(Cohen)观察到,在阿玛尔纳档案的时代,"有六个主要的行为体",他们常有"定期的、相互的接触"。他们是埃及、哈提、米坦尼、迦西、巴比伦、亚述和埃兰。Cohen, "On Diplomacy in the Ancient Near East: The Armana Letters," *Diplomacy & Statecraft* VII, no. 2 (July 1996): 248-249; Munn-Rankin, "Diplomacy in Western Asia in the Early Second Millennium B. C.," *Iraq* XVIII, no. 1 (Spring 1956): 110.

拥有同等实力的国家，其行为方式具有一致性。这些国家的大多数领导人拥有平等地位且相互独立。他们之间的往来信件清楚地表明，由于缺乏"持久的共同目标"，同盟不会持久。有野心、有实力的国王们会利用结盟强化自身的地位，实现其政治目标。通过这些外交史实，我们可以推断，那个时期的政治实体间关系，主要体现为根植于友谊与家族关系的一种自然形成的共同体关系，而非生硬而抽象的国家利益较量，前者已产生广泛深远的影响。[1] 在后世不断出现的诸多文化中，这些政治关系通过王朝间的婚姻得以进一步强化和巩固。[2] 尽管现存的记载十分有限，但是科恩（Cohen）认为这些证据已经足够证明现代外交准则和外交结构均源自古代近东世界。

这一证据十分重要。它向我们表明，即使相关史料大量缺失，我们仍能在这些仅存的资料中找到关于那些早已失传的、更加成熟细腻的外交结构的些许记载。当时，大多数国家结构以巨大而松散的帝国形式表现出来，边界防守松散，通信低效缓慢，几乎也没有必要与其他对等政治实体保持长期平等关系。因此在这样的现实条件下，无须更复杂的外交行为，也就无须更复杂的外交结构。我们认为，这种曾经非常普遍的态度产生于中华帝国从古至今不间断的存续中。

古代中国

> 至尔国王表内恳请派一尔国之人住居天朝，照管尔国买卖

---

[1] Cohen, "All in the Family: Ancient Near Eastern Diplomacy," *International Negotiation* I (1996): 25.

[2] Feldman, *Diplomacy by Design: Luxury Arts and an "International Style" in the Ancient Near East, 1400-1200 BCE*, p. 15; Munn-Rankin, "Diplomacy in Western Asia in the Early Second Millennium B. C.," *Iraq* XVIII, no. 1 (Spring 1956): 94.

一节，此则与天朝体制不合，断不可行。向来西洋各国有愿来天朝当差之人，原准其来京，但既来之后，即遵用天朝服色，安置堂内，永远不准复回本国。

《敕英咭利国王谕》，1793①

1793 年，当马戛尔尼（Macartney）伯爵试图代表英国国王乔治三世（George Ⅲ）与中国皇帝建立外交关系时，他收到了以上中文回复：他将其视为中国这"东方巨龙"给出的外交答复。据史料分析，古代中国外交实际上在帝国形成之前就出现了。为了理解古代中国对外交的态度，需要对战国时期（公元前 656—前 221 年②）及更早时期古代中国的社会结构和政治组织有所了解。战国时期以具有领土主权的国家和中央集权的官僚机构的出现为基本特征。这一时期的典型标志还有国家—社会关系的出现以及对外贸易的发展。类似于 1495—1815 年的欧洲体系，古代中国的国家形态特点是"均势的平衡机制"。③ 也就是说，那时的国际关系是一场"没有永恒朋友或敌人的流转联盟的游戏"。④ 支配大国间的对抗行为的是坚定的战略、无情的战争，而不是外交磋商。公元前 656 年之前的外交是双边且基于特定任务目标的对外交往，其中包含灵活多变的谋略及贿赂收买、秘密结盟等各种手段。⑤ 正如爱德华·H. 帕克（Edward H. Parker）的著作中所述，古代中国的领导人"并不太关注那

---

① F. S. Northedge, *The International Political System* (London: Faber, 1976), p. 40.

② 对战国时代具体年份的划分众说纷纭，文中的时间段为原作者的观点。——译者注

③ 许田波（Victoria Tin-bor Hui），*War and State Formation in Ancient China and Early Europe* (Cambridge: Cambridge University Press, 2005), p. 101。许田波的著作对中国强大王朝的兴衰更迭进行了深入的探讨。

④ Ibid., p. 74.

⑤ 许田波认为，公元前 656 年以前的中国外交活动是"双边和区域性的，而不是系统性的"。"在战国时代（从公元前 656 年开始），国家发动战争，根据自己的意愿建立和瓦解同盟，并设立外交机构处理战争与和平事务。" Hui, *War and State Formation in Ancient China and Early Europe*, p. 5 (fn. 20), pp. 54–67.

些巧舌如簧的人，因为将军们很务实，把（他们的）工作做得更好，更扎实"。① 换句话说，古代中国的权威在多国家时代更倾向于国家间关系中的"统治逻辑"（the logic of domination），并且付诸实践。

这种"统治逻辑"在嬴政统治的秦朝发挥了作用，嬴政于公元前221年"通过强大的武力"建立了一个"大一统帝国"。② 为了巩固帝国，秦统治者合并了当时的六国并且推行"自我发展"、加强皇权等多项措施，包括经济和行政制度改革。农业生产力因此得到了提高，这反过来又强化了新的政治统治。中国政治家普遍认为，"自力更生优于依赖同盟的制衡能力"，也优于"依赖他人的力量"。③ 秦统治者制定了赏罚分明的秦法律。这种自力更生的态度还体现为其国民准备为"保卫"秦国战斗到"死"的坚定报国情怀。④ 这种情怀背后的原因在《商君书》中有详尽阐述。书中这样论述，"人民厌恶战争"，而"胆怯的人受到惩罚的刺激会变得勇敢，勇敢的人受到赏赐的鼓励就会战斗至死"，这样的国家就会所向无敌。⑤ 因此，为了鼓舞士气，统治者们为战争提供了大量的赏赐（例如荣誉、土地、房舍和仆人等）。⑥ 他们也制定了严厉的惩罚措施例如酷刑折磨、连坐制度以及死刑。⑦ 这样一来，家族成员也会为了最轻微的罪行向官府举报。勇敢的公民将会依据"二十级制"（秦朝的军功爵

---

① Edward Harper Parker, *Ancient China Simplified* (London: Chapman & Hall, 1908), p. 152.
② Hui, *War and State Formation in Ancient China and Early Europe*, p. 7.
③ Ibid., p. 79.
④ *Han Feizi*, trans. by Watson, quoted in Hui, *War and State Formation in Ancient China and Early Europe*, p. 79.
⑤ *The Book of Lord Shang: A Classic of the Chinese School of Law* (1928), trans. With Introduction by J. J. L. Duyvendak (Chicago: University of Chicago Press, 1963), p. 201. 来自以下观点：罚重，爵尊；赏轻，刑威。爵尊，上爱民；刑威，民死上。故兴国行罚，则民利；用赏，则上重。见原著英译版第200—201页。原引用为《商君书·说民》的英文译文版。——译者注
⑥ Ibid., p. 4.
⑦ Hui, *War and State Formation in Ancient China and Early Europe*, p. 81.

禄制度。——译者注）受赏，而懦弱、懒惰者则会被发配为奴。① 总体上，秦朝统治者希望这样一来，民众会对国家定义的"公共福祉"臣服顺从并严格遵守。②

因此，从"社会回报率与私人回报率"③的角度来看，民众已具备"用政治权利交换经济权利"的心理准备。④ 现实主义者认为，进行正确的"对胜利的关键预估"就是要弄清楚"谁的赏罚更分明"。⑤ 由于有一套复杂的奖惩体系，民众"勇敢征战"，因为他们相信"战争是通往财富与地位的必由之路"。⑥ 换句话说，物质刺激就像一只风箱，不断地给秦朝的政治及军事鼓噪升温。秦朝实行普遍兵役制，直到公元30—31年才被废止。⑦ 由于国家独掌兵权，且大量"适龄"民众准备好为国捐躯，因此统治者几乎无意与外部世界进行外交磋商。当一个国家的民众都时刻准备作战时，也就没有进行外交谈判的动机了，因此军事手段成为国家对外关系的核心政策工具。那时，由于将军们将"实际工作做得更好些"，外交只能退居二线。再有，古代中国不鼓励对外贸易。"不要估高陌生商品的价值，这样外国人就会乐于向我们推销"是指导古代中国的贸易原则。⑧ 战国时期各诸侯国间更易于征战与割据。⑨

此外，当时中国的地理位置同样有助于理解为什么统治者不进行外

---

① Hui, *War and State Formation in Ancient China and Early Europe*, p. 71.

② Ibid., p. 107.

③ See Douglass North and Robert Thomas quoted in ibid., p. 80.

④ Ibid., p. 227.

⑤ Ibid., p. 80.

⑥ *The Book of Lord Shang*, p. 282.

⑦ 秦朝实行普遍兵役制，然而东汉刘秀建武六年（公元30年）先取消专职武官，建武七年（公元31年）罢兵，即所谓废除普遍兵役制，但实际上其废除并不彻底，而是征、募合用。参见张启琛：《关于东汉兵制的几个问题》，《安徽史学》1987年第4期；黄今言：《简论秦汉军制的特点及其影响》，《江西师范大学学报（哲学社会科学版）》1992年第25卷第1期。——译者注

⑧ Quoted in E. H. Parker, *China: Her History, Diplomacy, and Commerce* (New York: Garland, 1980), p. 42.

⑨ *The Book of Lord Shang*, p. 4.

交。除了拥有地理上易于征服并统一的域内广大地区外，重要的自然屏障（例如秦岭、太行山、黄河、长江、丹江以及淮河等）为帝国提供了天然的安全环境。如果"拥有地理上天然屏障的国家更可能成为现状强国"①的论断确实是正确的，那么古代中国就是这样一个国家。拥有如此安全的天然屏障，拥有如此庞大的军队，也就不难理解为何外交对于古代中国没有吸引力了。再则，敌人根本无法轻易接近，因此也就没有对于外交的绝对需求。只要情况允许，中国统治者就会采用非正常战略和战术，例如，谋划置敌军于"不利处境"，通过贿赂、馈赠以及各种诱惑引发敌军阵营的不忠与混乱，尽可能降低战场上的战争成本，甚至完全避免战争。②

如上文所述，古代中国存在关于外交实践的独特看法。但也正是中国的这一经历说明了为什么中国直到19世纪仍然跟欧洲外交发展和改革存在不小的差距。中国后来试图效仿欧洲成功的外交经验，但困难重重，原因之一就是缺少协调开展对外交流的中央机构及相关官员。有时，中央王国边境省份的总督会负责对外沟通；有时，北京某些有影响力的人物会对部分外交事务横加干涉；其他对外交往问题则由理藩院处理。即使是在被迫允许外国使团进驻北京之后，中国仍然没有认识到向外国派出对等使团的必要性和迫切性。③罗马帝国也具有上述一些特征，只有在无须与对方平等相处的情况下，这些特征才不至于造成重大问题。而一旦出现必须共同应对的问题，这种缺失了外交的体系随即就会崩溃。

---

① Parker, *China: Her History, Diplomacy, and Commerce*, pp. 10-15.
② Hui, *War and State Formation in Ancient China and Early Europe*, pp. 89-94, fnn. 114, 135.
③ Y. Wang, "The Development of the Nineteenth Century Chinese Diplomatic Service" (unpublished M. Phil. Dissertation, Cambridge, 1990).

古代希腊

最早的外交系统的复杂性来源于对等主体之间的沟通需求，这与通常情形下为了控制松散的帝国外围国家出现的或屈服或反叛的情况截然相反，这一点有丰富可靠的资料来佐证。在古希腊曾出现过一批小型城邦，崎岖的地形使它们彼此阻隔，然而却因此确保了各自的独立。不过，由于城邦间还有海上通道及崎岖蜿蜒但却相对较短的陆路交通，所以正常城邦间交流得以维持。在很长一段历史时期，无论哪个城邦都没有强大到能建立起一个足以统治其他城邦的帝国，也没有哪个赢弱到被外来势力征服，因此它们之间的外交沟通显得更为重要。这种相近的实力地位确保了它们必须在互动中将对方视为对等的主体。同时，由于它们使用同一种语言、享有大致相同的文化与宗教遗产，城邦之间的外交也因此更加容易实现。[①] 古希腊对内好争、对外好战的明显特征可能进一步推动外交实践的发展。这些特征推动了古希腊外交的发展，但外交的发展却没让古希腊人平静和缓下来。古希腊外交就此得以发展，但古希腊外交既未能形成一个明确而固定的行为体系，也未能建立任何类型的行政机构。但毋庸置疑，一种新的范式出现了，其中一些内容即便用现代观点来看也令人叹服。

在古希腊有三种类型的外交代表：*angelos*、*presbys*，*keryx* 和 *proxenos*。[②] 第一种类型中两个词分别意为"信使"和"长者"，他们会作

[①] 在伯罗奔尼撒战争爆发之前，科林斯人通过比对共同背景来证明反对科西拉的主张是正当的。"那么，这些是我们对你权利的考虑——根据希腊人的制度，它们是足够的"（修昔底德，1.41.1）。

[②] 获取该领域更详细信息，参阅 D. J. Mosley, "Diplomacy in Ancient Greece," *Phoenix* XXV (1971): 4, 321& "Diplomacy in Classical Greece," *Ancient Society* III (1972)。

为使者参与短期某项十分特殊的任务；第二种意为"传令员"，是拥有个人安全特权的使者；第三种意为"保护人"使者，类似于今天的领事，但两者间有何区别现难以查明。我们对公元前700年以前的外交使者的了解仅限于荷马的叙述，其中确有一个关于使团的例子，即墨涅拉俄斯和奥德修斯派驻特洛伊的使团。从这个例子我们能发现，当时豁免权在某种程度上已被接受，并且一旦有人藐视这种豁免就将遭受严厉报复。在描述中，安提玛科斯曾提议杀掉两名大使，这件事后来被希腊人得知并最终引起了他们的复仇，安提玛科斯的两个儿子在战斗中从战车上跌落，后来阿伽门农命令将其斩首。[1]

关于公元前700年之后的外交史料中，修昔底德贡献巨大。[2] 希腊的大使通常都是由议会精心挑选，有时为了选出合适的人选，还不得不违反已有的相关规定，例如，规定选出的人选当时只能拥有一份国家公职。这些人并不要求必须具备谈判者那样圆滑老练和信守机密的特征，因为更令人吃惊的情况是，希腊外交中第一个至关重要特性反而是它的公开性和公众性。作为派遣国，希腊的派出政策时常会经历长时间的公开辩论，诸如大使在国外将使用何种语气或论调都要经由公开方式决定。大使经常要接受限制性很强的指示，他们几乎不会拥有全权大使级权力。公开性同样制约着大使行动，他们不允许收集、记录和后续使用军事和外交情报。虽然除外责任的相关规定并不完整，但是以现代眼光来看，希腊人的外交仍然显得粗浅无知，着实出人意料。

在到达接受国时，尽管不会有富丽堂皇的排场和典礼，但大使一般仍会受到热情接待。大使会被引领前往议会，在那里，最重要的是他们能够表现出强大的演讲才能，并在回答问题与后续辩论中表现得能言善

---

[1] Nicolson, *The Evolution of Diplomatic Method*, pp. 3-5.
[2] See H. D. Westlake, "Diplomacy in Thucydides," *Bulletin of the John Rylands Library*, LIII (1970-71): 227-246, 250.

辩。这像极了英国驻美国大使在参议院对外关系委员会上展现出的雄辩才能。对于大使的这部分工作，希腊城邦普遍存在一种"事后诸葛亮"的做法，那就是当大使任务完成返回时会对其进行的上述辩论进行批评，这种批评通常非常尖锐，有时大使们还会因此被起诉。[①] 大使这个职位在当时既缺少薪水，又常因各种开销账目受到质疑，甚至还没有赏金维持生计，因此能够找到愿意任职的大使是一件难事。不过，毕竟大使出访任务短暂，那些缺陷往往被忽略了。希腊使团是严格根据需要特设的。他们颁发的使者认证书有效期仅限于一场谈判，并且作为使节的任命期限也都是短期的。

希腊外交的第二个特殊之处就是外派大使人数，一个使团会有多达10位大使，这种数目即便对于一个文艺复兴鼎盛时期的使团来说也是惊人的。这么做主要是为了让对方更加重视，增加出访事由在对方国家议会中的重要性。但同时如此大规模的使团既有利也有弊，一方面有助于尽可能多地代表派遣国国内各方的不同意见，但另一方面这么做是以损失效率为代价。一个典型的例子是，公元前346年，德摩斯梯尼（Demosthenes）和埃斯基涅斯（Aeschines）二人在马其顿执行一项雅典的外交任务，其间，发生了侮辱性口角。为此，德摩斯梯尼拒绝和他的同事在同一张桌上吃饭或在同一间屋内睡觉。

由于缺乏一致性、持续性和保密性，希腊外交的效率极低，原因在

---

① 以下为德摩斯梯尼（Demosthenes）对该体系的尖锐批评，以及他对埃斯基涅斯（Aeschines）驻马其顿使团进行攻击的结果："大使们没有战舰、重型步兵或堡垒可供使用；他们的武器只有话语和在重要交易中出现的机会，那些转瞬即逝的机会，一旦错过，就无法挽回。剥夺民主的机会是比剥夺寡头统治或专制制度更严重的罪行。在他们的体系下，命令一出立即采取行动；但对我们来说，首先必须通知议会并通过一项临时决议，即便如此，也只有在信使和大使们以书面形式发出通知后，议会才必须召开大会，且只能在法定日期召开。然后，辩论者必须在无知且通常腐败的反对派面前证明自己的观点；即使议会已经做出决定，完成了这项看起来无休止的程序，但在通过必要的财务决议之前，还要浪费更多的时间。因此，在我们这样的宪法中，大使行动迟缓，使我们错失良机，甚至更是在剥夺我们对事件的控制权。" 参见 Nicolson, *The Evolution of Diplomatic Method*, p. 13。

于外交进程常受制于国内舆论或愚昧无知,这是缺乏行政程序、未对档案进行及时存档带来的后果。然而,连续不断的外交任务、保证大使相对安全的豁免权、谈判后签署的条约、结成的同盟以及高标准的公开辩论,这一切共同绘制了一幅并非完全真实但却高度复杂的外交实践的画面。一个值得铭记的案例是,公元前5世纪,雅典人成功创建了由来自各行各业的200多位成员组成的联合使团,且该使团在整个公元前5世纪都得以存续。

在这类外交成就中,希腊的另一种外交职位 Proxenos 几乎没有发挥什么作用。Proxenos 指一种通常驻在自己的国家但担任他国使者的角色。这种职位是可以世袭的,但主要取决于常驻人员本人对驻在国的政治运行方式或文化的认同,并主动申请这一职位。典型的做法是,熟悉并认同斯巴达的雅典人可能被指派为斯巴达驻雅典的常驻人员,例如西门(Cimon)和亚西比德(Alcibiades)。这种情形从公元前4世纪开始出现,在那时常驻人员会被授予他们所代表城邦的公民资格。这些常驻人员的主要职责是向来自他们所代表的国家的来访者提供接待和帮助,通常包括为他们的大使提供住宿。此外,他们的职责还包括就当前国内的政治局势提供建议,并且常驻人员通常是国内政治派别中对所代表国家最友好的那一派的领袖。但是,谈判磋商、履约责任等不属于他们的责任范围。另外,常驻人员不能因对他国的同情与支持而伤害本国利益。在两国关系困难时期,常驻人员可能无能为力,什么都做不了,而一旦关系改善,在商业、文化和政治事务中,其影响力又变得举足轻重。雅典人认为这一职位尤为重要,不仅涉及公民权的授予,在必要的时候还关乎保护和政治庇护。这一职位通常只有希腊城邦的高级政治家才能胜任,被视为一种无上的荣誉。马丁·怀特(Martin Wight)这样描述道:

现代体系不善于向外国人表达个人的同情与支持,例如维多利亚时期的英国人就不善于向统一的意大利表示关切，又或是R. W. 希顿-沃森（R. W. Seton-Watson）之于中欧和巴尔干国家，C. A. 马戛尔尼（C. A. Macartney）之于匈牙利，T. E. 劳伦斯（T. E. Lawrence）之于阿拉伯，丹尼斯·布罗根（Denis Brogan，多姆山的罗氏布兰奇荣誉公民）之于法国和美国。在现代世界中，这种同情与支持显得那么古怪、甚至有些令人生疑，而且往往只局限于学者之间。但恰恰是这种同情心让希腊的常驻人员体系得以制度化。①

有观点认为希腊人创造了国际组织原始形式。这些观点的依据是，在奥运会以及其他类似节庆活动期间，国家间一般都会达成停战协议，这代表着可控的国际关系下合作性协议的达成；对神谕，尤其是德尔斐神谕的尊敬和使用甚至达到了国际机制化的程度；同时，对近邻同盟（Amphictyonic leagues）的尊敬和依赖也达到相同程度。② 这些同盟是由在一个著名神庙附近生活的一些社群组成的。同盟要负责维护寺庙及其内部的祭祀活动，因此，它们必须在协议和责任分配问题上达成一致。这些同盟有时会发挥政治以及宗教影响力，用于协商互不侵犯、共同防御或进攻的誓约。但这些誓约常会被破坏，发表的国家间关系的总体声明也显得夸张。但它们代表了一种共识，正如希腊人共享法律原则一样，希腊城邦享有共同宗教和文化环境，这样他们也共享一些机制和行动。尽管这些机制和行动的目的是创造和平，但也无法改变柏拉图那真理性的论断，即"人们常常论及的和平，充其量就是个名称罢了。事实上，根据自然法则，国家间永远处于非正式的战争状态"。③ 希腊人所谓的

---

① M. Wight, *Systems of States* (Leicester: Leicester University Press, 1977), p. 56.
② 埃斯基涅斯关于近邻同盟的描述，可见于 Aeschines, *On the Embassy*, p. 115。艾索克拉底（Isocrates）关于节日的描述，可见于 Isocrates, *Panegyricus*, 4. 43。
③ Plato, *Laws*, 1. 626a.

"国际组织"不是 20 世纪晚期的那种国际组织。就奥运会而言,当时就存在着类似将其用于政治目的的倾向,在某种程度上,这让 20 世纪关于"体育非政治性特质"的说教显得有些幼稚。

罗马帝国

罗马帝国地域广阔,统治长久,但几乎没有对外交发展做出过任何贡献。如果非要找出些贡献的话,那主要就是对法律的强调,但绝没有希腊那种为达成交易而产生的动机。人们对罗马的这种印象可能有先入为主的嫌疑,产生这种印象的原因主要是我们对罗马帝国中央政府运行的方式存在太多疑问,同时,更主要的原因是档案资料的匮乏,可能是因为原本就没有档案资料,或没能保存下来。尽管如此,罗马帝国的特征同样也很重要。很明显,罗马帝国在"什么是内政"和"什么是外交"这一问题上始终含混不清,因为自罗马共和国发展至帝国期间,罗马在处理各种事务,应对各种平行机构的过程中,始终具有双重功能。[1]很明显,在罗马共和国早期,那些与希腊相似的机构流程曾用于维护原始联邦的团结与稳定。但随着罗马统治的开始,元老院接受了挑选和指派大使以及接受外来使团的权力,后来也未曾正式交出过这项权力。在帝国建立之后,共和国时期保留下来的机构沿袭了某些流程和机制。不过可以明确的是,从奥古斯都(Augustus)时代开始,那些无论来自帝国内部还是帝国外部的人,如果希望通过向皇帝派遣使团来影响决策,都会发现无论皇帝身在何处,想找到他着实不易。这一事实暴露出一个行政管理上的难题,即在帝国存续期间,各方若想与罗马打交道,一般难

---

[1] F. Millar, "Government and Diplomacy in the Roman Empire during the First Three Centuries," *International History Review* X (1988): 345-377.

有收效。尽管元老院在形式上一直很重要，但罗马并不存在主管对外政策或保存档案记录的中央机构。政策皆由皇帝制定，同时皇帝必定有一个拉丁语和希腊语团队，这样看来，皇帝无须更多帮助即可亲自完成相关文书的撰写。公元3世纪，皇帝直接参与了帝国防御波斯萨珊王朝进攻的相关事务，他经常亲自参与磋商，然而有关大使是如何选出、他们实际从事什么样的工作等问题，虽然仍未得到解答，但似乎并不重要。

所有这些管理上的不确定性与罗马帝国内部组织结构的不确定性和限制性是并存的。与早先那些伟大帝国一样，罗马的国界管制非常松散。对那些来自别国的旅行者来说，他们完全弄不清楚自己究竟何时进入罗马帝国，又是何时离开的。同时，即便能够确信自己已经进入罗马帝国境内，他也会发现各地与帝国间的关系千差万别。边境地区既存在着未被征服的部落，也有各种类型的附庸国，还有一些省份受元老院管辖而不受帝国管辖。在周边地区，分布着一些或多或少效忠于罗马的王国和部落，它们中的一些人甚至会被授予罗马公民权。在公元48年皇帝克劳迪厄斯（Claudius）对元老院做的一次演讲中，他将希腊的一些问题归因于未能成功地对被征服者进行同化。这位皇帝表示："斯巴达人和雅典人虽然在军事上都很强大，但他们把被征服者当作外人而拒绝同化他们，这难道不是导致他们毁灭的原因吗？"[1]

一些城市非常希望自身的权利被公众铭记，因此将一些相关信件雕刻在墙上。从这些得以保存下来的信件内容中我们可以看到，帝国内部具有一定独立性的政治实体间进行沟通的方式，与和地位更高的权威机构间进行沟通的方式似乎并无二致。在罗马，拉丁语和希腊语均为书面语，在它东方的邻国则主要使用希腊语。皇帝自己会聘用能够使用这两种语言的信件写手，同时也会聘请口译员协助会谈。自2世纪以来，皇帝亲自接见、会面的情况越来越多，还有像更早些的来访使团与元老院

---

[1] Tacitus, *Annals*, 11.24.

的会面都会派遣翻译参加。

从那些复杂信函以及远道而来的使团留下的史料来看,罗马并未接受平等国家间开展的复杂的外交程序。绝大多数谈判都是应来自内部、周边和境外的一系列要求才举行的。与邻国发生的紧急事件通常由军事部门当场处理,尤其在东方与不断扩张的波斯萨珊王朝发生类似危机时,这种处理方式十分常见。罗马根本没有与任何其他政治实体建立持续外交关系的概念,因此当时似乎就根本没有打算将任何相关的记录保留下来。与拜占庭不同,罗马并未将外交视作维持其霸权的手段,不过是处理寻常生意的一种手段罢了。这可能说明了为什么外交原则上成为帝国内部对法律和商业事务进行远距离管理的方式,而正是那些法律和商业事务构成了更为重要的历史遗产。"普通人的来往应该处在一个稳定的、受监管的环境中",这种观念的形成是罗马体制发展的一种结果。正是在这种体制下形成的法律准则,后来被写入了《查士丁尼法典》,这部法典也因此成为外交法律的奠基之作。与之类似的是,罗马人希望能弄清楚战争的合法性,一直保持着一套古老却有象征意义的、标志战争与和平的重要的程序性仪式。对这些仪式的恪守被视为维护国家间诚信的行为,这是罗马人特别引以为豪的古代信仰,也正是对这些仪式的恪守,成为罗马人区分正义、虔诚的战争与强盗、抢掠的战争的法律基础。在罗马逐渐形成的与国际关系有关的唯一常设机构就是祭司院,它负责做出外交上的恰当答复。一旦需要宣战,随军祭司即向敌方通告罗马的不满。同时,如果一定时期内未能阻止战争爆发,他们必须在敌国领土边境宣读一些特定准则,并将山茱萸制的木矛插入他们脚下的土地。如果因为距离太远无法举行(实际上绝大多数情况下都是如此),仪式就会在罗马的战争之柱举行。而实现和平的标志则是宰杀一口猪进行祭祀以盟誓。如果罗马首先打破誓言就会遭到诅咒。不过,这20名随军祭司院的成员并没有被授予任何制定或管理政策的权力和职责。

拜占庭

罗马帝国后期和罗马共和国早期的相同之处是，出于外部压力，它无法继续维持一种单一的、非国际性的态度；同时，这一发展也在不断深化，使罗马的外交立场以及拜占庭的东罗马帝国（330—1453年）的具体行为方式发生了革命性的变化。拜占庭因外部环境变化而做出的一些应激行为对外交活动起到了非常重要的，有时甚至是决定性的作用。拜占庭外交以其外交技巧的丰富性、可执行距离之遥远以及外交的持续性，取代之前任何国家的外交，成为现代外交的先驱。同时，拜占庭和威尼斯之间的密切关系成为通向西方世界的一个传播途径。

拜占庭统治者面临的外部问题就是来自四面八方的侵略威胁。其中西面威胁最小，那是因效忠罗马教会得以继承罗马帝国而建立的新政权。更严重的威胁是中亚地区的游牧民族对北方和黑海区域的不断入侵。从公元6世纪开始，日耳曼人、斯拉夫人、匈牙利人，还有更可怕的佩切涅格人、罗斯人、阿布吉亚人以及哈扎尔人一拨拨地在干草原出现。在东方则出现了波斯人、突厥人、塞尔柱人以及奥斯曼人；在南方，阿拉伯人受到新兴的伊斯兰教影响，横扫了整个阿拉伯半岛。对于拜占庭人而言，面对不断来犯之敌，他们其实还有另一个问题，即帝国拥有的资源无法提供足够的军事支持以确保帝国不败，因此，帝国实际上很难打赢胜仗。在这么困难的局面下，东罗马帝国却实现了长久存续，这一方面说明敌人自身必然存在着难以克服的弱点，另一方面，拜占庭的外交手段显然在事关生存的问题上产生了不同寻常的效果。

明白拜占庭在什么情况下运用外交手段非常重要。罗马帝国转向基督教信仰使得皇帝成为神权和世俗权力的复合体。罗马帝国传统的世俗权威与一种全新而神圣的作为上帝代表的角色融合在了一起；同时，这给予了帝国和皇帝无限的统治范围，在此范围之内，"整个已知的文明世界"与拜占庭帝国是具有同等范围的概念。所有其他统治者在象征着世界中心的拜占庭统治者面前自然地位底下，而拜占庭帝国首都君士坦丁堡则兼具基督教圣城和罗马帝国两种象征意义，拥有了至高无上的影响力。在君士坦丁七世（Constantine Ⅶ）"将皇权具有的规律性和秩序性比作造物主赋予宇宙的和谐运行"[①]时，神权与皇权合一的说法就被赋予了理论样式。这种观点以及后来的有关帝国无敌的许多说法确实存在。这里有一个不错的例子：皇帝罗曼努斯一世，即罗曼努斯·利卡潘努斯（Romanus I Lecapenus）对保加利亚沙皇西蒙（Symeon）竟然胆敢使用罗马皇帝称号一事做出的回应。罗曼努斯·利卡潘努斯向对方表示通过武力取得的头衔不会长久："这（你使用这个称号）是不可能的，即便你花再长的时间去努力美化自己也是不可能的，就像是插满了借来的羽毛的寒鸦，羽毛终将从你身上脱落，显现出真正配得上你的名号。"西蒙同样遭到了主教尼古拉斯·米斯蒂库斯（Nicholas Mysticus）的警告，尽管主教是一个非常宽容的人，但他也表示那些攻击帝国的人必将激怒上帝，因为帝国"高于地球上一切其他政权，是万王之王建立

[①] D. Obolensky, "The Principles and Methods of Byzantine Diplomacy," *Congrès Internationale d'Études Byzantines*, 1961, Vol. 1 (1963), p.3.

的唯一国家"。①

考虑到"野蛮人"的政治组织往往"短命"的本性,拜占庭人除了抓住一切机会强调帝国的长久国祚(这一点很重要)和敌人截然不同的命运外,他们也非常乐意提及他们拥有一些在今天被称为"非传统的"武器。他们很谨慎地保留了所有表明他们具有独特优越性的证据,其中包括拥有超凡之美的圣索菲亚教堂,教堂本身就是一个建筑奇迹。10世纪晚期,基辅罗斯使者弗拉基米尔(Vladimir)大公来访,使团成员们:

> 似乎在花环的幽香和蜡烛的光辉中看到了年轻的天使(young men),他们排着很奇妙的队形,飘浮在祭司头顶的空中,欢呼雀跃地唱道,"神圣,神圣,神圣是永恒的"。他们便问这奇妙的幻象有何寓意时,得到这样的回答,"如果你对基督教的教义并非一无所知,就应该知道天使们自天国降下与我

---

① Quoted in J. Shepard, Byzantinische Forschungen, Vol. X, *Information, Disinformation and Delay in Byzantine Diplomacy* (Amsterdam, 1985), p. 241. 这些想法的力量因其长期存在而得到强调——到了它们应该被当代事件的明显趋势所抵触的地步。14世纪,莫斯科的巴西尔一世(Basil I)在俄罗斯教会的双联画中省略了皇帝的名字,并因此被君士坦丁堡的元老责备:

我的孩子,你说"我们有教堂,但没有皇帝"是不对的。基督徒不可能只拥有教会而没有帝国。……皇帝……是罗马人的巴赛勒斯(basileus)和独裁者,这也适用于所有的基督徒。巴赛勒斯(basileus),希腊文,指古希腊统治者。——译者注

这种坚持是有效的。在帝国的最后几年,他的儿子,莫斯科的巴西尔二世写信给君士坦丁十一世:

你得到了你伟大的皇权……为了在你们国家建立东正教,并为我们的俄罗斯领土和我们的所有宗教提供巨大的帮助。

Acta Patriarchatus Constantinopolitani, II, pp. 190 – 192; quoted in E. Barker, *Social and Political Thought in Byzantium* (Oxford: Clarendon Press, 1957), pp. 194–196.

们的祭司一同庆祝"。①

要理解这样的答复对来访的贵宾可能产生何种不可抗拒的影响、实际上又产生了何种影响以及这一切又是如何做到的等诸多问题,其实并不难。但是要弄明白其他看起来更加幼稚的仪式如何产生了同样深远的影响就不那么容易了。例如,宫殿内的王座室里安装了很多机械装置,这样设计的目的就是要突显帝国政府拥有统治一切的天赋之权。参观宫殿的时间可能因各种原因推迟。时间一到,来访的使者或他国统治者会被引导继续前行,他们穿过由官员和显贵组成的人群,前往一个镶满紫色基调装饰的房间,据说这个房间建成的年代久远得难以想象,那里保存着庄严的王权标志。房间里陈列着会发出吼声、还会甩打尾巴的机械狮子,能在树上歌唱的金色鸟儿,还有一个可移动的王座。来访者必须按规定长时间对着王座深鞠躬,这时王座会迅速上升,这样在来访者重新直立时皇帝正好处在至高位置。来访者绝不允许与皇帝对话。皇帝将身着华丽至极的服饰,在整个接见过程中保持威严不动。② 在访问期间,对大使的礼遇都是提前设计好的,目的是一定要给他们留下深刻印象。同时,拜占庭既不让他们与非官员进行联络,也不许使者去看那些拜占庭不想让他们看到的东西。对使者的接待一般都经过周密安排,但是如果拜占庭对访问进展不甚满意,待遇将骤然降低。例如,教皇派来的使

---

① Quoted in C. Diehl, *Byzantium: Greatness and Decline*, trans. N. Walford (New Jersey: Rutgers University Press, 1957), p.59. 俄罗斯人给出了他们自己的解释:

我们到了希腊人那里,他们领我们到他们敬拜神的地方,我们不知道我们是在天上,还是在大地上,因为在地上没有见过这样美丽和辉煌景色。我们只知道在那里神与人类同住,他们的侍奉比外邦人的更美,我们不能忘记那美景。

Povest' Vremennykh Let, s. a. 987; quoted in Obolensky, *The Principles and Methods of Byzantine Diplomacy*, *Congrès Internationale d'Études Byzantines*, 1961, Vol. 1, 1963, p.60.

② 拜占庭仪式最常引用的证据是来自西罗马的克雷莫纳的主教柳普兰德(Liutprand of Cremona)大使提供的证据:请参见他的《针锋相对》(*Antapodosis*) 和《使节》(*Legatio*)。康斯坦丁七世(Constantine Ⅶ)在其《仪式》(*De Ceremoniis*) 的引言中明确提出了这种仪式的目的。

者曾发生过这样的事件：使者向拜占庭呈上的国书中只提及希腊皇帝，就会被理解为在暗示拜占庭的世界版图并未得到教皇承认。事件中的那位使者后来被投进了监狱。

"帝国居于世界中心"的主张被精心编制成一个个巧妙的计划，通过这样的安排，周边或更远地区的统治者能有机会获得名誉上的兄弟之称或被给予封号。虽然这些名号除了取悦毫无意义，但对于国运不济的某些小国来说，可能会在一些情况下被委以为君士坦丁堡提供服务的义务。条约里的术语对地位和职责做了明确规定。条约强加给对方的责任和义务被视为皇恩厚礼，能为皇帝效力甚至接受各种不利条款均被视为特权嘉奖。让今天的人们惊叹不已的是，拜占庭自诩的无限优越的高尚地位竟然广为其他国家接受，无论是基督教还是非基督教的中世纪统治者，也无论是出于现实的还是情感的原因，都心甘情愿地纳入拜占庭治下的等级结构中。

拜占庭的外交手段首先离不开帝国的宗教基础。相比起征服穆斯林统治者，征服信奉基督教的邻国并建立霸权要容易多了。这时期的一个突出特点是，帝国东部的战争比西部要频繁得多，特别是少见的由拜占庭挑起的战争亦是如此。出现这种情况的原因，是伊斯兰世界绝不会轻易接受对其进行意识形态控制。需要记住的是，尽管君士坦丁堡最终被穆罕默德二世（Mehmet II）攻下，但这位征服者冥冥之中认为自己就是这座神秘城市的继承者。从帝国的其他边界开始，大规模传教活动兴起。和拜占庭的商人们一样，拜占庭的祭司们一刻不停地传播信仰，有时他们在军事占领之后开始传教，但更多时候他们会先于军事行动。他们不仅有意识地传播宗教教义，更重要的是，他们还对外宣扬关于理念、情感和习俗的一整幅世界图景，而所有的这些内容都是基于一个假设，即"拜占庭帝国是一切宗教及政治权力之源"。不可否认，传教确实是一种可怕的武器。

拜占庭帝国的这些特点带来的结果是,其外交具有了包容性。这是因为拜占庭善于从长计议,并且会优待那些承认帝国居于世界中心地位的人,这些人会因此被授予帝国的职位。拜占庭并不在乎因外交关系中表里不一而被指责(这种指责常有发生,通常被认为是正当的),因为拜占庭的特殊地位让它总能证明其手段的合理性。皇帝阿纳斯塔西奥斯(Anastasios)在公元515年写道:"只要是为了帝国的利益,法律也会要求皇帝去撒谎,甚至违背他的誓言。"[1]

但是,大多数情况下拜占庭人的所作所为以及他们的行事方式,都是为了避免战争爆发。因此在几个世纪后,帝国在军事上变得越发落后。这时,毫无疑问,他们手中就只剩贿赂这一招了。每一个统治者和部落都是以花费金钱或阿谀奉承为代价得以维持。只要处于世界金融中心的君士坦丁堡的财政仍然充裕,它就会不惜重金来贿赂别国,因为拜占庭人知道,他们自己终究会无法承担穷兵黩武的高昂成本,并且还很可能输掉战争。正如史蒂文·朗西曼(Steven Runciman)所说,如果哈里发和沙皇愿意的话,他们可以将拜占庭的贿赂称为进贡,但是对于拜占庭皇帝来说,这不过是一笔明智的投资罢了。[2] 给予重金或是以使团贸易形式给予部分货物,常会让接受方认为是拜占庭的进贡。这些"进贡"仪式都经过了精心准备,物品华丽而精良。无疑,"贡品"都在大路上展示,这么做的目的就是震慑或贿赂,有时也会借机销售商品以收回部分

---

[1] Quoted in F. E. Wozniak, "Byzantine Diplomacy," *Dictionary of the Middle Ages*, Vol. 4 (New York: Macmillan, 1984), p. 196. 当然,结果令人愤怒。当查士丁二世(Justin II)派往中亚土耳其人的特使瓦伦丁(Valentinus)向哈根人出示国书时,土耳其君主勃然大怒,竟然把手放在嘴里,惊呼道:

你们不是那些有十种语言和一种欺骗手段的罗马人吗?……就像我的十个手指在嘴里一样,你用不同的语言,有时欺骗我,有时欺骗我的奴隶——那些阿瓦尔人。你奉承所有的人,你用艺术性的语言和狡猾的灵魂引诱他们,你对那些一头栽进不幸的人无动于衷,而你自己却从中得到了好处……土耳其人既不撒谎也不欺骗。

quoted in Obolensky, "The Principles and Methods of Byzantine Diplomacy," *Congrès Internationale d'Études Byzantines*, 1961, Vol.1 (1963), p.61.

[2] S. Runciman, *Byzantine Civilisation* (London: Arnold, 1933), p. 162.

成本。

如果贿赂和奉承未能奏效,帝国就会采取其他措施。其中之一是让拜占庭的公主们与外国君主通婚,这是在君士坦丁七世(波菲洛吉尼图斯,Porphyrogenitoi)时期(10—11世纪)一种不常使用但十分有效的措施。之后由于贿赂需要的资金难以为继,通婚的方式被科穆宁(Comneni)王朝滥用,导致效果锐减,大不如前。俄罗斯、阿布哈兹(格鲁吉亚)、保加利亚的统治者、威尼斯的总督、伦巴第的亲王们以及西边的皇帝们都或多或少与君士坦丁堡王室的亲戚通婚,他们之间通过馈赠慷慨嫁妆和古董礼物,进一步巩固了双方关系,例如特奥法诺(Theophano)成为西罗马帝国皇后时,她带上了尼科米迪亚的圣潘塔莱昂(St Pantaleon of Nicomedia)的完整圣柩作为嫁妆。此外,君士坦丁堡喜欢收留一些无法收回欠款的债主、战败的叛乱者和丧失权力的统治者,随时准备用作谈判筹码或在条件允许时直接参与相关事务。这些人在城里衣食无忧,生活惬意,经常还能娶上出身名门的贵族小姐。

拜占庭外交采用的另一个主要手段是挑拨敌方,使其陷入内讧,然后诱使他们自己挑起一场帝国不介入的战争。帝国会谨守条约义务,但正如史蒂文·朗西曼爵士所写:

> 拜占庭人不认为煽动外国部落攻击与自己处于和平状态的邻国有什么不当之处。利奥六世(Leo VI)因过于虔诚无法攻打和他同信仰的基督徒,保加利亚人则毫不犹豫地补贴异教徒的匈牙利人从他们背后发动进攻。类似的还有,尼基弗鲁斯·福卡斯(Nicephorus Phocas)煽动了罗斯人攻打保加利亚人,尽管他与后者之间当时是和平相处。在拜占庭的对外政治中,煽动其他国家对抗敌人是一条基本规则,这可以降低开销,也能降低战争的风险。因此在公元871年,西罗马帝国皇帝路易二

世（Louis Ⅱ）的法兰克部队将萨拉森人从意大利南部赶了出去并夺回了巴里。而拜占庭人则恰好出现在那里，夺取了胜利的果实，并将法兰克人赶出了新占领的省。[1]

这些战术在侵略频发的干草原上效果同样不同凡响。但是在7世纪之后，没人在多瑙河以南定居，人们或是被阻隔在干草原的边缘地区，或是像匈牙利人那样转而由北方进入中欧。之所以会出现这种情形，源于君士坦丁七世（913—959年在位）的一篇知名论著《帝国行政论》中提出的战术设计，例如，要对抗可萨人，可以去煽动佩切涅格人或黑保加利亚人；要对抗佩切涅格人，则可以利用匈牙利人或罗斯人。

为此，收集邻国的政治与对外关系信息至关重要。这也一直是拜占庭使团以及帝国其他对外交往的主要目的。正因为帝国自身抱有这样的目的，帝国同样坚信所有其他国家的来访者均有此目的，这就解释了为什么君士坦丁堡一直对外国人严密监控、严格限制并高度戒备。获取并传回情报的职责并不仅限于使团及其成员。商人、传教士以及军队同样可以承担这一职责。当然，也不只是在国外的拜占庭人才从事情报活动。很多情报都是由帝国国内官员搜集完成的，特别是在帝国边境戍守的将军们。各方搜集的情报在君士坦丁堡经过认真汇总，随后提供给驻外使团，以便他们挑选出最佳贿赂对象。这样，皇帝可以最大限度地置敌人于困境中。例如，查士丁尼（Justinian）给匈奴王子写信正是因为获得了以下情报：

> 我打算将礼物送给你们实力最强的首领，也就是你。可是另一个人却将礼物拿走，并宣称他才是那个最重要的人。告诉他你才是胜过其他所有人的那个领袖吧！拿回他从你那里窃取

---

[1] S. Runciman, *Byzantine Civilisation*, pp. 158-159.

的东西吧！去复仇吧！如果你不采取行动，显然他就会成为真正的领袖。到那时，我们就别无选择，只能将我们的恩惠赐予他，而你会丧失曾经从我们这里得到的一切利益。①

拜占庭外交的目标之一是争取时间。"帝国是永恒的"并不仅仅是一个宣言，按当时标准来看，它的持久力强大到看起来似乎真的拥有无尽的生命力。帝国北部邻国的内部政治体制和游牧生活方式的结果就是形成了天生既不稳定又短命的政权。与其他国家的这种内部缺陷相比，"永恒的"君士坦丁堡则具有强大的优势，并且这种优势还会不断地叠加增强。更纯粹务实地看，时间上的拖延还会对进攻者构成摧毁性打击，无论是瘟疫的暴发，还是游牧民族在不同牧场间转场或是寻找水源都存在着客观必要性；也就是说，游牧民族在同一个地方待太久会产生饥荒以及马和存粮逐渐耗尽的致命问题。若能以合理的开支通过外交手段实现这一目标，那么在整体成本上其实是非常合算的。②

尽管拜占庭帝国更多使用外交手段，为机构雇用了更多人员，并且相较于过去的国家，总体上使外交在帝国政策中居于核心地位。但是在制度方面，尚未取得同等发展。例如，其间，并未出现常驻大使制度，这可能是帝国过于依赖情报收集以及前线官员开展的外交活动的结果。不过，这种实践直接催生了一种用来协调干草原政策的涉外机构，该机构是由克里米亚的克尔松（Cherson）的将军掌管的，它一直作为帝国针对中亚地区的监听站。曾经有证据表明，使团在特定问题上会有固定人士负责处理，例如在对阿拉伯人的问题上就是如此。在一些场合下，语言能力成为选择大使的重要因素。③ 当然，君士坦丁堡的宫廷有大量口译

---

① Quoted in Diehl, *Byzantium: Greatness and Decline*, p. 56.

② See the general argument of Shepard, Byzantinsche Forschungen, Vol. X, *Information, Disinformation and Delay in Byzantine Diplomacy*.

③ See Wozniak, *Byzantine Diplomacy*, p. 196.

员和笔译员，政府随时可以将这些人派往使团任职。这些职员隶属于总理府中唯一具有外交部特征的部门，即 drome（邮局），其中一部分被称为 Scrinium Barbarorum，字面意义即野蛮人办公室。负责官员是邮局的 logothete，一位既非公使也非大使的官员。有关皇帝的相关政策必须与他进行多次（通常是每日）面议后才得以执行。在 9 世纪和 10 世纪的定义中，logothete 是负责帝国邮政、监督驻在帝国内部的外交官员、接待外国使者并正式将其引见给皇帝与宫廷，并负责管理帝国内部安全的职位。这也意味着对外国使者进行持续监视的最方便途径就是安排他们住进特殊的居所，即 Xenodochium Romanorum，安排他们的各种事务并陪伴他们进行事先安排好的游览。在城外护卫来访者的职责属于邮局而不是野蛮人办公室。logothete 最重要的活动应该是收集和归纳情报。他们通过了解帝国之邻国的强弱、内政、权威家族的好恶以及哪些人的什么利益等，尽可能在建构国家间关系的过程中发挥最佳效果，从而尽可能减少帝国用于战争的开销。一直以来，他们都会发布实施外交政策的总体声明，就像君士坦丁七世的《帝国行政论》中所阐述的一样。

拜占庭的发展的确很引人注目，与后罗马时代北欧和西欧出现的、复杂程度相去甚远的外交体系相比更是如此。直至 14 世纪，才有其他可以与之比较的体系发展起来，而当与其他外交体系进行比较时，拜占庭的外交更像是对日益复杂的国际环境的一种应激反应，下一章将对此进行讨论。外交在拜占庭之后的发展，应归功于意大利更先进的外交模式的推广，其中一部分来自威尼斯共和国对拜占庭帝国外交的沿袭和系统化。另一个因对外部世界的应激而得以发展的外交体系，是与拜占庭和中世纪欧洲处于同一时代却又具有明显区别的阿拉伯国家和伊斯兰国家。

阿拉伯世界

尽管"阿拉伯世界"和"伊斯兰世界"这两个概念很相似,经常混用,不过,学会把它们的含义区分开来是很重要的。"伊斯兰世界"涵盖更为广泛,包括不同大陆上多个国家、文化、种族、族群。阿拉伯人是穆斯林的一小部分。因此,伊斯兰世界的多样性凸显,很难在伊斯兰国家间推行统一的哲学和实践标准。不过,在伊斯兰世界实践中确实还存在一些统一的参照点,其中就包括外交。[①]

伊斯兰世界的外交在公元622年伴随着第一个伊斯兰国家的建立而出现。在那一年,先知穆罕默德写成了宪章,或称《麦地那宪章》(*Mithaq Medina*),作为处理同为乌玛(社群或国家)成员的穆斯林、犹太教以及其他宗教信仰的部落间冲突的协议。宪章提供了争议解决方案,保障国防的税收系统,效忠国家以及给予穆斯林、非穆斯林的各种权利与责任。公元631年,穆罕默德在麦地那接见来自纳季兰的基督教使团,在三天的时间里,进行了广泛讨论。就宗教问题,基督教和伊斯兰教的教义和思想进行比较与分析,既有共识也有分歧。会议结束后,双方达成了《纳季兰条约》。该条约成为伊斯兰和非伊斯兰国家外交关系的根本指南。[②]

理论上,伊斯兰世界的外交正如布尔什维克后来预料的那样,不过是出于一时之需。当时之所以需要外交,是因为实现伊斯兰,即伊斯兰

[①] 本节内容基于 M. Khadduri, *War and Peace and the Law of Islam* (New York: Johns Hopkins Press, 1955);以及 M. Khadduri, "The Islamic Theory of International Relations and Its Contemporary Relevance," Jesse H. Proctor (ed.), *Islam and International Relations* (New York: Praeger, 1981)。

[②] Frederick M. Denny, "Ummah in the Constitution of Medina," *Journal of Near Eastern Studies* XXXVI, no. 1 (January 1977): 39–47.

居留权（dar al-Islam）赋予的全球和平与秩序的进展比预期的要慢，最终被无限期推迟了。世界因此被区分为伊斯兰教或被认定为伊斯兰领土与非伊斯兰领土，也就是所谓战争领土（dar al-Harb）与条约领土（dar al-Sulh）。① 一位穆斯林如果可以自由地从事伊斯兰宗教活动，那么即便这片土地是世俗的或非伊斯兰的，他也会被视为生活在"伊斯兰领土"上。"条约领土"指的是"一片并非属于伊斯兰统治的领土，但是与伊斯兰国家拥有条约关系"。② "战争领土"指的是穆斯林法律不发挥效力的领土。"伊斯兰领土"和"战争领土"之间总存在某种类型的战争状态，有时是潜在的、暂被延缓，有时却是血流漂杵的圣战，也可能处于长期休止。然而，休战并不等同于近现代的"相互承认"概念。这时的局势并不稳定；战争不过是出于某种原因而被暂时叫停了。但是，即使在这种情况下，仍然需要某种形式的交流，特别是在开战之前或即将结束的时候，交流显得更为必要。同时，人们也必须找到在非官方层面能够安全通过伊斯兰领土的方式。

对于认证过的外交官，即使已证实了他们自己的身份真实可信，同时又未被发现是从事间谍活动或是大量采购军需物资的人，他们也不会获得特别通行证，因为没有必要。伊斯兰从最开始就认可了外交使者的豁免权，并且和其他统治者一样在此基础上开展外交；豁免权是互惠而有效的，也是必要的。最早，这种类型的外交，功能近似于"先驱者（信使的一种）"。在连年不绝的战争中，外交的主要作用就是宣战、交换俘虏以及安排停战事宜。直到巴格达的阿拔斯王朝（公元750—1258年）建立之后，战争停止，国家间出现均势，恢复安宁，只有这时为实

---

① Manoucher Parvin and Maurie Sommer, "Dar al-Islam: The Evolution of Muslim Territoriality and Its Implications for Conflict Resolution in the Middle East," *International Journal of Middle East Studies* XI, no. 1 (1980): 1-21.

② Cyril Glasse, *The New Encyclopedia of Islam: Revised Edition of the Concise Encyclopedia of Islam* (Walnut Creek, CA: Altamira Press, 2003), p. 112.

现更复杂目的而互派使团才有了可能。即使这样，伊斯兰外交也没有向着派遣常驻代表、建立半永久关系的方向发展。他们常常会为实现短期目标派遣或接待特殊使团。来访使者在巴格达受到极高规格的礼遇，但是与拜占庭的情况一样，使者们会与普通民众分开，还将受到严密监视，因为他们相信使者会尽一切可能搜集情报。离开"伊斯兰领土"的使者要进行技能选拔，由于使团通常只由三名成员组成，因此使节需要掌握多种技能。这三名成员通常为一名士兵、一名学者和一名相当于秘书的书记员。使团成员会获得授权书，不过重要的信息是由高级代表口头传达的。如果在巴格达访问大获成功，欢送仪式就可能如欢迎仪式一样盛大，还会进行贵重礼物的交换。如果任务失败，使者们将被遣返，灰溜溜地离开；如果在使者离开前战争就爆发了，他们则可能被敌国俘虏甚至被处决。

如果使节无须面见外国统治者，伊斯兰外交中的重要手段是 $aman$，即"安全通行权"。"安全通行权"允许持有者进入伊斯兰领土并可以得到当局对其个人、家庭以及财产的保护，这种安全通行权既可以从官方也可以从非官方途径获取。官方的安全通行权可以由伊玛目授予一群人，一片领土上的全部人口，或是一座城市里的所有居民（条件是这座城市的统治者已与伊斯兰当局签订了和平条约）。这种官方安全通行权总是在互惠的基础上授予的。至于非官方途径，安全通行权可以通过口头或其他誓言的方式从任何穆斯林成年人处获得，并且如果安全通行权的获得者于滞留伊斯兰领土期间表现糟糕，提供安全通行权的人就有可能受到惩罚。至于未获得安全通行权的非穆斯林人士在进入"伊斯兰的领土"时应如何处理一直未有定论：那可是命运多舛，他可能被处决，也可能在停留四个月后被安全地送至边境。和其他所有伊斯兰和非伊斯兰世界之间的接触一样，安全通行权的作用一方面受到"伊斯兰领土"和"战争领土"之间永久性的战争状态影响，即使在战争被压制未爆发状态下也一样；另一方面也受到货物运输、商人和外交官往来的影响，他们显然有充分理由在双方之间轻松通行。不可否认，当时在科学、医药和文学领域确实进行过重要交流，并且这些交流都是有意为之的。伊斯兰的使者们经常需要从他们的出访地带回技术和文化。

古代印度

古代印度的国家—社会，在古代文学里常表达为 *Āryāvarta*，*Brahmāvarta*，*Sapta-sindhavah*，*Jambudipa*，*Bhāratvarṣa*，*Hapta Hindu* 以及 *Indoi* 而广为人知。[1] 古印度是可以追溯到吠陀时代的最早外交体系的发祥地。根据《梨俱吠陀》（*Rigveda*，一部创作于公元前 1700—前 1100 年的梵文颂歌集），吠陀部落善于间谍活动，长于使用外交手段处理部落纷争，通过协商解决争议领土问题，还能通过结盟防御外敌。[2] 在没有正式外交机构和使团的情况下，这些实践活动逐渐发展起来。到公元前 600 年，在印度政治中出现了大量定义明确的关于外交和对外政策的梵文术语及表述。例如就像在《罗摩衍那》（*Rāmāyana*，一部创作于约公元前 500 年的梵文史诗）中记载，*sandhi* 代表"和平"，*yāna* 意为"军事征伐"；*virgraha* 是指"战争"；*asana* 意思是"威慑，真正战争开始前的封锁状态，或是为了赢得胜利而展现力量的武装准备"；*Daidhībhāva* 意为"分而治之"；*Samaśraya* 代表"寻求强大力量的保护以应对潜在的侵略或去攻打强大的

---

[1] See Prakash Charan Prasad, *Foreign Trade and Commerce in Ancient India* (New Delhi: Abhinav Publications, 1977), p. 2.

[2] S. L. Roy, *Diplomacy in Ancient India: From the Early Vedic Period to the End of the Sixth Century A. D.* (Calcutta: A. Roy: distributors, Charu Publishing Company, 1978), pp. 85 – 86; Gandhi Jee Roy, *Diplomacy in Ancient India* (New Delhi: Janaki Prakashan, 1981), pp. 43–45; V. R. Ramachandra Dikshitar, *War in Ancient India* (New Delhi: Cosmo Publications, 1999), p. 300.

敌人"。① 其他术语还有 sāma（协商）、dāna（说服）、bheda（和解）以及 danda（战争威胁）。② 还有记载显示，亚历山大大帝入侵印度西部时，数百名高贵威严的使节"身穿紫色和金色服装"，坐着战车前去同希腊使节"缔结和平条约"。③

除了这些早期外交实践的证据外，直至公元前4世纪早期，印度次大陆才出现结构完整的外交思想体系。考底利耶（Kautilya）在他的《治国安邦术》（Arthasâstra）中给这个体系做了界定。④ 考底利耶是印度孔雀王朝国王旃陀罗笈多（Chandragupta Maurya，约公元前317—前293年）的首席顾问，而旃陀罗笈多是统一印度次大陆并建立孔雀王朝（公元前321—前185年）的国王。作为国王的首席顾问，考底利耶为国王出谋划策，制定了稳定帝国的大战略和国家的各项政策，均为国王采纳。⑤ 他的著作被印度历史学家视为古代印度外交的奠基之作；⑥ 考底利耶的《治国安邦术》是第一份用精确的术语规划古代印度外交目标、制定外交原则的文献。

考底利耶是一名卓越的政治现实主义者。⑦ 他写作《治国安邦术》的目的就是要指导一位国王如何夺取、保护以及维护他的王国。⑧

---

① See Gandhi Jee Roy, *Diplomacy in Ancient India*, pp. 46, 54.

② V. R. Ramachandra Dikshitar, *War in Ancient India*, pp. 299-300.

③ Gandhi Jee Roy, *Diplomacy in Ancient India*, pp. 56-57.

④ Kautilya, *The Arthasastra*, 2nd edn, trans. R. P. Kangle, Part II of *The Arthasastra* (Delhi: Motilal Banarsidass, 1972, reprint 1997).

⑤ Roger Boesche, "Kautilya's *Arthasâstra* on War and Diplomacy in Ancient India," *The Journal of Military History* LXVII (January 2003): 10.

⑥ See K. K. Mandal, "Foreword" to Gandhi Jee Roy's *Diplomacy*. See also S. L. Roy, *Diplomacy in Ancient India: From the Early Vedic Period to the End of the Sixth Century A. D.*, p. 88.

⑦ 在评论考底利耶的作品时，马克斯·韦伯（Max Weber）是这么说的："在通俗意义上，一种真正激进的'马基雅维利主义'的经典代表是印度文献中考底利耶的《治国安邦术》，它早于基督教，据称可以追溯到旃陀罗笈多（Chandragupta）时代。" For details, see Max Weber, "Politics as a Vocation," accessed May 12, 2009, available from blogs. law. harvard. edu/guorui/files/2007/11/weber. pdf.

⑧ Kautilya, *The Arthasastra*, Book 1, Chapter I, Line 1, p. I; also see fn. 1 on same page.

"*Arthasâstra*"一词对于不同译者会有不同的含义。R. P. 坎格勒（R. P. Kangle）将其译为《政治的科学》，或是《土地的获得与维持》。① 罗杰·伯施（Roger Boesche）则将其译为《政治经济科学》。② 无论译者如何理解，从字面上看，词首的 artha 代表了可获得、享有以及失去的各种物品，以及对于日常生活必要的、养育家庭、维持家庭以及履行宗教责任所需的各种物品。③ *Artha* 也指人类用于"善意履行生命的义务"的全部有形物品。④ 同时，后缀 *sâstra* 是"一种获得并保卫土地的方式"，或是一种去获取全部有形的、实现生命义务所必需的事物的方式。⑤ 可能海因里希·齐默（Heinrich Zimmer）的表达最接近考底利耶的原意，他把 *Arthasâstra* 翻译为"关于政治、经济、外交和战争的永恒法则"。⑥

考底利耶关于国家的理论的首要主题是 *Virgraha*（战争），他认为用这个词来描述国家间关系最恰当。在他看来，国家的对外政策包括六种方式："签订条约是和平，彼此伤害是战争，保持中立是平安宁静，增强实力是征伐，屈服于别国是寻求庇护，（与一国）讲和并（与另一国）交战是双重政策。"⑦ 考底利耶相信战争是国王夺取王国并保护王国的首要方式。他的根本前提是，世界是由自利性的国家组成的，它们都想尽一切办法努力实现各自的政治、经济和军事目标。同时，在一个自利的

---

① Kautilya, 1. 1. 1, p. 1. See also S. L. Roy, *Diplomacy in Ancient India: From the Early Vedic Period to the End of the Sixth Century A. D.*, p. 89.

② Boesche, "Kautilya's *Arthasâstra* on War and Diplomacy in Ancient India," p. 15.

③ S. L. Roy, *Diplomacy in Ancient India: From the Early Vedic Period to the End of the Sixth Century A.D.*, pp. 85–86.

④ Quoted in S. L. Roy, *Diplomacy in Ancient India: From the Early Vedic Period to the End of the Sixth Century A.D.*, p. 85.

⑤ Ibid., p. 90.

⑥ Quoted in Boesche, "Kautilya's *Arthasâstra* on War and Diplomacy in Ancient India," p. 15.

⑦ Kautilya, 7. 1. 6–11, p. 321.

世界中，"权力就是拥有力量"①并且"力量改变思想"②，国家间"天然就处于纷争和武力对抗之中"。③ 考底利耶写道：对于国王来说，"如果通过征伐可以削弱或消灭敌人，他就应该进行征伐"，④ 其他所有国家都以类似的方法行事，"即便是实力较弱的国家，在实现了它的目标之后就会变强，并且当力量增强后该国就变得不可信任了；昌盛繁荣会使之改变想法"。⑤ 换句话说，一个国家必须去征服他国，否则必将被他国征服。

考底利耶视外交为战争的延伸。罗杰·伯施指出，考底利耶相信外交是"一种微妙的战争行为，想尽办法削弱敌人、获取自身优势，一切都是为了最终的征服"。⑥ 考底利耶将外交视为"仅仅是长期战争中使用的另一种武器……战争总在发生，或总在谋划之中"。⑦ 考底利耶之所以这么说，是因为他认识到"战争有不同类型，有公开战争，隐蔽战争，还有悄无声息的战争"。⑧ 他写道，这种情况下国家的对外政策"应该包括为战争做好初步准备"，⑨ 这是因为"当一个国家拥有一支军队，它的盟友就会保持友善，或者（甚至）敌人也会变得友善"。⑩ 国王永远都不应该"为求和平而准备战争"，而应该"为了征服而准备战争"。⑪ 由于自利性决定了对外政策，所以"被迫依赖于邻国的善良而存在的国家是软弱的，除非它能尽快改变现状，否则它注定会灭亡"。⑫ 换句话说，同

---

① Kautilya, 6. 2. 31, p. 319.
② Ibid., 7. 14. 2, p. 366.
③ Ibid., 9. 7. 68 - 69, p. 431. See also Boesche, "Kautilya's *Arthaśāstra* on War and Diplomacy in Ancient India," p. 16.
④ Kautilya, 9. 1. 44, p. 408.
⑤ Ibid., 7. 5. 47, p. 337.
⑥ Boesche, "Kautilya's *Arthaśāstra* on War and Diplomacy in Ancient India," p. 20.
⑦ Ibid., p. 19.
⑧ Kautilya, 7. 6. 17, p. 339.
⑨ Boesche, "Kautilya's *Arthaśāstra* on War and Diplomacy in Ancient India," p. 20.
⑩ Kautilya, 8. 1. 56, p. 389.
⑪ Boesche, "Kautilya's *Arthaśāstra* on War and Diplomacy in Ancient India," p. 19.
⑫ Ibid., p. 18.

盟仅会因为符合本国自身利益以及同盟者共同利益才会存在,"盟友在灾害发生时和敌军力量变强时都更注意确保自身的利益"。① 如同卡利达斯·纳格(Kalidas Nag)和 V. R. 拉梅钱德拉·迪克什塔尔(V. R. Ramachandra Dikshitar)所声称的那样,"战争与和平都是单纯地从利益出发来考虑的"。②

考底利耶将请求磋商视为"软弱的表现",就是"弱国尝试求生的绝望之举"。③ 考底利耶写道:"若陷于灾难或困于逆境,抑或麻烦不断,弱国国王可能向强国的国王讨价还价,提供与他的军队相当的收益。做这笔交易的弱国国王,要想避免受伤害,必须进行战斗;否则就应该签订协议。"④ 他还进一步指出:"当一国与敌人相比处于劣势时,它应该谋求和平。当它比敌人更强大时,就应该发动战争。(当它认为)'敌人没有能力伤害到我,而我也没有能力伤害到它'时,则应该保持缄默,相安无事。"⑤ 当盟友变弱时,国王就应该"违背条约"。⑥ 对考底利耶来说,盟友是"当时机成熟时要征服的对象"。⑦ 他这样写道:"对于可能带来伤害或在困难之时有能力却不肯伸出援手的盟友,他(国王)应该在对方自负而毫无戒备地接近自己的时候把他干掉。"⑧ 一般也认为是考底利耶提出了曼陀罗理论的基本思想,声称"本国的邻国应被视为敌人,但在邻国另一侧的它的邻国则应被视为本国的盟友,换句话说,敌人的敌人就是朋友"。⑨ 考底利耶还论及外交的各个不同方面,包括外交豁免及

---

① Kautilya, 8. 1. 59, p. 389.
② Quoted in Boesche, "Kautilya's *Arthaśāstra* on War and Diplomacy in Ancient India, " p. 18.
③ Ibid., p. 20.
④ Kautilya, 7. 7. 7, p. 343.
⑤ Ibid., 7. 1. 13-15, p. 321. See also Kautilya (ShamaSastry trans.), quoted in S. L. Roy, *Diplomacy in Ancient India: From the Early Vedic Period to the End of the Sixth Century A. D.* , p. 64.
⑥ Kautilya, 7. 14. 7, p. 367.
⑦ Boesche, "Kautilya's *Arthaśāstra* on War and Diplomacy in Ancient India, " p. 21.
⑧ Kautilya, 7. 18. 40, p. 383.
⑨ Boesche, "Kautilya's *Arthaśāstra* on War and Diplomacy in Ancient India, " p. 18.

特权、建立及终止外交使团的各项规定以及外交使节的个性与个人品质。他提出需要配备三套外交官队伍以处理国家行政事务，明确了提名委任方式以及他们履行职责时需遵守的规则和行为方式。一名外交官"拥有公使级别的优秀特质就能成为全权代表。一个欠缺四分之一优秀特质的外交官可以在有限的任务中出任使节。一个欠缺一半特质的外交官只能当一名传递消息的信使"。① 另外，外交官同样也要充当间谍。

考底利耶关于战争和外交的理论受到两个因素的影响：第一是古代印度次大陆的地缘经济和地缘政治的特点；② 第二是亚历山大向印度西部的进军。印度次大陆千差万别的地理条件，包括陆地、丘陵、高山、高原、山脉、峰脊、激流、潟湖、沙丘和森林等，很大程度上塑造了古印度的政治及外交。山脉为这个向南延伸至海洋的地区提供了像护臂一般的保护。其他各方向临海使印度成为一块极具内部凝聚力的稳固土地。她的领土与世界其他地方隔离开来，有着清晰的界限。在这片土地上，大自然慷慨地给予丰富资源，使她的子民得以谋求富足而具有创造性的生活。阿伦·巴塔查吉（Arun Bhattacharjee）认为，这些自然条件使得印度"相较于大部分其他蓬勃发展的古代文明，能更有效地避免遭受外来攻击或干涉"。③ 印度的地理条件决定了印度人的政治抱负。④ 尽管古代印度某种程度上孤立于"国际政治主流"，⑤ 但它仍然参与了国际贸易。印度次大陆的财富吸引了全世界的目光，包括亚历山大治下的希腊。希

---

① Kautilya, 1. 16. 2-4, p. 36.

② Prakash Charan Prasad, *Foreign Trade and Commerce in Ancient India*, p. 1. See also Gandhi Jee Roy, *Diplomacy in Ancient India*, p. 22.

③ Arun Bhattacharjee, *History of Ancient India* (reprint, New Delhi: Sterlign Publication, 1982), pp. 4-5.

④ Ibid., p. 6.

⑤ Prakash Charan Prasad, *Foreign Trade and Commerce in Ancient India*, pp. 2-3. 有关古印度次大陆相对于其外交、对外贸易和商业的地理位置的详细信息，请参阅 Prakash Charan Prasad, *Foreign Trade and Commerce in Ancient India*, pp. 1-7.

腊人向印度进军时，"只是希望垄断印度的商业，绝无奢望建立希腊统治"。① 在亚历山大死后，考底利耶和旃陀罗笈多设法阻止了希腊侵略者，刺杀了两名希腊总督尼加诺尔（Nicanor）和菲利普（Philip），开始了他们对印度的统一进程。② 从希腊人手中确保了印度西部的安全后，考底利耶和旃陀罗笈多与亚历山大大帝的继任者塞琉古（Seleucus）签订了条约。他们最终成功地将印度次大陆统一为一个帝国。

尽管战争是考底利耶提出的国家理论的重点，外交只是一种手段。但实际上旃陀罗笈多进行了广泛的外交交流，包括接见了塞琉古·尼卡特（Seleucus Nicator）的使者麦加斯梯尼（Megasthenes）。③ 考底利耶同样担任了旃陀罗笈多的儿子及继承者宾头娑罗时期（Bindusara）（约公元前293—前268年）的顾问。宾头娑罗的继位者正是阿育王（Asoka，约公元前268—前232年在位），被印度历史学家公认为"历史上最贤明的国王之一"。阿育王曾亲眼见证了羯陵伽之战给人民带来的痛苦，所以皈依了佛教，并以非暴力政策作为他国内及外交政策工具。④ 他声称他要使用 *dharma* 征服世界，这是一个梵文词汇，意思是"正确的行为、职责、宗教信仰、法律、社会正义和责任"。阿育王实际上与大量国家建立了和平的外交关系，包括伊朗、南方的塔米尔国家、埃及国王托勒密·费拉德尔甫斯（Ptolemy Philadelphos）（公元前285—前246年在位）、马其顿国王安提歌诺斯·歌纳塔斯（Antigonos Gonatas）（公元前277—前239年在位）以及安条克二世（Hellenistic Antiochos Theo）（叙利亚和西亚国王，公元前261—前246年在位）。⑤ 他建立了与希腊国王们的良好关系，并派遣使者和宗教使团宣扬 *dharma* 福音。他也开始向中国和锡兰派

---

① Prakash Charan Prasad, *Foreign Trade and Commerce in Ancient India*, p. 29.
② Boesche, "Kautilya's *Arthaśāstra* on War and Diplomacy in Ancient India, "p. 10.
③ Gandhi Jee Roy, *Diplomacy in Ancient India*, p. 58.
④ Boesche, "Kautilya's *Arthaśāstra* on War and Diplomacy in Ancient India, "p. 13.
⑤ Gandhi Jee Roy, *Diplomacy in Ancient India*, pp. 59, 103.

遣使团。实际上，如果考底利耶代言了古印度的外交理论中的现实主义部分，那么阿育王则是实践上的理想主义者。阿育王信仰 dharmavijaya，即"以虔诚征服"，而不是"以武力征服"。①

中世纪世界

> 信使是信件的代替者：他就像一只喜鹊，也像一架管风琴，他接收委托人的声音，并将委托人的话背诵出来。
> ——阿佐（Azo），《法典注释》（Summa），
> 威尼斯，1594，4：50

罗马帝国衰落后的几个世纪中，西方的外交关系，除了与教会间的互动之外，没有多少作为，发展缓慢，未出现实质而有建设性的新变化。人们能够对中世纪外交进行量化分析和比对，但几乎无法从其他角度进行分析。主要的困难就是这一时期国家主权的本质尚不明确，当时的人们关于如何区分秘密和公开活动这两个概念尚未达成一致，因此导致中世纪外交的"代表性"问题模糊不清，难以界定。再有，当时的法律评论家希望能创新性地、史无前例地对上述概念进行区分，一批又一批历史学家试图依照他们所处的时代在原本混乱的世界中创造秩序，19 世纪晚期的历史学家莫尔德·拉·克拉维埃（Maulde la Clavière）②便是其一，这些法律评论家和历史学家做出的各种努力，和外交原本的模糊概念叠加，更加剧了认识上的混乱。因此，我们需要明确，直到 16 世纪或更晚

---

① S. L. Roy, *Diplomacy in Ancient India: From the Early Vedic Period to the End of the Sixth Century A. D.*, p. 123.

② M. A. R. Maulde la Clavière, *La Diplomatie au temps de Machiavel* (3 vols, Paris: Hachette Livre BNF, 1892–93).

的时间，"主权国家"才有了较明确的概念，也才相应地产生了为人们熟知的外交实践和术语。之所以这样，有多种原因使然。或者因为当时所谓"国家"的行政管理水平相当原始，或者由于统治者权力有限，或者因为通信条件很差，还有就是即使有些政治实体相对先进，但却不直接毗邻，再加上尚未解决的地理和政治空间的阻隔，也就失去了对外交往的必要。

不过，我们不能忽略另一个原因，那就是事实上直到1400年，西方世界都自认为是一个整体，同属于一个社会。这里存在着战争、宗教争端、教会大分裂、教皇与皇权的分隔、阶级斗争的爆发，但是贯穿其中的就是这一认识，"尽管感受和表达各异，但西方世界始终是基督教的统一"，这是"中世纪全部政治思想和行为的基础"。[①] 这个概念就是基督教共和体（republica christiana），它有名无实，不过确实形成了普遍接受的法律体系。这一法律体系是由罗马法、封建法律和教会法规混合而成的：其中的罗马法和教会法规因具有普世的传统或实用性，成为外交关系的规范性文件；而封建法律，因其中规定了以骑士精神对待信使、囚犯和非战斗人员，并就监督停战和履行合约做出了适当安排，而具有"国际"法的明确要素。

罗马法，即"民法"，从15世纪初开始便得到广泛运用。它的总体框架来自帝国时代，同时也反映了现实中充斥着世俗权威和权钱交易的政治世界。然而这只是罗马法的第一个方面，也正是这一特性使它能为基督教共和体提供一套适用于各成员的法律体系，并在17世纪之前赋予民法以国际法性质。从14世纪至17世纪晚期，当时所有给各国外交官的建议都强调了民法的重要性。尽管伴随着教会权威的削弱，教会法规不可避免地式微，最终被宗教改革推翻，但它在当时仍对外交关系的形成

[①] G. Mattingly, *Renaissance Diplomacy* (London: Jonathan Cape thirty Bedford Square, 1955), pp. 18–19.

和发展起了重要作用。教会与基督教共和体是并存的，教会法规通过基督教宗教法庭来管理。这些教廷主张自身拥有最广泛管辖权，既包括神职人员也包括世俗民众，因此对诸多法律关系进行了规定。教廷的这一主张当然也受到挑战。除此之外，那时的教律学家已经开始考虑今天国际法学家思考的问题了，包括主权的定义、条约的神圣性、和平的维持、中立国和非战斗者的权利以及战争的规则等。关于战争是正义还是非正义的判断，谁是和平的破坏者的决定都取决于教律学家的判定。出于实践需要，教会法规制定了外交人员规范，这是因为教会在 13 世纪与神圣罗马帝国皇帝的斗争中成为外交的一个主要实践者。一直以来，教会的外交系统在名称、术语方面与世俗外交迥然不同，① 而且这些规则也不能简单地转化到世俗中得以恰当运用，虽然如此，它们最终还是被世俗化了。②

至少，从 20 世纪晚期的视角来看，那时的国际环境至少对于当时的人们来说还是相当陌生，这样的国际环境对外交产生的一个影响就是，"代表"行为不属于也不局限于单一国家行为体，因为当时不存在这种现代意义上的单一国家行为体。尽管人们尝试从史料中找到外交发展的文字记载，但显然直到 16 世纪末才出现关于大使馆（droit d'ambassade）的明确记载。除了统治者，各级各类权威机构，如商业、教会、省级，甚至官员个人，都派出并接收外交代表。外交代表的派出与接收均须获得拥有足够权力的官员批准。15 世纪之后，各方之间外交交流越发频繁。

---

① 使节（Legatus）由杜兰杜斯（Durandus）定义如下：只要是从另一方派来的人都可以被称为使节……无论是从一位统治者处或是从教皇处派来……或是从某个城市或省派往统治者处……甚至是来自一个总督那里……因此，所有使节都可以成为其他使节的替代者。参见 Durandus in V. E. Hrabar (ed.), *De Legatis et Legationibus Tractatus Varii* (Dorpat: C. Mattiesen, 1906) p. 32. 但随着时间的推移，很明显"使节"一词变得仅限于指教皇的代表，而"教皇全权使节（latere）"比任何其他类型的教皇代表有更大的权力。See D. E. Queller, *The Office of Ambassador in the Middle Ages* (Princeton, NJ: Princeton University Press, 1967) p. 65.

② Mattingly, *Renaissance Diplomacy*, p. 22.

另一个区别则是，外交过程中的礼仪礼节一定与信使带来的消息有着同等重要性，甚至有过之而无不及。至于外交任务对于有关各方是否真的重要，则是通过无休无止、无聊乏味的礼仪程式间接表现出来的。[1] 礼仪、仪式是外交中不可或缺的部分，在中世纪晚期其作用最为凸显，而到了18世纪早期就变得没有那么重要了。

直至15世纪，常驻大使制度的创设带来了一场重大变革，中世纪外交的发展分为两个阶段。第一个阶段主要是信使[2]的派遣（nuncius，在古拉丁文中写作 nuntius），它与当时复杂性极低的国际社会、频率极低的外交实践相符合。最常见的情况是，在安排个人会见之前，各种准备工作往往由委托人承担，委托人可以是任何人，也可以是任何职务的官员。他们希望能够互通消息，但也希望在条件允许的情况下尽可能地进行个人交流。为此，信使常被称为"活着的信件"，并且，信使权力受到严格限制，除非他们因出使任务要求得到特殊的权力提升或调整。例如，一名信使有可能同意根据书面指示对原有信息进行修改：威尼斯于1283年向皇帝安德洛尼卡（Andronicus）派遣的信使就得到了这样的许可，他们可根据谈判结果，决定签订期限范围从七年至十年的停战协定，只要满足两个月内签订协议这一条件即可。[3] 这在当时并不常见，但是一般信使携带的国书上会非常明确地表明信使与其委托人之间的紧密关系：1236年，英格兰国王亨利三世（Henry Ⅲ）在给弗雷德里克二世（Frederick Ⅱ）的信中就这样写道，"有关我们与法国国王的某些相关事务，将由之

---

[1] See W. Roosen: "Early Modern Diplomatic Ceremonial: Systems Approach," *Journal of Modern History* LⅡ (1980): 452-476.

[2] 信使（*nuncii*）一词是可以用其他词汇表达的，而 *nuncius* 是其中最常用的。*Legatus* 一词也是使节之意，但仅用于指教皇的代表，但 *missus* 和 *mandatarius* 仍然可以泛指信使。较低级别的信使可以称为 *cursores*、*tabellarii*、*fanti*、*varletti* 或 *coquini*，这些信使的任务最为简单，不会将重要信息委托给他们。Queller, *The Office of Ambassador in the Middle Ages*, pp. 3-6.

[3] Queller, *The Office of Ambassador in the Middle Ages*, p. 23.

前提到的信使向您口述予以解释"。① 出于法律和实践的目的，与信使打交道和与其委托人打交道具有相同效力。信使是无权进行磋商或签订协议的，除非像婚姻之类，双方已事先起草了协议，而在这种情况下信使则可能被派遣前去签订最终条款。② 信使应该当着委托人的面进行宣誓，这一点充分说明信使与委托人之间是完全等同。③ 同样明确的是，信使的地位可以通过授予他豁免权体现出来，豁免权可以保障信使免受伤害。所有的外交信使从一开始就被授予了某种形式的、通常是出于宗教原因的人身安全保障，并且大使的特殊地位已明确地为各方认可与接受。在信使这一问题上存在着一个特殊认定，即伤害信使与伤害他的委托人性质上是等同的，同时，信使到访时的接待仪式应与他的委托人应当享有的级别等同。

在中世纪进行长途旅行，路途艰难，行进缓慢，危机重重，加上信使权力有限，为此，有时一位信使可能受命于多名雇主。由于当时没有特定的国籍意识，信使也并不严格地要求只关注派遣国的国家利益，因此他常常会捎带需要沿路传递的多条信息。不过，在旅途中这些额外的信息很可能出现混淆而被误传，这些信息多为初步的、预备性的而非决定性的，也非政治性的。摩尔达维亚的斯蒂芬（Stephen）总督曾雇用了同一名威尼斯信使，派他去向教皇传达了信息，还负责寻找一名能医治他腿部溃疡的医生。这一做法有助于我们更准确地理解信使这一角色。

---

① Queller, *The Office of Ambassador in the Middle Ages*, p. 7, n. 20.

② 例如，亨利三世写信给普罗旺斯伯爵雷蒙德·贝伦加（Raymond Berengar），信中说国王的议会同意了国王和伯爵女儿埃莉诺之间缔结婚约的条件。因此，亨利派了神圣的使节来完成这段婚姻。通过国书，他们告诉伯爵，他应该毫无疑问地相信这些人前来履行婚约的行为，就如同国王亲临现场在处理和决定这些事情一样。Queller, *The Office of Ambassador in the Middle Ages*, p. 9。

③ Queller, *The Office of Ambassador in the Middle Ages*, p. 10. 从礼节仪式上看，教皇使节的地位同样明确，因为教皇的仪式规格更高更加先进，地位也就更加明确。格列高利七世（Gregory Ⅶ）在谈到一位教皇使节时说，人们应该"从使节身上看到教皇本人的脸，通过使节的声音听到教皇的声音"（见原文注释39）。如果有人说有一位教皇使节身披教皇的斗篷，这话一定是真的，他一定是骑着一匹装备着教皇的马刺的白马。

如果说大家都明白信使不过是"活着的信件",那么他们所属的部门又起什么作用呢?对这一问题的部分答案就是,中世纪的各种安排本就模糊不清。正如人们已经了解的那样,只要稍微改变一下信使的职责,就能更加灵活地发挥信使的作用,这种做法是可行的,不必严格遵循从杜兰杜斯(Durandus)到贝尔纳·杜·罗兹埃(Bernard du Rosier)各地方当局给出的严苛界定。① 还有,由于中世纪旅途风险高,更需要派遣人类信使。虽较少提及,但却不可忽视在完成外交任务的过程中人类具有显著的灵活性。为什么常派人做信使呢?还有一个原因,那就是礼仪程式往往会带来额外礼遇,而那些关于礼遇的主要内容是由威尼斯人在1306年任命前往热那亚的信使时规定下来的。当时人们认为,一个人可以通过他传递信息时的真实语调、态度、措辞(如果能由他自主决定)以及他对问题的回答来传达话语背后的意义。②

中世纪第一阶段最广泛任用的外交代理人应当是信使(nuncius),这一职位有限的职责完美地适应了那个时代有限的需求。且其简单性也使它在各种职能部门中脱颖而出:例如结盟、确保盟友履行条约、达成停战、宣战、进行抗议、制定军事支援的细节等。此外,还有处理金融交易(通常是贷款)以及追讨债务、涉及银钱运输以及其他五花八门的交易,这些工作都是由信使为私人或商业机构提供的。以上列举的职能并非详尽无遗,考虑到每条需要传达的消息和传递方式的细微变化,这些职能未必都有利可图。不过信使的主要任务还是相当明确的:

(信使)负责传达其委托人的意愿,并且不能依照他个人意愿行事,这是向委托人承诺过的。他可以就条约草案进行协商,

---

① See V. E. Hrabar (ed.), *De Legatis et Legationibus Tractatus Varii*; Baldodegli Ubaldi, *Commentaria* (Venice, 1515-16), p. 6; R. Sohm, *The Institutes: a Textbook of the History and System of Roman Private Law* (3rd edn, Oxford: Clarendon, 1907), p. 219.

② Queller, *The Office of Ambassador in the Middle Age*, pp. 7-8.

但是如果不把条约递交给委托人并让他表达意愿,这些条约对于委托人就不会生效。一个信使所能做的任何事情都得由委托人直接决定。①

信使的目的,要么(而且非常可能)是为了实现委托人之间的会谈,或者是通过交换信使让双方意见最终达成一致。那时外交关系大多是指与周边国家之间的关系,"峰会"曾经相当普遍。在这种会谈场合,人们通常为统治者的人身安全及外交仪式准确性、适当性而倍感焦虑,② 为此,经常需要对会议地点做特殊安排。如果会议需要设置在边境上的某一地点,比如一座桥边或是河流中的驳船上,就会在周围安装诸如木栅栏之类的保护装置,以防袭击或是绑架。③

中世纪后期的欧洲社会变得日益复杂,外交关系出现网络化、复杂化,还产生了与更加遥远国家建立外交关系的需求。不过,这样的变化并不影响信使这一职位的存在,其实,从墨洛温王朝时代直至15世纪信使及其职责都未曾有过改变,④ 倒是出现了一种新的官职,即代理人(*procurator*),它也是英文单词监督(*proctor*)和代理(*proxy*)的词源。其实在中世纪早期就有了代理人这一职位,算不上一个新职位,但它最初只具有法律意义,而无外交价值。在11世纪晚期,教廷官员也被授予了委任令。无疑,那时委托人派遣代理人只是为了签订私人合同。一百年之后,在《康斯坦茨和约》(1183年)签订时,弗雷德里克·巴巴罗萨(Frederick Barbarossa)将权力授予他的代理人代表他进行磋商并在和约上签了字。皇帝同意采纳并颁布他们用皇帝的名义达成的协议,且没

---

① Queller, *The Office of Ambassador in the Middle Age*, p. 225.
② S. Anglo, *Spectacle, Pageantry and Early Tudor Policy* (Oxford: Clarendon Press, 1969), Chapter 4.
③ Nicolson, *The Evolution of Diplomatic Method*, pp. 42-43.
④ See F. L. Ganshof, *Le Moyen Age, Vol. I, Histoire des Relations Internationals*, ed., P. Renouvin (Paris: Hachette, 1953).

有提出质疑。① 很明显，这种对权力的充分使用即 *plena potestas*（全权委任）的类型曾经只是偶尔附在信使的信用书上，但是到了 12 世纪末 13 世纪初，由于同距离遥远的他国统治者打交道的需求越来越多，代理人便开始不断敦促统治者授予他们全权代表权，因为如果仍沿用信使，必然会因信息延迟导致磋商失败。当然，国家间关系所涉及的业务变得更加多样、更加复杂也是原因之一。在 1201 年发生过一个案例，虽然可能不是最典型案例，但它却足以表明新外交模式可以将过去不可能实现的目标变为可能。维勒哈杜因的杰弗里（Geoffroi de Villehardouin）以及他的使团被授予全权信使和使团地位，代表第四次十字军东征的领袖参与协商，他们全权参与了如下活动：决定是否与威尼斯统治者进行谈判、与恩里克·丹多罗（Enrico Dandolo）达成了让威尼斯获得一部分战利品的协议，并就如何筹措经费进行了商谈。"委托人在他们的信使返回之前完全不知道他们在做什么，也没抱有任何期待。这是早期外交实践中体现全权委任的决定性本质的一个例子，的确令人叹为观止。"②

无论是为私人还是官方委托人做事，只要拥有了适当的权力，代理人所做的任何事情都拥有与委托人本人同样的法律效力。但是，与信使不同的是，代理人以自己的名义行动并对自己负责。他不是只会学舌的鹦鹉。因此，他的首要外交任务是进行磋商谈判。其他的对外交流或是信息传达仍然由信使完成。这样又出现一个问题，在中世纪有一种常见做法，即同时任命某人为信使和代理人，有时甚至还有其他的头衔，即使是同一时代的人也难以区分信使和代理人这两种职务间的差异，当然

---

① Queller, *The Office of Ambassador in the Middle Age*, p. 29.
② D. E. Queller, in *Dictionary of the Middle Ages*, Vol. 4 (New York: Macmillan, 1984), p. 204. See also D. E. Queller, "L'Evolution du rôle de l'ambassadeur: les pleins pouvoirs et le traité de 1201 entre les Croises et les Venitiens," *Le Moyen Age*, LXVII (1961): 479–501.

也就不明白代理人拥有怎样的"代表权"。① 其实，事实上这两种职位之间还是存在着明显的区别，因为只有获得代理人的头衔才可以执行某些特定的任务，如传送或接收官方文件、进行国家支付或收债、达成休战或签署条约、② 寻求盟友、③ 签订婚姻协议（无论是站在新娘或新郎的立场上④）以及表达或接受效忠。最后这一条特别适合如下情况：本国统治者希望获取或保留属于另一个统治者的领土，且不希望因为由本国统治者本人出面承认这一事实而带来不便。代理人这一职能为这个问题的解决提供完美方案。⑤

显然，代理人的确是拥有"代表"这一功能，因为他自己的言论就代表着他的委托人。根据从委托人处得到的授权，他拥有灵活性和酌处权。不过这些权利都将受制于其委托人的命令，因为这个官职需要忠贞不屈的坚毅品质。值得注意的是，随着 14 世纪外交步伐的加快，代理人必须更长时间离开他们的委托人，因此，要间隔更久才能联系上委托人或向其汇报。这样一来他们得到的授权变得更具有约束性，并且即便是委托人一般也会认可代理人的某些越权行为（显然直到谈判最后再去否定之前的磋商成果，势必造成太大损失）。但在极端情况下，他们当然也

---

① Queller, *The Office of Ambassador in the Middle Age*, pp. 57-59, and nn. 213 and 218，后者是霍斯蒂恩西斯（Hostiensis）一条评论的来源，即只要委托人的意图是明确的，特使是否被称为"蠢货"并不重要。霍斯蒂恩西斯，又称塞古希奥的亨利，是 13 世纪意大利典籍专家。——译者注

② 在这方面，14 世纪初，威尼斯检察官（在这些案件中称为 *syndics*）获得了非常广泛的权力：见 Queller, *The Office of Ambassador in the Middle Age*, pp. 44-45。

③ 例如，英格兰的爱德华一世（Edward I）向赫尔克拉斯（Hulcrath）伯爵解释说，他还不知道他的检察官做了什么，但会在他了解完情况的时候通知伯爵。Queller, *The Office of Ambassador in the Middle Age*, p. 46。

④ "在萨沃伊的博纳（Bona）与加利阿佐·玛丽亚·斯福尔扎（Galeazzo Maria Sforza）的代理婚姻中，检察官特里斯塔诺·斯福尔扎（Tristano Sforza）实际上走近了婚床，触摸了她的大腿。" Queller, *Dictionary of the Middle Ages*, Vol. 4, p. 204。

⑤ 这方面存在一些复杂的问题，因为人们认为当面效忠宣誓比当面接受更为必要：见 Queller, *The Office of Ambassador in the Middle Age*, pp. 49-50。

会否定代理人已达成的部分条款。① 他们同样随时准备撤回授权，而一旦撤回，代理人就无法达成具有法律约束力的协议。

总而言之，这些变化、偶然产生的混淆以及诸多名称术语都表明在中世纪开展外交工作极端不易，特别是当外交的范围和目标开始拓展后更是如此。国内政治的不确定性、主权意识的薄弱、严重的时间延误以及最重要的是几乎难以想象的落后的沟通和交通方式，使得对外事务的管理变得风险极高。正因如此，我们无法对中世纪外交的各种做法进行简单而完美的归类。然而，外交下一个发展阶段，也就是常驻大使制度的发展完善，最终注定将为更加有序的外交制度奠定基础。

---

① 参见阿拉贡的詹姆斯一世（James I of Aragon）否定了《科贝尔条约》的部分内容一事；其他例子参见 Queller, *The Office of Ambassador in the Middle Age* (pp. 54-55) 给出的。

2. 文艺复兴时期的外交以及常驻大使

> 大使与其他服务于政府的人员的首要职责是完全相同的,那就是去做、去说、去建议以及思考任何能够保护以及强化自己国家的最好方式。
> ——埃尔莫劳·巴尔巴罗著(约1490年),载 V. E. 赫拉巴尔编《关于各种大使馆和大使馆的论文集》,1906[①]

虽然这类观点可能有些极端,但它确实属于 15 世纪末期开始并一直持续到 18 世纪早期的大规模讨论的一部分。大使们应具备的最理想的特点、最合适的训练以及最正确的行为,都是经过了细致而长期的检验的;工作中固有的道德问题也同样如此。大使首要的忠诚对象是谁或者什么?在进行报告或是与其他大使或官员交换信息时,诚实这一道德责任到底有多重要?如果他们不诚实,他们将如何获得私利?再有,特使可以对驻在国统治者控制下的国内局势进行多大程度的干预?在何种情势下可以使用间谍,甚至实施暗杀?如何使用间谍?当时的人们都在无休止地讨论着这些问题,讨论过程中他们还经常参考《圣经》和文字烦琐晦涩的其他经典著作,提出看似复杂但却不堪一击的观点。一般来说,人们常常到这些学者的著作中找寻佐证,主要有伯纳德·杜·罗兹埃

[①] Ermolao Barbaro (*c. 1490*) in V. E. Hrabar (ed.), *De Legatis et Legationibus Tractatus Varii* (Dorpat, 1906), p. 66.

(Bernard du Rosier)、菲利普·德·康梅内斯（Philippe de Commynes）和莫尔德·拉·克拉维埃（Maulde la Claviere）。① 事实上，这种争论的爆发比争论本身更重要。在经过一番争论后人们得出以下结论，即大使应该有良好的人际关系，受过良好的教育（特别是在语言方面），是优雅的演说家，善于取悦他人，擅长收集新闻，还能做到有效地、频繁地向本国汇报。而且，道德问题最好的解决方案是通过一般的常识性手段为统治者谋求最大利益。在提到对谈判的建议时，杜·罗兹埃和许多人都有着类似观点，也不过是些晦涩难懂的陈词滥调。马丁利（Mattingly）对这些涉及谈判的观点进行了总结：

> 谈判者在阐述观点的时候必须尽可能表达清楚，但是在别人提出反对意见前，他不需要把他自己的观点和盘托出。倾听时必须用心，尤其要寻找可能达成一致的意见，最好的方法通常是先着手解决那些可能达成一致的问题。谈判者必须根据实际情况及时、灵活地调整自己的做法，在充分考虑委托人的尊严和关键利益，以及对他的核心授意的情况下做出让步。谈判期间必须要有韧劲，要坚持不懈，稳步推进，必须牢记：越快找到一个公正的解决办法就越有价值，因为政治瞬息万变，所以无端延误就是失败。但是，谈判者必须时刻保持礼貌和周到，千万不要乱发脾气，无故刺激对方，切忌让自己被虚荣的欲望冲昏头脑。人们必须记住，外交官的希望在于人类的理性和善意。②

---

① 有关杜·罗兹埃和其他人物，参见 V. E. Hrabar, *De Legatis et Legationibus Tractatus Varii* (Dorpat, 1906)。该讨论的性质在 17 世纪末发生了变化，见第五章。
② G. Mattingly, *Renaissance Diplomacy* (London: Cape, 1955), pp. 39–40.

15世纪中期,意大利北部的外交活动大幅增加,呈现出显著的机制化特征,并在此后长达一个世纪的时期逐渐向欧洲北部和西部推广开来,这便导致了上述关于如何规范外交实践的大讨论。政治和机构的变化使主权国家逐步发展,取代了中世纪的秩序,参与对外交往的政治实体的数量猛增,促成了外交的突飞猛进。宗教改革运动推翻了罗马教会的神权统治,欧洲各国政府和行政实现政教分离,日趋世俗化,这样一来,国家间外交关系的发展就意义重大。1533年,英格兰国王亨利八世(Henry Ⅷ)在议会中通过了一项法案,终止了教皇对英国的裁判权,确立了主权观,在他看来,"英格兰王国就是一个帝国",即一个完全的主权国家。[①]

在15世纪的意大利北部,一些并非由宗教改革带来的外交发展(宗教改革尚未开始)有助于解释为什么当地的外交活动迅速发展。除此之外,还有一些重要影响因素。意大利北部地区享受到了第一拨文艺复兴带来的成果,且没有受到外来强权的影响或压力。在当时的欧洲,威尼斯共和国领土面积很小,绝算不上大国。在它的周围,拜占庭已经衰落,穆斯林势力延伸到巴尔干半岛和地中海东部便戛然而止,神圣罗马帝国当时正在转变为哈布斯堡王朝,称霸欧洲中部,而北欧国家尚未发展壮大。事实证明,意大利北部城邦的演变反映了多极体系国际制度变化的过程,每个国家都尽可能地扩大自身的领土与政治空间,但在这有限的空间中谁都无法实现霸权。此外,由于意大利大部分城邦规模都很小,如果不依靠雇佣军,各国都难以展开长期军事活动,军事行动往往也无法达到预期目的,只能不了了之。小型意大利城邦还有一个积极影响,就是它们能够组织起现代世界最早的高效的政府体系,这一点与阿尔卑斯地区那种庞大臃肿而杂乱无序的君主体制完全不同。马丁利描述了这种情况:

---

① See G. R. Elton, *The Tudor Continuation* (Cambridge University Press, 1965), p. 44.

> 在对外关系中，规模具有双重作用。意大利各新城邦的相对高效率……使它们能够在追求实现外交政策目标时比欧洲其他国家拥有更大的灵活性和连续性。与此同时，在意大利北部有限的空间内存在大量高效、灵活和掠夺性强且具备军事能力的邻国，那么不断开展积极的外交活动就成为生存首要而且必要的条件。①

到15世纪中叶，《洛迪和约》（1454年）标志着这种局面可能产生的后果。该体系中各方简单而原始的平等关系没能避免长期战乱，这证明了要从根本上实现平等才更为可靠。此后，国家间的竞争行为迫使各国纷纷寻求解决办法，以阻止长期不断的军事冲突。其中，外交是战争最重要、最有效的替代。此外还有其他原因促成了外交的兴起。各权力中心之间的距离相对较近，加上共同语言和相似历史背景使得各中心之间的交流既必不可少又相当容易。在古希腊，这种交流模式早已出现，在文艺复兴时期的意大利重现时又有了一些必要的变化：没有外来威胁，国家间在区域体系内权力平等，相互紧邻，便利交流，促进沟通，共同的语言和文化使交流更加有效。

外交机构的发展产生了巨大的影响。首先，同前一个时期一样，外交活动的普及推广，已不再仅限于各国对外派出代表这类活动。实际上，"只有主权统治者才有权派遣使节"的规则直到下个世纪才得以确立。在那时，具有明确主权的国家就拥有代表权，例如威尼斯。②有时候，像法国国内的勃艮第（Burgundy）或布列塔尼（Brittany）这类政治实体，仍然

---

① Mattingly, *Renaissance Diplomacy*, p. 59.

② D. E. Queller, *The Office of Ambassador in the Middle Ages* (Princeton, NJ: Princeton University Press, 1967), p. 11.

保留了驻外代表权，以表明在法国统一过程中它们仍拥有这一特权，但法国国王的敌人则不具有这样的权利。① 在必要或有利可图的情况下，商业集团通常也会拥有临时代表权。②

然而毫无疑问，统治者之间相互派遣代表的行为带来了外交的迅速发展；同样，常驻大使的出现则是外交行为方式最重大的变化。这种革命性的变化在最初出现时必然是局部的、暂时的、不全面的。但无论如何，当时的确存在着两种压力，它们之间相互对立、相互矛盾：统治者们一方面迫切需要尽可能多地了解邻国的内部政治，派遣常驻大使是最好的方法。但是，统治者们同样迫切需要防止其他人前来打探消息，还需要尽可能防止外国常驻大使从事颠覆活动，因此，这又使外来的常驻大使极不受统治者的欢迎。英格兰国王亨利七世（Henry Ⅶ）在死前差一点准备从伦敦驱逐所有大使。③ 在1481年，威尼斯禁止他们的大使与任何非官方的外国人谈论政治，本国公民也可能因与外国大使进行交谈而受重罚。④ 菲利普·德·康梅内斯是一位"最专业"的业余外交家，他在回忆录中准确地描写出这种困境：

> 各国大使们的来来往往对于本国是不太安全的，因为他们经常谈论邪恶的事情。但仍然有必要派遣我国大使，接受他国大使……我的建议是，用既礼貌又安全的方式善待他们……还应该安排聪明可靠的仆人……辅佐他们的事务。因为这样，就有可能查明是哪些人去拜访他们，防止对内政不满者把消息带

---

① A. Degert, "Louis XI et ses Ambassadeurs," *Revue Historique* CLIV (1929), pp. 4–6.
② 例如，托马斯·莫尔爵士（Sir Thomas More）于1509年代表伦敦的美世公司（Mercers Company）与安特卫普市进行了谈判。商会既是商业实体，也是政治权威，他们经常代表自己的公司进行谈判。Mattingly, *Renaissance Diplomacy*, p. 29.
③ H. Nicolson, *The Evolution of Diplomatic Method* (London: Constable, 1954), pp. 34–35.
④ Ibid., pp. 29–30.

给他们——因为没有哪个国家可以令所有人都满意。每派一位使者或大使到我这里来,我就会送去两位使者作为回报。哪怕其他国王对大使感到厌烦,说我不应该再派人过去,但只要有机会或有可能我仍然会派他们去。因为这是可以派遣前去打探消息的间谍的最好最安全的方法。如果你同时派两三个人去,他们就不可能时时刻刻保持警惕,难以实现用秘密或其他方式与特定之人进行私下联系。①

从这一点不难看出,常驻大使制度的建立是出于统治者新的需要。外交技术的进步已经能实现统治者之间的信息传递,并能间接传递国家实力相对强弱的信息,但要求统治者应该尽可能多地获取他们邻国的情报,至少不能比对方打探自己情报的能力弱。出于这一目的,他们会继续对外派遣特别使团,并沿袭所有的传统仪式。为了收集资料,他们既需要消息灵通、尽心尽力的代表,也需要相当安全的通信路径。因此,常驻大使获得像特命全权大使那样的地位,或是能从特命全权大使所在的高级阶层中选拔人选,都需要很长一段时间。直到16世纪,大使这一头衔才开始普及。教皇的代表除外,因为他们仍然被称为 nuncios。大使这类官员曾经有过多种官名,包括古希腊时期的 orator(雄辩家),后来出现的 procurator、deputatus(代理人),nuncius(信使),consiliarius、kgatus(朝臣)以及广泛使用的 ambaxiator 或 ambasciatore(大使)等头衔。② 虽然到1500年时,常驻大使很可能来自资产阶级上层,尤以法学博士居多,③ 但在16世纪初,还是偶尔会有人抱怨常驻使节的素质低,声誉差。④ 到16世纪末,整个欧洲的情况都发生了变化,很明显常驻大

---

① Philippe de Commynes, *Memoires* (Paris, 1489), Vol. VI, pp. 198–199.
② See Mattingly, *Renaissance Diplomacy*, Chapter 2.
③ Mattingly, *Renaissance Diplomacy*, pp. 115–116.
④ Nicolson, *The Evolution of Diplomatic Method*, p. 34.

使获得了更高地位，其作用不容小觑。

　　常驻大使的主要职责是向办事效率日益提高的国内宫廷传达消息。统治者一如既往地对其他国家的日常政治事务保有浓厚兴趣。他们从大使那里收到的报告非常详细，包括大量政治琐事和逐字逐句记录下的各种对话。① 这种事无巨细的点滴记录是有目的的，也是大力倡导的，因为只有这样才能确保本国宫廷的书记员能对诸多此类报告进行筛选分析，从而发现在场的大使本人都无法发觉的重要细节。可想而知，这些书记员的工作量大得惊人。勤勉的大使或许每天都会给国内写信，一位驻罗马的威尼斯大使曾在一年里向国内传回了472份快件，② 而他绝非特例。如果说国内工作繁重，15世纪的常驻大使们显然也是忙得不可开交。在意大利，一般的做法是给常驻大使配备一位官方付薪并经过审查的秘书，这类似于通常被派给特派使团的秘书；随着常驻大使的声望和地位越来越高，越来越多家境好的年轻人加入外交行列，谋得一份相当于今天的随员职位。1498年，佛罗伦萨政权正式将这种做法规范化了。

　　对新闻的热情反映出新兴的常驻大使的主要职责和目标。意大利各城邦之间的紧张关系几乎到了歇斯底里的程度，部分原因在于它们政权潜在的不稳定性。在一定程度上，这些政府时时担心被颠覆，这种颠覆很可能是由驻外人员与国内某些反对派共同密谋发动的。正是因为这样，哈罗德·尼科尔森（Harold Nicolson）才提到意大利外交具有"狼一般的习性"。③ 显然，在马基雅维利（Machiavelli）和圭恰迪尼（Guicciardini）

---

① Mattingly, *Renaissance Diplomacy*, pp. 111-112, 描述了典型的派遣形式：到了1500年，大使的派遣规则在所有主要的意大利外事部门都很相似。无论他们的文化水平如何，他们都必须满足一定的正规要求。致礼结束后，大使应立即注意到：第一，最近收到的官方信函，通常包括他上次派遣时的确认信函；第二，最后一次派遣的日期，在小结或随附副本中有注明。其次是信函正文，辅以相关文件的抄本。然后，在信函正式结尾处，写明派遣的地点和日期，通常还会标明确切的派遣时间，以便了解信使的速度。大使在这张信纸的最下面签字。后来，整个欧洲都采用这样的形式。

② Mattingly, *Renaissance Diplomacy*, Chapter 11, n. 5.

③ Nicolson, *The Evolution of Diplomatic Method*, p. 34.

的著作中也可以找到相同理念：或许只有既明智又大胆的外交手段才能够实施大规模政变或成功建立联盟，最终打破依靠战争无法改变的区域内的权力僵局。正如尼科尔森所言，追求这种难以捉摸的结合"就是一场高风险的危险游戏，这场游戏离不开令人激动的氛围，更需要狡猾、鲁莽和冷酷品性的完美结合"。[1] 所以，持续不断的外交沟通必不可少，因为时间和秘密意味着一切。同样，速度和新闻的有效评估都很重要，这让意大利统治者的宫廷诞生并发展了早期外交部门。

有关常驻大使的起源问题可能存在多种答案，其中，威尼斯派驻君士坦丁堡的一种被称为 *baiulo* 的官员无疑是一种常驻代表，实际上相当于领事一职。这就提出了一个问题，即常驻大使，至少是威尼斯那里的常驻大使制度是否并非由12世纪开始的领事代表制度发展而来。领事这一职位在起源和功能上与后来的常驻大使有很大的不同，尤其是在除威尼斯这一特定地区之外的其他地方更是如此。领事通常由移居国外的商人团体选拔出来，负责仲裁内部争端，并代表团体与地方当局沟通。他们的合法职位并非出于外交需求，而是由于他们同当地统治者直接缔结的专门条约。也就是说，这些领事并非外交官。尽管如此，本国政府肯定对领事之职尤为青睐，常依靠他们获取信息、传递信息。他们的职能和常驻国外的银行代表类似，这些人的职责通常是监督向外国统治者或团体提供贷款的状况。显然，这些人既能获得信息，又能接触到当地的高级官员，使他们具有了潜在的外交作用和价值。然而，当政府需要常驻大使时，既不是出自领事发展的需要，也无意使之取代领事偶尔承担的商业职能之外的政治职能。[2] 罗马帝国各省份习惯于向罗马派遣使节（*legati*），这种做法构成了永久代表权的基础。尽管地方统治者们派驻罗马教廷的代理人十分类似新出现的常驻大使之职，但目前尚无证据证明

---

[1] Nicolson, *The Evolution of Diplomatic Method*, p. 31.
[2] Mattingly, *Renaissance Diplomacy*, pp. 67-69.

两者间的关联性。但是，这些被派驻教廷的代理人和其他地方的代理人一样，基本上都曾被授权可以处理法律事务并将其作为处理外交事务的一种便利。在与教皇的关系中，代理人体现了罗马教廷神圣地位所固有的双重职能：既行使某些普遍的管辖权，又作为存在于其他社会的国际实体发挥作用。

很明显，关于常驻代表的来源问题，尽管我们可以找到不少各种长期代表的例子，但最令人信服的直接来源应当是意大利文艺复兴时期的代表。① 显然，意大利的常驻大使是在特定条件下逐步发展起来的。这一职位一经出现，其重要性便与日俱增，直到最终发展为马丁·怀特（Martin Wight）所说的"现代西方国家制度的主导机构"。② 这一职位迅速演变，不断丰富，发展变化之快让后人无法辨别谁是第一位常驻大使或哪一位统治者任命了第一位常驻大使——尽管评论家们乐于把那位代表米兰常驻于佛罗伦萨20年、中间仅短暂休假的大使即庞特雷莫利的尼哥底母（Nicodemus of Pontremoli）列为最早一批的常驻大使之一。③ 今天我们可以明确的是，米兰是第一个在意大利境内建立起不同代表等级的城邦，而且它开创了与意大利以外国家交换常驻代表之先河：从1425年到1432年，菲利普·玛丽亚·维斯孔蒂（Filippo Maria Visconti）一直是派驻匈牙利国王处和神圣罗马帝国候任皇帝西吉斯蒙德（Sigismund）处的代表。同时在很长一段时间内，西吉斯蒙德也同时向米兰对等地派遣了常驻的雄辩家。④ 在15世纪30年代和40年代，驻外代表结构变得更加密致。到了15世纪50年代，因威尼斯和佛罗伦萨开始派遣常驻代表，这一做法开始在意大利北部广为流传，后来随着教廷以及那不勒斯的阿

---

① See Mattingly, *Renaissance Diplomacy*, Chapter 6.
② M. Wight, *Systems of States* (London: UNKNO, 1977), p. 53, also p. 141.
③ Nicolson, *The Evolution of Diplomatic Method*, p. 33；相反的观点见马丁利 Mattingly, *Renaissance Diplomacy*, p. 85。
④ Mattingly, *Renaissance Diplomacy*, pp. 76–77.

拉贡（Aragon）王国的效法，又进一步向南部推广开来。

因此，人们认为常驻代表这样的机构是必不可少的，它最初作为意大利各城邦外交和防御政策的附属职能出现，后因其在 15 世纪上半叶的战争中发挥的重要辅助性作用才倍受重视。1454 年之后，当外交成为国家安全的主要支柱时，常驻大使制度得到进一步巩固。常驻大使一般被称作大使，其任命更加明确，接受的指示更加正式、规范和严谨。常驻大使制度的发展对早先形成的特设使团的行为模式没有产生丝毫影响，特设使团继续与全新的常驻大使并存，执行各不相同的、各自确定的职责。

常驻大使在北欧和西欧的出现

17 世纪初，一位在北欧工作的外交官可能会发出这样的抱怨：

> 让一个正直的人违背其本性去说谎、去欺骗……这无疑把他变成了出身低贱、内心邪恶的流氓……但是，一个人必须做到像有一个愚蠢母亲的傻孩子那样，隐瞒祖国存在的问题……有时，为国王尽职，你别无选择。[1]

16 世纪以前，在意大利之外执行常规外交任务时，大使（无论他是信使、代理人还是罗马教皇的使节）不会采用撒谎、欺骗和隐瞒的"技巧"，因为这三种手段都会产生负面作用。一个世纪后，霍特曼（Hotman）[2] 抱怨说，大使需要偶尔表现得像个"坏心肠的流氓"，这表

---

[1] J. Hotman de Villiers, *De la Charge et Dignite de l'Ambassadeur* (Paris, 1604), f. 27vo.
[2] 让·霍特曼（Jean Hotman, 1552—1636 年），法国外交官。——译者注

明常驻大使的职责已经扩大了。尽管在15世纪时意大利的模式已经开始逐渐推广到欧洲其他地区,但中间的演变并不均衡,因此直到17世纪,整个欧洲才形成建立在常驻大使制基础上的完整的外交制度。

最重要的变化是常驻大使制的传播。从1494年法国入侵意大利北部开始,即使拥有外交经验丰富和技能熟巧的意大利外交官和统治者,罗马和阿尔卑斯山之间的小国也再无可能免受外部干扰了,然而,他们中的一些人认为,优秀的外交技能可以保护他们免受实力超强的大国的干预。意大利成了大国鏖战的战场,统治奥地利和西班牙的哈布斯堡王朝和统治法国的瓦卢瓦王朝上演了争霸之战。在这场战争的初期,与新兴大国向意大利对等派遣使者相比,意大利城邦更需要及早向意大利半岛以外的地区派遣代表。1490年,米兰的卢多维科·斯福尔扎(Ludovico Sforza)派遣了一名常驻西班牙的大使,并在同年委派一名热那亚商人常驻伦敦,担任派驻亨利七世处的大使。1492年和1493年,米兰分别在哈布斯堡王朝和巴黎设置了常驻大使。那不勒斯在意识到来自法国的威胁后,于1493年派遣了常驻西班牙、英国和德国的大使。1495—1496年,威尼斯将大部分驻外代表转换成了常驻大使,这是其迈向共和制的一个重要步骤。威尼斯一直因自己拥有高度复杂的特别使团的大使选派和控制体系而骄傲。佛罗伦萨也采取了同样做法,但应用范围没有那么广泛。到1496年,佛罗伦萨已向法国查理八世(Charles Ⅷ)处和西班牙派遣了常驻大使。由于16世纪初意大利城邦国家遭受侵略者入侵,甚至连教皇也不得不屈从于压力而任命了常驻教廷的大使。到1513年,"教廷派驻欧洲大国宫廷的大使和他们的世俗前辈一样,对权力政治保持着警惕和专注"。[①]

驻在国统治者不可能即刻对等派出使者,往往需要些时间。西班牙首先做出了回应。1495年,阿拉贡的费迪南德(Ferdinand)决心将法国

---

① Mattingly, *Renaissance Diplomacy*, p. 155.

人逐出意大利，其后在威尼斯建立了神圣同盟。为了实施这一安排并便于后续管理，一个以卡斯提尔人为主的西班牙常驻大使体系应运而生，不过该体系的后期运营管理并不成功。罗马和威尼斯是意大利的两个外交站点。1495年以后，伦敦成为一个设立了常驻大使馆的城市。同一时间，西班牙开始向神圣罗马帝国皇帝马克西米利安（Maximilian）处派遣常驻大使，荷兰也一样迎来了常驻大使馆。很明显，费迪南德这样的做法遵循的是向盟友或潜在盟友派遣代表的传统。然而事实上，他也曾试图向法国派遣常驻大使，但法西两国之间只有短暂和平，外交任务根本无法持久。与15世纪意大利的做法相比，北欧的新任常驻大使显然不打算发挥更大作用，因为其他大国并不急于追随西班牙亦步亦趋。马克西米利安在他统治期间曾两次派遣常驻大使，一次是在法国入侵意大利后，另一次则是他将儿媳的要求强加给卡斯提尔。然而，他的各种安排都没能持久。他明白自己的地位在很大程度上取决于巧妙娴熟的施政表现而不是他那不可靠的实力来源，马克西米利安当然不能为他的使团提供源源不断的、充足的财政支持。由于经常得不到来自国内的经济援助，身无分文、心灰意懒的大使们只能灰溜溜地回家，"他们的信誉和耐心都耗尽了"。①

　　法国人当时仍然没有认识到派遣常驻大使的必要性。查理八世在罗马和威尼斯派有代表，尽管驻法国宫廷的其他常驻大使向法国提供了了解和思考的机会，英格兰亨利八世也向法国提出过建议，但直到在与哈布斯堡家族的斗争中逐渐认识到，这些对手可以被视作有价值的盟友而不再只是附庸时，法国才终于开始构建自己的常驻大使体系。当时，法国采用了一种成本更高的做法。他们同时向在位的国王和身处法国的流亡者支付生活抚恤金。1521年的法国—瑞士协议达成后，法国佛朗索瓦一世（Francis I）在瑞士设立了一个常驻代表团，从而开启了这一变

---

① Mattingly, *Renaissance Diplomacy*, p. 158.

革。于 1522 年派遣的大使布瓦里戈（Boisrigaut）在任时间长达 21 年。1525 年后，格劳宾登州也拥有了驻库尔的大使馆。帕维亚战役（1525 年）后，法国遇到了一系列紧急情况：佛朗索瓦一世战败并被哈布斯堡王朝俘虏被带到了马德里，之后，他被迫签署了一份羞辱性条约。① 这一切实际上极大地刺激了法国外交体系的建立。法国此时急需盟友的支持以废止《马德里条约》，即使这些盟友是异教徒也无所谓。尽管英国人当时还算不上法国人眼中的异教徒，但由于英国国王想与阿拉贡的凯瑟琳离婚而导致该国与神圣罗马帝国皇帝和教皇间顿生危机，法国却因此得到了建立英法联盟的绝佳时机。帕萨诺（Passano）在 1526 年被法国派往伦敦时并没有想成为一名常驻大使，但他的任期实际持续了两年之久。威尼斯人的报告明确指出，从那时起，法国在英国便有了一名常驻大使。法国人对欧洲其他偏远地区的兴趣与日俱增。帕维亚战役之后不久，法国向里斯本派遣一名常驻大使。16 世纪 30 年代，路德教改革影响了整个斯堪的那维亚半岛，为创建一个潜在的反哈布斯堡联盟，法国从 1541 年开始不断地在半岛派驻代表，尽管有时是以巡回多国的形式派遣的。②

在欧洲东端的奥斯曼帝国可能是当时最重要的实际权力中心。苏莱曼大帝（Suleyman）急于在欧洲扮演一个重要角色，但土耳其人是如此坚信自己具有比世界上其他国家（当然是指基督教国家）更强大的天然优势，以至于他们在随后的两个世纪中一直不愿接受欧洲的常驻大使这一概念，也不愿冒险改变必要时使用武力作为根本政策的做法。然而，当被关押在马德里的法国佛朗索瓦一世向苏莱曼请求援助时，这位苏丹给出了这样的答案。他写道："不要因为被囚禁而沮丧，你的诉求我已经

---

① 《马德里条约》规定：勃艮第归神圣罗马帝国所有，法国放弃对意大利领土的要求。——译者注

② 查尔斯·德·丹泽（Charles de Danzay）自称是加尔文主义者，于 1548 年在哥本哈根接替了克里斯托弗·里彻（Christopher Richer），并在波罗的海地区担任了 40 年的法国代表。Mattingly, *Renaissance Diplomacy*, p. 178.

听到了……我们将不分昼夜地给马备上鞍子,给士兵们佩带军刀。"不久之后,土耳其人在1526年的匈牙利莫哈奇战役中战胜了神圣罗马帝国皇帝,取得了可能是他们有史以来最伟大的胜利。① 又过了10年,法土同盟正式建立。就在1536年法土通商条约签订后,第一位法国常驻大使让·德拉福雷斯特(Jean de la Forest)才抵达君士坦丁堡履职。土耳其人在欧洲引起的严重恐慌和厌恶之情是造成常驻大使制被迟迟推延的部分原因。如果说欧洲打破旧基督教复兴会并一定程度上转向主权国家的发展表明了圣战精神的瓦解,那么这一影响变为现实也还需要时日。在土耳其人继续战斗的同时,欧洲统治者和政治家的脑海中却不断对他们产生怀疑。因此,常驻君士坦丁堡的大使职能很可能有些不同,但与建立已久的威尼斯地方官的职能相似。威尼斯地方官的主要职责是商业职责,这涉及在帝国内工作的威尼斯人的事务以及他们与奥斯曼人的关系。即使1536年法土通商条约为法国在黎凡特形成各种形式的商业和文化优势奠定了基础,而且这种优势一直持续到20世纪40年代,但是很明显,君士坦丁堡的法国常驻大使实际上是并不稳定的军事同盟的管理者。

因此,当法国人逐渐开始任命他们的第一批常驻大使时,西班牙人早已享受了常驻大使带来的成果,奥地利哈布斯堡王朝则难以维持自己迅速膨胀的常驻大使体系。与此同时,在相对富裕且行事谨慎的亨利七世治下,英国人开始在外交领域开展更广泛的活动。起初,英格兰只在罗马有代表;然后在1505年,约翰·斯蒂尔(John Stile)获悉自己的任命已变更为驻西班牙大使。这样,他成为一名常驻大使,其地位与1496年以来一直在伦敦常驻的西班牙大使德·普埃布拉(de Puebla)对等。早期都铎王朝任用的大使多为意大利人,其中,托马斯·斯皮内利(Thomas Spinelly)是亨利七世在荷兰的非正式代理人。随着亨利七世即位,英国出现了一些新情况,导致常驻大使数量增加:一是红衣主教沃

---

① Mattingly, *Renaissance Diplomacy*, pp. 176-177.

尔西（Wolsey）更有效的组织领导，二是越来越多皇室成员离婚的问题。其中，斯皮内利被正式派驻荷兰，温菲尔德（Wingfield）被派往神圣罗马帝国皇帝的宫廷，而约克大主教班布里奇（Bainbridge）的到来，极大地提升了英国在罗马的形象。16 世纪 20 年代早期，威尼斯和法国也有了英国派来的常驻大使。

到了 16 世纪 50 年代，意大利北部的外交体系已经扩展到了西欧和北欧的一些地区。但是，显然这种制度当时仍不完善。虽然外围国家受到哈布斯堡王朝为争夺欧洲霸权而引起的高度紧张的国际关系所吸引，但它们的外交实践往往落后于欧洲中心国家。它们不愿意任命常驻大使（例如土耳其人就坚决拒绝这样做），它们更依赖老式的且往往人数众多的特派使团。例如，波兰在 15 世纪初的 14 年内派遣了 90 多个特别使团，主要是向匈牙利派遣的。费迪南德大公和匈牙利国王于 1526 年的谈判是由总共 13 人的使团进行的，其中一方 6 人，另一方 7 人，并且当时有一种习惯做法，就是可以有多名委托人授权驻在国的同一个使团。① 人们还有一种感觉，使团越大意味着给予驻在国的礼遇越高，而使团规模在任何方面的缩小或只派遣一个小型使团的行为则被视为不尊重对方的表现。对于在较为发达的外交体系内具有高度仪式性的使团来说，规模仍然很重要。进行祝贺、向教皇表示哀悼或服从以及求婚的使团就属于这一类。1581 年，当法国人谋划伊丽莎白一世和安茹公爵的婚礼时，就派遣了由 13 位大使率领的共约 700 人的庞大使团，其中还包括一名法国皇室成员。②

---

① B. Picard, *Das Gesandtschaftswesen Ostmitteleuropas in der frühen Neuzeit* (Graz: Böhlau, 1967), pp. 50-54.

② N. M. Sutherland, *The French Secretaries of State in the Age of Catherine de Medici* (London: The Athlone Press, 1962), p. 226.

俄罗斯在后蒙古时代①崛起时，其势力范围横跨亚欧。在欧洲范围内，俄罗斯的利益主要局限于完全独立自主的波罗的海区域。早期一个重要的例子是1562年签订的俄丹条约。虽然法国可能说服俄罗斯协助其对抗土耳其，但直到1586年，法国才终于派出了驻莫斯科大使。而直到1615年，俄罗斯才向法国派遣大使。在商业领域，英国人与莫斯科之间的联系最为有效，1555年英国财政大臣一行长途跋涉，经过白海抵达莫斯科。随后，俄罗斯人在1559年向伦敦派遣了使者。此后，尽管英国大使在莫斯科待过很长时间，但大部分情况下只在必要时前往俄罗斯，而非常驻。英国大使只与俄国讨论涉及如何促进双边商业往来的政治问题。

因此在16世纪上半叶，常驻大使制度以及完整的使节体系从意大利向欧洲其他地区的传播充满不确定性，大多是局部的、不完整的。这在一定程度上是由于近代早期欧洲国家结构普遍较庞大且组织松散，也有部分原因在于所涉及的国家距离较远，或是由于这些国家的权力和利益太过分散。还可归因于另一个完全不同的因素，就是宗教改革。随着外交体系越来越紧密地与主权国家和统治者的代表权相关联，它反映出政府和行政世俗化为特征的统治权本质的变化，而宗教改革大大加速了这一进程。在欧洲，信奉新教的大部分地区取消了教皇的管辖权，这一权力在天主教国家也被显著削弱了。更多国家采纳了由本国统治者决定在其领土范围内信奉宗教的做法，② 这样，便出现了拥有完整主权的国家。宗教改革还开启了一段长期而痛苦的源于意识形态的内战和国际战争，这在短时期内削弱了大使所能发挥的作用，有时甚至迫使常驻大使信奉

---

① 14—15世纪之间（1368—1420年），曾经笼罩欧亚的蒙古帝国在东部亚洲逐渐瓦解。这是东部亚洲国际秩序重新调整的时期，称作"后蒙古时代"或"蒙古时代之后"。参见葛兆光：《蒙古时代之后——东部亚洲海域的一个历史关键时期（1368—1420）》，《清华大学学报（哲学社会科学版）》2021年第4期。——译者注

② 在奥格斯堡自白（新教原则的第一次官方阐述。——译者注）之后的1555年，签订的《奥格斯堡国家及宗教和约》（神圣罗马帝国皇帝查理五世与德意志新教诸侯在奥格斯堡的帝国会议签订的和约。——译者注）阐明了"谁掌握权力，谁就决定意识形态"的原则（eius regio, cuius religio）。

其本国统治者无法接受的另一种基督教派。之所以出现这种情况，原因很明显。驻意大利的大使起初不受欢迎的原因还包括他们的存在对国家安全构成威胁，因而受到严密监视。他们被视作有外交执照的间谍，为此，菲利普·德·康梅内斯还曾提出过减少这种内生风险的办法。这一潜在危险在16世纪下半叶又重新引起了人们的注意，当时，宗教冲突加剧影响到统治者之间的关系。在17世纪上半叶，这种紧张的情势逐渐减弱，直到1947年之后在冷战期间才又有所抬头，并再次削弱了外交在行为体关系中的作用，严重限制了外交人员的活动。从15世纪50年代开始，大使的危险性问题主要表现在两方面：第一，一名代表着不同宗教信仰统治者的常驻大使，可能同时身负监视驻在国军力、战备和设施等任务；第二，他的住所可能成为驻在国国内不满人士的会聚中心，也可能成为他们的避难所。在大使的住所，他们可以参加被禁止的宗教仪式或是为将来的活动进行密谋，这些行动都可能得到常驻大使委任者的协助和教唆。①

因此，直到 16 世纪中叶，常驻大使在欧洲大国的外交体系中所发挥的作用，才达到其在 15 世纪中叶意大利北部国家所起到的作用。如果综合考虑上述因素，出现这种情况也不足为奇。② 这也有助于解释为什么特派使团会继续保留其礼仪目的。常驻大使完全承担了下述职责：例如，管理现有的军事同盟，搜集情报和定期不断地向他的委托人发送情报，并执行具体任务等，因此，常驻大使的工作时间比想象的要长。但是也要注意，当常驻大使承担这些职责的时候，对于他拥有的豁免权的性质

---

① 托马斯·米德尔顿（Thomas Middleton）是斯图亚特早期的英国剧作家，他在 1625 年写了一部戏剧，并曾连续九天在环球剧院上演，该剧主题是西班牙和教皇的外交代表制造的公共危险。西班牙大使冈多马尔（Gondomar）伪装成黑骑士，在一次颠覆白色王国的阴谋中被抓。该剧描写了英国反西班牙和反天主教公众的舆论力量，其中关于常驻本地的敌人可能使用的不法手段的评论，尽管有些夸大其词，但也颇为有趣。有一次，冈多马尔提到了各种各样的贿赂、伪装和秘密交流的伎俩，"信件以烟卷、烟草球的形式传递，钱以冷焙糕点的形式随身携带"，但他的真正意图是进行间谍活动。他的夏季假日全部用来"获取关于白色王国信息，以充实我的力量和知识"：

... No fortification

Haven, creek, landing place about the White Coast,

But I got draft and platform; learn'd the depth

Of all their channels, knowledge of all sands,

Shelves, rocks and rivers for invasion proper'st;

A catalogue of all the navy royal,

The burden of the ships, the brassy murderers, The number of the men, to what cape bound:

Again for the discovery of the inlands,

Never a shire but the state better known

To me than to her best inhabitants;

What power of men and horses, gentry's revenues,

Who well affected to our side, who ill,

Who neither well nor ill, all the neutrality.

A Game at Chess, IV, ii, 60–73 in C. F. Tucker Brooke and N. B. Paradise, *English Drama*, 1580–1642 (Boston MA: Heath, 1933), p. 968.

② 1534 年后，英国没向罗马派遣代表。英国设立在罗马皇帝查理五世处的大使馆从未真正获得庆祝英国国教圣餐仪式的权力，这造成了极大的损害，几乎终止了英国与罗马帝国的关系。在西班牙，同样的问题使英国终止了向那里派遣常驻代表的做法。法国将常驻代表派驻在新教的宫廷，但对方在巴黎的代表却极为难受和不适并面临各种风险。参见 Mattingly, *Renaissance Diplomacy*, Chapter 2。

和范围的考虑就变得格外重要了。

豁免权

在中世纪后期和近代早期，外交豁免有三个来源，即：宗教豁免、法律豁免和实践豁免。从最古老的时代起，人们就已经找到获得宗教豁免的正当理由。中世纪教会大规模的外交活动，大量任用神职人员作为使节的事实，凸显了宗教豁免的必要性。还有一个重要的影响因素，那就是教会权力和世俗权力之间的界限模糊不清，使节的角色也不明确。宗教使节是为一个基础广泛但在政治上没有实体的基督教复兴会服务的。这一角色导致教会方面需要频繁地对使节性质进行释义，现在看来这似乎是一种不现实的理想主义描述。如果说这仅仅是一种宗教形式上的需要，人们还是可以理解的。但是，如果人们接受了关于事实上存在统一的基督教欧洲的假设，那么，"特使其实服务于一个更大的目标，而不仅仅是传递信息或只为他们的直接委托人进行谈判"的观点似乎有一定道理。伯纳德·杜·罗兹埃在重复自己和许多其他权威人士的观点时表示："大使的职责是和平……大使为公众利益而工作……大使迅速完成工作符合所有人的利益……大使是神圣的，因为他为公众福利而劳作。""法学家们一致认为，'大使是公职人员'，他们所说的'公职人员'并不是指国家，而是指整个欧洲基督教社会。"[1]

对外交豁免的法律解释在罗马法中已有明确规定，对违法者的适当惩罚同样有明确规定，其运作方法通常是将有罪者移交给使者的委托人。例如，教会法（Canon law）将豁免范围扩大到了常驻大使，并表示由于某项外交任务遭受破坏而伤害到所有可能因任务失败而受牵连的人，那么造

---

[1] Mattingly, *Renaissance Diplomacy*, pp. 48–49.

成这种伤害的人可能面临被驱逐出教会的下场。杜兰杜斯（Durandus）指出，敌人的使者也应该被视为神圣而不可侵犯的；鲍尔达斯（Baldus）宣称，谋杀大使属于冒犯国王罪，大使不适用报复法。①

如果没有大使豁免制度将造成特别明显的实际后果。在中世纪和现代早期，旅途的漫长遥远、人身面临的种种危险，再加上落后又缓慢的通信方式，都意味着确保大使旅途安全的互惠待遇以及他们到达目的地时得到的友好款待是非常必要的。1339 年有一个典型案例，威尼斯人接受了外国大使提出的希望获得司法豁免的要求，理由是"世界各地的威尼斯大使需要不断在司法案件中出庭，如果其他人刻意给我们制造障碍，我们可能会因此不断遇到麻烦"。② 这一时期和其他时期一样，对等互惠是无可置疑的基本要求，宗教和法律为这一要求提供了当时可接受的解释以及对违法者的制裁。

各方普遍接受的豁免权始于旅途中的安全保障措施，特别是如何确保敌方代表的旅行安全。有时，一国大使希望提供安全保障的请求可能会被对方拒绝，理由是大使总是安全的，无须额外的安全保障。由于途中路过的国家当局不接受大使，大使可能会因此处于不利境地。而且，万一承诺保障他们安全的人去世，他们将再次失去安全保障。在大使一行抵达目的地后，大使的随行人员及其物品仍继续享有不受侵犯的权利。尽管中世纪已有明确声明，认定这些条款不存在例外，但直到格劳秀斯（Grotius）编纂国际法前，除非有关国家给予了特别认可，否则豁免并不一定包括大使的家庭。大使们不会因自己的民事或刑事罪行而受到起诉，并且他们也得到允许可以私下从事自己的宗教活动。这一规则也适用于穆斯林，特别是在穆斯林领地与基督教复兴会领地相毗邻的情况下，如

---

① Durandus in Hrabar, *De Legatis et Legationibus Tractatus Varii*, p. 32 and Queller, *The Office of Ambassador in the Middle Ages*, pp. 175-177.

② Queller, *The Office of Ambassador in the Middle Ages*, p. 180.

在西班牙，对等互惠就更加必要。马丁利做了这样的小结，伯纳德·杜·罗兹埃非常清楚自己的立场是什么，也得到了许多权威人士的支持，这些人的研究对杜·罗兹埃的观点进行了补充：

> 大使在其任职期间享有豁免权。其人身及其财产不受法院诉讼和一切其他形式的干涉。在任一民族中，在任一王国的任一领土上，他们在入境、过境和出境方面均享有完全的自由与安全，免受任何阻碍和暴力。这些特权已载入民法和教会法，得到习俗的普遍认可并由国家当局执行。那些伤害大使、监禁大使、抢劫大使、阻碍大使通过，甚至教唆或批准针对大使进行此类行为的行径，都应被视为敌视全人类的行径，应受到全世界的谴责。因为凡妨碍大使履行公务的人，都等同于破坏了所有人的和平与安宁。

律师们补充说，大使不应受到报复，也无须对任期之前签订的任何借款协议承担责任，而且他可以免除所有地方税、通行费或关税。所有这些条款适用于他任期开始的那一刻直至任期结束。①

这些内容大多听起来很熟悉也很容易理解。但是在实践中，各国皇室和特定部门之间的复杂关系意味着大使的豁免权在实际执行中远没有字面上那么简单。这些豁免权的目的当然是为确保使团的安全，但前提是他们必须履行适当的职能并服务于整个社会。保护大使不受法律追诉的原则是为了确保大使不会因为其任职前的行为造成的后果而影响其任内执行任务的能力，而不是让他免于因任职期间所犯罪行而受起诉。可以这样理解：由于大使的豁免权是由民法授予的，而民法本身高于国家和统治者，因此大使本人也受民法的约束。这意味着，如果大使被发现

---

① Mattingly, *Renaissance Diplomacy*, pp. 45–46.

犯有政治罪，例如间谍罪、阴谋罪、颠覆罪，他可能会因此被驻在国的统治者审问、审判和判刑。即使他犯罪的目的是试图更好实现他的委托人的利益，若未享受豁免而被审判，关键就在于他没有完成作为大使的目标任务。总结起来即是：

> 法律旨在给予大使履行其职务所必需的一切特权和豁免。但法律并不会保护他为其他目的而滥用这些特权和豁免，正如法律并不保护实行敲诈勒索的税务官一样。①

真正主权国家的出现，甚至作为唯一貌似合理的国际行为体的出现，引起关于豁免权的主张发生了变化。15 世纪，针对豁免权问题，意大利出现了不同观点，这种观点在 1648 年②之后逐渐得到了广泛传播。

导致豁免权主张改变的第一个原因出现在 16 世纪早期，当时有些地方违反大使过境时不受骚扰的规定。统治者总会为自己的做法找到各种借口，但从干涉对手的外交事务的行为中占取便宜的可能性对他们来说是无法抗拒的，这也证明了外交在国际关系中变得日益重要。就这样，之前大使只要向当地统治者告知有意穿越其领土就可以获得安全通行保障的原则也开始发生改变。例如，如果大使从某国过境时当地发生了战争，大使的证件可能会暂时失效；当地统治者也可能声称大使没有严格按规定行事，或认为大使故意隐瞒其任务性质。最著名案例发生在 1541 年，案件中有两位大使遭到暗杀：法国派往土耳其苏丹的使节安东尼奥·林孔（Antonio Rincon）以及法国派往威尼斯的使者切萨雷·弗雷戈索（Cesare Fregoso）。他们在穿越神圣罗马帝国时被查理五世的军队暗杀

---

① Mattingly, *Renaissance Diplomacy*, p. 48. 关于中世纪大使豁免权限制的更多资料，见 E. Nys, *Les Origines du Droit International* (Harlem: E. F. Bohn, 1892), p. 347。

② 1648 年召开了威斯特伐利亚和会并签订了《威斯特伐利亚和约》。——译者注

于帕维亚附近。两位大使因不同原因被皇帝宣布为不受欢迎之人,因此他们不仅没有向帝国通报自己的行程而且还隐瞒身份,这反而成了皇帝谋杀他们的借口。法国人后来又以这一事件为由发动了一场战争。律师们在接下来的一百年里对本案进行了深入翔实的讨论。结果大家认为暗杀的真正原因,是这两位大使当时正试图拉拢苏丹加入反对罗马皇帝的联盟。

早些时候,有人会说这种豁免权不利于所有人的和平,从而导致豁免权被取消。后来,人们也没想到统治者会为了政治目的找任何借口来影响大使的豁免权,这说明在16世纪初,作为外交惯例的豁免权的变化赶不上外交实践的变化。

然而,16世纪让外交从业人员和律师们倍感不安的问题,是因常驻大使制度的推广而引起的。常驻大使的永久任期会让短期特定任务丧失豁免权。特别是有不少常驻大使还因收入过低而负债累累,而且此时驻在国也不再给大使提供资助。如果大使要能留下来履行委托人和驻在国均认可的必要职能,他就必须受到保护,不受债主的侵扰和伤害。在一般情况下,在债务问题上保护大使都是困难的,统治者一般拒绝这么做,但在某些个别情况下,如果一国之君真的为大使开脱"债责"常常会导致大规模混乱,还可能爆发暴力冲突。

格劳秀斯解决了这一难题,他的主张是:因为大使的人身及财产安全必须得以确保,对于已经尝试过各种可行手段进行追债,例如直接找大使或向大使的委托人提出要求却无法成功追讨债务的债主来说,唯一合法的补救措施就是要想办法让大使在形式上成为一个生活在国外的债务人。换句话说,他需要采用的是某种治外法权的形式。在实际操作中这一解决方案并不那么有效,直到17世纪后期发生的一些事件才让情况有所改变,而与此同时,外交官们也越来越坚持他们不应被追究债务。这是个很有名的例子,A. A. 马特维耶夫(A. A. Matveyev)是俄罗斯一位杰出大使，在1708年因债权人的指控在伦敦被捕。尽管大使很快被释放，但当他重获自由时，所有身在伦敦的各国使团团长都陪同他一起回到寓所以表示支持。随后，英国向莫斯科派遣了一个特别使团，为马特维耶夫事件所造成的尴尬局面而向彼得大帝道歉。① 然而，1772年发生了一个截然相反的案例，时任法国外交大臣拒绝给黑森-卡塞尔的大使雷奇（Wrech）男爵发放护照，并要求他必须先偿还债务才能回国。驻巴黎的外交使团代表男爵向外交大臣和国王提出抗议，但都无济于事。最后他不得不先拿到来自黑森-卡塞尔的领主的担保才被允许离开。法国外交部后来发布的冗长的备忘录给出的理由是，实际上这个问题并没有影响其他常驻大使的权利和特权，而且男爵明显有逃避债主的意图，已经授权"要对他采取和'假设他实际上已经在看到召回信后卸任大使职务并离开了王国这种情况'同样的措施"。②

尽管大使的民事豁免在原则上仍然令人担忧或受到质疑，但自18世纪中叶以来，大使享有的民事豁免权在实践中基本上得到了尊重。随着常驻大使制度逐渐得到推广，大使免于刑事起诉这一项豁免权出现了不确定性，也因此出现更多麻烦和困难。旧时的规则相当明确，大使对谋杀、抢劫或强奸等罪行没有豁免权，事实上这些情况鲜有发生。若大使的仆人或其他工作人员犯下了这些罪行，犯罪者通常会被移交给地方当局。至于政治罪行，一般既不符合大使的身份与角色，也不符合他从国内接收到的任何指示。因此一旦发现犯下了此类不可饶恕的罪行，大使

---

① 这被证明是一个特别明确的事件。它促使英国政府通过议会通过一项特别法案，为大使的豁免权建立法律保护（7 Anne, cap. 12, 1709），也促使女王对沙皇发表了一份明确声明。沙皇后来断绝了与英国的关系，要求对大使的债权人处以死刑。法案内容如下：如果以后有人……以任何方式冒犯了大使的特权，他们将受到法官认为最严厉的同时以法官的绝对权力能够保证对他们施加的最严厉的惩罚，并且在新法案中不受任何限制。E. R. Adair, *The Exterritoriality of Ambassadors in the Sixteenth and Seventeenth Centuries* (London: Longmans Green & Co, 1929), pp. 87, 91, 239-240.

② E. Satow, *A Guide to Diplomatic Practice* (London: Longmans Green & Co, 1922), I, pp. 264-268. Further episodes are discussed in Chapter 18 （第十八章将讨论更多内容）。

便自动丧失其外交身份，因此也就自然失去豁免权。在常驻大使制度开始实行的最初几年，国家统治者或牧师们通过牺牲竞争对手的利益，通过针对特定情况制定的某些规则来对待那些实质上的常驻使节，确实取得过一些成效。1524 年，驻英格兰的神圣罗马帝国大使德普拉特（de Praet）被红衣主教沃尔西逮捕就是一个例子。德普拉特被带到国王的议会，并因从他的信使处偷到的诽谤亨利八世的信件而受到指控，他随即被宣布免去其外交官身份。他的实际罪行是向他的委托人发出警告，英国的政策即将发生改变，而不久之后这种行为却被视为常驻大使的分内之事。[1] 当两位国际知名的权威人士霍特曼和根蒂利（Gentili）就西班牙派驻英国伊丽莎白一世处的大使贝纳迪诺·德·门多萨（Bernardino de Mendoza）参与斯洛克莫顿阴谋这一臭名昭著的案件提供咨询时，他们认为门多萨应该受到惩罚。但是，他们同时认为门多萨应该被遣送回自己的国家，由他自己的君主处置。[2] 尽管向大使授意采取此类行为的人显然不能惩罚他们，但这种处理后来被看作豁免权的新增加的内容。然而，驻在国认定此类人士不受欢迎的制度由此建立起来，在沟通缓慢而不便的时代，这一做法的确给派遣方带来了不小的困难。

到了 17 世纪 20 年代，格劳秀斯认为，无论法律如何制定，大使的安全都必须保障，并且只有在大使仅对他们的君主负责的情况下，他们的安全才能真正得到保障。这个问题一直未有定论，当时发生的各种事件表明，具体的处理方式很大程度上取决于统治者和事件本身。但 17 世纪的外交实践，尤其是驻在国接受了使馆附属的小教堂可以信奉派遣方的宗教信仰这一事实，体现出当时的做法已经越来越符合治外法权

---

[1] Mattingly, *Renaissance Diplomacy*, pp. 275–276.
[2] Hrabar, *De Legatis et Legationibus Tractatus Varii*, p. 130.

的规定。① 这当然也会带来一些问题，包括可能出现大量使馆工作人员声称拥有豁免权的问题，问题的根源在于大多数使馆内部工作人员都可能是驻在国国籍并很可能滥用这一特权。同时，也会引发大使馆占地的相关问题。② 这一问题会引发街巷战斗，大使馆舍会否有重兵防御，相关问题的处理往往取决于地方决策。例如，在马德里就很明显，君主对于他国不断加码的外交特权需求的控制力伴随着西班牙国力的衰落而不断下降。在 18 世纪初发生了大使因某种阴谋而被捕的最后一起严重案件，即瑞典外交官吉伦堡（Gyllenborg）和戈尔茨（Gortz）以及切拉马雷（Cellamare）的案件。

切拉马雷从 1715 年起担任西班牙驻巴黎大使，1718 年，他被发现参与了密谋试图将法国的摄政权移交给西班牙国王的事件。这一阴谋是通过外交部国务秘书阿贝·杜波伊斯（Abbe Dubois）的情妇发现的。最开始时这些密谋文件和大使本人均被法国当局扣押于西班牙大使馆内，随后这些文件被移送至卢浮宫，等待西班牙国王代表前来接收。大使随后被监禁在布洛瓦城堡，直到法国驻马德里大使安全返回法国。因为担心被抓捕，法国大使只能通过与仆人互换身份才和妻子乘坐骡子穿过了边境，而他的仆人则被人用马车抓回了马德里。显然，这些仆人成为西班牙当局的"战利品"。随后两国间爆发战争，但双方无甚收获。大使的文件最终被还给了西班牙政府。③ 可以明确的是，在 18 世纪晚期，这类"问题"就不太可能发生了。因为到那时，这些行为的性质已经与过去有了明显区别，不再被视为罪行。但有时还是会出现一些明显的破坏豁免

---

① Adair, *The Exterritoriality of Ambassadors in the Sixteenth and Seventeenth Centuries*, pp. 251-259. 这本书给出了一个非常完整的相关做法的列表并给予分析评价，还提供了理论家们的点评。书中得出的结论是，外交豁免权内涵的不断扩大，不是因为理论家或律师们的大肆鼓噪，而是外交实践的案例不断丰富所导致的。

② 有关大使官邸和专营权的不可侵犯性，参见 Adair, *The Exterritoriality of Ambassadors in the Sixteenth and Seventeenth Centuries*, Chapter 11。

③ Satow, *A Guide to Diplomatic Practice*, pp. 256-257.

权的案例：例如拜占庭的曼努埃尔·孔奈努斯（Manuel Comnenus）监禁了西西里岛罗杰二世（Roger Ⅱ）的大使，原因是大使希望让自己的君主得到与皇帝平等的地位，而君主的地位对拜占庭人来说是一个特别敏感的问题（见第 1 章）。① 巴巴罗萨（Barbarossa）在十字军东征期间采取了焦土政策，迫使以撒二世（Isaac Ⅱ）释放被他囚禁、被扒光衣服的教皇使节并对其进行了赔偿。更引人注目的是，1241 年腓特烈二世（Frederick Ⅱ）俘虏了 100 名伦巴第人的代表，其中包括大主教、主教、罗马教廷大使和其他教会官员，但由于这一举动引起了包括圣路易斯（St Louis）在内的普遍不满，他们才得以获释。这些案例有些听起来很熟悉。15 世纪，一位威尼斯驻米兰大使被谋杀后，威尼斯提供重金悬赏雇人进行复仇。显然，这一极高的出价证明了威尼斯希望能够吸引一位相当老练的刺客。这与伊朗针对 20 世纪晚期作家萨尔曼·拉什迪（Salman Rushdie）的法特瓦（伊斯兰律法的裁决或教令）仿佛遥相呼应。

20 世纪 60 年代后出现的对大使馆发动象征性袭击的做法在历史上也能找到先例。1499 年，一群约 800 名组织有序的佛罗伦萨青年用粪便堵住了米兰大使官邸的入口，当地政府并未予以干涉。从约 1700 年到 20 世纪 60 年代，大使的民事和刑事豁免权才逐渐得到普遍接受和遵守。

16 世纪，随着在海外设立常驻大使馆的做法传遍整个欧洲，关于大使豁免权的观念开始发生变化。杜·罗兹埃所描写的对大使的保护是出于中世纪外交的现实需要，特别是与派遣特派使团的做法有关。这种任务具有暂时性，按照惯例由驻在国统治者支付费用。

---

① See Queller, *The Office of Ambassador in the Middle Ages*, pp. 180–184.

仪　式

　　如果说豁免权不容违反，一旦违反相关规则就要受到强烈谴责，那么外交仪式也一样。仪式具有实践性，它能够明确地反映外交使团的派遣国和驻在国的实力对比及影响力强弱。[①] 外交使团的豪华程度与否及其负责人的社会或政治资历，既反映了派遣国的财富和实力，也反映了派遣国对驻在国的重视程度。而驻在国提供的接待水平、[②] 宴会规模、庆祝活动的性质、赠送礼物的价值以及住宿的豪华程度，都体现了驻在国的立场和政策。此外，仪式多具有平级性，例如，在不同使馆之间，在常驻大使到来之后尤为显著。这常常引起人们的热议，其中一些明显无关紧要的礼节和优先事项等细节问题却备受关注和争议。若不坚持让驻在国统治者提供能够给予的最高地位，就会削弱特使派遣国的统治者相对于其他国家统治者的地位，这至少会引起无休止的谈判，有时甚至还不

[①] 德·康梅内斯描述了威尼斯的一次盛会：晚餐后，联盟的所有大使都在水面上的船上（威尼斯是他们的主要娱乐场所）会合；他们的船（由负责人按每位大使的随从比例提供）大约有40艘，每艘都装饰着它们各自主人的纹章；他们在这华丽的仪式中，拿着喇叭和其他乐器，从我的窗下走过……晚上，炮塔、尖塔和大使馆的房顶上燃起了美丽的烟花，点燃了许多篝火，全城的礼炮齐发……真是一场盛大的宴会。参见 de Commynes, *Memoires*, pp. 227–229。

[②] 这可能需要详细说说。当卢多维科·斯福尔扎的女婿兼特使前往法国国王那里执行任务时，他被带到国王情妇的居所，国王亲自向他介绍了其中一位情妇。国王则选择了另一位，他们度过了愉快的两个小时。这件事被传回米兰，并作为一个巨大的荣誉受到了高度赞赏。Queller, in the *Dictionary of the Middle Ages*, Vol. 4 (New York: Charles Scribner's Sons, 1984), p. 212.

惜用上决斗甚至谋杀的方式。① 尽管无论是仪式的程序还是优先级在当时都没有一套绝对的规则，但我们依然可以描绘出一幅使团举行仪式的画面。② 例如，所有罗马派出的重要使团的出发仪式都是一场规模庞大的盛会。杜·罗兹埃说，这一定程度上也是为了提前向目的地发出使团要到来的消息，因为通信手段的限制，接收方通常没有别的办法提前知道此事，只有这样对方才能做好必要而精心的准备。在仪式的最后，大使们会收到他们应携带的文件，包括国书、对他们的任命书或是对象国要求的任何文件、给接收国统治者的信件以及给大使的指示等。尽管那时有些并未留存下来，但随着时间的推移这些文件大多有了纸质版。出于政治原因，给大使的指示可能语焉不详。当时也有人建议大使在赴任前理应获得对任务的口头明示，因为这种含混不清或语焉不详往往会导致任务失败。

由于资金问题，出发时间可能会被耽搁很久。使团一般也不急于到达目的地，可能会在途中顺道向其他目标传达一些信息。在抵达后，使团将会在离正式接待地点不远的地方见到对方宫廷派来的人士。第一次

---

① 这一点在社会学术语中得到了充分的描述，它高估了W. 罗森（W. Roosen）观点的新颖性，"Early Modern Diplomatic Ceremonial: a Systems Approach," *Journal of Modern History* LⅡ (1980): 452-476。从15世纪到18世纪中叶，确实有一些因为优先权问题产生紧张冲突的例子。15世纪最好的资料来源是 J. Burckhard, *Liber Notarum*, in E. Celano (ed.), *Rerum Italicarum Scriptores* (Rome, 1906-1911)。伯克哈德是15世纪鼎盛时期的教皇礼宾大师，他举了以下例子说明了关于优先权的事实内容及后果：1488年，法国使节要求在弥撒时取代罗马人的国王（此头衔代表神圣罗马帝国皇室继承人）的大使们在教廷的站位，而不是站在罗马国王的演讲人的下方位置。法国人虽遭到拒绝，仍坚持自己的要求，结果教廷适当调高了法国使节站位，让他们离罗马大使们更远些，但实际上还是低于罗马大使的位置。不到一个月后，在一次骑马列队的外交仪式中，法国大使莱卡主教直接站到了队列之首。为此，一名德国使节表示抗议，莱卡主教则试图把他拽下马。不料，这位德国使节猛地抓住主教的风帽和斗篷，将主教连人带马推开，随即便和其他德国使节站到队列之首。莱卡主教随后要求教皇将德国使节逐出教会，但教皇当时拒绝了，于是德国代表团在莱卡主教还在向教皇申诉的时候就扬长而去了。

② Particularly from du Rosier, in Hrabar, *De Legatis et Legationibus Tractatus Varii*, pp. 4 ff. and Maulde la Clavière, *La Diplomatie au temps de Machiavel* (3 vols, Paris, 1892-1893), Ⅱ, pp. 176-201.

见面的规模因使团的性质和派遣者的地位而异。如果使团的任务是参与非常隆重的仪式，例如参加婚礼或者祝贺一位新统治者登基等，就很可能会举办一个盛大宴会，双方都穿着盛装，由一位皇室的亲王率领人群骑马前去迎接使团。① 随着中世纪后期各国逐渐进入文艺复兴时期，仪式里庄严和强烈的宗教色彩的基调开始让位于带有骑士色彩的狂欢节，接待方通常会将使团直接引往大教堂举行特别仪式。相关活动包括大游行，使团会同民众穿过装饰得五彩斑斓的街道，那里泉眼流淌着美酒，教堂钟声交响回荡，当地居民举行着富有寓意的古装表演，来自两国的乐队高奏，鼓乐齐鸣（其中有些较大的使团可能带来了本国的艺人和音乐家），最后将举行一场盛大的宴会为整个庆祝活动画上圆满的句号。② 不过，在结束之前通常还会在宫殿举行一场正式的招待会。③ 这与使团的送行仪式正好相反。大使在迎接他的高级官员的引导下，来到国家元首面前呈上他的国书，并适时呈明他的职权。到 14 世纪时，国书有了标准格式，大多数使领馆通常都有一套完整的名称和头衔，供特使使用——其中某些人的官衔是真实的，某些可能是虚设的——他们用这些名号去拜见驻在国的统治者。随后，大使将解释自己此行前来的目的。最初这些过程相对简单直接，而文艺复兴时期各国倡导古典修辞学，这种仪式变

---

① 无论是在双方的衣着上，还是在交换的礼物中，这种或那种奢侈的服装显然在外交上都发挥了很大的作用。即使是那些通常吝啬的威尼斯人，也认为他们应该让大使们穿着得体，并授权给他们赠送服装。Queller, *The Office of Ambassador*, p. 203.

② 显然，在 1466 年至 1476 年玛丽亚·斯福尔扎（Galeazzo Maria Sforza）统治米兰期间，一种极具竞争性的款待方式一度被用作外交手段。See G. Lubkin, "Strategic Hospitality: Foreign Dignitaries at the Court of Milan: 1466-76," *The International History Review* Ⅷ (1986): 173-189.

③ Queller, *The Office of Ambassador in the Middle Ages*, p. 195. 书中引用了威尼斯大使康塔里尼（Contarini）1492 年参见法国国王的报告中的一段描述：康塔里尼和他的随行人员由大量记账人（*uomini di conto*）陪同，在一个大厅里面见国王，这个大厅大约只有威尼斯公爵宫参议院的一半大。在一端，国王坐在王座上，背后有一个帘子，头顶上方是一顶亚历山大式天鹅绒的天篷，上面绣着法国的纹章。沿着大厅的一侧，在国王的右侧，有一张长凳，上面坐着有血缘关系的男爵，对面放着另一张长凳，上面坐着宫廷里的教士。这是国王的秘密会议。在国王对面的大厅尽头，有一张留给大使们的长凳，国王希望他们在那就坐，向国王陈述出使的目的。

成了文学杰作的呈现。① 如此重要的仪式让大使必须高度重视，当时大使应具备的卓越才能中包括了以下内容：熟练地使用拉丁语短语，口若悬河的演讲能力，处理问题甚至是隐瞒问题的能力，还有就是无论在何种情况下都能对古典作品和《圣经》内容信手拈来，巧妙糅合主、宾双方共同的文化中进行恭维的技巧。要想理解这一发展的重要影响，让我们看看那些曾担任外交使节的诗人和作家的简短名单：但丁（Dante）、彼得拉克（Petrarch）、博卡乔（Boccaccio）、拉蒂尼（Latini）、马基雅维利、塔索（Tasso）、堪称专业外交家的德·康梅内斯、朗萨德（Ronsard）、杜·贝莱（du Bellay）、乔叟（Chaucer）、托马斯·怀亚特爵士（Sir Thomas Wyatt）、菲利普·西德尼爵士（Sir Philip Sidney）和大卫·林德赛爵士（Sir David Lyndesay）。② 外交礼仪除了能反映委托人的权力和影响，似乎还因这些精心设计的礼仪在一定程度上能化解外交使节当时生活和旅途中所遭遇的野蛮无礼和危险处境，让使者获得些许平静和愉悦。

使团的人数稳步增加。威尼斯人早在 14 世纪 70 年代就试图限制使团的规模。莫尔德·拉·克拉维埃（Maulde la Clavière）认为，到 15 世纪末，一个大型使团必须包括大约 150 匹马，不过很明显，像米兰和威尼斯这样强大的城邦只能接受规模更小些的使团，它们认为 80 匹马或 55 匹马加 25 名步卒就足够了。14 世纪的英国资料中记载数目更小：由一位重量级大使领导的使团大致应配备 32—107 人和 22—83 匹马；而由一位普通职员或公证员带领的使团可能仅有 1—4 人，最多 5 匹马。早在 13 世纪，一个由威尼斯派往君士坦丁堡的重要使团中除大使外只有 17 人。③

---

① Hrabar, *De Legatis et Legationibus Tractatus Varii*, pp. 14–16.
② Queller, *The Office of Ambassador in the Middle Ages*, p. 155.
③ Ibid., pp. 184–190.

惯　　例

在举行完这些可能会在大使离开的送行仪式上再次举行的活动后，使团会收到丰厚的礼物。① 如果使团不是纯礼节性的，那么真正的外交任务就此开始。到中世纪后期一种行为模式已逐渐形成。如果统治者不用亲自参与接下来的讨论（很大可能是这样），来访大使的任命书就会在首次招待会上递交给一位高级官员，两人会在几天后举行会面。会面时大使将直截了当地表明他此行的目的，并向对方承诺一些他所能给予的回报。在随后的一次会议上，大使将得到驻在国的部分回应，一般很可能通过试探性问题来了解他被授予的权力大小。显然，对于驻在国而言更重要的是他的权力是否得到适当行使，而不只是了解大使拥有何种程度的自由裁量权。由于当时在特使权限表达上存在技术缺陷，有些已经达成的协议在谈判结束后可能被派遣国统治者否决，这将是非常令人沮丧的结果。不仅如此，特别是在16世纪和17世纪，这种情形并非罕见。结果，大使的权力将被重新审定，他所有合法证明的副本被再次审查，这项工作非常耗时，即便是今天看来也是过分细致了。通常情况下赋予特使的权限仅限于确保他随身携带的文件得到签署，且无须修改。大使有时也可能被赋予有限的自由裁量权，但在14世纪以后，授予大使完全的自由裁量权以进行谈判和签署协议的情形就更少了。② 一般来说，讨论的事项越多，谈判的阶段越早，给予的自由裁量权就越少。对于代理人权

---

① 通常，除威尼斯外，大使们都可以保留礼物，参见 Maulde la Clavière, *La Diplomatie au temps de Machiavel*, Ⅲ, p. 373。

② 13世纪有许多统治者会给使节提供由他签名和盖章的空白文书，可在达成令人满意的协议后酌情使用，但这是"全权"最高权限，并且后来极为罕见，因为15世纪日益紧张的气氛使风险陡增。参见 Queller, *The Office of Ambassador in the Middle Ages*, pp. 130-136。

限内的次要事项，只允许进行一般性汇报。

除了对大使权限的性质质疑外，还可能有人会尖锐地询问大使所接受的本国指示中的具体内容。[①] 这自然是令人尴尬的，因为指示很可能不仅包括要实现的目标，而且还包括己方可以做出的最大让步，因此不能透露给对方。尽管给大使的指示不同于公开的任命书而是一种私人文件，但是这并没有改变各国要求查看给大使的指示的习惯。大使一般对此给出的回应是，要么只披露已公开的部分内容，要么采取越来越普遍的方法即准备两套指示：一套会在表现出适当的不情愿态度之后进行提交，且必须要取得收据；另一套则记载着不公开的真正指示。双方进行实质性讨论的时间可能会明显延长，这是因为大使在谈判中有必要向国内请求更多的或修改过的指示，而这些指示的有效期似乎远远超过了当时极差的通信条件所花费的时间。杜·罗兹埃十分清楚，这种做法尽管效率较低，但也至少比失败或缔结一项可能最终得不到批准的协定要好。[②]

随后协议是否能获批准，取决于赋予特使的特定权限的性质。到15世纪已很明显，那就是即使条约暂时未经国内批准，一旦签署就已经具有效力且签约方可予以公布并开始执行。随着14世纪和15世纪外交实践变得日益复杂，特别是在意大利开始限制特使权限后，人们逐渐形成共识，认为大使们只不过是来促成草案的达成，最终协议还需得到委托人的批准。这一做法是希望能让委托人更加尊重并履行协议，并非必要法律程序。因此，这是为确保协议得到遵守而采取的若干措施之一。向委托人的灵魂发誓是常见的做法，在教皇那儿进行公证则是另一种做法，但这些做法并不总是有效的，从缔约方需要额外进行一次宣示就说明了

[①] 给予外交人员完整的书面指示已成为15世纪外交的一个特征。早期，给外交人员的指示可能非常粗略，有时可能根本不做出任何指示。1383年，当一位曼图亚大使向他的君主索要指示时，他的委托人回答："你是一个智者，所以我派你去处理我的事情。我没有必要告诉你该怎么做。"参见 Queller, *The Office of Ambassador in the Middle Ages*, p. 122。

[②] Du Rosier used by Mattingly, *Renaissance Diplomacy*, Chapter 3.

这一点，这类宣誓就是委托人不要求教皇免除其条约义务的宣誓。① 对圣物进行发誓也很常见，但也并非总是有效的。加利奇亲王弗拉基米尔（Vladimir）因没有遵守对圣斯蒂芬十字架许下的承诺而受到批评，他却反驳说这只是一个很小的十字架。申诉人的使者回答道，无论如何它仍然是神迹，亲王如此亵渎圣物，应该小心他自己的性命安危！② 因此，出于这种警示和威慑目的而公开协议获得批准的过程也就不足为奇了。1499 年，在公布佛朗哥—威尼斯联盟的仪式上，各国大使和其他达官贵人冠装华服，聚集在圣马克广场，在大教堂举行庄严的弥撒，随后鼓乐齐鸣的游行队伍从此走过。1475 年，英法两国国王带领着他们的军队，各自站成战斗队形进行了会面，举行了两国之间条约的签约仪式。③

说服合适的人选来担任使团负责人一职并非易事。这让统治者更有可能从自己的领地之外寻找特使人选：当时的外交官代表的只是一个委托人，而不一定是一个国家。不过这种可能性始终存在，因为中世纪存在着非常具备可塑性的民族认同感。④ 聘用合适的外交官的不易在威尼斯尤为明显。在那里，不接受任务的人会受到惩罚。虽然人们常借口旅途危险和必须长期驻外而不得回国以拒绝担任大使一职，但最根本的原因还是财政问题。从理论上讲，委托人应该为大使提供开支，而且还应该支付每日津贴。然而，当时许多评论人士都强烈建议，大使一定要与他的委托人谈妥财政收入之后再出发赴任，显然，当时的统治者往往不履行他们的财政义务。究其原因可能是，在 15 世纪组建一支任期长达几个月的大型使团，以及同时需要使团拥有代表性仪式所需设备、服装、住

---

① Nicolson, *The Evolution of Diplomatic Method*, p. 40.
② Queller, *The Office of Ambassador in the Middle Ages*, p. 200, n. 139.
③ For ratification, see Queller, *The Office of Ambassador in the Middle Ages*, Chapter 8. 1475 年，英国国王爱德华四世在皮基尼同法国国王路易十一签订了 7 年停战协议。——译者注
④ 至少存在一位特使代表两位委托人的例子：荷兰的佛罗伦斯伯爵在谈妥一项条约时似乎同时代表了英格兰的爱德华一世和拿骚的阿道夫公爵。Queller, *Dictionary of the Middle Ages*, p. 209.

宿和馈赠礼物等全套开销，实际上已经超出了许多统治者的财力。① 可以确定的是，在大使候选人眼中，无论这个使团有多么强大或成员有多么杰出，参与长期使团任务无异于"毁灭人生的邀请"。经常有人抱怨说，他们的委托人常常通过限制其资源而剥夺他们在竞技娱乐业赚取收入的手段。13—15世纪威尼斯外交活动现存的大部分记录都与他们的账目有关，这些账目通常是有争议的，而且通常是由一个特别指定的财务主管精心记录并加以保管。② 有关开支账务及亏空等问题似乎一直处于无休止的争论中，在今天看来，这些事情实在是极为混乱，但事实上各时期的外交官都感觉自己从来无法获得足够的资助，无一不是捉襟见肘，勉强度日。

当时的制度还存在其他缺点。大使的夫人一般不进驻使团，威尼斯人也不允许这样做，这是因为夫人们可能会说长道短从而泄露情报。但厨师被视为使团的重要组成部分，这在一定程度上是因为自带厨师可以降低大使们被投毒的风险。威尼斯规定大使不得保留收到的礼物，也不得参加任何形式的商业活动。与之形成对比的是，早些时候拜占庭人希望通过这些活动为他们的使团募集部分资金。此外，随着常驻大使变得越来越普遍以及大使越来越多地被视为"有执照的间谍"，大使在当地可以从事的社会活动受到了严格限制，许多国家的政府甚至试图限制本国公民与外国大使之间的接触。

尽管有诸多不利因素，各国还是能够招募到大使。③ 他们经常推迟很长时间才启程，这毫无疑问是由于他们心理上的各种不情愿。这些延误

---

① 显然威尼斯很早（1265 年）就开始抵制支付使团的安保费用，见 Queller, *The Office of Ambassador in the Middle Ages*, pp. 161-162。

② 对于使团的财政问题，参见 Queller, *The Office of Ambassador in the Middle Ages*, pp. 163-174。大部分信息来自威尼斯，特别是 "Traite du Gouvernement du Cité et Seigneurie de Venise," printed in P. - M. Perret, *Relations de la France et Venise* (2 vols, Paris, 1896), II, pp. 239-304。

③ 关于总体的人事，参见 Queller, *The Office of Ambassador in the Middle Ages*, pp. 149-162。

受到了民众的谴责,在许多国家甚至被宣布为非法行为。再加上中世纪旅行不便,还有部分中世纪君主行踪不定,使这种拖延产生了更加严重的后果。有时一位大使抵达决定前往的国家领地后,还必须再去寻找统治者所在的具体位置。

在 14 世纪晚期,随着外交发展的加快,各种各样的使团数量不断增加。其中涌现出越来越多的专业人士,还有更多来自中产阶级的成员,他们不再拘泥于程式性礼节活动,而是更为积极地参与外交活动,获得更受尊重的社会地位。圭恰迪尼抱怨说,佛罗伦萨贵族成功地避免参与那些自取灭亡的使团,导致使团不得不更多地聘用社会地位较低的人来担任领导职位。① 人们认为使团内必须至少包括一名律师,最好包括一名教会法学家和一名罗马法学家,另外还需任用一名秘书。秘书通常负责向驻在国宫廷递交草案并进行答复,虽然一般是由大使签署这些文件,但在大使死亡或丧失行为能力的情况下,秘书可以代替他行事。通常情况下使团中还会安排一位牧师。另外,为确保节约开支,使团也需要一名会计主管。任命副大使的做法出现于 15 世纪,最初是为使团提供智力支持,也是对未来大使的一种培训方式。② 由于中世纪拉丁语的普及,使团通常不需要翻译(虽然在基督教的欧洲也偶有例外),③ 但在与伊斯兰世界或其他地方打交道时,翻译自然是必不可少的。④ 至于通信问题,使团有时可以带上自己的信使以确保信息传递安全可靠,并且所有使团都有自己的随从人员,有时人数还非常多。

---

① Nicolson, *The Evolution of Diplomatic Method*, p. 29.
② 由于旅程太危险,存在着威尼斯人任命当地居民(通常是商人)担任英格兰副大使的例子,参见 Nicolson, *The Evolution of Diplomatic Method*, p. 34。
③ See Burckhard, *Liber Notarum*, pp. 294-295.
④ G. V. Vernadsky, *A History of Russia*, Vol. 3, *The Mongols and Russia* (New Haven, CT: Yale University Press, 1953), p. 68.

安　全

　　通常，一位大使在执行外交任务时会配备各种通信方式和手段，包括他的信用状、他被授予的权限（无论权限大小）以及他得到的指示，一般可能有两个版本。如果谈判任务已获成功，他还可以携带官方认可的空白文件并最终签订协议。直到 14 世纪，这都被认为是一种安全的做法。对于出访期限延长的使团，尤其是从 14 世纪开始，与国内的通信变得十分必要，一方面可以向国内提供信息，另一方面还从国内获得新的指示。在 15 世纪，各国政府极度渴望获取各种信息，[①] 并常常严厉批评大使们懒于报告。有时，这一问题比实际表现更为严重，因为当时通信不畅可能导致向国内提供的情报在抵达时就已经过时了，这是很危险的情况。而且往往是一段时间内的所有信件统统装在大包裹里一次性递送回国的。例如，威尼斯在 1497 年 5 月 5 日收到了一并寄回的当年 1 月 12 日至 4 月 8 日所有关于西班牙情报的信件。

　　此外，信件也存在着于运送途中丢失、被盗或损坏的风险。委托人使用己方信使的次数比预期的要少，毫无疑问这是出于费用考虑。而且其他各种运输工具有时并不可靠，使得通信安全常常受到威胁。1477 年，威尼斯人在抗议信使费用过高时意外地发现，他们的大使竟然会使用驻在国的信使把报告发回威尼斯。[②] 从 14 世纪后期开始不断加剧的紧张局

---

① 政府对大使要向它们提交报告的内容并不是十分明确。一位 15 世纪晚期的佛罗伦萨大使曾被告知：您在大使馆任职期间，应仔细观察和调查，特别注意您认为不仅与我们的特定事务有关，而且通常每天都会发生的各种事情。您应该经常告知我们每件事的详细新闻报道，常去宫廷，并随时跟随公爵阁下到访各处，这是为了使您能将每天发生的事情联系起来。最重要的是，您应该经常详实地记录下每件事。参见 Queller, *The Office of Ambassador in the Middle Ages*, p. 138。

② Queller, *The Office of Ambassador in the Middle Ages*, p. 140。

势使保密工作变得更加重要，特别是在意大利。各国此时已开始使用简单的代码和密码。尽管这些密码很容易被任一位认真细心的调查员破译，但它们确实可以防止小偷在未被发现的情况下通过快速阅读内容并归还文件进行窃密。在不需要提供更多新闻消息的时候，委托人的主要通信内容一般是给出进一步指示或对指示进行修正。特别是在威尼斯，委托人还会发送给大使一些常规警告（avvisi）或时事通信以通报国内事务，并用来回应大使长年不断的抱怨。有些消息只能通过外交途径以等价交换或贿赂方式秘密获得，特别是大多数国家争相获取的消息更是如此。如果大使没有可以提供给对方的情报，他也就得不到任何有价值的情报作为回报。1505 年，威尼斯驻法国大使毛罗切诺（Mauroceno）抱怨说，他从来没有收到过那种需要让他立即传回国内的重要信息。① 对于那些没有任何辅助预警系统的大使来说，情况只会更糟。

最著名的大使报告之一是由一个结束任期的威尼斯使团编制的，② 因为报告采用了威尼斯独有的写作形式，而且威尼斯人的记录以完整著称，所以一些历史学家将 1499 年提交的报告《关系》（relazione）认定为"古老而值得称赞"的范本，但这种夸赞似乎有些言过其实。不过，这倒是可以理解，因为进行此类报告要比单纯汇报一个特定的外交任务（例如佛罗伦萨等其他国家就使用这种方式）要做的工作更多、更细致。其实那些汇报单一任务的报告质量也非常高，但内容上严格限于本使团的工作。威尼斯的报告一般会全面介绍大使前往国家的地理、政治和社会情况，以及威尼斯对这个国家的政策和先前的外交成就。1268 年制定的报

---

① Nicolson, *The Evolution of Diplomatic Method*, p. 38. 毛罗切诺还抱怨说，承诺给他的礼物没有兑现。礼物赠予关系不仅指官方出入境时的礼物赠予，还指向一个模糊区域，在这个区域内，赠送令人愉快的纪念品（或是用于表示感谢）和以礼物进行贿赂之间常有交叉，难以辨认。参见 Queller, *The Office of Ambassador in the Middle Ages*, pp. 94-95。

② 这一经典记录见于 D. E. Queller, *Medieval Diplomacy and the Fourth Crusade*（London: Variorum Reprints, 1980）, Chapter 8, "The Development of Ambassadorial Relazioni"。

告制度，其最初目的是给威尼斯国内的资深政治家额外提供一份关于外交任务的口头汇报。但 16 世纪 30 年代之后，报告开始在总理府进行编纂和留存，它们用于给未来派往同样地区的新大使提供参考和指导。再有，事实证明，对于未来的政治家、社会学家以及外交官和历史学家，这些报告已成为能提供重要历史信息的大宝库。对于那些想要描述外交本身发展的人来说，这种报告并不像普通的公文那么有用，威尼斯的档案虽然规模庞大，但有效信息量却并不是最大的。[1]

到了 15 世纪，大使们的目标发生了变化，他们之间交流的风格和方式也随之发生了重大变化。虽然沟通的速度仍然缓慢且次数也相对较少，但重要事件发生时，委托人会授予其特使更大的权限，在这种情况下开展的外交活动基本没有必要与国内进行沟通。随着办事速度的加快以及使节的自由裁量权的减少，从国外传回的参考资料增加了（尽管还是会延误），随之增加的还有密码和信使的数量。随着外交关系越来越长期化，国内政治对外交的影响也越来越显著。因此，原本获取情报的重点领域只涉及技术性信息，之后，大使们对大量不分领域和门类的新闻产生了更广泛、更持久的需求。要获得这些新闻最有可能的方式就是收集流言、交换情报或进行贿赂。推动这一发展的正是促成第一批常驻使团出现的那些因素，为此，外交活动范围随之扩大，重要性不可同日而语。直到 19 世纪初产生了和平时期的会议机制，才能和那时的外交实践相提并论。

---

[1] See Charles H. Carter in Charles Carter (eds.), "The Ambassadors of Early Modern Europe: Patterns of Diplomatic Representation in the Early Seventeenth Century," *From the Renaissance to the Counter-Reformation* (London: Jonathan Cape, 1966).

第一部分　从源起到1815年

3. "旧外交"的出现

　　当在工作中遇到了涉及其职务的任何职能时，大使应该时刻铭记他代表的是自己的国王，并且还应该坚定地维护所有属于自己的权利和特权。不过，大使并不必在其他时候考虑这些，只有这样，他才能与他的朋友们过上轻松自在的生活。他与别人相处时都应表现得彬彬有礼且善于交际。如果与之相反，大使随时随地都只是表现得像首席纹章官的一位传令官，那么到了举办外交仪式时，他就会表现得不太尽如人意了。

　　　　　　　——摘自弗朗索瓦·德·卡利埃尔：《外交的艺术》
　　　　　　　　　　霍姆斯和迈耶出版社，1983，第153页[①]

　　15世纪，意大利的外交实践逐渐传播到欧洲其他地区，但这种传播在时间和空间上都十分零散。不过到18世纪初，现代外交的大部分机制都已成功建立。我们已经讨论了常驻大使从出现到成为外交体系中主要行为体的发展过程。而同时，其他五个领域的发展也值得注意，包括：薪酬和招募、优先级和程序、外交理论的演变、外交部的首次出现以及和平时期会议的出现。

[①] 参见原著 François de Callièresin, *The Art of Diplomacy*, ed. by H. M. A. Keens-Soper and Karl W. Schweizer (New York: Holmes and Meier, 1983), p.153。

薪酬和招募

　　15世纪的意大利对大使的报酬和住宿问题已经有了相当明确的规定。单一的文化、短途的旅行距离和频繁的外交互动，使在意大利执行报酬和住宿的统一标准比在之后两百年的整个欧洲要容易得多。常驻大使的待遇相当好，而且能定期准时获得报酬。但是，驻在国既不会向大使支付津贴，也不会为他们或他们的下属提供住宿。① 正如我们所看到的那样，16世纪时常驻大使的任命数量有所增加，但其中一段时期只有西班牙在大规模派遣大使。在各国间更多地互派大使之前，传统的外交代表形式仍然存在，只是在一定程度上为意大利模式所取代。因此，某些国家的通常做法仍然是由驻在国负责接待到来的特派使团，这种情况甚至一直延续到16世纪下半叶。西班牙和神圣罗马帝国可能会做出一种友好姿态，即通过支付一个重要使团的全部费用以示对他们的特别尊重。在周边地区，驻在国的义务几乎没有改变，奥斯曼帝国仍然没有派出自己的常驻大使，苏丹派出的也都是普通使团。这一定程度上是为了能够控制使团的权限范围，这一做法让人想起了之前的拜占庭。而另一部分原因是，土耳其当时在外交问题上采取了和它在其他领域一以贯之的态度，那就是抵制欧洲外交模式的变化和发展。直到他们在18世纪明显意识到自身的弱点与劣势时，才被迫采取了改革措施。从16世纪一些统治者拒绝为来自西班牙的常驻大使承担任何责任的做法可以看出，常驻大使制度变革的进程也千差万别。那些西班牙常驻大使收入微薄，甚至经常得

---

① 1466年，威尼斯人通过禁止其代表从驻在国接受任何津贴或报酬，并且威尼斯人自己也拒绝进行类似支付，以此来规范这种态度。D. E. Queller, *Early Venetian Legislation on Ambassadors* (Geneva: Librairie Droz, 1966), p. 22.

不到委托人提供的薪水，常常处于贫困潦倒的境地。相比之下，荷兰人直到1649年才停止为常驻荷兰的外国大使提供免费住宿。①

除了常驻大使制度在实践中固有的脆弱性，还存在着其他非常实际的原因让常驻大使经常陷入财政困难。其中，寄钱需要耗费的时间太长②、汇率问题以及途中随时存在的失窃风险③都是非常重要的原因。统治者也有一种倾向，只有当他们自己在财政上有富裕，或者只有当某位大使的社会地位足够显赫而备受重视时，他们才会愿意支付津贴。或者甚至像阿拉贡的费迪南德那样，当大使的急件寄到行宫时，他才突然想起那个国家，才突然记起自己曾派遣过这位大使，由此可见统治者对大使多么漠不关心。④

大使如果长期处于贫困状态可能造成严重后果。第一，大使们会为了维持工作的体面而耗尽个人资产，这让他们非常痛苦。⑤ 此外，大使们最常抱怨的就是如果不付出些代价或提供些回报就得不到任何当地的消息或传言。缺乏资金导致了不付钱就得不到情报的问题，而由于拖延或疏忽造成国内没能送来相应的资源则导致了不提供相应的本国消息也无法获得当地情报的困境。第二，让大使难堪的情景是，一个使团可能因缺钱导致无法维持与其委托人的地位（或是所声称的地位）所匹配的招

---

① See E. R. Adair, *The Exterritoriality of Ambassadors in the Sixteenth and Seventeenth Centuries* (London: Longmans Green and Co., 1929).

② 例如，1561年10月寄给英国常驻马德里大使的300英镑汇票花了7个月都未送达。G. M. Bell, "John Man: The last Elizabethan Resident Ambassador in Spain," *Sixteenth Century Journal* Ⅶ, no. 2 (1976): 77.

③ 理查德·佩斯（Richard Pace）需要从亨利八世获取前往瑞士各州执行任务的资金，他建议"沿袭意大利的方式"将资金缝在快递员的外衣里。J. Wegg, *Richard Pace, a Tudor Diplomat* (London: Methuen & Co., 1932), pp. 71, 82.

④ G. Mattingly, *Renaissance Diplomacy* (London: Cape, 1955), pp. 146-150.

⑤ 有时，情况更糟糕。罗伯特·温菲尔德爵士（Robert Wingfield）出任英国驻皇帝马克西米利安处的常驻大使时实际上借了钱的，这无疑是温菲尔德出了名的乐观态度的另一个例子。Mattingly, *Renaissance Diplomacy*, p. 166.

待规模。第三,如果一位大使在为国家服务期间负了债,他可能被他的债主纠缠一生。16世纪50年代后期,法国驻苏格兰大使需要负责指挥当地的法国军队,并且是自筹经费支付了军队的费用,这导致他在离任时背上了129000里弗尔的欠款。① 大使因财政困境而遭遇的最可悲灾难可能是臭名昭著、极不靠谱的皇帝马克西米利安一手造成的。他的驻西班牙大使与西班牙驻德国的大使进行了联系,他们同意互相领取对方的津贴从而避免因转账和兑换而产生的风险。尽管西班牙的费迪南德没有按照事先约定金额支付马克西米利安的使节全部经费,但确实向后者支付了一笔钱,而马克西米利安却没有向西班牙人付过一分钱。"整个事情以双方产生了敌意和不愉快而告终"。②

尽管实际工作中常存在各种牢骚和现实困难,到16世纪末,普遍的做法是由本国支付常驻大使的薪资。到1700年这已成为除奥斯曼帝国以外其他所有国家的标准模式。奥斯曼帝国则在18世纪时继续向外国大使支付津贴。无论别人对常驻大使一职的合意性或道德性有何置疑,③ 这一制度的存在具有毋庸置疑的必要性,也因此而更有效地防止统治者的疏忽,避免他们任性、无理地对待大使。大使薪资支付的准时性和给付水平都逐渐有所改善,尽管加薪的意义往往被通货膨胀和常驻大使活动增加的支出抵消掉了。到了1510年,英格兰和西班牙的薪资水平与威尼斯相当,到16世纪中叶翻了一番,到1610年又翻了一番。业务之间的相关性发生了变化——在16世纪,随着时间的推移,威尼斯支付的费用越来越少——而在外交领域内部,不同职位的薪酬水平依其重要性也有所不

---

① M. -N. Baudoin-Matuszek, "Un Ambassadeur en Ecosse au XVIe siècle: Henri Clutin d'Oisel," *Revue Historique*, DLXIX (Janvier-Mars-, 1989): 94, 97. For other examples of this kind of result, see Maulde la Clavière, *La Diplomatie au temps de Machiavel* (3 vols, Paris, 1892-93), Ⅰ pp. 341-342.

② Mattingly, *Renaissance Diplomacy*, p. 148.

③ 见本书第51页"旧世界"这一章"直至15世纪,常驻大使制度的创设带来了一场重大变革……"这一段。——译者注

同。尽管在 17 世纪初已经开始对收入进行系统的分析,[①] 但由于各种复杂因素人们还是很难对不同时期的薪资情况进行比较。不过根据计算,大使的工资（在正常支付的情况下）：

> 并没有达到一个富有的主教或大贵族的收入,而是大致接近一个富裕商人或富裕乡绅的收入。例如,一个二十来口的家庭,平时能享有一定程度的娱乐,在宫廷里也会有一个很好的地位,但也不至于达到过分炫耀的程度。[②]

这里给出一个名为查普伊斯（Chapuys）的大使的例子。这位大使是查理五世（Charles V）驻伦敦的萨伏依人使节,作为外交官,他的工作非常出色。从他的例子中我们能看到,外交官有时会得到薪资以外的另一种回报。查普伊斯的工资低于平均水平,但在其事业成功却又债台高筑之际,他得到了一份报酬丰厚的闲差,并极其精明地将所得进行投资,最后利用自己的资源在安特卫普和安纳西创办了两所大学。授予一份闲职是委托人弥补大使低薪或欠薪的一种方式。同时,还有另一种方法,那就是向大使赠送丰厚的礼物。常见的礼物包括金项链和华贵的衣物,此外还有银器、马匹、珠宝,有时甚至是现金。赠予物品的重量或数量都取决于赠礼者或大使本人想传达的信息。礼物的价值有时可能非常惊人,例如在 1529 年,一位英国派往查理五世处的大使收到了一条价值 2000 金币的金项链,而当时大使每月的薪水可能只有 25—30 金币。不少例子表明,离任时获赠的礼物已成为大使薪酬的重要组成部分,这对他来说无疑是幸运的,因为这些礼物也是精心设计的外交礼仪的一部分。

[①] See, for example, D. B. Horn, *British Diplomatic Service* 1689 – 1789 (Oxford: Clarendon Press, 1961), Chapter 3.

[②] Mattingly, *Renaissance Diplomacy*, p. 234.

赠送礼物传递的不仅仅是财务或针对大使个人的信息，更是各方展现国力和表达重视程度的重要方式。

这种赠送礼物的现象直到17世纪晚期才逐渐式微。17世纪20年代一份关于法国派往英国的一个重要使团的完整记录显示，詹姆斯一世（James Ⅰ）在大使巴松皮埃尔元帅（Marshal de Bassompierre）离任时送给他一些极为贵重的珠宝。这一做法当时一定让这位元帅稍感解脱，那些礼物也算是对他的一种补偿，因为他的旅程证明了17世纪的旅行中仍然存在大量人身安全危险。在他返回巴黎的途中，英吉利海峡波涛汹涌，将载有行李的马车抛入海中，此外，还造成29匹马死亡，这些马都是在五天的航行中渴死的。[1] 到了17世纪70年代，俄罗斯提出希望得到礼物并支付开销的要求让英国感到不悦，英国批评了俄国不合时宜的做法，这证明了各国统治者越来越不愿意支付常驻大使的费用并开始为此发声。到彼得大帝时期，俄罗斯的做法也参照了欧洲的标准。[2] 显然，大使的财政责任已经完全归属于派遣当局一方。这并不意味着大使们不再抱怨他们的薪酬水平，他们往往通过赴任迟到或其他代价高昂的形式表达不满。大使拒绝履职的情况时有发生，通常他们给出的正当理由是：履行大使职务会让自己失去很大一部分的个人财富。正如上文提到的法国驻苏格

---

[1] See F. de Bassompierre, *Memoirs of the Embassy of the Marshal de Bassompierre to the Court of England in 1626*, translated（London, 1819）. 关于这个特定使团的更详细的探讨可参见：Jocelyn Woodley, "The Development of the French Diplomatic System under Richelieu, 1624–42"（MPHil, Cambridge University Press, 1989）。

[2] See I. Vinogradoff, "Russian Missions to London, 1569–1687," in *Oxford Slavonic Papers*, New Series, ⅩⅣ（1981）, and "Russian Missions to London, 1711–89," in *Oxford Slavonic Papers*, New Series, ⅩⅤ（1982）. 维诺格拉多夫（Vinogradoff）指出，波特金1681年的使团是最后一个接受传统风格赠送礼物的使团，有趣的是，这位大使接受礼物后立即将其兑换为现金（ⅩⅣ, p.51）。还是这位波特金大使他早些时候还曾去过丹麦，他的举止完美体现了俄国人决意享有最高特权的韧性。波特金造访丹麦时，丹麦国王正生着病，大使却完全没有去意，非但如此，他还"要求给他一张床（他还真办到了！），还要求将他的床和国王的病床并排放，以便他们可以躺着进行会谈"（ⅩⅣ, p.52）。这里列出的参考书提供了大量关于俄国使团的宝贵史料，让我们更好了解俄国使团如何大肆挥霍英国王室的钱财，又是如何蛮横无理地要求满足其各种不合情理的要求的。

兰大使在16世纪中叶的情况一样,18世纪的情况依然如此。①

因此,即使在18世纪经济上的困难已经稍有减轻,考虑到旅途的艰险,② 加上在17世纪的大部分时间里驻扎在一个宗教相异的宫廷时存在的人身安全风险,在这种情况下,如果仍然有人愿意担任常驻使团的某项职务,还是非常令人震惊。此外,尽管在意大利,由于距离较短、语言和文化相对熟悉等因素,可以在实践中派遣短期使团以分担常驻大使的工作量,但是在整个欧洲范围内,往返所需要的时间更长,适应不同的社会和语言的时间也更长,这导致统治者们通常都让大使在国外常驻,在某些特定的情况下,他们的任期即便按今天的标准来看也是相当之长了。例如,德·普埃布拉(de Puebla)曾代表西班牙常驻伦敦整整18年之久。③ 尽管存在各种案例,④ 但长期不在国内政治权力中心,导致大使这个职位并不能成为影响未来、蓄积财富的有效途径。在大使必须与派遣人具有相同国籍的规定出台之前,这一负面因素在漫长的时间内都没有改变(甚至到18世纪还延续着)。到17世纪时,大使和派遣者具有相同的国籍成为普遍现象,在帝国周边国家更是如此,但他们实际上仍然可能是意大利人或瑞士人,神圣罗马帝国的民族多样性在这种"对外代

---

① See, for example, W. J. Roosen, "The True Ambassador: Occupational and Personal Characteristics of French Ambassadors under Louis XIV," *European Studies Review* Ⅲ (1973): 136.

② 除了袭击、入室行窃和疾病的危险外,在外旅行身心多有不适,在东欧旅行尤甚。安东尼奥·波塞维诺(Antonio Possevino)是一名基督徒,他于1582年由教皇派往俄罗斯,调解一场俄国与波兰之间的战争。他记录了自己的旅途经历。由于旅途中不可能有房间住,旅行者必须准备一顶帐篷。所有人包括马,可能都必须挤在一起食宿,所以要自备帘子隔开。还必须准备好带有蚊帐的睡袋,这样才能既防止土墙上烟灰掉落,这种情况"在莫斯科和立陶宛曾发生过",又能有助于抵挡"飞虫,那些飞虫和别处不同,多夜间活动,隔着睡袋疯狂叮咬,让人苦不堪言"。H. F. Graham, trans/ed., *The Moscovia of Antonio Possevino*, SJ (Pittsburgh: University of Pittsburgh Press, 1977), p. 40.

③ Mattingly, *Renaissance Diplomacy*, p. 150.

④ 尤其是在英国,海外供职可能意味着回国后的升职。见 G. M. Bell, "Elizabethan Diplomatic Compensation: Its Nature and Variety," *Journal of British Studies* XXⅡ, no. 2 (1981): 1-25。

表功能"上得到了体现。①

因此，为什么这些普遍做事高效、有教养、有能力的人愿意担任大使职务仍然是个谜。但是可以肯定的是在 17 世纪早期的欧洲出现了一批经验丰富的、几乎已经职业化的外交官，这个特殊的变化在 1600 年前后引发了新讨论，讨论主题是如何才能最好地履行大使职责，以及大使一职需要什么样的品质。② 对于上述疑问，马丁利这样评论道：

> 尽管大使的薪酬无人知晓，尽管挑选人员的方式也千差万别，但外交事业似乎对机警和好奇的人有着特殊的吸引力。只能认为这是高级政治游戏天生具有的魅力，它让有才能和讲原则的人愿意接受甚至主动谋求担任常驻大使一职。③

这一结论在 17 世纪早期可能还是正确的，但到了 18 世纪，招聘大使的困难逐渐显现，这时常常出现大使职位空缺，或不得不由秘书长时间顶替大使工作。尽管已有不少关于大使应该具有怎样的聪明才智和道德修养的研究文献，但人们常常发现总是不得已要任命一些并不合适或是缺乏经验的人，归根结底就是无人可用。④

---

① 在"需要相同国籍"的常见要求下，神圣罗马帝国利用其民族多样性，以民族身份模糊了其外交官可能具有周边国家国籍的情况。——译者注

② 见本章第 121 页"另一位法国外交官安托万·佩奎特……"这一段。——译者注

③ Mattingly, *Renaissance Diplomacy*, p. 238.

④ See Horn, *British Diplomatic Service* 1689–1789, Chapter 5；以及一个有关奥地利的有趣例子，讲述了科本兹（Cobenzl）伯爵是如何错误地代表哈布斯堡人参加了 1779 年的泰森和平谈判的。See D. E. D. Beales, *Joseph* II (Cambridge: Cambridge University Press, 1987), I, p. 426.

第一部分 从源起到1815年

政府和层级结构

在16世纪和17世纪初,就仪式性或其他活动的特派使团方面进行的外交工作几乎没有发生过变化。然而,直到17世纪早期,常驻大使及其工作人员才开始在大国外交中发挥重要作用。其运作方式与15世纪意大利的做法相似,不过效率似乎更低。尽管如此,它们之间还是存在两个明显的不同。新兴主权国家的出现引发了其政府结构的变化,这给各国统治者造成了巨大压力,摧毁了中世纪社会政治和经济关系的残余,结果是尽管君主的权力和重要性得到了提升,但却需要承受更大的行政负担。一时间出现了一种常规对策,那就是不将重大的活动委托给那些通过宪法任命并受制于宪法的大臣们来处理,而是交给临时任命的官员去完成。这样一来,外交和对外政策变得与政府其他事务领域一样,职责范围变得模糊不清。由于国内的权力斗争(有时还会出现权力真空)致使各方政策相互矛盾,让大使们在工作中不仅困难重重,而且经常遭受羞辱。在这种情况下,创造性的应对之策可能至关重要:

> 1610—1620年的十年里,法国、西班牙和英国派驻国外的外交官对这一点感同身受:他们谁也不能确定自己是否与身处其他国家宫廷的同僚具有一致的目标,或与他们政府的真实观点相一致,又或者哪怕今天确实相一致,明天是否还会如此。[1]

那时尚未完成向有序外交决策和有序外交管理机制的转变。
这一点在16世纪也得到了印证。直到那时欧洲各国尚未建立起有效

---

[1] Mattingly, *Renaissance Diplomacy*, p. 224.

的外交政策管理模式。通过建立详细的外交记录和对外关系的持续调控运作，意大利城邦在总理府逐步建立起颇具雏形的外交部门。在欧洲其他地区，这一演变却十分缓慢，原因就在于王室秘书职位的不确定性。有时这一职位确实需要身兼数职的外交大臣来担任，有时只需文员和密码编写者来担任。他们的职责安排（如果确实有多种职责的话）常常令人不解，16 世纪的法国尤其如此。西班牙的菲利普二世试图多设几位职责相同但工作互相独立的秘书，通过这种方式对他们进行控制。他同样也在监视派往国外的大使们，尽管这种做法当时已不多见。根据宫廷的具体情况，王室秘书和顾问可以在任何时候行使他们的各种权力，但这样无益于建立有组织、高效率的外交机构。如此一来，大使们还被迫通过私人关系并利用个人影响与本国政府进行沟通。如果说这是因"担任国家公职"而丧失了"某一社会地位"所带来的声望和权力或其他影响力因素，那么，也正是这种情况阻碍了外交机构的发展。

  另一个困难就是对公文以及国家机密文件保管工作的漫不经心。例如在 1528 年发生过这样的事情，西班牙竟然耗费了几个月的时间都没有找到本国公主同英国联姻的相关文件。还有，条约文本也常有遗失。这是因为，一旦文件太多，前往巡回法庭时无法携带，这些文件就会被丢弃在某个箱子中。秘书、大使和公使们通常不会对公务文件和私人文件进行仔细甄别、稳妥保存，他们可能会在离任或调职时将这些文件随手丢弃。尤其大使最有可能这么做，因为他们一般不会把文件留给继任者，且不同的大使会使用不同的密码；又因为大使雇用自己的秘书，而不像在意大利那样雇用国家公务员，当时遗失整套档案的情况就相当普遍。16 世纪末，为加强对国内外交文件的收集整理，各国都下足功夫，确实取得一些进展，特别是西班牙，当时日益臃肿的行政机构在西曼卡斯（Simancas）建立了一座档案馆，一时名声大噪；不过，值得注意的是，这样一来，西班牙外交原本拖拖拉拉的办事效率越发低下了。①

在常驻使团中，人们一如既往地钟情于获取情报。从15世纪50年代起，随着国家的分裂和敌对情绪的加剧，无论是因为争夺欧洲霸权还是因为宗教战争或两者兼而有之，情报工作变得至关重要了。毋庸置疑，日益加剧的紧张局势进一步增加了常驻大使的责任，他们必须能向委托人提供比竞争对手更多、更有价值的情报。为此，他们同时需要寻求来自官方和非官方的协助。官方提供的协助就是为大使本人雇用一名机要秘书，和雇用其他工作人员一样，他们可以尽可能利用大使的有限资金资源，在大使馆举办各种娱乐活动，邀请社会各界，让使馆成为流言和信息交流中心。这里常会聚集些年轻人，他们希望求得一份与使团有关的工作，这些年轻人对拓宽使馆的联系网络所起的作用不可小觑。非官方协助则是指从驻在国宫廷，甚至是从对方秘书那里获得信息，可以通过利用他们的内部争吵和个人贪欲来获取情报。如果驻在国的统治者持不同宗教信仰，那么最好的信息来源很可能是与大使的委托人拥有共同宗教信仰的人。与商人和银行家的良好沟通常常也很有帮助。正当的"贿赂"（不一定总是金钱，特殊恩惠有时也很管用）常和间谍活动如影随形。破门而入实施抢夺、派遣卧底和利用持不同政见者多为常用之策。②

常驻大使总是对他们的职责抱怨不休，认为搜集情报无疑已成为他们的首要任务。特别使团总有一种"高尚人做高尚事"的感觉，但常驻使团却完全不是这样。让·霍特曼曾这样抱怨：常驻大使"别无选择"，不得不"撒谎和行骗"；西班牙派驻国王詹姆斯一世处的那位毁誉参半的大使冈多玛（Gondomar）也发出这样的慨叹，当大使的确是一件令人烦心的工作，因为他必须撒谎、欺骗；亨利·沃顿爵士（Sir Henry Wotton）

---

① 有关西班牙的外交发展，重点参见 Mattingly, *Renaissance Diplomacy*, Chapter 15 and Chapter 26。
② Mattingly, *Renaissance Diplomacy*, pp. 246-247.

于1604年评论道，"大使是为了国家而被派到国外去说谎的好人"，这一切清楚地表明，常驻大使们完全明白他们的职位自带恶名。①

在获得所有这些情报并进行筛选和评估之后，接下来，大使及其秘书的任务就是不断地向国内汇报，同时要确保情报能够安全传送到国内而且不被他人截获。17世纪早期的使团已经发现并尝试解决安全方面所遇到的各种麻烦，但未获成功。值得注意的是，随着时间的推移，情况并无多大改观。1914年以前，尽管有时可能因断章取义引发误解，但本应是"秘密"的同盟条约其实早已世人皆知。第二次世界大战期间担任英国外交大臣的安东尼·艾登（Anthony Eden）在某次被人要求确认在莫斯科的一次对话的内容时，他反问提问者是否是通过幕后交易了解到此事。现代早期的欧洲人对待文件那种漫不经心的习惯简直有百害而无一利。大使们有时会把他们的文件带到不安全的地方，有时干脆把它们留在无人值守的空房间里，简直就是要故意引起当地特工的注意。在16世纪早期，关于"大使对社会与和平负有责任"的旧观念使一国当局能够辩称，如果某位特使被怀疑正在从事某种邪恶活动，他将不得享有扣押信件和打开信件的豁免权。② 由于豁免权在实践中不太可能被随意剥夺，因此，想要从大使处获取机密信息，往往是在不被发现的情况下于途中盗走包裹，进行复制后再归还（如果真能做到的话）。在这种情况下，大多数常驻大使采取的更有效的应对方法可能是事先就假定信件会被他人

---

① Ibid., pp. 220-221, 261 and n. 7 to Chapter 24, which gives the Latin text of Wotton's remark: *legatus est bonus vir peregre missus ad mentiendum Reipublicae causa*. 这句拉丁语译为英语是"The ambassador is sent abroad to tell lies for the sake of his country"，意为大使被派往国外为他的国家利益而说谎。不过，拉丁语中没有双关语。在斯图亚特时期英语中，lie 也有"生活"的意思，因此英语翻译中就有了"lie"所表达的双关语意，即大使为了祖国被派往国外生活。

② 关于红衣主教沃尔西如何对待大使及其文件的记载，见 Mattingly, *Renaissance Diplomacy*, pp. 274-276，特别是皇帝派往英国的著名常驻大使德普拉特一案，他的信件被扣留了，文件也被查阅。德普雷特本人随后以背离了大使的职责为由遭到了皇家议会提审，后来，用更现代的表述就是，被英格兰国王宣布为"不受欢迎的人"，并遭到拘留。

读到，从而在写作中采取有针对性的对策，特别是要注意隐藏信件内真正关键信息。为此，有两种主要的预防措施：一是使用心腹信使；二是使用密码。从1500年到17世纪40年代，信使服务的从业者越来越多，信使的任用越来越普及，但因信使服务费用过高，统治者不愿意为使团专设一个真正安全的信使服务机构。如果确需传递真正重要情报，他们仍然青睐商人和真正有诚意的旅行者，因为他们会想方设法保证安全，甚至会将文件缝在衣服里。

代码和密码的使用始于16世纪初，而意大利则更早。到17世纪初，密码技术已变得更加复杂精密，并从魔术和犹太主义的哲学领域发展成为数学的一个分支。尽管如此，当时在代码和密码的使用上还是有些大意。同样的密码会长时间使用，甚至在被破解多年之后仍然使用。再者，密码经常是由使团秘书在匆忙中或未经过仔细推敲而胡乱编写而成，因此很容易被破解。此外，常在某些固定敏感信息点设置密码的习惯使破译比预想的更容易。无论如何，一旦密码被别国特工偷走了，即使只是很短时间，大使就不能再使用那些用该密码加密的文件了。然而，如果大使和统治者都很清楚，他们的情报即便被窃贼、使团里的间谍、边防官员甚至宫廷里的大臣们拿走阅读，但由于这些人可能只会短时间接触到部分加密的内容，他们也无法快速破译其中重要信息，[①] 那么，文件就没有泄密。

尽管因宗教改革时期的内战和国际战争连年不断，常驻大使这一职业仍然不受欢迎，甚至相当危险，但国家不可无大使。由于大使身处国外，获得了一段时期的居留权，并且配备了一个小团队，那么大使除了获取情报以外还需承担更多任务也就合乎情理了。到了17世纪初，特别是16世纪90年代到1618年战争再次爆发的这段时期，也就是在16世纪

[①] 有关编码和密文的一般知识，见 Mattingly, *Renaissance Diplomacy*, pp. 247–250；也可参见 Maulde la Clavière, *La Diplomatieau temps de Machiavel*, Ⅲ, pp. 133 ff。

70 年代和 80 年代的宗教纷争和代表权发生显著变化之后，外交体系再次得到了发展。① 常驻大使获得了以前专属于传统特派使团的雄辩家的代表权。常驻大使是国王在当地的代表，那么，跟他一样受同一位国王庇护的臣民的各种事务也开始由他负责管理。常驻大使常驻驻在国，谙熟当地情状，有益外交发展。统治者发现，利用常驻大使来对一般性协议进行谈判而不用派遣特别授权的特别使团倒不失为便利之举，尽管他们仍然希望派遣一个特别使团来缔结重要协议或和平条约，但无论如何，他们还是要利用已经身在他国的人（也就是大使）事先协商和确定场地等工作。因此，谈判和情报收集一样，逐渐成了常驻大使的主要职责。这反过来又极大地促进了对外交的态度的转变：随着国家性质的变化，与其他国家的外交关系具有了持续性，不再像单一偶发事件那样，要么开门谈合作，要么闭门搞内政，没有系统规划只能就事论事地加以处理。马丁利在谈到 17 世纪早期时说：

> 常驻大使的大部分事务不是只针对任何个别条约，旧的外交理论中根本没有提及这一点。人们通常认为大使是有能力影响政府政策或态度的人，他被派往国外从某种意义上来说对他自己也是有利的。同时，他也要尽量减少摩擦、赢得让步、实现合作（或者有时是有价值的表面合作）。如果最坏的情况出现，大使应在第一时间发出事情正在失控的警告，告知国内需要想方设法从其他方面施加压力。②

随着 17 世纪外交的发展，这些新认识有力地推动了常驻大使向外交

---

① 例如，宗教裁判所在对大使的宗教活动进行调查后，终止了这位英国驻西班牙常驻大使的派遣。这位大使正是那位特别狡猾无耻的英国国教主教，格洛斯特的主教约翰·曼。Mattingly, *Renaissance Diplomacy*, p. 202.

② Mattingly, *Renaissance Diplomacy*, p. 253.

代表的标准形式转变。标准化外交代表比以往任一种传统代表形式成本更低且效率更高。到18世纪中叶，仪式性使团仍然存在，仅为谋求和平这个单一目标而派出特别使团的案例依然很常见，但国际关系的常规事务主要还是通过常驻使团进行处理。值得注意的是，到1700年，对外交官工作能力的评估越来越倾向于根据他们在外交部门内的地位来进行，而不再通过对其委托人的地位进行预估。另一个重要变化是，那时已开始普遍使用特命大使的头衔来指代常驻大使，而这种称谓以前恰恰指代与之相反的职务，即临时特别使团团长。全权大使一词的使用情况与此类似。[①] 到1789年，外交官的官衔名和内部等级制度已明显趋于现代，过渡期实际上已基本结束。[②]

位　　次

常驻大使的代表权特征带来了外交事务中持续了一个多世纪而又极其小家子气的新发展，即对位次的重视和无休止的论争。中世纪和文艺复兴时期的特别使团对仪式一直十分关注，这是因为它可以相当准确地传达出有关双方地位高下的信息，并表明所涉问题的严重性以及代表行为本身的严肃性。只有在极少数情况下，或者仅在罗马才需要有关位次的规则，教皇尤里乌斯二世（Julius Ⅱ）首先发布了由他制定的各统治者的位次列表。这一位次并非适用于所有场合，但它确实表明有关位次的问题已经出现了。直到常驻大使出现时才产生了各国都会在同一个国家设立永久大使馆的问题，从而出现了如何处理它们之间的关系的难题。

[①] 关于术语和分类的演变的详尽说明，参见 O. Krauske, *Die Entwickelung* (Leipzig, 1885), pp. 150-187。术语和分类在1818年的艾克斯拉夏佩尔大会上最终正式确定。按照地位的高低依次列出：大使、教皇使节、罗马教廷大使，其后是特使、全权公使、常驻使节，最后是代办。

[②] 1789年美国设立外交部并明确其职能。——译者注

对常驻大使的代表性的日益重视决定了每位大使都要在一切场合尽可能争取比其他国家大使更高的地位，而这种地位争夺便成为大使正式职务中最突出的工作事项。

这样一来，也就出现了在位次问题上痛苦、滑稽而又极不光彩的你争我夺、锱铢必较的争斗。位次问题变得举足轻重，以至于战争既可能因为位次而爆发，也可能因为位次而经年不休。强大的统治者向较弱小的统治者提供更高的地位作为贿赂，特别是当国家的相对实力增加时这类压力便会凸显。由于荷兰不是严格意义上的君主政体，它的位次安排变得格外复杂，17世纪后半叶荷兰一直在为他们的外交代表争取等同于代表王室的荣誉地位，并最终获得成功。俄罗斯彼得大帝所用的皇帝头衔在一段时间内无人承认（除了他的近邻之外），特别是遭到了当时在欧洲独一无二的帝国、拥有神圣罗马皇帝头衔的哈布斯堡王朝的反对。到了17世纪末，萨伏依公国的地位变得更为重要，它的公爵被视为事实上拥有王室身份，这一变化在伦敦和巴黎对前来通报查尔斯·埃曼纽尔二世（Charles Emmanuel Ⅱ）于1675年去世的大使的接待中表现得十分明显。[①]

头衔也是个非常敏感的话题。特别值得注意的是，俄国人坚持要求得到他们认定的、确切描述好的头衔，有时他们甚至认为头衔的价值超过了自己为了得到它而做出的让步。这是罗塞特·德·米西（Rousset de Missy）经典观点的一个很好的佐证："国王们可以放弃城镇甚至是一个省，但哪怕是最精明的谈判者都会拼尽全力绝不放弃他们自认为有权获得的等级与头衔。"[②] 对头衔的描述很重要，即便被认同的希望非常渺茫，

[①] W. J. Roosen, "Early Modern Diplomatic Ceremonial: a Systems Approach," *Journal of Modern History* LⅡ (1980): 464.

[②] J. Rousset de Missy, *Mémoires sur le rang et la préséance entre les souverains de l'Europe* (Amsterdam, 1746), Introduction, quoted in M. Anderson, *Europe in the Eighteenth Century* (London: Longmans, 1967), p. 163.

各方也同样非常重视对头衔所有权的描述。早在 1582 年签订的俄（国）—波（兰）条约中就出现了这种迹象。当时很明显的是，对于沙皇伊万四世（Ivan Ⅳ）来说，能够获得"阿斯特拉罕和喀山的沙皇"头衔比放弃军事要塞重要得多。早些时候，在与丹麦和瑞典国王的通信中，他已不再使用曾经用过的"兄弟"一词，这成了他们之间关系变化的标志。① 从 17 世纪末开始做出的无视这类对头衔的要求的相关决定中，我们可以发现一个与后期发展的不同之处。在 1660 年的奥利瓦大会上，瑞典的查理十世（Charles X）曾要求别国承认自己是汪达尔人的国王，但在 1676—1679 年的奈梅亨会议上，各方达成一致：诸如皇帝要求同时成为勃艮第公爵、洛林公爵成为普罗旺斯伯爵、西班牙国王成为法国国王等诉求将不被承认。大会宣布，任何统治者所拥有或放弃拥有的头衔不应损害任何其他人的权利。②

俄罗斯人在这一方面的做法同样天下闻名（至少在彼得大帝的统治结束之前是这样的），因为他们坚持要对方完全恪守对其地位承认的一切细节。不过，俄国也并非唯一一个特立独行者，他们（因为别国认为与俄国建立的是一种遥远而充满不确定性的外交关系）和威尼斯人（自觉其共和国身份而受到别国轻视）出于一种潜在的或实际的自卑感而对头衔特别苛求。而其他人主要还是更关注自己所能够代表的委托人的身份地位，这种思想在亚伯拉罕·威克福特（Abraham Wicquefort）所著《大使及其工作重点》（*L'Ambassadeur et ses fonctions*）中有明确记载。该书 1680 年在海牙出版，被认为是 17 世纪最简明的外交手册。

到 18 世纪初，在大使之间或他们的随从之间（通常是后者），因有

---

① H. F. Graham, *The Moscovia of Antonio Possevino*, p. 128.
② "大会最后宣布，双方采取的或省略的头衔，既不会伤害也不会损害任何人。" H. Vast, *Les Grands Traités du Regne de Louis* XIV (3 vols, Paris, 1893), p. 33. 但显然改进并不明显，因为瓦斯特（Vast）在他这部著作的同一页，在讨论了到访夫人们的礼节后指出："因此，礼节上的困难比讨论事务本身更费时。"

意或无意的怠慢而引发的接二连三的危机，导致危机应对成为当时外交工作的主要内容，究其原因，就是那些大使过分看重统治者给予他们的最高级别待遇所带来的利益（有时只是为了图谋个人利益）。[1] 随之而来的可能是你争我夺的混乱局面。英国詹姆斯一世的司仪约翰·菲奈特（John Finett）爵士记录下了当时的经历，其中包括对 1619 年国王生日庆典活动的描述：当时，位次纠纷导致法国大使及其夫人缺席，萨伏依人同样也缺席了，荷兰代表也以他的位次应该优于萨伏依人为由拒绝出席，这一行为遂演变成一种完全没有必要的自我剥夺权利的举动。即便这位代表真的授意这样做，也着实没有必要。在这个案例中，法国大使的行为动机是法国希望获得对西班牙的全面外交优先权。最早的证据可见于早先的特兰托宗教会议。当时，西班牙人成功地获得了优先权，超过了在传统上仅次于神圣罗马帝国皇帝的法国。此后，法国一度拒绝向皇帝那里派遣常驻代表，持续一个世纪的外交竞争也随之拉开了序幕。在 17 世纪后期，伦敦又发生了一个更严重的事件。1661 年，一位新上任的瑞典大使的到来引发了一场在位次问题上传统的法西对抗，冲突规模很大，法国方面带来一支军队并谋划了一场街头战斗，造成 50 人死伤。然而，西班牙人却通过割断法国大使的马车上的马缰绳赢得了当天的胜利。不过，西班牙人最终没能赢得两国间的战争。路易十四决定要极为严肃地对待这一事件，并以战争威胁筋疲力尽的西班牙。西班牙人不得不同意道歉，承认法国宣称的优先位次，而此前这一位次曾被西班牙抵制了至少 50 年。此外，协议的效力和管辖范围最终是有限的，正如在其他情况下所发生的那样，西班牙人拒绝与法国代表同时出现，并继续在哈布斯堡统治的所有地方享有优先权，从而避免了这种羞辱带来的一些后果。甚至可以认为，当时因位次问题引发的人身攻击一定具有现实动机。根

---

[1] "1698 年的一个晚上，国王（路易十四）要求波特兰伯爵举起他卧室的烛台，这一事件在欧洲各国传播开来，被视作不祥之兆。" H. Nicolson, *The Evolution of Diplomatic Method*, pp. 60–61.

据之后的报道，1712年1月乌得勒支会议谈判中断就是因为荷兰人和法国人以其雇员之间的争端为借口进行互相侮辱而导致的。①

在桌上，无论是吃饭还是谈判，大使们都仍有为自己的表现加分的机会，例如进入房间的顺序和文件上的签名顺序等。卢梭（Rousseau）在17世纪40年代曾在威尼斯担任非官方的公使秘书，那时他曾积累了一些外交经验，针对位次争端对外交的影响进行了辛辣的讽刺。他说，有时为讨论各种事务性安排会举行严肃认真的会议，会上也要研究关于桌子应该是圆形还是方形的问题、房间应该有多少门的问题，还有，如果有的话，代表中应该有多少人是面朝窗户或背对窗户的问题以及一次访问应该采取多少具体步骤的问题。他还补充说，此外还有无数其他同等重要的问题，三个世纪以来人们却对它们进行着毫无意义的、无聊的讨论。②

直到18世纪才出现对于这些争议的解决办法。在那个高度紧张的时期，外交过程变得极具操作性，外交原本是衡量权力此消彼长的晴雨表，却因为当时权力格局的日益明晰而逐渐偏离了其原本的功能。关于位次和签字顺序的协商已经过时，成为对外交谈判的阻碍。后来，人们花了大约100年时间将其规范化，这大致是在1815年的维也纳会议上或稍晚些时间确定下来的。但这个进程实际上在17世纪末之前就已经开始了。首先，它采取了预防争端发生的手段。举办会议时将设置特别的房间作为会场，甚至像1699年在卡洛维茨那样临时准备的木制建筑一样，以便让门的数量可以与代表的数量相等。代表们伴随着小号声齐齐入场，这样就不会有进入的先后顺序问题。条约或可签署份数同样的副本，这样每位大使都能把他优先签名的副本带回国；要么在圆形纸上签名，这样

---

① C. G. de Koch and F. Schoell, *Histoire Abrégée des Traités de Paix entre les Puissances de l'Europe depuis la paix de Westphalie* (4 vols, Brussels, 1838), Ⅰ, p. 204.

② E. Satow, *A Guide to Diplomatic Practice* (London: Longmans Green & Co., 1922), p. 2.

也就没有孰先孰后的区分了。很显然，在奈梅亨会议时，座次问题通过圆桌会议的形式得以解决，因为在圆桌会议上每个人的地位是平等的。然而，这些手段与其他所有手段一样，只有在各方都接受、都认可时才有效。后来又出现了一种明显的倾向，即通过同意忽略位次的方式来解决礼仪问题。在举行会议之前可以先达成一项协议，即各方同意不按照习惯仪式的协议，以免耽误真正的重要事项，公开明确会议的准备事宜可提前经私下谈判商定（通常如此）。到 18 世纪末，惯例仪式、优先位次和陈规陋习等错综复杂的东西都被去除了。如果真像拿破仑于 1813 年在布拉格所做的那样①重新启用这些缛节陈规，那么对这种做法的合理解释就是，这纯粹出于政治目的。维也纳会议是在一个与今天的环境很类似的世界中举行的，而在更早的 100 年前的乌得勒支会议上，尽管变革已然在进行中，但似乎人们仍处在与现代不同的旧状态中。这证明在 1712—1815 年，面向现代世界的变革已经取得了成效。②

然而，尽管各国的斗争仍在继续，但可以肯定的是，外交位次斗争中的胜与败对于当事国来说都很重要，而且可能成为国家间力量对比变化的信号。它们也代表着某些更具普遍性的重要问题。外交机制的结构和运作总是要对国际舞台上行为体的需求做出的回应。当权力分配处于稳定状态时，就出现了一种适合其特点的外交机制。在权力分配发生变化、充满不确定时，外交不仅具有沟通和谈判的功能，还具有区分各国实力结构等级的功能。在 17 世纪，这一功能具有了真正的现实意义。在那时，完全主权国家的确已经出现但并非完全意义上的主权国家，因为不只是它们在国际上拥有权力。教皇保留了一些国际权力；神圣罗马帝

---

① 1813 年拿破仑和反法同盟于布拉格举行会议。——译者注
② 有关本材料更详细的讨论，参见 R. Langhorne, "The Development of International Conferences, 1648–1830," *Studies in History and Politics*, Ⅱ（1981-82）: 67-75。

国也保留了一些;① 基督教欧洲的概念与土耳其人相比仍然是一个模糊的、神秘的存在。因此,问题不仅在于欧洲各国之间的权力如何分配,而且在于旧制度和旧思想的相对权威性的存在。关于程序和位次的复杂争端以及外交交流的密度和强度的问题,都是试图从固有的过渡性和无序性中努力建立一种秩序,只有从这个特定角度来看,我们才能充分理解或欣赏这种秩序。

外交理论的演进

外交的演变同样也发生在评论人士撰写的有关外交和外交官主题的文章中。正如马丁利在讨论更早前的外交著作时所指出的,当时大量的外交著作被归结为"最迂腐的陈词滥调"。② 这是因为相关文章被分成两大类:第一类是关于大使应具备的素质,这一主题显然更能引起人们的兴趣,也引发了著作者之间的大量论争;第二类是有关大使的地位、权利和特权的法律问题。16世纪晚期,讨论的重点从后者转移到了前者,法律论文大多是专业性的,而正是那些关于大使的可贵品质和能力的讨论招致了马丁利的批评。③ 然而在17世纪末和18世纪初,这种论调发生了变化。外交是国际关系的恒久特征,它以常驻使团的发展为基础,并随着常驻使团的发展而发展,统治者们利用外交来制定并推行完全独立、完全主权的外交政策,最终(虽然可能时间上有些晚),外交的演进引发

---

① 例如,在1697年的里茨威克会议上,考虑到神圣罗马帝国的独特但却日渐衰落的地位,参会的帝国大使向会议提出要求,他不想坐在任何其他代表的对面,他的要求竟然得到了满足。会议允许这位大使最早进入会议室,他的位置对面正是一面大镜子,在镜子里,他自然只能面对自己。O. Weber, *Der Friedevon Utrecht* (Gotha: Friedrich Andreas Perthes, 1891), p. 203.

② Mattingly, *Renaissance Diplomacy*, p. 108.

③ 可以通过对许多评论员摘录的内容进行分析来发现关注的重点发生的变化,评论员摘录的内容收集并转载于 V. E. Hrabar, *De Legatis et legationibus tractatus varii* (Dorpat, 1906)。

了针对外交和外交官政治职能的广泛讨论。

这种变化首先出现在当时最著名的外交权威亚伯拉罕·威克福特的著作中。[①] 他和他的前辈一样具有强大的文学功底，并且也和他的大多数前辈一样创作了一部权威性著作。而他与他们的不同之处在于，威克福特的描述和说明的依据并非源自早期权威（或经典作品和《圣经》），而是来自国家和统治者的实际行为。他将这一原则应用于国际法和外交机制的研究，相比于格劳秀斯和普芬多夫（Pufendorf），他在法律方面的观点似乎比他关于外交机制的观点更新颖、更超前。

> 威克福特将氏族法律（droit des gens）与自然法和民法区别开来。他决心在国家认可的基础上生成"国际"法，这实际上确立了国家之间的法律自治。正是因为威克福特的研究，万民法[②]（jus gentium）已转变为国际法（ius inter gentes），仅仅凭借此项成就，他就足以在国际法的历史上占有一席之地。[③]

然而，除了某些关于外交的讨论外，总体上他仍专注于国际法研究，而非外交的政治功能。

弗朗索瓦·德卡利埃尔（Francois de Callières）的著作《论与君主谈判的方法》于1716年在巴黎出版，这标志着变革时刻的到来。该书成为有史以来最著名的外交手册。19世纪后期对它的重视程度稍逊于早些时

---

① A. de Wicquefort, *L'Ambassadeur et ses Fonctions* (2 vols, The Hague: J. & D. Steucker, 1680–1681).

② 〈拉〉（罗马法）万民法，基于平等、正义的自然理性的、适用于所有民族的法律，有时也指调整国与国之间关系的法律。它调整的是异邦人相互之间以及罗马人与异邦人之间的关系，所以万民法适用范围比现在的国际法〔international law〕广得多。它渊源于古意大利部落习惯，特别是地中海沿岸文明民族的习惯和制度，是经过早期罗马法学家的活动和裁判官的司法实践而形成的一种法律。(= ius gentium), https://legal-lingo.cn/jus-gentium/。——译者注

③ François de Callières, in M. H. A. Keens-Soper and K. W. Schweizer (eds.), *The Art of Diplomacy* (New York: Holmes and Meier, 1983), p. 27.

期,但第一次世界大战后带来的压力再次引起国际关系从业者对它的广泛重视和钦佩。1957年,哈罗德·尼科尔森将其描述为一部"皇皇巨著"。① 这本书提供了一种全新的讨论模式,似乎刻意要与威克福特不同。该书相对来说比较简约,没有建立案例库,也未对早期书籍中提及的实例进行挖掘。

对德卡利埃尔来说,历史和文学都很重要,区别就在于对相关历史的研究是为了让我们了解国家之间的政治关系是如何发展、变化的;而文学知识是为了让我们的表达简练而优雅。正如德卡利埃尔在标题页无不自豪地慨叹,他真切感受到相较于任何其他时期,更容易在18世纪初的法兰西学院的学员身上找到以上这些外交官的必备素质。正是由于德卡利埃尔刻意强调国际关系呈现的是典型的政治活动,他在逻辑上将外交作为开展此类活动的机制。当时有人认为国际体系可以而且应该进行改革以消除因各国不同利益而引发的冲突,② 对此,他不置可否。他似乎既假定了冲突的持久性,又假定了冲突的必然性,并把缓和以及尽可能有效地处理利益冲突作为外交的主要职能。因此正如威克福特所说,外交官在处理事务时应该诚实和直率,这一点非常重要。出于同样的原因,他们之间的活动也需要保密。那些必须以专业方式处理永久性难题的人士之间以及他们与他们的委托人之间需要保持最大限度的互信。这也是为什么外交豁免权而非法律原则必须得到维护的原因;这是君主的利益使然。甚至有关礼仪的解释也参考了制度的需要:礼仪给一个不可避免的无序世界带来了秩序。

最晚近的评论家对德卡利埃尔的观点做了这样的总结:

> 简而言之,外交目标就是在准确估计各国利益的基础上达

---

① Nicolson, *The Evolution of Diplomatic Method*, p. 62.

② See F. H. Hinsley, *Power and the Pursuit of Peace* (Cambridge: Cambridge University Press, 1963).

成国家间和解。提供政治情报、持续而准确地更新事态、评估并传达已派出特使的国家的相关信息都是实现这一目标的必要条件。外交的主要内容是达成协调,只有对相关事件有了充分了解,才能在稳定关系中讨价还价。外交官……是政策的执行者,而不是政策的建构者,但他的智慧(从多种意义上来说)对于政策的制定,甚至对于试图说服其他独立的和敌对的政府代表,让他们按照某种特定角度来"看问题"都是必不可少的。德卡利埃尔花了很大的篇幅来论证说服的艺术,这是不同于通过武力强行控制一个人的意志的艺术,它是一种暗示的艺术,使对方相信我方了解他的立场,并寻求双方都能接受的条件。[1]

德卡利埃尔的《论与君主谈判的方法》与德维拉(de Vera)的《完美的大使》最广为流传的法文译本存在某些分歧。《完美的大使》是1642年出版的,与前者间隔了60多年,[2] 毫无疑问,直到威克福特出版了最受推崇的外交手册才终结了两者间的争论。《论与君主谈判的方法》和《完美的大使》之间的差异明示了外交实践中发生了怎样的革命。德维拉对大使品质的分析稍显感性,有些虚幻,流于陈词滥调。但他对这项工作的道德思考,是由常驻大使这一新兴机制引发的。他无法解决常驻大使可能面临的一系列冲突和矛盾,就如马丁利所说的,"大使的荣誉和国家的利益、国家的福利和基督教的福利"之间[3]的那类冲突,他竭尽全力协调当时的外交实践与旧观念之间的关系。而他的问题在于,旧观念无法解释常驻大使的根本目的是什么,除非他认可自己是一名"持证间谍"。只有在德卡利埃尔认识到理解国际政治制度与对大使职业性质的

---

[1] Keens-Soper and Schweizer (eds.), *The Art of Diplomacy*, pp. 33-34.
[2] 原文有误,实际应为70多年。——译者注
[3] Mattingly, *Renaissance Diplomacy*, p. 222.

分析同等重要后，大使的作用乃至外交本身的全部功能才得以合理化而获得令人满意的结果。不过，与德卡利埃尔同时代的人们对他的观点并不是完全理解。

另一位法国外交官安托万·佩奎特（Antoine Pecquet）在 1737 年撰写了与德卡利埃尔书名相近的一本著作，该书延续传统做法，提供了一份大使应具备的优秀品德的列表，并批评德卡利埃尔没有这样做。[①] 不仅如此，佩奎特确实阐述了威克福特和德卡利埃尔著作中未涉及的问题，并做出了明确阐释。他认为，任何国家首都或宫廷的外交官群体都构成了一个团体，即外交使团（corps diplomatique）。他认为，这个机构是独立的，其成员都在做同样的工作。即使他们的委托人彼此处于战争状态，外交官之间也会以文明的方式对待对方。他们享有同样的特权，并且会共同捍卫他们中任何一个权利遭到侵犯的成员。[②] 这一变化从另一个角度证实德卡利埃尔关于"更大舞台"的那些观点。若没有高效的外交和外交人员，世界范围内的国际贸易就无法开展。主权国家对常驻大使的需求远远超过常驻大使制度本身产生的问题。常驻大使的存在得到了规范，也得到了详尽描述，其领域已经发展成一种独特的政治活动。正如德卡利埃尔所理解的那样，常驻大使和为领导常驻大使而建立的外交部使得国际政治体系的运作成为可能。

外交部的发展

17 世纪，法国很多领域不断崛起，其外交机制较别的国家更早出现了新的发展。值得称道的新发展包括为法国外交官设立一些培训项目，

[①] A. Pecquet, *Discours sur l'art de négocier* (Paris: Chez Nyonfils, 1737).

[②] Keens-Soper and Schweizer (eds.), *The Art of Diplomacy*, pp. 38-39.

向在任大使发送信息量丰富的指示。同样值得注意的是,在17世纪上半叶,黎塞留(Richelieu)认为,欧洲的国际体系是由主权国家组成的,且国家间关系可以持续长远。正是基于这一假设,他掌控着法国外交政策。这一假设既带来了外交政策的新目标,也带来了外交理论的新发展。一位法国评论家这样描述黎塞留:"黎塞留努力使国家间的交流世俗化,并将欧洲均势的思想提升为国际关系的指导原则。"① 由此产生了外交理论上的新主张,那就是持续的外交关系必须通过不断的谈判来维持。1638年,为了给路易十三提供指导,黎塞留私下撰写了《政治遗嘱》,其中有这样一段解释:"我强烈主张在任何地方进行持续、公开、广泛的谈判是至关重要的,即使眼下没有收获,甚至连未来预期的收获都没有的情况下,谈判也一样要进行下去。"② 这表明黎塞留更强调常驻大使制度的规范化、精英化,更强调常驻大使的作用和职能,因为若没有常驻大使,这一制度也就难以为继了。他还清楚地认识到,外交的目的主要是建立和维持信心,为此,必须在思想上保持中立并在严格诚信的基础上进行工作。"统治者在缔结条约时应该非常谨慎,一旦缔结条约,就必须严格遵守。"③

除了在那些更落后的地区外,特命大使通常只具有礼仪功能,但黎

---

① "Richelieu, en laicisant la nature des rapports entres les états, impose la notion de l'équilibre européen comme principe directeur des relations internationales." M. Carmona, *La France de Richelieu* (Paris: Fayard, 1984), p. 144. 译为:黎塞留通过将国家间关系的性质世俗化,将欧洲均势的概念作为国际关系的指导原则。本书译者翻译,供参考,下同。

② "J'ose dire hardiment, négocier sans cesse ouvertement en tous lieux, quoiqu'on n'en recoive pas un fruit présent, et celui qu'on peut attendre à l'avenir ne soit pas apparent, est un chose tout a faire necessaire." A. J. du P. Richelieu, *Testament Politique* (Paris: Robert Laffont, 1947), p. 347. 译为:我敢大胆地说,也敢在任何地方开诚布公地不断谈判,即使现在没有从中得到成果,将来可能期待的成果也不明显,但它仍是一件相当必要的事情。

③ "Les Rois doivent bien prendre garde aux traités qi'il font: mais quand ils sontfaits, ils doivent les observer avec religion." Richelieu, *Testament Politique*, p. 355. 译为:国王在缔结条约时应多细心审核,但当条约缔结后,他们应该虔诚地遵守。

塞留仍认为特命大使地位要比普通大使高。他深信国际关系一定会持续下去,也确实认识到这一信念的现实意义。这样,大使的素质和国内大臣们对大使的控制就显得极为重要。

> 在挑选大使和其他类型的代表时必须持谨慎小心的态度,这一点非常重要,而且对外交实践中发生越权行为要进行严厉惩罚,否则势必损害统治者的声誉和国家的利益。①

他说,谈判者应该是"能够准确领悟话语含义的人,以及天生的文件起草者"。② 为确保对这些持续的外交关系进行连贯一致的控制,并与常驻大使保持沟通,并使常驻大使能充分体现外交的持续性,黎塞留在1626年建立了第一个外交部。③ 在此之前,法国的外交事务一直被国务秘书们先行分配后再分别处理,并根据地理区域进行委派任命。例如,从1624年到1626年,德·埃尔鲍尔(d'Herbault)负责与西班牙、皮埃蒙特、意大利和瑞士的外交事务;德·奥奎尔(d'Oquerre)负责与洛林、佛兰德斯、低地国家、德国和神圣罗马帝国的外交事务;而拉维尔奥克莱尔克(La Ville-aux-Clercs)则负责英格兰、苏格兰、爱尔兰、丹麦和利凡特。④ 这种分散的方式显然不利于从全局上维护法国整体利益,还可能导致负责委派任务的秘书们之间产生矛盾和竞争。因此,负责战争和

---

① "Il est tout à fait nécessaire d'être exact au choix des ambassadeurs et autre négotiateurs, et on ne saurait être trop sévére à punir ceux qui outrepassent leur pouvoir, puisque par telles fautes ils mettent en compromis la réputation des princes et le bien des Etats tout ensemble." Richelieu, *Testament Politique*, p. 355. 译为:在选择大使和其他谈判人员时,非常有必要准确无误,对那些越权的人的惩罚也不能太严厉,因为他们的过失会危及王公的声誉和整个国家的利益。

② "personnes qui connaissent le poids des paroles et qui sachent bien coucher parécrit." Richelieu, *Testament Politique*, p. 352. 译为:了解文字的分量并知道如何把它们写好的人。

③ Nicolson, *The Evolution of Diplomatic Method*, pp. 51–53.

④ État Numerique des fonds de la correspondence politique de l'origine à 1871 (Paris, Archives du Ministère des Affaires Etrangères).

外交的各部门之间更容易出问题，尤其当军队经过不同的管辖区时，海外军队与中央机关之间的通信职责分别由不同的秘书承担。《1626 条例》（*The Règlement of 1626*）的出台就是旨在规范上述各种事务。① 尽管外交部的工作人员仍然对法国境内的省份负有一些责任。但通过取消对外的地域区分，与驻外大使的沟通无疑得到了简化。然而，身为第一任外务大臣的德·埃尔鲍尔很快又发现了文献档案保存不足的问题，1628年，另一个《条例》的出台就旨在试图改变这种状况。② 1633 年，又有一项《条例》的颁发则有助于消除战时通信责任的划分不清。③ 这一步步的发展造就了一批高水平的法国外交官，如莱昂内（Lionne）、庞邦（Pomponne）、科尔伯特·德·克罗伊西（Colbert de Croissy）、托西（Torcy），这都远早于欧洲其他宫廷。

从行政意义上说，之前一直存在许多王室大臣的下级部门试图收集和提供情报的例子，其中一些是关于法律和礼仪方面的情报。这是文艺复兴时期意大利城邦高度动荡的国际政治带来的必然结果，甚至也是更早以前因教皇主宰国际管辖权这一特殊现实造成的结果。为适应新的环

---

① 1626 年条例解释道：Le Roy, jugeant qu'il est à propos et très expédient pour le bien de ses affaires que les provinces Estrangers soient toutes entre les mains d'un seul de ses Secretaires d'Estat, pour faire les déspesches et expéditions qui luy seront demandees, S Majesté a résolu de changer les départements suivant lesquels ils ont travaillé justques à présent. Orest A. Ranum: *Richelieu and the Councillors of Louis* XIII (Oxford: Clarendon Press, 1963), p. 191. 译为：国王认为，将外省的事务全部交由他的一位国务卿来负责，以便进行需要的派遣和远征，这对他的事务来说是合适且有利的。因此，国王决定改变他们一直以来的工作部门。

② Considérant que les affaires du Roi demeurées aux mains de ceux qui les reçoivent se confondent parmi les papiers de families particuliers en telle sorte que la mémoire s'en perd au grand préjudice de l'Etat, il ordonne qu'il sera tenu un régistre de ces actes, et que les originaux de dits actes, tant du passe qu'à l'avenir, serond protes au trésor des Chartes et ajoutes à l'inventaire d'iceluy. C. S. Blaga, *L'Evolution de la Diplomatic* (Paris: Pedone, 1938), p. 26. 译为：以至于存档的丢失可能对国家不利。于是，他命令将这些文件，以及各时期上述行为的原件都进行登记，将其存放在宪典宝库中，并加入后者的清单。

③ Ranum, *Richelieu and the Councillors of Louis* XIII, pp. 55–56.

境，新的行政方式应运而生。① 到 18 世纪初，大国把国内政策和外交政策的管理整合到同一部门的做法基本普及。那时还出现了一种特殊的管理形式，那就是把对外政策的管理分散到国内各部门，各自负责自己管辖的省份对邻国的相关政策。例如，在 16 世纪上半叶的法国，各省及其邻国的外交事务就以这种方式被分别划分给了四位财政司长。在英国，两位大臣也承担着与此相似的职务。英国的这种情况一直延续到 1782 年外交和内政部成立。按照欧洲其他国家的标准，英国已经算非常晚了，而且新的外交部在财政上依然很窘迫，规模也很小，麾下只有一名副部长和几名办事员。②

显然，只有在外交政策不被视为政府的独立事务而时常受到君主及其大臣或亲信关注时，上述这些安排才有可能实现。正如外交理论的演变所体现的那样，在 17 世纪后期，将对外政策从其他部门分离出来的趋势虽是局部的、不均衡的，但却是在稳定推进的，其结果之一就是外交部的出现，而外交部的职责和别的行政部门一样越来越政治化。

在法国，黎塞留采取的措施在 1661 年路易十四的个人统治开始后被保留了下来，但是国王偶尔会突然独自进行一些秘密活动，这也说明了当时君主们普遍倾向于通过私人插手来给外交政策管理者制造些麻烦。这也将成为路易十五在制定政策时的一个突出但极具破坏性的特点，在对波兰外交中尤其如此。然而，在与外国来访者打交道时，路易十四通常的做法仍然是要求外交部提供简报并大体上遵循它的指示，而分权的特征远不及其他地方显著。他的外交秘书是法国最高行政法院的常任成员，一般来说肯定是一个有能力和有阅历的人。布瑞尼（Brienne）的回忆录描绘了 1661 年法国外交部的情况。当文森（Vincennes）传唤整个外

---

① 虽然国务卿的头衔直到 1644 年才首次出现在梵蒂冈，但该职位名称在 16 世纪初就已经有了两个先例：一是用于命名一个新部门，即教会秘书处（Secretaria Apostolica）；二是用于命名一个官职，即教皇秘书长（secretarius papae）。

② See Horn, *British Diplomatic Service 1689–1789*.

交部时,"老布瑞尼坐着轿子;小布瑞尼坐着马车,由两名高级职员或办事员陪同;两名低级职员骑着马,带着墨水和纸以备不时之需"。① 由此可知,外交部当时只有五名官员。

很显然,17世纪后期的法国差不多已成为霸权国家了,它对外交职责进行了明确分工,这样外交部机构细化,职能增加。② 外交部有一个政治司,由两个科组成,分别负责处理不同外国集团的相关事宜。该部门使用的答复和登记信件的制度非常有效。外交部还设立了密码司,该部门的宗旨是保护法国的通信安全并侵入他国通信系统。此外,它还设置独立的财政司,控制该部门预算,同时负责处理外交特权问题,并监督外国人在法国的活动。部内的法律咨询业务始于18世纪20年代,18世纪60年代后开始配备自己的翻译队伍。也许外交部在18世纪最重要、最成建制的发展是建立了制图司,据说到18世纪80年代,该部门拥有了大约1万幅地图。

> 到1784年,外交部内有四个主要部门:两个邮件收发部门,负责处理与所有法国海外代表的通信;一个部门负责财政管理;一个部门负责档案管理,那时所有档案存放在凡尔赛宫专门建造的防火建筑内。③

路易十四统治时期的辉煌历史和18世纪法国外交的伟大成功给法国外交部带来了极高的威望,即使并非所有的事情都能按部就班进行,到了1789年,法国外交部已经达到其他国家直到19世纪才能达到的水平。

---

① Nicolson, *The Evolution of Diplomatic Method*, p. 55.
② 到1713年,大概需要20辆马车才能将当时的外交大臣托尔希及其职员从凡尔赛和巴黎载至枫丹白露。J. C. Rule, "King and Minister," in *William III and Louis XIV: Essays 1680–1720 by and for M. A. Thomson*, eds. R. Hatton and J. S. Bromley (Toronto: University of Toronto Press, 1968), p. 216.
③ M. Anderson, *Europe in the Eighteenth Century* (London: Longmans, 1961), p. 156.

法国的外交制度当然是欧洲最先进的，而且广为效仿。1784年，俄国对法国外交部组织了一次调研活动，这样做既获得了法国外交实践的相关资料，也表明了俄国对法国外交制度的浓厚兴趣。当时，彼得大帝已经开始在圣彼得堡推行现代外交制度，并为此付出了艰苦努力，对于法国的成功经验他自然兴趣浓厚。自16世纪中叶以来，俄国政府就设立了一个专门处理使团事务的部门，但它没有任何政治影响力，完全不承担任何国内事务。到17世纪末，该部门逐渐发展起来，特别是翻译人员数量有明显增长，而且按地理区划分为多个部门。最重要的发展是在18世纪20年代建立了一所全新的外交学院。与沙皇彼得死后那段混乱时期的改革措施不同的是，到1762年叶卡捷琳娜大帝（Catherine the Great）登基时，这所学院已经发展成拥有261名成员的机构。学院成立时有一位院长、副院长和两位大法官任委员。不过在18世纪，学院逐渐失去了国内省级（含中亚地区）行政和教会管理中的税收与邮政职责，这些职责于1782年从学院分离出去。①

法国和俄国在18世纪表现出最强劲的发展势头，其他国家也在以各种方式改革其外交事务的管理和行为模式。在西班牙，重要的官僚机构和组织严密的档案保存机构（位于西芒卡斯）很早就出现了，而在1714年成立了外交国务秘书处后，外交制度变得更具政治性而非完全行政性。在哈布斯堡帝国中，考尼茨（Kaunitz）长期担任国务大臣，并在1790年解决了皇帝作为哈布斯堡领土统治者和神圣罗马皇帝双重角色所造成的特殊问题。帝国总理府（Rrichskanzlei）和哈布斯堡的宫廷总理府（Hofkanzlei）这两个官署结束了长达两个世纪的争吵，并达成了一项繁复的协议，即为哈布斯堡的外交官提供两套证件，并要求他们在每次单

---

① See *Ocherk istorii Ministerstva Inostrannykh Del', 1802-1902* (St. Petersburg, 1902). 感谢莫斯科国际关系学院的V. 马特维耶夫（V. Matveev）教授提供的信息。See also B. Meissner, "Die zaristische diplomatic, A. Der Gesandtschafts-Prikaz (Posolskij Prikaz)," *Jahrbucher für Geschichte Osteuropas*, Neue Folge, Band 4 (1956).

独的谈判中都只接受两个官署其中之一（最合适的那个）的指示并向其进行汇报。① 到 1800 年，维也纳的外交部终于解决了长期受到困扰的财政责任分摊问题，部分功劳应归于拿破仑，因为他占领了此前税收重叠的那些地区。② 即使是土耳其，在 1699 年卡洛维茨和平会议之后，大维齐尔（相当于宰相）的机要长里斯·埃芬迪（Reis Effindi）手中的外交事务也趋于集中，尽管其办事效果往往难以确定。同时，在很多事情上奥斯曼帝国仍然一方面只关注它自己的世界，另一方面单纯地保留着过时的外事管理方式。③

机　密

对外交决策进行更严格的政治控制所产生的影响与国家和统治者的政治需求相辅相成。例如，18 世纪高度紧张的国际关系的一个结果就是再度加强了对情报的收集和保护。1685 年威廉·特朗布尔（William Trumbull）爵士准备赴巴黎就任驻法大使时，他得到的指示恰好可以作为那时的一个明证：

> 为了我们能够更好地开展工作，您应该与我们驻在其他外国宫廷的大使保持联系，并在各自的谈判中相互提供信息和协助；你们还应与所有其他国家的大使、使节和公使保持良好的沟通和交往，并尽可能深入了解他们各自的上级所制定的计划。

---

① E. Matsch, *Geschichte des Auswartigen Dienstes von Österreich (Ungarn)*, 1720–1920 (Vienna: Hermann Böhlaus Nachf., 1980), pp. 72–76.

② Matsch, *Geschichte des Auswartigen Dienstes von Österreich (Ungarn)*, 1720–1920, pp. 76–77.

③ C. V. Findlay, "The Legacy of Tradition to Reform. Origins of the Ottoman Foreign Ministry," *International Journal of Middle East Studies* I (1970): 334–357.

同时，你发现的任何具有实质性意义的情报，都应该持续向我们的任何一位主要国务秘书汇报。①

获得情报的方式主要是通过与对方交换一些从国内和其他来源得到的经过筛选的消息，大使们经常抱怨他们没有得到合适的交换筹码，或者正如他们实际中经常遇到的那样，在必要的时候，他们没有得到足够的资金来购买情报。

对于外交部来说，获取情报的方式主要是检查拆开的信件和包裹以及在可能的情况下对密码进行破译。哈布斯堡王朝有一个非常高效的机要网络，据说在1780—1781年的一年内，这个网络破译了15份外国密码。更早些时候，英国人因其在情报方面的高超技能而倍受推崇。另外，根据1653年克伦威尔的倡议，邮局中派生出了一个部门，专门负责信件的秘密拆封和复印工作。1730年，时任首相的纽卡斯尔公爵命令邮政局长列出了需要复印信件的112人目标名单，其中大部分是欧洲的君主和主要政治家。② 1765年以后，又出台了一项规定，要求对所有外交信件进行审查。为此，该部门扩大了规模，雇用了10名工作人员。后来有人说，由于这种做法受制于19世纪40年代截然不同的道德氛围而戛然而止。为此，帕默斯顿勋爵（Lord Palmerston）在他的第二个外交大臣任期内便失去了准确的情报来源，而恰恰正是这些来源使他在第一个任期内的工作以情报准确、行动及时备受赞誉。在法国，"黑屋"（Cabinet noir）的活动在18世纪已不再是秘密，这并非因它是特别设立的新机构，而是因为它不仅针对外国信件，还会审查国内往来信件。

保护信息安全的主要行动是尝试使用更难破解的代码和密码，密码

---

① P. Fraser, *The Intelligence of the Secretaries of State and Their Monopoly of Licensed News, 1660-1688* (Cambridge: Cambridge University Press, 1956), p. 65.

② Anderson, *Europe in the Eighteenth Century*, p. 162.

学家为创建一个不可破解的系统做出了巨大的努力。所有国家都或多或少地尝试过保护和破译密码。18 世纪的紧张局势推动了密码破译的高效与精准,但这在很大程度上让破译密码和保护密码的努力互相抵消,而且密码也并不总是在任何情况下都有效的。1769—1775 年发生在君士坦丁堡的哈布斯堡王朝代表 J. A. 冯·瑟古特(J. A. von Thugut)身上的案件,这是一起典型的发生在国外的泄密事件:冯·瑟古特被法国人收买,将机密情报交给了法国驻波特大使圣普利斯特伯爵(Comte de Saint-Priest)。这种行为在当时还没有被视为叛国行为,因此,即便这个事件众所周知,在这场风波后瑟古特仍于 1793 年开始在维也纳担任外交大臣,任期至 1800 年。在法国国内也发生过可能产生严重后果的泄密事件。1756 年爆发的七年战争是由弗雷德里克大帝入侵萨克森引起的,而入侵本身"在一定程度上,是由撒克逊政府职员因受贿而背叛了普鲁士人,并公布了相关文件内容而引起的"。[1]

培 训

就在法国之外的地区出现外交部的同时,这些地区也开始加强对准外交官的职业培训。尽管不乏对于外交官应该具备哪些技能和素质的建议,但在当时没有哪个机构来提供大规模的专业培训。大使可以任命随员来协助他们的工作,由此产生了针对这些随员的在职培训。不过,这些随员很少能获得外交证书,他们的薪酬通常由招募他们的大使支付。随着常驻使团的作用日益重要以及对黎塞留"持续外交理念"的普遍接受,使团秘书的职务日益重要,尽管秘书的职位尚未普及,但更加规范了。到 17 世纪后期,由于秘书通常拥有渊博的知识、丰富的经验,而且

---

[1] Anderson, *Europe in the Eighteenth Century*, p. 161.

他们不随大使离任，为外交工作带来了不小的利好，一些外交部门开始任命秘书并向其支付报酬。但是某些国家仍沿用旧模式，有时新旧模式并存。直到 18 世纪后期，英国人才对这一发展做出回应，开始向所有大使和一些常驻国外的公使委派秘书，有时还会给他们发放外交证件。①

雇用随员这种方式已不再算是培训，但作为随员确实可以获取在外国旅行和常驻的经验，这也是大家普遍认为的一种培训方式。这种驻外经验常被认为是最有效的语言学习方式。但在当时，语言学习本身算不上是一个重要事项。由于法语在 18 世纪已被公认为欧洲主要语言，所以随员的大部分精力都花在了学习非欧洲语言，特别是获取土耳其语的知识上。评论家们倾向于认为当时拉丁语仍然是最通用的、最基本的语言，但与 15 世纪地中海东部地区的使用相比，其重要性已经明显减弱。无论如何，为了扩大外交部门的翻译能力，不少国家特别是俄国等国做出了相当大的努力。②

在哈布斯堡帝国，对于任何与奥斯曼帝国有着漫长边界的国家来说，努力训练出尽可能多的土耳其语翻译至关重要。这些国家从 17 世纪中叶开始到 19 世纪初，已经形成了一个基础广泛的培训方案。最初，在奥地利特使的授权下，君士坦丁堡的语言学院（Sprachknaben Institut）开始教授土耳其语。当时，来自法国、俄国和威尼斯等国的学生也在他们所在城市的大使馆学习土耳其语。然而，1753 年，哈布斯堡王朝决定将学院搬到维也纳，在那里它改名为 K. K. 东方语言学院（K. K. Akademie der Orientalischen Sprachen）。该学院由维也纳大学耶稣会学院运营，该组织还提供部分资金。后来，在 1773 年镇压耶稣会时，教皇克莱门特十四世认为语言学院非常重要，决定完全由国家来提供资助。学院继续专注于包括土耳其语、波斯语、阿拉伯语和法语等在内的语言教育，但也提供

---

① Horn, *British Diplomatic Service 1689–1789*, pp. 45–46.
② *Ocherk istorii Ministerstva Inostrannykh Del', 1802–1902*, p. 70.

有关公务员的一般培训。1812年，学院进一步得到了扩建，开始讲授意大利语、现代希腊语、历史、地理、国内法和国际法、海洋法和商法等学科基础。特别是考虑到那些打算在东方工作的人士需要，课程学习持续五年。

　　除了接受良好教育之外，未来外交官还需要接受重要的职业培训，这种培训通常由外交部提供，或者与外交部合作进行。① 这样做十分必要，因为当时的观点认为对条约和谈判的历史性研究很重要，而且可以借助外交部当时正在建立的日益高效的档案体系展开。俄国也实施了这类培训计划，还向国外使团派遣专司培训的特派小组。法国在德托尔希（de Torcy）担任外交部长期间安排了最系统、最完善的培训计划，1712—1747年的普鲁士也是如此。② 这些培训通常是短暂的，虽然在一定程度上表明了外交体制的演变路径，但效果并不明显。大多数高级外交官接受这种做法，是由于他们自身早已在某一领域如国内政治或战争中取得了成功因而不再需要接受培训。他们更愿意在年轻时到国外做一段时间的随员，获得一些外交阅历而不是接受正规培训。这种培训一般都很辛苦，而且他们已有的头衔和从事的职业都不允许他们这样做。欧洲外交在许多方面变得越来越专业化了，但还没有像在美国那样被职业化。甚至到了21世纪早期，欧洲仍然没能做到这一点。

---

① 在英国，在职培训继续受到青睐，同时，大学也努力改善相关领域的教育。18世纪初在牛津和剑桥设立的皇家历史教职"明确要长期致力于培养'能胜任重大事务管理、重大谈判任务的、召之即来、来则能战的高素质人才'"。Maurice Keens-Soper, "The Practice of a States System," in Michael Donelan (eds.), *The Reason of States* (London: George Allen & Unwin, 1978), pp. 33-34.

② Anderson, *Europe in the Eighteenth Century*, pp. 159-160. See also H. M. A. Keens-Soper, "The French Political Academy, 1712: A School for Ambassadors," *European Studies Review* II, no. 4 (1972): 329-355.

第一部分　从源起到1815年

和平时期会议的发展

到18世纪后期，特别是在常驻大使及其所有关于特权和豁免权的演变发生之后，外交机制已逐渐成熟完善，形成一种从21世纪初的视角来看也较为熟悉的形式，只在一个重要方面还存在显著不同。外交机制的生成就是为了使一种主权权力更好地代表另一种主权权力。随着那些无论是帝国还是教会提出的有关管辖权的古老而普遍的主张日趋式微，再加上来自君士坦丁堡的强大伊斯兰帝国的威胁不断退去，单一基督教欧洲这一观念的残余便逐渐被消除，最终主权国家取得胜利。中世纪的观念认为，无论大使的头衔是什么，他的职责是既要维护国家的整体利益和谐，还要维护其委托人的利益。这一观念已经完全被一种单调重复的说法所取代：他唯一的职责就是追求其委托人的最大利益。这种说法所产生的唯一问题就是对他可能采用方法的道德性评判，即使那时这种对手段的讨论也可能引发一场辩论，那就是特别有针对性的做法是否会弄巧成拙，反而会与大使的首要目标相矛盾。[①]

18世纪外交特权和豁免权更加标准化，突出强调了大使的角色，即在一个主权国家境内代表另一个主权国家。这种代表权最有力的体现就是位于驻在国首都的大使馆馆舍和院落，大使馆实际上就是拥有治外法权的"孤岛"。只要各国继续以类似的措辞表达其国家目标，外交这一机制就仍然能完整、全面地表达它们的政策和野心。只要他们认为国际体系是大国间为争夺霸权而不断进行的斗争，这种情况就将继续下去。这种观念虽然根深蒂固，但还是没能在18世纪初出现的权力更迭中保留下

---

① 这种考量旨在对诸如威克福特和德卡利埃尔的建议做进一步调整，对外交实践做进一步完善，这样的考量在18世纪初之前就已出现了。

来，只能非常不情愿地退出了主流，最终，产生了以五个较大国家——奥地利、普鲁士、俄国、法国和英国间关系为基础的大致平衡的欧洲国家体系。这种观念的出现伴随着从17世纪后半叶开始到1763年"七年战争"结束的长期的激烈战争。但是，无法建立霸权首先导致了不稳定的休战，在这种休战中，外交借助间谍活动成为国际关系发展的主要动力。此后，法国大革命以及后来的拿破仑帝国对欧洲和平构成了挑战，这种挑战虽有特殊性但仍具有普遍性。拿破仑最终遭到几个大国联合反击，被迫屈服。虽然偶尔会有例外，但最终形成了一个明确而一致的结论，那就是这些大国绝不容忍任何拒绝承认当前权力分配方式与事实的国家和制度的存在。

当这一进程完成后，在新体系中，大国的主要目标不再是试图在彼此之间取得优势，而是捍卫他们当时共同认可的各国地位。威胁到这一立场的不再是任何一个大国潜在的野心，而是所有革命性的意识形态及其重新传播可能带来的后果，这正是过去战争爆发的原因。针对这种可能性，各国需要组织起一个对国际体系进行合作管理的机制，当时已有的外交机制不足以实现这一目标。它根本没有能力维护一个共同的目标或一个共同的国际权威，除非能够对其职能进行适当调整或扩展，否则这些国家的总体目标仍将难以实现。

为了弥补这一不足，外交实践出现了一种新的形式，就是和平时期会议（peacetime conference）。这在一定程度上既是对过去和平大会（peace congress）做法的改进，也是拿破仑战争最后阶段所取得的经验。传统的和平大会在被赋予新功能之前需要解决两个问题：一是无休止的争论，即17世纪外交蓬勃发展带来的有关位次和程序的无休争论；二是对主题的限制，即会议主题仅限于与终止当前的或即将发生的冲突的相关的事项上。

第一个问题在18世纪已基本解决，主要是因为更先进的外交风格和通过外交部更清晰明确的管理政策，已建立了一个新的国际体系，这个新体系越来越无法容忍因程序性争论而造成的拖延，1648年签订的威斯特伐利亚和约宣告了三十年战争的结束。但威斯特伐利亚一系列和约的签订历经七年之久。其间，还分别在蒙斯特以及奥斯纳布卢克单独举行了两次大会，部分原因就是为了避免法国和瑞典在同一次会议上就程序问题进行无休止的争论。① 另一个造成拖延的重要原因是对调解员的任用问题，由于必须向调解员提出书面意见，使用拉丁语还是法语常常成为另一个久议不决的问题。到了1660年在奥利瓦大会上，调解员就"允许口头讨论"达成一致，但关于采用哪种方法来讨论仍久议未决。② 1697年，在第一次使用中立圆桌会议的里茨威克会议上，决定在周三和周六举行正式讨论并提交书面记录，而周一和周四则安排在海牙进行非正式的口头讨论。③ 里茨威克会议也成为能有效进行同步且私密谈判的一个例子。正如一位法国评论员描述的那样：

> 里茨威克会议只是大会的幽灵（全权代表基本上没有参与那里的谈判），因为与英格兰国王达成的和平条件，是在1697年7月8日至8月2日，由本廷克勋爵（Lord Bentinck）和布夫莱元帅（Marshal Boufflers）在布鲁塞尔附近的哈莱举行的四次会议上讨论和确定的。④

两年后，在卡洛维茨大会（这次大会是奥斯曼帝国相较于俄国和奥地利实力开始衰落的标志）上，与会各方不仅采了非同寻常的措施以减

---

① See F. Dickmann, *Der Westfalische Frieden* (Münster: Verlag Aschendorff, 1959).

② de Koch and Schoell, *Histoire Abrégée des Traités de Paix entre les Puissances de l'Europede puis la paix de Westphalie*, IV, p. 108.

③ M. Prior, *History of His Own Time* (London, 1740), p. 33.

④ H. Vast, *Les Grands Traités du Regne de Louis* XIV, II, p. 203, n. 1.

少程序性争端，而且在第一次正式会议后，各方决定放弃严格的外交程式而举行了非正式会议，直至 1700 年 1 月签署了条约。① 在 1712—1713 年的乌得勒支大会上，根本没有举行有关签署条约的正式会议，没有任命调解员，也没有讨论全权代表的有效性（这是迄今为止最能引发争议的内容），只是简单地将相关文件交给来自荷兰的大会秘书长。大会最终因为另一个令人烦恼的问题而失败，那就是究竟应该以书面还是口头形式来提交文件。② 随着 18 世纪的进一步发展，尽管在程序问题上暗中较劲的事情有所减少，但大会这种形式似乎越发难以为继，或以一种根本不能被称为大会的简单粗陋的方式召开会议。1748 年的亚琛和会就是一个例子。在那里，人们采用了极普通的外交手段，唯一一名法国代表仅从巴黎带来了一位长于起草文件的外交部官员。③ 到了 1779 年，特申会议召开，结束了巴伐利亚王位继承战争。当时，在沙俄叶卡捷琳娜大帝的建议下，会议的功能受到了限制，它只涉及批准先前已经谈判达成一致的条款，所有其他的手续和礼仪都刻意取消了。

到 18 世纪末，旧式大会显然已经衰落，成为外交体系中的配角，而外交体系则变得愈加完整和复杂。大会仅被作为一种标志性的存在，顶多用来宣布战争的终结，但它不再是外交机制中不可或缺的组成部分，它也不再充当权力消长和影响力大小的晴雨表。值得注意的是，最后一次试图利用程序上的差异来获取政治利益的尝试几乎见证了新会议形式的诞生。当时，与会各方都猜到了此次尝试的目的是什么，但却放弃了，因为都认为这次尝试不合时宜。1813 年的布拉格会议可能是与拿破仑实

---

① J. W. Zinkeisen, *Geschichte des Osmanisches Reiches in Europa* (Gotha, 1857), p. 209.

② G. de Lamberty, *Mémoires pour servir à l'histoire du XVII Siècle* (14 vols, Amsterdam, 1735-40), Ⅶ, pp. 8-12; O. Weber, *Der Friede von Utrecht* (Gotha, 1891), p. 203; de Koch and Schoell, *Histoire Abrégée des Traités de Paix entre les Puissances de l'Europede puis la paix de Westphalie*, Ⅰ, p. 204.

③ de Koch and Schoell, *Histoire Abrégée des Traités de Paix entre les Puissances de l'Europede puis la paix de Westphalie*, Ⅰ, p. 313; 关于签字的新顺序同样参见 p. 311。每位大使都会获取一份由他首先签名的副本。

现和解进程之中的重要时刻，因为他从俄罗斯回来后便运势不佳。但是拿破仑希望战斗到底，相信他在法国的地位取决于这次行动，他通过在一个老问题上制造僵局来阻止此次会议对条款进行严肃认真讨论，这一老问题就是，究竟应该通过就已达成一致的细节进行讨论的方式，还是通过调解人以完全书面的形式进行沟通。① 因此，传统的大会模式最终完结的时候，几乎没有留下什么有价值的遗产，只剩下了一种观念，就是必须组织一场大会来批准用于终结拿破仑战争的条约。确切地说，需要组织一个什么样的大会取决于大国联盟在上一次反对拿破仑的时期所积累的相关经验，这种经验实际上是从英国外交大臣卡斯尔雷勋爵罗伯特·斯图尔特（Robert Stewart, Lord Castlereagh）于 1814 年 1 月到达巴塞尔后开始积累的。在那里，他加入了代表联合起来的各大国的大臣们的行列。

拿破仑日渐衰落的命运造就了这段至今仍然难以想象的过程。1813 年莱比锡之战后，人们普遍认为拿破仑可能会寻求与他的敌人达成某种和解。显然，他越早这样做，就越有可能获得一项对自己更有利的解决方案。因此，英国内阁在 1813 年圣诞假期花了些时间讨论如何避免"在各国开始进行讨论时不得不缺席"，以及他们应该采取何种立场的问题。最后决定派外交大臣本人带着指示前往欧洲执行一项任务，并为此给了他八个星期的时间。拿破仑并没有表现得像预计的那样软弱，而是在压力下展示了他的大将风范，从那以后，战略家们一直很钦佩他。战争仍在继续，联盟在政治和军事上施加的压力仍在持续，那是在欧洲历史上最恶劣的冬季之一，在极度不适的情况下大臣们聚集在一起，心情也跟随前线的战况跌宕起伏。

---

① de Koch and Schoell, *Histoire Abrégée des Traités de Paix entre les Puissances de l'Europede puis la paix de Westphalie*, Ⅲ, pp. 280–281; d'Angeberg (L. J. B. Chodzko), *Le Congrès de Vienne et les Traités de 1815* (Paris, 1863), p. ix; C. Metternich, *Mémoires, Documents et Ecrits Divers* (Paris, 1879), Ⅰ, pp. 175–176.

由于决定形势的是来自联盟的压力而不是拿破仑为实现和平而诉诸的任何企图，盟友的大臣们都努力去预测或修复联盟的不和，并使其成为一种持续进行的、灵活便捷的会议形式。卡斯尔雷勋爵本人也预见到了召开大国间"内阁会议"的必要性。1814 年 1 月他前往巴塞尔时，曾对一位同行者说：

> 在接下来的谈判中，预计将遇到一个重大问题就是，作为一个整体，各大国大臣之间缺乏惯常的保密而自由的交流。而且，通过让双方不受限制地交流，讨论大家关切的共同利益，并在私密和集体的讨论中加入他们各自感兴趣的重大问题，这样的话，可以改变自命不凡的态度、消除粗暴无礼、预测并化解彼此的不满。[①]

尽管梅特涅（Metternich）[②] 对普鲁士和俄国沙皇亚历山大都持怀疑态度（其古怪行为当时尚未达到极致），但他很快意识到卡斯尔雷勋爵的到来创造出了一个新局面。他写道，这次访问是史无前例的，巴塞尔已经成了世界的中心。[③] 到 1 月底，正如卡斯尔雷勋爵所预估的那样，联盟内部发生了一场危机，部分原因是盟军和英国驻维也纳大使阿伯丁（Aberdeen）勋爵之间的沟通延误。卡斯尔雷勋爵在一份通知中向他的同事描述了这一问题是如何解决的：

> 即使我只在盟军总部待了很短的一段时间，也不可能注意

---

① C. K. Webster, *The Foreign Policy of Lord Castlereagh* (2 vols, London: G. Bell and Sons, 1931), I, p. 199.

② 克莱门斯·梅特涅（Klemens von Metternich），19 世纪奥地利外交家，曾任奥地利首相兼外交大臣。——译者注

③ Webster, *The Foreign Policy of Lord Castlereagh*, I, p. 200.

不到盟军的利益受到来自中央审议委员会的偏见和歧见的影响。在中央审议委员会中,各国授权的部长可以面对面讨论正在采取的措施,并准备一份讨论结果供各主权国家审议。你们都必须知道,几天前同盟内部存在的不信任和恐慌是多么令人印象深刻,大家担心他们之间的意见分歧是不可调和的。但当盟国的部长们被正式命令参加他们的讨论时,这些分歧又消失得无影无踪。到最后,他们对每个问题的解决都达成了共识,而且是统一的、诚恳的赞同。①

在沙蒂隆还发生了一次危机。盟国与法国在那里进行了一些相当混乱且漫无目的的讨论。当沙皇决定尽快攻陷巴黎并要法国人民回答他们想要什么样的政治前途时,这场讨论才被终止。卡斯尔雷勋爵和梅特涅立即前往军事指挥部,试图拯救这场傲慢任性的争论之后还可以团结的一切力量。很明显,这个过程我们已经熟悉了,而且也成功了,因为斯塔迪昂(Stadion)在卡斯尔雷勋爵离开后向梅特涅报告,他"看起来决定了……只在四国大臣的会议上才讨论让他回头的议题"。② 到了3月,各方在1月希望得到的结果已经成为同盟内部强制性的规定。

拿破仑的统治被终结后,盟国的问题变成了重建和平的问题,包括:如何处置法国、如何重新(特别是在德国和意大利)划分欧洲版图以及如何振兴波兰,但最重要的是如何实现持久安全。在所有这些问题上,盟国们只明确了一件事,即这些问题要通过自1月以来一直将联盟团结在一起的进程来获得解决。各方将召开一次大会来确认和平条约,但会议将由大国商定议程,在达成共识之前,它们不打算举行会议。它们将与法国实现和平并建立一个新的政权,但所有实质性内容留待以后讨论。

---

① Webster, *The Foreign Policy of Lord Castlereagh*, Ⅰ, p. 209.

② Ibid., pp. 212-213.

它们也打消了法国和瑞典保护小国地位的企图。

1814年10月,梅特涅在报纸上发表了一篇文章,对正在发生的事情给出了当时最有意思的解释:

> 不需要任何伟大的政治洞察力人们就能看出,本次大会没有先例可供参考。之前被称为大会(Congress)的会议把自己确定在试图让已经处于战争中或准备开战的各方订立和平条约的层面。这一次,由于和平条约已经事先签订完成,各方都是以朋友身份与会,尽管各方未必存在完全相同的利益,但仍希望共同努力完成对现有条约的确认。要谈判的内容是一份无所不包的问题清单,有些部分会由以前的讨论解决,而另一些问题各方尚未触及。《巴黎条约》的制定国将决定它们希望赋予"大会"一词的附加含义,并决定以最适合的方式来实现它们自己设定的目标。它们将平等地利用这一决定权使有关各方受益,进而使整个欧洲受益,在维也纳的全权代表将以最有效、最迅速和最机密的方式处理事务。因此,在不需要也没有得到任何正式授权的情况下,大会就产生了,同时也并不存在谁有资格进行授权的问题。[①]

因此,维也纳会议是一个旧传统与新经验的结合点,旧传统希望大会能带来和平,而新经验拒绝了过去死板的程序,并把它们变成了一种更灵活的概念,即大国间的会议。

然而,直到滑铁卢战役以及在1815年11月需要与法国签订第二次和平条约之后,人们才清楚地认识到这个新设计的会议将服务于未来欧洲协调这一传统外交方式。这种发展或多或少得到各方默认。首先,人们

[①] d'Angeberg, *Le Congrès de Vienne et les Traités de 1815*, I, pp. 362-364 (trans. Richard Langhorne).

假定可以通过签订一项全面保障条约来确保在维也纳商定的各项国际安排,又能够保障这些安排不受革命特别是法国革命复辟的威胁。这样的条约虽经多次起草,但从未得到签署。因为沙皇对他自己或者更可能是对他当时的情妇有一种极其古怪的观念。这个观念后来居然发展成缔结神圣同盟的基础。① 事实上,这个同盟基于一个非常简短的协议,该协议内容惊人的幼稚,甚至在签署时被很多人暗中嘲笑。协议声明,作为签署国的基督教统治者在相互交往中应该行动一致,特别是要相互支持。后来,该协议被视为俄罗斯帝国、奥地利帝国和普鲁士外交政策中独裁和保守主义的思想来源;但这并不是它在1815年时的意图,当时它只是为了更好地替代全面保障条约而已。卡斯尔雷勋爵越来越清楚(即使与他之前的看法不同),拿破仑战败后,时间过得越久,英国议会越不可能接受通过军事干预欧洲以捍卫维也纳协议这份责任。

与1920年的美国国会相似,英国下议院倾向于认为,胜利的果实使人们摆脱了在欧洲为共同利益而战的需要,并且恢复了以和平方式谋求国家商业利益。这样一来,大国们希望捍卫它们共同达成的解决方案,并在可预见的未来继续这样做,但它们没有找到一种方式来做到这一点。

在紧急情况下,英、奥、普、俄同盟各国于1815年11月20日续签了同盟,作为第二次《巴黎条约》的补充,它们在条约中增加了一个条款,以防止法国采取任何进一步的冒险主义行动,该条款代表了它们最近对大国会议有效性的经验思考,并试图填补愿望和结果之间的空白。② 在这方面,它们给外交手段的常备武器库增添了一种新武器,首次用它来表达统治者和政府希望分享国际权威的愿望,并为国际体系的长期管

---

① E. Hertslet, *The Map of Europe by Treaty* (4 vols, London: Butterworths, 1875–1891), Ⅰ, p. 317.
② 为便利和确保本条约的执行,并巩固目前为了世界的幸福而紧密团结四个主权国家,各缔约国同意由主权国家召集或由其各自部长主持,定期召开会议,就其共同利益进行磋商,并审议在每一时期被视为对各国的安宁和繁荣以及对维护欧洲和平最有益的措施,《英、奥、普、俄同盟友好条约》1815年11月20日在巴黎签订。E. Herstlet, *The Map of Europe by Treaty*, Ⅰ, p. 375.

理提供了可能。这是一次非常重要的制度变革，意味着又一个同等而又高度政治化的制度有多么重要：那些拥有更大权力的人现在承担了更大的义务。这恰与马基雅维利预计的情况相反。

　　然而，不应指望这种创新从一开始就能顺利地发挥作用。例如，沙皇亚历山大心中不停变换的优先事项不太可能让大国间保持团结，而基于对神圣联盟的特殊解释，他最终转向了高度保守的立场，这导致了1820年之后的分裂。战时主要为战争目的做出的任何安排，在进入和平时期时也会不可避免地受到影响。如果没有拿破仑的存在和主张，或者一旦战争甚至是革命的威胁湮没于时间长河，大国还会坚持它们的意图吗？也许最重要的问题不是这些因素是否会产生影响，而是这种影响是否会破坏或修改外交机制中新增加的内容。1815年后外交体系的第一阶段，即"旧外交"将会给出答案。

第二部分

从 1815 年至今

第二部分 从1815年至今

4. "旧外交"

> 如今，外交的发展受到了前所未有的新元素的影响。过去只存在关乎领土扩大或商贸增长的物质利益问题，而现在人们还要处理道德利益以及沟通中体现的社会秩序的原则问题。
>
> ——夏多布里昂子爵[①]

> 我们这些曾经受过俾斯麦训练的外交官遵循着一条格言，即宫廷彼此之间的关系举足轻重……现在情况却不同了。
>
> ——安东·冯·蒙茨伯爵[②]

外交与过去相比产生了很大的不同。大使们的回忆录几乎无一例外地记述了他们认为自己所目睹的外交方法、风格和内容所发生的深刻变化。人们必须接受这些观点的改变。一位外交官在其职业生涯结束时所认知的世界，必然与他年轻时作为一名负责抄写并翻译上级信件的随员时所了解的（或自认为了解的）世界截然不同。因此，谈判方式和实质内容的连续性有时很容易被忽视。然而，可以公平地说，在拿破仑战争之后的100年中，欧洲形成的那种国际交往体系在外交史上是独一无二

[①] Vicomte de Chateaubriand, *Le Congrès de Vèrone* (2nd edition, Paris, 1838), II, p. 246.

[②] Cited in Lamar Cecil, *The German Diplomatic Service, 1871–1914* (Princeton, NJ: Princeton University Press, 1976), p. 244.

的。到 18 世纪末，大多数欧洲国家都拥有了专门的外交政策管理部门。1814—1815 年的维也纳会议为修订和规范既定外交惯例提供了机会。从那时起直到第一次世界大战爆发，五六个大国统治着欧洲大陆的事务。其结果是，那个时期的国际政治行为确实井然有序，这在后来诸多新内容出现时被称为"旧外交"。

在两次世界大战之间的岁月里，退休的大使们倾向于以怀旧的方式回顾作为职业外交官的黄金时代。正是在 19 世纪，人们见证了外交逐步走向专业化。现代国家逐渐崛起，集中而复杂的官僚机构推动建立了规范化的外交职业模式和涉外业务，尤其是在招聘、教育、晋升、退休、工资和退休金等方面。外交决策者与执行者之间的区别往往有些模糊不清，而国内外交官的职责通常是文书工作而不是提供咨询。但是，政府制定的入职标准及其贵族风气，确保了外交至少仍是一种具有较高排他性的社会职业。在欧洲各大国首都，尤其是那些有着丰富宫廷生活的国家，外交使团成为社会的重要组成部分。为了设置大使馆和公使馆，人们购买了独具风格、规模不凡的建筑，并为外交部提供了全新的、宽敞的办公场所，以应付不断增加的工作量。旧外交方式还必须适应技术的进步以及经济、政治和社会环境的变化。铁路、轮船和电报带来了通信手段的革新；工业化社会的商业和金融问题有助于确定政策目标；非洲和亚洲的发展日益影响着各大国之间的关系。然而，外交仍然是国际体系的一种功能，在后拿破仑时代，其形式和程序一定程度上取决于政治家是否愿意接受欧洲协调这一概念。

欧洲协调：对和平时期会议的完美实践

"协调"一词来源于意大利语中的"协奏曲"（concerto），自 16 世纪开始，当这个词被用在外交上时，就衍生出了国家采取一致行动的理念。不过，在反对法兰西帝国霸权的斗争中，"协调"一词又有了新的内涵。拿破仑的反对者们开始把这个词与持续性同盟的前景联系起来，不仅是为了取得跟拿破仑作战的胜利，而且是为了遏制革命、维护和平以及重新建立所谓的"欧洲公法体系"。如前一章所述，和平时期会议后来成为"协调"最明确的表现形式。在过去，国际会议的召开只是为了终结某一特定的敌对行动，人们曾经在寻找先例和程序安排上煞费苦心。随着拿破仑的失败，同盟领导人试图确保他们的目标维持不变。奥地利、普鲁士和俄国等国的首脑及其首席大臣在盟军总部出席了一次流动性峰会。[①]这次会议本身就打破了传统，尽管拿破仑与沙皇亚历山大曾在蒂尔西特进行过谈判，但君主之间的这种会面方式在以前是罕见的。不过，它确实有助于早日解决原本可能导致同盟分裂的问题。1814年1月，英国外交大臣卡斯尔雷勋爵与各盟国的大臣们在巴塞尔会面，并乐于有机会在这个级别上进行直接接触。他的奥地利同僚梅特涅首相对此也同样印象深刻。3月，奥地利、英国、普鲁士和俄国在查蒙特缔结了四方同盟条约，各方最终同意保证以和平手段解决问题，并"在与法国达成和平的基础上，就最适合的实现方式达成一致"。[②]因此，它们实际上是擅自决定以欧洲的名义进行合作的。

1814年5月30日，这四个大国及其盟国葡萄牙、西班牙和瑞典，与战败的法国签署了第一份《巴黎条约》。该条约除了将法国领土缩减到1792年的边界，还为次年秋季在维也纳召开的大会做了安排。正如梅特涅所说，这也是一项外交创新，其目的不同于以往的大会，不是为了实现和平而是为了确认并完成一项现有条约。然而，对国际政治行为更有

---

① 流动性峰会，原文是 a mobile summit conference，指参会人员来来往往，不停流动。——译者注

② C. K. Webster, *The Foreign Policy of Lord Castlereagh* (2 vols, London: G. Bell and Sons, 1931), Ⅰ, pp. 225–232.

意义的是盟国做出的程序性决定,特别是它们开始对大国和小国做出区分。《巴黎条约》迫使法国人接受一项秘密条款以处置他们交出的土地,同时,"由欧洲真正和永久的权力平衡体系产生的关系"这一问题应根据四大盟国确定的原则加以规范。① 随后在9月,卡斯尔雷勋爵、梅特涅、普鲁士总理冯·哈登贝格(von Hardenberg)亲王和俄国国务秘书聂索洛得(Nesselrode)伯爵进行了非正式磋商并达成了一项协议,即大会的领导核心应由六个"一等国家"组成。② 其中包括四个肖蒙盟友、③ 法国,以及出于礼貌被算上的西班牙。再次担任法国外交部长的塔列朗(Talleyrand)对盟国在领土问题上保留最终发言权的安排不太喜欢,在抵达维也纳后,他坚持要求《巴黎条约》的八个签署国都参加协调大会工作的委员会。尽管如此,他的外交策略想要实现的最终目标并不是破坏维也纳实施的大国协调,而是确保法国能够参与其中。1815年1月,一场针对波兰的争论把盟国带到了战争的边缘。不久,法国便被接纳为顾问,此后便形成五国委员会。

欧洲五强曾举行过41次会议,用韦伯斯特教授的话说,这"代表了统治欧洲的力量"。④ 事实上,尽管221名王室首脑们出席了维也纳会议,但大会的主要事务仍然牢牢地掌握在大国手中,它更多地反映了权力和资源的实际分配而不是理论上的分配。因此,传统位次上的斤斤计较就不再提了,例如过去那种阻碍委托人之间谈判的行为也没再出现。即使在负责处理大会具体工作的数个特别委员会中,大国的全权代表也占据多数。那时这些委员会还负责重新绘制欧洲地图。只有在拟议中的德意

---

① Michael Hurst (eds.), *Key Treaties for the Great Powers, 1814-1914* (2 vols, Newton Abbot: David and Charles, 1972), I, pp. 13-14.

② C. K. Webster, *The Congress of Vienna, 1814-1815* (5th edition, London: G. Bell & Sons, 1950), p. 61.

③ 1814年3月,俄、英、普、奥四国在法国肖蒙签订了旨在联合起来打败拿破仑后,重新划分大国霸权利益的《肖蒙条约》。——译者注

④ Webster, *The Congress of Vienna, 1814-1815*, p. 74.

志邦联的制宪委员会中，才会出现较小的国家代表占多数的情况。但该委员会独立于五国委员会，它与五国委员会的联系仅限于将它起草的 11 项条款纳入会议的最后文件；这一过程实际上是大国对中欧新秩序的盖棺论定。

1815 年 6 月 9 日签署的最后文件，并没有像卡斯尔雷勋爵曾经希望的那样，与新情况下的大国保障联系在一起。无论如何，拿破仑结束了在厄尔巴岛的流放生活，并再次像幽灵一样将欧洲带入战争和革命阴霾。滑铁卢战役之后，胜利者们重新审视了他们该以怎样的手段去维护来之不易的和平。正是在这种情况下，沙皇在 1815 年 9 月诱使处于迷茫又尴尬中的奥地利和普鲁士统治者加入了他的神圣同盟条约。三位君主在"正义、基督教慈悲以及和平的戒律"的引导下，赞同以"一种真正的、不可分割的、视彼此为同胞并互帮互助的兄弟情"[①] 来保持团结。卡斯尔雷勋爵认为，这项宣言的内容"具有崇高的神秘主义却毫无意义"，[②] 但这项声明似乎既呼应了来自基督教世界久违的愿望，貌似也预示了未来的意识形态同盟。其他信奉基督教的国王们最终被成功说服并签订了这项条款。但就大国合作而言，更重要的应当是 11 月 20 日与法国缔结的第二个和平条约（见第 3 章：英、奥、普、俄同盟各国于 1815 年 11 月 20 日续签了同盟，作为第二次《巴黎条约》的补充），以及当时对四国联盟条约的更新和修订。后者的第六条内容规定，四个盟国的君主或其大臣应定期举行会议：

> 这是为了就各方的共同利益进行磋商，并且也是为了审议每个时期对各国的安宁和繁荣以及对维护欧洲和平最有益的

---

① Hurst, *Key Treaties for the Great Powers, 1814—1914*, pp. 96-97.

② C. K. Webster, *British Diplomacy, 1813—1815: Select Documents Dealing with the Reconstruction of Europe* (London: G. Bell & Sons, 1921), p. 383.

措施。①

外交手段的"常备武器库"因此又增添了一种新"武器",这种机制也为后来在亚琛(Aix-la-Chapelle,1818 年)、特罗堡(Troppau,1820 年)、莱巴赫(Laibach,1821 年)和维罗纳(Verona,1822 年)举行的大国会议奠定了基础。

在接下来的七年里,大量会议的举办成为新兴的欧洲协调最突出的表现,但它们并没有形成一个"大会体制"。各国并非完全定期举行会议,参加会议的也不限于大国的君主和大臣,并且会议通常是在长期辛苦的外交准备之后才举行的,例如在维罗纳大会召开前曾预先举行了一次筹备会议。这类会议的职权范围一直都没有被各方普遍接受。英国外交大臣出席过的唯一会议是亚琛会议,本次会议允许盟国结束对法国的军事占领,并接纳法国重新参与他们的秘密会议。然而在巴尔干、意大利和西班牙问题上,同盟内部的英俄两国在应对叛乱方式上的竞争与分歧阻碍了进一步的合作。卡斯尔雷勋爵驳斥了俄国的观点,即大国对领土现状的共同责任应延伸到保护重建后的政治和社会秩序的范围。考虑到意大利的崛起,英国和法国只派了观察员参加在特罗堡和莱巴赫举行的会议。此外,在特罗堡会议上做出的代表神圣联盟向那不勒斯派遣一支奥地利军队的决定,除了混淆大会的授权从何而来的问题,毫无别的用处。维罗纳会议于 1822 年秋召开,但实际上未能解决这些问题。虽然这是一次群星灿烂的欧洲王室大会,但它违背了英国的意愿,就法国对西班牙的军事干预进行了制裁,这表明大会并未显现出它曾经宣布的要实现同盟内团结的愿望。

就像 20 世纪 20 年代初的会议外交一样,大会外交起源于战时联盟,并在很大程度上依赖参与其中的个人及他们之间的相互关系。这种方式

---

① Hurst, *Key Treaties for the Great Powers, 1814–1914*, p. 123.

特别适合梅特涅这种富有经验的天才外交官。他通常能够利用他与外国君主和政治家们的友谊为奥地利谋取利益。梅特涅说，在大臣们的讨论过程中，"强硬的口气和缓了，封闭的内心开启了，渴望被他人理解有时超过了冷酷的算计"。[1] 但是，大会仍未能提供一个令人满意的机制来协调大国间的利益冲突。尽管梅特涅仍然热衷于个人外交，但在1822年后，他对继续推进这一进程表现出的热情有所减退。对于沙皇在1823年提出的在圣彼得堡召开会议，以讨论希腊人反抗其宗主国土耳其这一问题的事项，他根本无心接受。在他看来，如果各大国之间不能提前达成初步协议，这样的会议是否能取得预期成果，也就不得而知了。英国外交大臣卡斯尔雷勋爵的接班人乔治·坎宁（George Canning）更不愿意卷入数量如此繁多的大会。然而，虽然奥地利、普鲁士和俄国的保守专制政体与在1830年以后变得越来越自由的英国和法国的君主立宪政体之间有时表现出明显的区别甚至是割裂，但不同政体的大国们仍然坚持欧洲协调的理念。不同于部长级会议，大使级会议成为他们规范其弱小邻国的事务、应对国家内部革命对领土现状构成的挑战等问题的有效手段。

早在1816年，相关国家就在巴黎成立了一个常设会议，由获胜的盟国大使监督和平条约在法国的实施。法国对西班牙的军事干预促成了在巴黎和马德里举行的大使级会谈。1824年6月，俄国推动近东会议的想法和努力最终促成了在圣彼得堡举行的大使会议。法国和俄国试图调解希腊和土耳其之间的冲突，结果是，1827年8月在伦敦召开了一次时断时续的大使级会议。第二年夏天，三国驻土耳其代表在爱琴海的波罗斯岛被授予大使衔。1830年，荷兰控制下的比利时各省起义，要求结束其长达15年被荷兰控制的状态，于是在伦敦举办了相关会议。此次会议由英国外交大臣帕默斯顿（Palmerston）勋爵主持，奥地利、法国、普鲁士

---

[1] G. de Berthier de Sauvigny, *Metternich and His Times*, trans. P. Ryde (London: Darton, Longman & Todd, 1962), p. 119.

和俄国常驻伦敦的代表与会，会议旨在决定比利时的命运和边界。在接下来的两年时间里每周都会举行几次会议，之后就一直处于中止状态，直到1839年会议提议才获得普遍接受。会议最开始时并不具有明确的权力和目标，但随后便获得了修改维也纳会议提出的解决方案的权力，并一致同意若荷兰国王试图抵制本会议的裁决，将对其进行武力胁迫。随着时间的推移，各成员间形成了集体主义精神，并在帮助维护大国统一的同时，在影响王朝更迭和领土变化的问题上表现出非凡的灵活性。

随后各国还举行了其他会议，大多数时候会议会处理那些需要马上解决的具体问题。例如，1852年和1864年在伦敦举行的大使级会议试图解决石勒苏益格-荷尔斯泰因的复杂问题。1853年在维也纳、1876年在君士坦丁堡以及1912—1913年在伦敦举行的会议中，大国都试图通过大使会谈就中东地区的棘手问题达成某种协议。实际上，1822—1914年，约有26次会议所有大国均派遣代表出席。在其他会议上，则一般只有3—4个国家参加。即便会议主题只涉及小国利益，大国代表通常也会参加。1856年克里米亚战争结束后在巴黎，以及1877—1878年俄土冲突后在柏林分别举行了两次大会。和先前的大会一样，这两次大会与单纯的会议的不同之处在于，有3个或3个以上大国的高级别政界人士出席。参加巴黎会议的有奥地利、英国和法国的外交部长或大臣，参加柏林会议的则包括英国首相，德国和俄国总理。但是，这两次会议更像维也纳和会，而不是1818—1822年的大会。它们的主要目的是建立而不是管理战后和平。然而，在19世纪50年代和60年代又出现了一位会议外交的倡导者，即法国皇帝拿破仑三世。他认为举办这些大会能够给驻在国带来崇高威望，并认为通过这些大会他可以实现法国的愿望并基于国籍原则对维也纳会议的解决方案进行修改。1863年11月，波兰爆发反抗俄国统治者的起义之后，以及1866年5月奥普战争爆发前夕，拿破仑三世都曾提议召开大会来解决这些问题。

法国的这两项倡议都没能得到其他国家政府的欢迎。问题在于，欧洲协调的成功运作需要大国之间达成一定程度的共识，但从1854年克里米亚战争爆发到1871年普法战争结束这些年里，大国间很少能够达成共识。在这17年里，英国和法国打败俄国，法国和普鲁士曾先后对奥地利开战，然后法普两国又大打出手。此外，在皮埃蒙特-萨丁尼亚王国（即萨丁王国）的领导下出现了一个新的意大利王国，普鲁士主导下建立了新德意志帝国，奥地利则被排除在德国和意大利之外，它把自己变成了二元君主制的奥匈帝国。这其中大部分都是在没有涉及真正的（抑或是假设的）欧洲协调的情况下完成的。因此，关于"领土变更需要各大国同意"的假设已被中止，直到欧洲真正实现重建时才再次被启用。因此，在1871年3月，奥匈帝国、法国、德国、英国、意大利和俄国这六个大国根据伦敦协议重申，只有在所有缔约国都同意的情况下才能修改条约。然而从此以后，欧洲的和平似乎变得更加依靠武力，而非大国间合作。外交官们越来越多地热衷于建立联盟以威慑潜在的敌人，并确保在发生战争时拥有军事优势。

欧洲新兴民族主义在非洲和亚洲孕育了新的帝国主义，这也反映在外交的主要问题上。1880年在马德里和1906年在阿尔盖西拉斯举行的两次会议讨论了与摩洛哥有关的问题，1884—1885年在柏林举行的会议则讨论了西非以及刚果盆地的未来。此外，参加这些会议的并不限于欧洲国家。1823年，梅特涅拒绝邀请美国参加大会以审议拉丁美洲反对西班牙统治的革命相关提议。他坚持认为，大会的目的是维护和平、合法秩序以及"欧洲大家庭的物质和精神福祉"，[①] 但美国关注的是商业和政治扩张的利益，与会议主题并不相符。到了1880年，欧洲大国之间的关系已经影响到了整个世界舞台。马克思主义历史学家很难证明，在非洲的分裂中，商业利益比王朝的合法性更重要。无论如何，马德里会议的议

---

① De Sauvigny, *Metternich and His Times*, p. 256.

题涉及外国领事和外交官对摩洛哥苏丹臣民的保护,因此,邀请了所有在丹吉尔派驻了代表的国家(包括美国和巴西)参加会议。后来在柏林和阿尔赫西拉斯,美国又为帝国主义外交做出了自己独特的贡献。世界变得越来越小,无论是国家体系还是其价值观,都不再仅属于"欧洲大家庭"。

除了哪些国家可以参加会议这一问题外,在会议或大会召开之前还必须解决另外两个问题:第一,会上将讨论什么内容;第二,会议在哪里举行。在候选城市中选择一个特定城市的做法可能具有政治和象征意义。按照惯例,会议应由驻在国的首席代表主持,由于主席往往拥有对会议议程的影响力,可能会为驻在国带来明显的好处。梅特涅无疑是幸运的,他能够确保维也纳、特罗保、莱巴赫和维罗纳的大会都在当时的奥地利领土上举行。此外,正如1856年在巴黎召开的大会似乎体现出法国在欧洲恢复了实力地位一样,1878年在柏林召开的大会表明了普鲁士在欧洲大陆均势中取得了优势。维也纳、巴黎和柏林依次暂时成为欧洲的外交和社交首都。此外,在小型省城召开的会议为代表们提供了足够机会,使他们能够更好地互相沟通、互相了解。在1820年秋天,奥地利西里西亚的首府特罗保冰天雪地,没有什么景致能让沙皇亚历山大兴致盎然,因此,沙皇只能在品茶中消磨时光,正因如此,他才得以安坐,并深入细致地领悟了梅特涅的劝导,最终被他说服。同样,除了在斗牛表演上屠杀几头可怜的公牛以及剧院演出,位于直布罗陀对面的安达卢西亚港口阿尔赫西拉斯也不能为外交官客人们提供更多的娱乐活动。这使摩尔人的代表大为不满,以至于让他们"比以往任何时候都更困惑于欧洲文明究竟优越在哪儿"。[①] 尽管大多数代表都入住的蕾娜·克里斯提娜酒店提供的饭菜简直可以说是味同嚼蜡,但这至少也为与会者提供了共同话题来发泄不满。尽管人们公认一名优秀厨师对于谈判至关重要,

---

[①] Lewis Einstein in L. E. Gelfand (ed.), *A Diplomat Looks Back* (London, 1968), p. 5.

但在阿尔赫西拉斯，显然，一位手艺不佳的厨师也能有助于代表们在思想上达成一致。

然而，会议的成功与否在很大程度上取决于会议议程。当大国的利益直接牵涉其中时，情况更是如此。1895年，英国外交大臣说："除非每个人事先都同意大会要达到的目标，否则大会将毫无意义。"[①] 毕竟，如果连达成协议的希望都没有，自然也就没有举行会议的必要了，而且几乎没有外交官或政治家愿意冒着被孤立和当众羞辱的风险参加会议。然而，可能要经过几个月的谈判，各国才能就会议应该或不应该处理某一问题达成共识。1878年春，英国和俄国都准备参加近东地区事务大会，但在最终确定议程之前，两国间已经接近爆发战争。到6月柏林会议开幕时，各方已经就大多数有争议的问题达成了协议。然后在1905年，德国人通过提前接受法国在摩洛哥拥有的特殊利益，才成功促使法国不再反对举行摩洛哥问题国际会议。的确，这个例子完美印证了梅特涅这位法国外交家的真知灼见，即如果没有提前达成共识，举行会议将是危险的；如果共识已经存在，那么举行会议其实也毫无意义。在阿尔赫西拉斯举行的这种会议很容易将那些本来可以通过心平气和的双边谈判解决的问题变得公开化和激烈化。

当大国显示出合作的愿意时，会议外交当然可以缓解会议中的紧张局势。会议外交还将成为对全球经济和社会问题进行多边监管的基础。卡斯尔雷勋爵曾希望维也纳会议能够达成一份废除非洲奴隶贸易的国际协议，英国早先从这种强制性大规模人口贩卖中获得了不菲的利润，但他们后来开始反对自己和其他政府将这一做法合法化。为此，卡斯尔雷勋爵考虑建立一种机制，通过建立他所声称的由各国代表委员会和秘书处组成的"一种常设欧洲大会"，以监督针对奴隶贸易的各项法律的实

[①] N. Rich and M. H. Fisher (eds.), *The Holstein Papers* (4 vols, Cambridge: Cambridge University Press, 1955–63), Ⅲ, p. 567.

施,并"调查相关进展以及这种罪恶贸易的残余势力"。① 最终,面对反对立即废除奴隶贸易的法国、葡萄牙和西班牙,卡斯尔雷勋爵不得不接受仅通过发表声明来谴责这种"违背了人道主义原则和普遍道德"的贸易。尽管在伦敦设立了关于奴隶贸易的"长期"会议,但1816—1819年的16次会议均收效甚微。② 从此以后,英国政治家主要寻求在双边条约(但不局限于双边条约)的基础上打击奴隶贸易,非洲和美洲设立了由协议的各缔约国政府共同任命的联合委员法庭,对因涉嫌奴隶贸易而被拘留的船只做出判决。这一法庭的建立可算是一项法律创新,本质上是司法外交的新实践,今天它也被认为是执行国际人权法的最早尝试之一。与此同时,另一位英国外交大臣阿伯丁勋爵认为,禁止奴隶贸易的运动得以持续,演变成"国际关系中的一个全新的、广阔的领域"。③ 相关各方为制定取缔奴隶贸易的多边协定,在1889—1890年于布鲁塞尔举行了一次政府间会议,首次专门讨论了奴隶贸易以及非洲武器贩运的相关问题。

与卡斯尔雷勋爵为监控奴隶贸易而建立的长期会议外交相比,德意志邦联的建立则是一项更显成功,但又不那么开明的尝试。同样基于1815年维也纳会议的解决方案,邦联被其成员定义为"集体政权",其目的是维护处于政治分裂下的德国的国家安全,涉及其内政与外交。然而,由于当时的德国由30多个主权国家和自由城镇组成,包括日耳曼、捷克、奥地利控制下的斯洛文尼亚领土以及除了最东边地区以外的其他普鲁士省份,还有像绍姆堡-利珀、施瓦茨堡-桑德豪森这样的小政权,

---

① Keith Hamilton and Patrick Salmon (eds.), *Slavery, Diplomacy and Empire: Britain and the Suppression of the Slave Trade, 1807-1975* (Brighton: Sussex Academic Press, 2009), pp. 5-6.

② Lewis Hertslet, *A Complete Collection of the Treaties and Conventions at Present Subsisting between Great Britain & Foreign Powers* (2 vols, London, 1820), Ⅰ, pp. 261-263.

③ Cited in Hamilton and Salmon, *Slavery, Diplomacy and Empire: Britain and the Suppression of the Slave Trade, 1807-1975*, p. 20.

同样可以被视为现代视角下的区域内国际组织。奥地利主持的邦联议会坐落在法兰克福，由一个 17 名全权代表组成的常设大会［较小的国家被分在 6 个法庭（curiae）里进行投票表决］和一个全体大会组成。但后者的职能是决定而不是审议宪法问题以及战争与和平问题，在邦联的整个历程中，只举行了 16 次会议。

在这种形势下，邦联议会更多地回应了那些新的、重建德意志内部各王国和公国的君主的特殊意向，而不是那些渴望民族团结的民众的愿望。其成员最初包括具有德国统治者身份的英国、丹麦和荷兰国王，他们同时在各自的首都以及某些情况下在海外都派有代表，他们会派遣特使前往法兰克福，参加实质为大使级别的大会。其他欧洲大国的大臣也同样可以参加议会。但是，尽管邦联议会曾在德国内部争端中担任仲裁员、立法反对言论自由并批准对受到革命威胁的国家进行武装干预，它在其他方面却作用平平。议会试图建立一支联邦军队的努力近乎一场闹剧；它既没有在德国推行统一的法律体系，也没有在德国推行更自由的贸易；它是一场最终以战争结束的普奥竞争的牺牲品，而邦联议会也因此在 1866 年解散。不过，尽管受到自由主义者和民族主义者蔑视，认为"邦联只是一种应对手段"，但它还是提供了一个早期的案例，说明了外交官在准政府中所发挥的作用。作为普鲁士的议会特使，后来的德国总理奥托·冯·俾斯麦（Otto von Bismarck）赢得了他的外交声望。

官僚和外交官

按照普鲁士人的标准来看，1851 年俾斯麦受命前往法兰克福一事非同寻常。虽然俾斯麦拥有参与议会政治的高超技巧，在与奥地利代表的口头交锋中发挥了巨大作用，但他在被提名为外交官时完全没有外交经验。事实上，在他到法兰克福的头两个月里，公使馆的正式负责人是驻圣彼得堡的普鲁士大臣（他的职责是向新来的人介绍情况）。然而，普鲁士非常重视其官员的专业知识。就在拿破仑在德国取得胜利之后，柏林迎来了一个公民和行政复兴的时代，其结果之一是建立了一个具有自主性的外交部。到1819年时，外交部迁到了威廉大街76号，这个地址随即成为普鲁士和后来的德国外交政策制定者的同义词。此时，外交部的政治和商业部门已经建立起来，再加上一个法律部门，它便建立起一种持续了一个多世纪的行政机构。入职外交部的途径通常是考试。根据1827年制定并于1842年增补的规定，候选人需要达到如下要求：（1）已完成大学三年的学业；（2）通过国家公务员要求的两次初试；（3）在省级政府任职十八个月。如果之后被部长选中，他们必须作为无薪的随员工作一年，然后才能参加现代政治史、商业和法律的高级别考试，以及法语的口试和笔试，任何一个阶段的失败可能都意味着失去这份职业。

其他国家同样出现了外交的专业化和管理的制度化。在法国，大革命将旧制度的国家外事秘书处改变为对外关系部门，尽管那些年行政混乱，该部门的权力却得到了确认并逐渐扩大。督政府和拿破仑发布的行政命令赋予了它拥有对外收发官方信函的唯一管辖权，领事业务也由其主持。到第一帝国末期，该部门拥有了两座大型建筑，约70名雇员。它甚至还计划在塞纳河左岸建造一个新的更宏伟的外交部办公楼。但直到拿破仑的侄子拿破仑三世取得皇位后的1853年9月，外交部才搬到专门建在现在奥赛码头边的建筑中。更名后的外交部经历了几次机构调整。1814年，复辟的君主制继承了一个由职能部门和地缘政治部门组成的外交部。在路易十六的统治下，政治事务仍然由北欧司和南欧司负责，而其他司则负责会计、档案、商务和密码。11年后，它采用了一种更简单、更功能性的结构，在这种结构中，北欧司和南欧司作为单独政治部门的一部分被保留了下来。

最早于1792年设立的政治主任（directeur politique）正是在复辟期间成为法国外交部的一个重要职位。主任负责监督该部的政治工作，并且在1830年革命后，在没有副秘书的情况下成为政府外交政策的首席顾问之一。与此同时，1825年，改革的另一个产物即部长办公室（cabinet du ministre）的重要性得以提升。它是外交部长的私人秘书处，由于成员不限于外交部职员，办公室可以从其他部门寻求协助。一些技术性部门也逐渐附属于部长办公室，包括与密码、新闻界和人事有关的部门等。在第三共和国期间，部长办公室还起到了部长、议员同僚和选民之间的中间人的作用。事实上，到19世纪末，部长办公室的首席顾问常常被视为政治主任的对手，通过任命部长办公室成员的方式可以让一位年轻的外交官甚至是一个彻底的局外人迅速上升到法国外交部门的高级职位。1920年成为奥赛码头秘书长的菲利普·贝特洛（Philippe Berthelot）就是一个例子，如果他的父亲（1895—1896年曾短暂担任外交部长）没有把他安排进部长办公室工作，他可能永远也得不到任职的机会。

贝特洛的成功更具有讽刺意味，因为尽管他拥有无可挑剔的共和国资历，但他第一次试图通过考试进入外交部的尝试就失败了。然而，从19世纪法国外交整体来看，他的职业生涯算不上出众。在1877年之前，更多人往往是依赖于资助而不是学术成就才得以进入法国外交部工作。在王朝复辟期间，对于挑选年轻外交官或外交部内部官员似乎还没有形成一套公认的评价标准。笔迹美观通常被认为是一个重要条件，但其他一切似乎都取决于裙带关系。此外，由于大多数即将成为外交官的人都是由使团团长挑选，所以他们不仅必须经历长时间的学徒期，作为无薪随员工作，还必须想方设法从其他途径获取每年6000法郎以维持生计，因此外交仍然是一项贵族工作。1830年革命和法国波旁王朝最后一位国王查理十世（Charles X）的下台，导致一些贵族辞去了外交职务，但外交官的征募方式几乎没有发生改变。事实上，奥尔良王朝有些倒行逆施，废除了一所专为年轻外交官开设的学校。自领事馆成立以来，这所学校一直隶属于档案部，曾为这些年轻人提供了谋求外交生涯的另一条途径。直到1848年2月法国宣布成立共和国，才出现了将外交转变为一种对卓越人才开放的职业新尝试。但建立国家行政学院的做法后来被证明仅仅是一个临时性的尝试，第二帝国（1852—1870年）的外交大臣又回到了原来的做法，在19世纪60年代初担任大臣的爱德华·图维内尔（Édouard Thouvenel）明确拒绝了通过考试入部的想法，理由是在法国"谁要求考试就是在要求竞争"。[1] 尽管如此，他还是实施了于1844年首次提出的一项措施，要求希望进入外交部的申请人具有法律学位。1860年的部长报告建议，在某些情况下，没有学位的候选人也可以参加国际法、政治史和外语的考试。

一旦获准任职成为一名无薪随员或编外人员，即可被任命前往巴黎的外交部或外国首都的使团任职。但是第二帝国时期中央政府的官员，级别在随员之上和主任之下的驻外外交官之间几乎没有什么交流。此外，大约60%的外交官仍然来自贵族阶层。他们看起来很古老但实际上又不那么古老的头衔，为法国的代表权增添了光彩，并确保了他们在欧洲各大宫廷的社会地位。他们的家庭财富成为养活自己的必要手段，作为随员的这些年，他们没有收入，必须靠父母养活。直到1858年，外交官个人的等级都是与其当时的职位挂钩，而不与个人身份相关，根据当年的一项史料可知，每一个带薪职位空缺都有大约100名无薪随员盯着，因此晋升极其缓慢且常常是"一职难求"。直到1877年2月，当时的外交大臣路易斯·德卡兹（Louis Decazes）才屈服于共和派要求建立更加民主的制度的压力，采取措施使奥赛码头的官员与外交和领事机构更彻底地融合在一起，并确保所有人员必须参加考试。然而，这只是一次资格考

---

[1] P. Bury, "La Carrière Diplomatique au temps du Second Empire," *Revue d'histoire diplomatique* (1976), p. 283.

试。考试后还要再过三年才能参加公开的入部竞争，这一做法成为常规录用流程。到1905年，年轻的新入职人员仍必须以无薪身份供职三年。尽管如此，共和派最后还是取得了胜利，尽管法国王朝还一直在坚持外交活动，但到了20世纪初挑选外交官时，一张来自巴黎政治学院的文凭还是要比起贵族血统更有分量，更重要。

奥赛码头的几个要求之一是其职员应是法国国民。这似乎是一个非常明显的任职条件。到19世纪60年代，甚至哈布斯堡王朝这一多民族帝国都开始坚持认为其外交人员应拥有奥地利公民身份。但在19世纪上半叶，一些政府继续沿用早期习俗，即在任何能找到外交官的地方挑选外交官。例如，普鲁士在这方面的做法却显得有些倒退，在19世纪30年代，外交大臣弗里德里希·冯·安奇伦（Friedrich von Ancillon）对当地贵族的偏见阻止了俾斯麦寻求直接进入外交部门的尝试。同样，由于缺乏本土人才，沙皇亚历山大一世不得不招募非俄国外交官。在维也纳会议期间，他雇用了威斯特伐利亚地主的儿子聂索洛得（Nesselrode）、科西嘉岛难民波佐·迪·博尔戈（Pozzo di Borgo）伯爵、波兰一个大家族的首领亚当·恰尔托雷斯基（Adam Czartoryski）亲王，以及后来领导希腊共和国的科孚特岛人约翰·卡波迪斯特里亚斯（John Capodistrias）。另一位沙皇亚历山大二世（Alexander Ⅱ）后来曾向俾斯麦提供了在俄罗斯外交部门担任高级职位的机会，尽管大国沙文主义的强烈反对最终阻碍了外来人员的就业，但来自波罗的海的德意志人如本肯多夫（Benckendorff）和拉姆斯多夫（Lamsdorff）仍然继续在沙皇外交中占据重要角色。

1859年后，有抱负的俄国外交官必须通过一项考试，测试内容包括现代语言、"外交研究类学科"（例如国际法、经济学和统计学）和摘要写作。然而，关于俄国公务员制度和外交事务候选人资格的相关规定几乎都源自东方的灵感。贵族通常因享有"个人特权"而被任用，这一条款可能有助于解释为何会出现一个家族中祖祖辈辈都是外交官的情形。"失声后被宫廷唱诗班开除的年轻成员"和"科学家或艺术名人"的儿子也有资格参加。此外，被解放的农民、"属于纳税阶级的人"和"犹太人（拥有医学学位的除外）"则被认为都不适合从事这一职业。[①] 这些限制似乎并没有妨碍俄国外交关系的官僚化。为了简化外交管理，俄国在1802年成立了帝国外交部。但直到30年后，它才真正取代了彼得大帝的学院制度。同时，俄国外交部当时拥有超过250名官员，在华沙和敖德萨等城市设立了省级分支机构（provincial branch offices），以满足帝国扩张的需要。这样做的结果是产生了一个庞大而笨拙的行政结构，与英国精简而显得有些小气的外交机构形成了鲜明对比。

革命战争和拿破仑战争所产生的外交业务猛增，使受雇于英国外交部的职员数量翻了一番。但在1822年，坎宁的部门仍只有31名员工，其中还包括两名副部长（其中一名实际上是常务次官）、两名办公室职员、一名门房和一名印刷工。此外，尽管工作量不断增加，办公室的规模却增长缓慢。甚至在1861年，当该部门最终腾出唐宁街狭窄的迷宫式建筑，等待搬入吉尔伯特·斯科特（Gilbert Scott）在白厅修建的意式大厦时，它也只有52名员工。他们中的大多数人几乎没有决策发言权。他们在外交部的工作主要是为外交大臣与外交官们和其他国家部门间通信提供文秘服务。1854—1873年，作为常务副部长，埃德蒙·哈蒙德（Edmond Hammond）开始担任顾问一职。19世纪90年代，迫于工作压力的加大，助理次官不得不在更多场合承担自主发表关于政治事务意见的工作。然而，初级工作人员仍仅限于从事复制、加密、分发、对接和文书登记等行政工作。事实上在19世纪末，外交部经常因为雇用有才华的年轻人从事简单机械工作这种大材小用的做法而遭到投诉。外交部则声称其工作具有高度保密性，只能由外交大臣所认识或推荐的完全值得信

---

① House of Commons Parliamentary Papers (1861), Vol. VI, pp. 412-413.

赖的工作人员来完成。因此，外交部极力反对财政部向其政治部门引荐文书登记员的做法。直到 1906 年，它才将更为琐碎的事务委托给总登记处进行处理。这使外交工作的权力得到了进一步下放，为有天赋的初级文职人员提供了更多锻炼机会。

外交部的现代化进程伴随着招聘制度的改革。1855 年，在《诺斯科特—杜威廉报告》建议将外交部招聘纳入全体公务员的考试体系时，英国外交大臣克拉伦登（Clarendon）勋爵仍然坚持要求外交部进行单独考试。此外，他成功地保留了提名候选人的权利（实际上，每一个职位可以提名三位候选人）。外交部凭借其独立性和不断发展的职业结构，编制了单独的且从一开始就有一定难度的试卷。即便在 19 世纪 90 年代初这两项考试合并时，立志于外交事业的随员的评定与初级职员的评定仍然是分开进行的。直到 1905 年，外交部考试才被并入国内公务员考试。即便如此，外交部仍在继续提名候选人。这些程序有助于确保新入职人员所受教育的同质性，且较少受其社会背景的影响。到了世纪之交，绝大多数的新人都来自以伊顿公学为主的数所主要公立学校，而且通常都打算花一段时间在国外继续提升他们的现代语言能力，然后再去一个临时机构学习技能和知识并通过外交部入职考试。新入职人员没有硬性规定必须拥有大学学位，1871—1907 年，只有 38% 的新入职人员是大学毕业生。但是，1905 年的人事制度调整对学位的要求提高了。在 1914 年一战爆发前的 7 年里，几乎所有成功的应聘者都上过大学，只有 4 位例外。然而，到 1919 年，初入行业的外交官还被要求必须拥有每年 400 英镑的私人收入，他们的职业存续更多地依赖于各自家庭财富，而不是公共资金。

外交机构人事制度中的一些问题，如对财产的要求、提名候选人制度所隐含的赞助要求以及外交的繁文缛节等，都被后来的左翼人士拿来对英国外交工作进行抨击，认为外交部就是一个将自己的意志强加于民选政府的软弱的贵族机构。对此有不少说法，不过下面这一说法倒还可信。1815—1860 年，英国有 60% 的使团随员来自贵族阶层，而在 23 位被任命为大使的外交官中，只有 3 位是平民。此外，尽管在随后的 54 年中，贵族在外交部门中所占的比例降到不足 40%，但 31 名获得大使衔的职业外交官中仍有 19 人出身贵族。贵族出身的外交官在欧洲宫廷更容易被接受，英国那些显赫政治家族通常能够说服外交大臣提名他们的后代。然而，正如 R. A. 琼斯（R. A. Jones）研究所证实的那样，从下议院议员的数量来看，维多利亚时代早期的外交机构的贵族化程度与传统的英国政治精英相比没有多少区别和变化。根据琼斯的发现，在 1860—1914 年，国内高级公务员甚至比外交部门的高级官员的贵族比例更高。更重要的是，在英国变得更加民主，工业化程度更高时，外交部门却未能因英国的工业新发展而招募到更多的新成员。[①]

这种情形在英国的一些欧洲大陆近邻的外交事务中也很明显。因此，尽管德意志帝国的工业实力不断增强，威廉大街仍坚持着严格的审查程序，德国在欧洲的外交工作依然牢牢地掌握在贵族手中。与欧洲其他国家一样，德国要求聘用人员首先作为无薪随员见习，这样财政独立成为正式入职的先决条件。但在挑选大使时，俾斯麦及其继任者始终坚持将贵族的社交风度置于从书本习得的技能之上。毕竟，在那个时代，贵族沙龙仍然是一个十分有价值的信息来源和政治活动场所，外交官们应该既风度翩翩，又出手阔绰，请客吃饭，逢场作戏，样样在行。在 1904—1914 年担任奥匈帝国驻伦敦大使的冯·门斯多夫-鲍伊-迪特里希斯坦（von Mensdorf-Pouilly-Dietrichstein）伯爵仅于 1905 年就在餐桌上款待了 850 人次。他是国王乔治五世（George V）的堂兄。事实上，这种欧洲贵族家族间的友谊、血缘和婚姻纽带，有助于强化许多外交官所拥有的

[①] R. A. Jones, *The British Diplomatic Service, 1815-1914* (Waterloo, Ontario: Wilfrid Laurier University Press, 1953), especially Chapters 1, 2, 8 and 9.

"四海之内皆兄弟"的归属感。威廉·D. 戈德西（William D. Godsey）认为，在第一次世界大战爆发前的几年里，奥匈帝国外交人员中约有三分之二来自有地产的家庭。① 贵族财富限制了哈布斯堡王朝向海外派遣代表的开销成本，年轻贵族因征兵时无法进入军官队伍，而转向寻求进入外交职业。然而，没有任何一个地方能够完全不受经济结构变化和新兴中产阶级的影响。维也纳社会无疑就是趋炎附势的名利场，其宫廷礼仪更是欧洲最繁复难懂的。但到了1914年，鲍尔豪斯广场（奥地利外交部所在地）已经有超过一半的外交部工作人员是非贵族或是新兴贵族出身。此外，1906—1912年，奥匈帝国外交大臣阿洛伊斯·莱克萨·冯·埃伦塔尔伯爵（Alois Lexavon Aehrenthal）推行的改革促使伦敦、柏林和圣彼得堡的大使馆开始任命商务专员，并且在重要的领事馆任命经验丰富的商人作为贸易官员。

外交在地域范围上的扩张和管辖内容上的拓宽导致贵族从业者减少。例如，普鲁士贵族对德国在美洲和亚洲的新设使团不屑一顾，由于在这些遥远的外交使团中欧洲的社会礼节无足轻重，因此威廉大街的资产阶级新雇员被认为更适合从事这方面的工作。成功的中产阶级申请者同样被选派到外交部中不那么显赫的商业、法律部门和新成立的殖民地部门。但是，欧洲外交部门的构成最终往往能够反映出它们所代表的社会的政治结构。因此，尽管德意志帝国的特使中有80%以上是贵族出身，但在法国，政府积极参与国家机构实现共和政体，任命贵族的比例在1903—1914年下降到不足8%，外交任务也开始分配给了其他公共部门的官员、记者和政治家。后来分别担任法国驻伦敦和柏林大使的保罗和儒勒·康朋兄弟（Paul and Jules Cambon）曾在省级部门苦苦谋求一份外交职业，

---

① William D. Godsey, Jr., "The Culture of Diplomacy and Reform in the Austro-Hungarian Foreign Office, 1867-1914," in Markus Mösslang and TorstenRiotte (eds.), *The Diplomats World: A Cultural History of Diplomacy, 1815-1914* (Oxford: Oxford University Press, 2008), pp. 59-81.

而从 1897 年到 1924 年担任法国驻罗马大使的卡米尔·巴雷尔（Camille Barrère）曾经是《泰晤士报》的战地记者。第一次世界大战前夕，法国驻欧洲大使都是从上流资产阶级中抽调来的。只有在奥赛码头内部，旧秩序仍保留着旧日的权威和显赫，例如皮埃尔·德·马士理（Pierre de Margerie）既是首席顾问又担任政治主任。

使团、等级和语言

19 世纪外交的贵族气在很大程度上源于欧洲外交实践者的社会出身和愿望。但他们在更广泛的国际等级制度中的地位是由维也纳会议制定的规则所决定的。在 1815 年以前，还没有形成关于外交位次的一般协议，为了克服由此产生的分歧，维也纳会议成立了一个委员会专门审查相关问题。经过两个月的研究，它建议将国家分为三个级别，并确定其代理人的相对地位。然而，这样的分类可能会导致进一步的争论，最终达成的方案是，同级外交官之间的优先次序应取决于他们在某国首都常驻的资历。维也纳规则同时承认三类外交官：（1）大使、罗马教廷大使和教皇使节；（2）特使、公使或其他派驻主权国家的代理人；（3）外交大臣派遣的代办。1818 年，又增加了一个类别，即驻会大臣，它的位次排在全权代表和特使之后。部分城市中存在教皇使节，他们有资格自动升为外交使团的领袖，但除了这种特殊情形以外，这个职位从那时起由任职时间最长的大使或公使担任。同样，各方同意废止以前存在的一种处理位次问题的方案，即为需要签署的条约制作多份副本以便每一全权代表的签名都可以出现在一份文件的顶部的"轮流"方案。相应地，维也纳会议同意通过抽签决定附加签名的顺序。然而三年后，在亚琛会议上，这一方式又被放弃，取而代之的是一种新制度，就是按照法语字母表内国名字母对应的先后顺序进行签字。

这是法语在外交上的一次胜利，看似微不足道但却意义重大。另一次胜利则是法语成为整个维也纳会议期间的工作语言，而且最终法案的草案均使用法语撰写。诚然，该法案规定这种对法语的使用并不是为了开创先例，而且这些国家仍可保留在未来谈判和公约中使用它们之前使用的语言的权利。类似的情况也出现在《亚琛条约》（1748年）、《巴黎条约》（1763年）和《凡尔赛条约》（1783年）签署过程中。此外，尽管包括坎宁、格兰维尔（Granville）勋爵和帕默斯顿（Palmerston）勋爵在内的英国外交大臣坚持在与外国外交官和政府的正式通信中使用英语，但在整个19世纪，法语继续在国际交流中占据特殊地位。梅特涅认为这么做合情合理，因为外交需要一种通用语，而法语正合适。1817年，英国试图劝说鲍尔豪斯广场接受英语照会，梅特涅则在几年后威胁要用德语回信，他解释说，如果没有被各方普遍接受的外交语言，可能会出现混乱，而这与外交实践建立常驻代表团的总体目标相矛盾。可以认为："这意味着回到君士坦丁堡体系，在这个体系中，谈判只能用土耳其语，通过一个口译员进行，原因是土耳其人不会讲其他语言。"[1] 其他外交官也提出了同样观点，俾斯麦后来也曾回忆起，他拒绝从沙皇驻柏林代表那里收取俄文照会，最后双方达成谅解，他们未来的书面交流将使用法语。

当然，法国人认为使用他们的语言不只是为了行政上的便利。在某些人看来，这是他们文化优越性的一种体现。这确实符合儒勒·康朋的主张，即法语之所以成为外交语言，是因为法国在17世纪和18世纪对欧洲行使了知识霸权。维也纳会议召开100多年后，他声称，法语有规律、表达清晰，特别适合作为国际关系的工作语言。[2] 英国外交官哈罗德·尼

---

[1] de Sauvigny, *Metternich and His Times*, p. 89.

[2] Jules Cambon, *The Diplomatist*, trans. C. R. Turner (London: P. Allan, 1931), pp. 112-114.

科尔森对此表示同意。他在 1939 年断言："如果不按照正确的顺序陈述思想，不按逻辑演绎推导，不使用近乎几何学一样的精确词汇，就不可能正确使用法语。"① 如果有人从来无法把法语中"British"和"Britannic"之间微妙但重要的区别说清楚，又无法弄懂"enprincipe"和"*entente cordiale*"这样的模糊表达的独特妙用，他们肯定会反驳上述这一论断。但是，最反对用法语传递信息的论点可能来自帕默斯顿。1851 年，他通知驻法兰克福的英国大使，英国政府认为每一个政府都有权在官方交流中使用自己的语言，理由是，这样一来，每一国家一定能更清楚地表达出自己真实的观点。由于当时法译本通常会被当作原版，因此他在反对使用法语的基础上，甚至反对向外国政府提供英国记录的英法双语版本。

然而，法语在外交上的作用切不可否定，各国之间的口头交流通常使用最受政治家或外交官青睐的语言来进行。随着 19 世纪的发展，本国语言越来越多地用于书面交流和签订双边协定。但用法语起草多边协定的习惯仍然存在。因此，法语仍是 1856 年巴黎会议及其后签订的条约使用的语言。此外，奥赛码头坚决反对盎格鲁-撒克逊人的要求，坚决反对英语拥有和法语平起平坐的地位。到 19 世纪末，英国在世界上的商业地位和帝国权威，以及美国对旧大陆事务的日益参与，英语地位突显，似将成为一种新兴的全球体系的主要语言。美国人对欧洲外交的礼仪和语言传统几乎不怎么尊重。在 1902 年夏天，法国外交官齐心协力，挫败了美国试图在海牙新成立的国际仲裁机构将英语作为官方语言的企图。法国驻荷兰大使担心，墨西哥和美国之间的争端将成为海牙国际法庭用英语审理的第一个案件，为此他费尽心机，成功确保听证会用法语举行。

在基督教欧洲和美国以外，是否使用法语的问题与大国的外交人员关系不大。他们与奥斯曼、摩尔人和波斯人以及后来与阿比西尼亚、东亚和东南亚的宫廷打交道，以实践梅特涅的"君士坦丁堡体系"。换言

---

① Harold Nicolson, *Diplomacy* (3rd edn, London: Oxford University Press, 1969), p. 125.

之，这些（没有研究东方学者背景的）外交官们就必须通过口译员进行沟通和谈判，这在伊斯兰世界中是常见的。自17世纪以来，法国政府就开始着手为他们在黎凡特的使团和领事馆培训语言学家，到1815年，在巴黎和君士坦丁堡都建立了语言学校。相比之下，1825年，英国外交部从黎凡特公司接管了英国驻君士坦丁堡大使馆，并聘用了10名口译员，当时英国继续依赖当地招募的口译员，所以其中4人来自皮萨尼的一个世代从事口译的家族。然而，在19世纪40年代英国曾引入了一个计划，其目的是最终用英国的大学毕业生取代当地的口译员，为此不惜通过泄露机密信息让之前的使馆译员名声扫地。但这一计划并没有成功。前往东方的新随员在学习了土耳其语后，只是单纯地专注于该特派使团的普通外交工作，而出于经济压力他们保留了黎凡特口译员。

这一项设置专业译员的尝试正赶上家族式大使馆的衰落。19世纪上半叶，各国驻外使领馆的常驻代表团像大家庭一样继续存在并运行着。一旦被选中，大使或常驻公使将获得工资和津贴，这些津贴将用于支付整个大家庭的生活费用。如果政府没有大使馆或公使馆馆舍，这些资金通常用于支付房租、装修房屋、工作人员交通、食宿以及招待外国政治家和其他显要人物等代表性事项所需的开支。使团的规模因其重要性而有所不同。直到19世纪60年代，英国大使仍然被视为政治任命者，因此有可能随着政府的更迭而被召回。通常，英国的大使至少配一名秘书（其主要职责是在大使不在时充当临时代办），以及一名带薪随员。在复辟时期，法国大使馆规模较大，组织也更正式。但他们也有赖于无薪随员的服务，后者往往是办公室里任劳任怨的勤杂工，从事着复印和其他文书工作，他们中的大部分是寻求进入外交领域的年轻人。而另一些人只是试图利用这个机会谋求社会地位提升或在公职部门构建一些人脉。这份经历可能会有多种回报。例如，在夏多布里昂（Chateaubriand）子爵驻伦敦大使馆里服务过的人，都能品尝到他那个时代最著名的厨师、那个发明了夏多布里昂牛排（filet de boeuf à la Chateaubriand）和外交家布丁（le puddin diplomate）的蒙米雷尔（Montmirel）烹饪的菜肴。

并不是所有法国外交官都负担得起这样奢华的招待宴会。大革命时，贵族的财富急剧减少，在 19 世纪 20 年代，像维也纳的德卡拉曼（deCaraman）侯爵这样的大使们被迫继续履行着他们那昂贵的使命。尽管如此，无薪随员却没有出现明显的数量不足。他们和英国同行一样，仍然愿意从事这种没有明确职业发展规划的工作。在这种职业中，职责和晋升往往取决于机缘、资助和大使的灵机一现。在那个行政和官僚体制处于改革的时代，当驻外使团的工作量激增的时候，初级外交官那微薄的待遇显然过时了。然而直到 1858 年，在时任法国外交部长德沃尔夫斯基伯爵（Comte de Walewski）的坚持下才对大使馆和公使馆工作人员进行了分级。此后，法国外交部对秘书划分了三个级别，并形成相应的薪金标准和晋升顺序。任何人必须先在外交部担任三年的无薪助理或编外人员后才能成为三等秘书。而英国历经长达十年的辩论和两次有关工资和服务条件的议会报告，晚于法国三年之后才制定出类似的分级制度。分级制度、入部考试以及高级官员任命的非政治化等，这便是英国外交不断走向专业化的历程。大使馆作为大家庭的概念逐渐消失。然而，英国驻外代表团的初级工作人员同外交部的初级工作人员一样，仍然承担着大量基础性、机械性的工作，直到 1904 年以后，才有资金用于资助档案人员和文书人员。

外交使团的人员配置一定程度上取决于其分类，这从另一面又反映了各国对与具体国家双边关系的重视程度。1876 年之后，所有大国都互相向对方首都派遣大使作为代表，大使馆地位的提升与相关国家的政治地位有关。然而，情况并非总是如此。例如，普鲁士在 1860 年时连一个驻外大使馆都没有。而在十年前，英国政府出于经济原因也将自己的大使馆的数量减少到只有君士坦丁堡和巴黎两座，事实上这也是英国最早拥有大使馆建筑的两个城市，一个是在奥斯曼苏丹提供的土地上建造的，另一个则是威灵顿公爵出钱购买的。同时，法国在1825年仍在皮埃蒙特、葡萄牙、瑞士和两西西里王国等小国的首都设有大使馆，而且直到1905年前，它都与其他罗马天主教国家一样，任命一位驻罗马教廷的大使。但直到1862年与在普鲁士占主导地位的日耳曼关税同盟（*Zollverein*）签订商业条约后，法国才开始在柏林常设大使馆。当然，有些使馆和它们的级别根本不匹配。在1831年，法国外交部竟把它在伯尔尼和那不勒斯的大使馆列为二等使馆，一些大国派到德国小城邦首都的大使馆不过是名不副实的领馆而已。不过，在中欧发生重大政治和社会动荡之际，这些小领馆倒是可能成为很实用的监听站。

德国内部那些最小国家的外交机制也应得到更多关注，因为它与20世纪后期的小国外交不无关系。因此，不来梅、汉堡和吕贝克汉萨三城提供了一个极好的例子，用以说明三个小共和国如何集中它们的资源来共建基础性外交服务。它们的外部利益主要是商业利益，虽然它们没有单独或集体拥有一个外交部门，但它们共同出资维持其驻在柏林、哥本哈根、伦敦和巴黎的常驻大使。此外，不来梅在华盛顿有自己的常驻公使，汉堡在维也纳也有自己的公使，所有三个城市也都通过其在法兰克福的教廷代表出席会议。德意志帝国成立后，之前的王国和公国继续在对方首都保留具有外交头衔的代表，各大国保留了在慕尼黑和柏林的常驻使团，并授权成倍数量的代表团前往其他德国宫廷。然而，这主要是一种礼仪性外交，也是作为收集德国各州的舆论信息的一种手段，它有时也会影响舆论，但对于独立国家间关系几乎没有任何价值。20世纪初某年5月的一个早晨，英国驻柏林大使终于在一座建筑中找到了奥尔登堡外交部，他的私人秘书认为这座建筑简直和一个"牛棚模型"差不多，这个故事很值得一提。[1] 然而不幸的是，像梅克伦堡公国和萨克森公国一

---

[1] 故事全文见 H. J. Bruce, *Silken Dalliance* (London: Constable, 1946), pp. 127–130。

样，奥尔登堡在一个强权政治与世界政治的时代变得不再重要了。

外交的扩张

德国以及意大利的统一简化了欧洲的外交地图。但是，巴尔干和拉丁美洲地区又出现了新的国家，欧洲各国政府与非洲和亚洲一些古老帝国之间建立了正式的、定期的联系，这意味着外交关系的国际网络在19世纪持续扩张。大不列颠在1815年有19个常驻外交使团，其中只有2个位于非欧洲国家，即位于君士坦丁堡的大使馆和位于华盛顿的公使馆。到1914年，英国驻外使团增加到41个，其中19个在欧洲以外地区。其他大国的海外代表人数也出现了类似增长。然而，外交关系的建立并不一定代表两国间会互派公使或代办。因此，英国驻希腊、塞尔维亚、罗马尼亚和保加利亚的领事馆是实际上的外交机构，而这些领土仍属于奥斯曼宗主权管辖下。此外，尽管在1827—1842年，法国在巴西、墨西哥、哥伦比亚和阿根廷设立了公使馆，但在与其他前西班牙殖民地的关系中，法国仍然沿用现有的总领事馆作为外交使团（在某些情况下会给代办授予领事头衔）。不过，这些领事馆和领事后来大都得到升级，到1905年，法国在拉丁美洲派驻了12名全权公使、2名公使、2名常驻代办，而在危地马拉城则有1位公使负责5个中美洲共和国的全部事务。

美洲大陆的新国家都是欧洲文化占主导地位的国家，与它们建立外交关系的困难主要是有关它们的政府的合法性、它们是否愿意尊重现有的国际交往方式以及该地区的政治稳定性等问题。但在非洲和亚洲，欧洲大国必须考虑政治结构和价值观，这些当地的政治结构和价值观不容易与建立在主权国家平等以及明确界定领土边界基础上的制度相协调，而且欧洲国家不得不与时常不愿意合作的地方当权者打交道，它们有时不愿意开放以避免受到外来影响。在西非,自15世纪以来,葡萄牙和其他航海国家一直维持着强大的贸易站、商业、传教和早已存在的与本土统治者的政治联系。1514年,贝宁奥巴(现位于尼日利亚)的一名使节被派往里斯本,同时也向其他地区派遣使节。1750—1811年,葡萄牙接受了达荷美王国(今贝宁共和国的前身)的4个外交使团。该地区的政治成分和规模各不相同:阿散蒂(位于海岸腹地)和达荷美是强大的君主国,而与它们邻近的那些约鲁巴国家,政治权力在各社群中分布得更为均匀。然而,国家间关系是在习惯法基础上运行的,它们的原生外交表现出了古典希腊和文艺复兴早期意大利的一些特点。

有时,任命首席官员和高级官员是出于顾及外国社区利益的考虑;而任命信使和其他特使多出于谈判之需;豁免和防止任意逮捕的原则广为接受;礼仪则在接待使团的过程起着重要作用。馈赠礼物也是这种交流模式的一部分,1821年阿散蒂使团前往伦敦时给国王乔治四世赠送礼物便是明证。礼物是"关在竹笼里的一对美丽的豹子"。① 然而,除了那些伊斯兰占主导地位的国家,或者像阿散蒂那样精通欧洲语言的国家,其他则是与文盲社会的外交。书面记录能力的缺失无疑抑制了专门负责对外关系管理机构的出现,它同时还鼓励了外交的"运动性"而非"常规性"。因此,达荷美国王雇用了信使以与距首都约65英里的维达港(Ouidah)进行通信往来,他们两人一组,以确保用大脑记下口头消息,并准确、安全、快速地将其送达。

在西非的欧洲常驻使团要么是领事使团(因此主要是商业使团),要么是像殖民地总督那样的行政使团。然而,有时也会派遣特使去处理一些特殊问题。例如,英国的活动家试图通过劝说非洲统治者取缔奴隶贸易,并同时鼓励"合法"买卖等措施来阻止奴隶出口,为此,他们还策

---

① 不幸的是,尽管这些美洲豹送达了英格兰,但是信使们最终却没有到达。Robert S. Smith, *Warfare and Diplomacy in Pre-Cotonial West Africa* (2nd edn. London: James Currey, 1989), p. 17.

划了一场尼日尔河上的探险行动。这一想法得到了英国殖民部的支持。1839 年，外交部开始着手准备全面的行动草案，以便与贝宁和比夫拉海湾的国王和首领就相关协议进行谈判。即使有武力支持，这种谈判也并非总能成功。1863 年初，在帕默斯顿的要求下，一名英国海军军官在达荷美待了一个月，试图说服进行奴隶掠夺和奴隶贸易的国王格勒莱（King Gelele）"以奴隶买卖来出卖同胞是罪恶的"，告诫他牺牲人类"根本无法"安抚他的神，然而，这一番说教根本无济于事。① 但是，一旦欧洲开始加速分裂非洲，这种人道主义关切似乎更多地变成了进行干预的借口而不是正当理由。19 世纪末，英国在非穆斯林非洲只有一个常驻代表团，我们似乎可以认定其职能类似于受命前往主权国家的大使和公使。它是英国在亚的斯亚贝巴的代理人，而亚的斯亚贝巴是阿比西尼亚的尼格斯·梅内利克二世（Negus Menelik Ⅱ）选定的新首都。尼格斯·梅内利克二世当时正忙于扩大和统一埃塞俄比亚在非洲之角的帝国，击败入侵的意大利军队，并且在与那些寻求他的帮助的人讨价还价中还处于有利地位。梅内利克二世还是位现代君主。1898 年，他同意通过录制蜡质唱片的方式与维多利亚女王交换信息。这种交流虽然与今天即时电话峰会完全不同，但梅内利克二世并没有局限于外交上的礼节，而是利用这个机会表明了他对与苏丹有争议的边界小镇米提玛（Metemma）的主权声索，希望以此造福子孙后代。他告诉女王："我希望您给予我们帮助，让英国政府承认这座城市属于我们。"② 以此看来，欧洲人并不是仅有的认识到最新的科学发展有利于增强国家优势的人。

在实行分治之前，非洲的原生外交往往是宗主国和附庸国之间的外交，实际上就是最基本的行政机构之间的对话。在东亚，欧洲人也遇到

---

① House of Commons Parliamentary Papers (1863), *Despatches from Commodore Wilmot Respecting His Visit to the King of Dahomey in December 1862 and January 1863*, p. 7.

② Abraham Deinoz, "Emperor Menelik's Phonograph Message to Queen Victoria," *Bulletin of the School of African and Oriental Studies, University of London* ⅩⅩⅩⅡ, no. 2 (1969): 251–256.

了等级制度，但这种制度是建立在一种古老而高度发达的治理模式之上的。在那里，儒家原则要求人们普遍承认中国优越的文明，而欧洲人则必须动用其更强大的军事力量，才能确保在北京拥有常驻代表。欧洲人与朝鲜和一些东南亚国家的统治者之间的关系因为东亚金字塔式的政治秩序的存在而变得复杂，这种政治秩序理论上的霸主是中国清朝的皇帝。无论如何，英国与中国的这种外交接触直到1833年都掌握在东印度公司及其贸易负责人的手中。英国在1793—1794年和1816—1817年试图以欧洲模式与中国建立外交关系的早期尝试都以失败告终。英国使节在中国被视为来自附庸王国的代表。到了1860年，在两场鸦片战争的作用下，中国最终接受了英国派遣使团常驻北京，并放弃了让欧洲外交官在皇帝面前叩头的要求。

由于法国在1856—1858年和1860年也向中国派遣了军队与英国军队并肩作战，法国也在北京开设了领事馆。随着其他欧洲大国和美国的纷纷效仿，一个拥有富丽堂皇的住宅和武装警卫的使馆区在北京建立。仅英国大使馆的院落就占了整整3英亩。与此同时，海军准将马修·佩里（Matthew Perry）和一小支美国舰队于1853年抵达江户湾，无疑，日本人放弃持续了200年的锁国政策，开始接受西方领事制度在日本领土上的存在。如果亚洲或非洲的统治者在处理国际关系时未能遵守欧洲制定的所谓标准，还会招致可怕的报复。1860年，英国人借口基督教传教士在中国被杀，竟然无耻地焚烧皇家园林。3年后，一名英国商人在日本被谋杀，皇家海军随即向鹿儿岛首府开火。1907年，法国以轰炸摩洛哥卡萨布兰卡港报复欧洲人死难事件。但即使拥有炮舰，"外交帝国主义"也并不可靠。1844年，一名西班牙领事工作人员在摩洛哥被处决，原因不明。1861年，日本对外国入侵者的深刻仇恨最终导致了对新建的英国驻江户公使馆的一次夜袭，造成两名工作人员受伤。1900年，在北京的各外国公使馆被围困了55天，这是对欧洲外交实践理念的最沉重的一次打击。

在德国驻华公使遭枪击之后，反西方的义和团运动得到中国朝廷的支持，共同对使馆区进行了围攻。最后在一支多国武装力量的干预下，围攻才被解除。

　　西方和非西方政府之间建立正式关系时通常还会产生文化冲突，不单单是武装冲突。然而，在欧洲和美洲以外，那些成功地保持自身政治独立的国家往往是那些最愿意采用欧洲外交模式的国家。尽管伊斯兰法典禁止与异教徒打交道，但奥斯曼帝国、波斯和北非各地（摩洛哥和阿尔及尔、突尼斯和的黎波里的摄政者）等伊斯兰国家与欧洲统治者长期保持外交关系。自 16 世纪以来，君士坦丁堡一直有外国使团常驻。19 世纪 90 年代，执行改革的苏丹塞利姆三世（Selim Ⅲ）在伦敦、巴黎、维也纳和柏林设立了常驻大使馆。诚然，这种对等外交的尝试是短暂的。反对变革、未能协调大使馆的工作、缺乏经验丰富的人员以及随后对奥斯曼希腊职员的过度依赖等多重因素，导致了这种外交模式在希腊独立斗争爆发后便被抛弃。19 世纪 30 年代，奥斯曼帝国再次受到来自内部反抗和外部干预的威胁，而高门（土耳其政府）直到此时才在欧洲主要首都设立大使馆和领事馆。1849 年，奥斯曼帝国驻德黑兰大使馆的任命可能被认为是伊斯兰国家之间首次互派永久外交使团的行为。与此同时，在古老的奥斯曼帝国政治机构中终于产生了一个初级的外交部，1836 年，"里斯·埃芬迪"（Reis Effendi，或称首席抄写员）被任命为外交大臣。土耳其政府为弥补帝国的弊病所做的努力同样导致其外交模式逐渐西方化，法语术语和现代通信的使用也越来越普及，1856 年的《巴黎条约》正式允许土耳其参加欧洲协调。

　　波斯人于 1809 年接受了英国常驻使团，他们派遣临时特派使团的时间比土耳其人长得多。直到 1862—1863 年，法国和俄国才任命代表团前往德黑兰，而此时波斯已在伦敦设立了常驻代表团。19 世纪这种对外派遣代表团的做法，远比摩洛哥各王朝苏丹们要早得多。这些苏丹与国内反叛部落的冲突似乎没完没了，因此他们更愿意通过他们在丹吉尔的代理人和居住在那里的外国外交官与外界沟通。欧洲外交官偶尔会前往苏丹的宫廷冒险，但除了直布罗陀的一位领事和开罗摩尔人社区的宗教领袖外，苏丹派往国外的唯一代表都是专门的、主要是负责礼仪性质的使团，其行程目的更多的是为阻止某一行动而非激发新思路。然而，这些方法并不能挽救摩洛哥在1912年走向分裂。[①] 相较之下，奥斯曼帝国有长达600多年的历史，直到1922年才走向终结。一位摩尔人苏丹认为正是与外国势力建立的关系摧毁了奥斯曼帝国，但是土耳其后来能够作为一个独立国家而存在，在很大程度上还应归功于巧妙地运用了外交手段。

摩洛哥所有信徒之王（Morocco's Prince of All Believers）不愿意与异教徒做生意，这与中国皇帝的大臣们对野蛮人的蔑视如出一辙。过去，朝贡的外国使节都是在北京接待的，中国的理藩院处理过与不断扩张的俄国之间的关系，而相关条约通常是由朝廷边境前线的总督和将军谈判达成的。但是，在中国，用外交手段解决野蛮人的问题的想法是不受欢迎的。象征着各国地位平等的其他国家的常驻使团在北京的存在被认为是对皇帝天命的否定，而它们的建立很快又带来了更多新的赔偿要求以及对外贸易港口的开放的要求。

1861年，中国成立了一个临时性的外交政策的管理机构即总理各国事务衙门以解决以上这些问题，并处理更大范围内的中国现代化问题。14年后，一名英国领事官员被谋杀，英国施压要求中国正式道歉，这导致中国向伦敦派出了它的第一个驻外使团。然而，总理衙门并没有成为集中管理外交关系的有效手段。它的职能太多样化，反映出当时北京普遍存在的地理认知混乱的特点，例如派往华盛顿的中国公使竟然也同时被授予驻利马和马德里公使的头衔。此外，保守势力通过恢复各省级官员的外交权力，使位于北京的公使馆失去了作用。1870年以后，天津北

---

① 1912年3月30日，根据非斯协定法国获得摩洛哥。——译者注

洋大臣李鸿章在与大国谈判时，实际上篡夺了总理衙门权力。在另一些情况下，就像在 1885 年与法国进行战争时那样，中国会雇用外国雇员代表中国进行国际谈判。直到在义和团运动之后，在各国的要求下，中国才用一个标准的外交部取代了总理衙门。

在迫使中国外交遵循欧洲标准的各大国中，中国的亚洲邻国日本也是其中之一。1853 年以前，日本仅与荷兰以及中韩两国存在着有限接触，因此没有必要单独设立专门负责对外事务的机构。但在 1867 年明治维新后，这个岛国迅即建立了一个外事机构。到 1873 年，日本在海外已经有了九个公使馆。因为缺少有经验的员工，其统治者欢迎来自别国的建议，如美国。日本邀请亨利·威拉德·丹尼森（Henry Willard Denison）帮助起早文件，并进行谈判，还参与他们在 19 世纪 90 年代开始的"不平等条约"的修订工作，这些"不平等条约"是早期被迫与西方国家签订的。此外，日本在 1904—1905 年的日俄战争中打败了俄国。日本在西方的使团和主要西方国家在东京的使团逐步升级为大使馆，这一举动大大提振了日本的声望，实际上意味着国际社会承认了日本作为一个准大国的地位。

1894 年，就在日本任命第一任驻英国大使的 11 年前，[①] 美国同样将驻伦敦、巴黎、柏林和罗马的公使馆提升为大使馆。然而，其实从合众国成立之初，美国就一直在国外派有精明强干的代表。大陆会议（1774—1789 年）在独立战争期间向欧洲派出了秘密特工。1778 年，驻伦敦的前殖民地特工本杰明·富兰克林（Benjamin Franklin）被任命为驻法国全权代表。外交关系首先由国会秘密通信委员会监督，随后在 1789 年，在托马斯·杰斐逊（Thomas Jefferson）的管理下，美国国务院正式成立。然而，尽管美国的驻外代表在赢得盟国、谈判贸易条约和最终确保购买路易斯安那州方面取得了相当大的成就，但美国人普遍认为，外

---

① 1905 年，日本任命第一任驻英国大使。——译者注

交和他们这样一个与欧洲政治中心隔海相望、距离 3000 英里远的自由国家毫无关系。后来的民主党总统伍德罗·威尔逊（Woodrow Wilson）在 1905 年写道："美国没有什么重要的事情要做；这些活动是指社会活动而不是商业活动；不重要的事情总是排在前面。"① 尽管美国根据维也纳规则指派了使团，但它不愿意与旧世界的头衔和标志有任何瓜葛。② 美国国务院 1853 年的一份通告敦促驻各国特使避免穿着欧洲外交官的礼仪服装，如果可能的话，尽量穿着"美国公民的朴素着装"出席会议。③ 直到 19 世纪 90 年代前，美国一直认为大使的级别对于民主代表来说过于尊贵了。

国务院的规模增长很缓慢，在 1820 年仍只有至多 15 名工作人员。然而到 1854 年，美国拥有了分别由 10 名全权公使、2 名常驻公使、14 名代办和 2 名专员领导下的 28 个驻外外交使团。在美洲其他地方也可以看到外交出现了类似的发展模式。例如到了 1860 年，巴西拥有由 22 个使团组成的外交机构，其中包括 4 个位于欧洲城市的公使馆。它还建立了一个基本的职业结构。除了作为随员，想进入外交部门的人只有在大学毕业或通过特殊考试后才能被录用。但巴西的一些邻国并不反对雇用外国冒险家和非正规人员作为外交官。阿尔弗雷德·马拜斯·杜·格拉蒂（Alfred Marbais du Graty）在 1864 年被任命为巴拉圭驻柏林代表，他曾经担任过驻里约热内卢的比利时随员，在背负上了沉重的债务后转行成了阿根廷的一名炮兵上校，随后又在布宜诺斯艾利斯的外交部成了一名副部长。不过，杜·格拉蒂至少有一些外交经验。相比之下，美国的驻外代表在整个 19 世纪基本上都一直掌握在非专业人士手中。备受安德鲁·

---

① R. H. Werking, *The Master Architects: Building the United States Foreign Service, 1890 – 1913* (Lexington: KT, 1977), p. 14.

② 指 1815 年维也纳会议确定的外交惯例和规范。——译者注

③ William Barnes and John Heath Morgan, *The Foreign Service of the United States: Origins, Development and Functions* (Washington, 1961), p. 92n.

杰克逊（Andrew Jackson）青睐的"分赃制"的盛行，意味着美国的外交任命通常是作为对政治任职的回报，而且大使的任期仅与时任政府任期一样长。对外代表的职能基本由大使独立完成，因为他只能得到最低限度的下级协助。即使在1881年，30个美国公使馆中也只有12个是依靠公费承担秘书开销的，而且大多数公使们需要依靠的无薪随员中很少有人有外交工作经验。亨利·维诺（Henry Vignaud）是一个少有的例外。他在内战期间加入了南方邦联派往巴黎的使团，并在那里分别担任过美国驻巴黎公使馆的二秘和一秘，任职期长达34年。

美国的特派使团团长不仅大部分缺少经验，而且薪酬也低得可怜。国会一直认为外交对国家的福祉是短暂的，因此在拨款方面极为吝啬。支付给公使的津贴十分微薄，通常还必须通过私人途径给予补助，因此个人财富也是接受该职位的先决条件。此外，由于美国在国外没有任何可供使团使用的建筑，因此，新任命的使团不得不寻找并租用合适的住所。1908年6月，大卫·杰恩·希尔（David Jayne Hill）被任命为驻柏林大使。他最初是在菩提树大道一家书店楼上狭窄的办公室里工作。直到1910年12月，他才找到一个既能容纳家人又能开展大使工作的住所。然而，当时美国外交改革和专业化的压力已经越来越大。美国是主要工业大国，加上其对世界政治和贸易参与日深，其公众对外交的潜在价值的认知不断提升。1905年和1909年的行政命令要求低于特别使团团长级别的新入职者必须通过考试。1896—1912年的16年间，美国的行政管理部门在外交任命问题上有了一定程度的连续性。但在1913年，新民主党总统伍德罗·威尔逊急于推进新的"道德"外交，并且由于他对共和党的专业人士的不信任，他决定任命他自己钦点的政治提名人，其结果在某些意义上显得极为可笑。1914年，美国在布加勒斯特的代表是一名前波希米亚啤酒商，在里斯本的代表是一名分不清大使馆和公使馆的公使，在雅典的代表是一位请假去协助阿尔巴尼亚争取独立的特使。这样的外行既不能在国外鼓舞人心,也无法给国内决策者带来启示。

领事、商业和金融

促使美国外交专业化的一个理由是,外交对做生意有好处。事实上,领事在促进和保护美国商业利益方面提供的帮助也有助于官僚和政治家赢得国会对建立职业领事服务的支持。官方对那些在中国寻求特权的人提供的支持以及"美元外交"的花言巧语同样有助于外交改革。然而在整个 19 世纪,贸易和金融已然成为外交的主题和手段。小皮特[①]曾宣称"英国的政策就是英国的贸易"。[②] 在 19 世纪 20 年代和 30 年代,普鲁士通过建立关税同盟加强了其在德国的影响力,奥地利则被排除在外。这反过来意味着普鲁士更加依赖以中产阶级为主的国家官员所拥有的理财能力。有意思的是,曾有人告诉俾斯麦,如果他想从事外交工作,他应该首先进入关税同盟工作。欧洲和北美的工业革命、现代银行体系的发展以及随之而来的市场、原材料和投资机会的竞争,无论如何都已经将经济问题牢牢地固定在外交议程上。这一点已在比利时外交大臣于 1841 年 12 月发出的一份声明中得以明示。他说:"在我们的外交行业努力寻找市场的时候,我们海外的职员首先必须努力为我们的商业寻找出路。"[③] 海外经济扩张越来越被视为国家权威的一个方面。通过对非洲和亚洲的商业及金融渗透,欧洲大国确认了他们野心勃勃的政治目标并为此划定

[①] 小皮特,指 The younger Pitt,即小威廉·皮特。——译者注

[②] D. C. M. Platt, *Finance, Trade and Politics in British Foreign Policy, 1815–1914* (Oxford: The Clarendon Press, 1968) , p. xiii.

[③] Nicole Carcan-Chanel, "*Rôle des intérêts et des ambitions économiques de la Belgique dans l'histoire des relations diplomatiques, 1870–1914*", Agents diplomatiques belges et Etrangers aux XIX eet XX esiècles, Centre d'histoire économique et sociale, Université libre de Bruxelles (1968) , pp. 101–102.

了利益范围，在 19 世纪最后的 25 年里，各国政府很容易利用它们对资本市场和资本运作的影响力达成外交目的。

外交部和外交官对商业需求的反应以及他们利用经济资源的方法因国家而异。商务部和国内其他部门通常会参与关税和贸易协定的谈判，有时个人也起着至关重要的作用，如在 1860 年英法《科布登条约》的缔结过程那样。但是，收集经济情报和为商人提供帮助依然是领事和领事馆职员的主要职能，他们是各国政府指定派驻在世界各贸易中心的工作人员。自从 17 世纪首次受到国家资助以来，他们的职责范围稳步扩大。在大多数港口，他们主要关心诸如租船管理、货物核证和船员福利等海事事项。他们有时也是政治和军事情报的来源，特别是当被任命到布达佩斯和华沙等大都市时更是如此。在那里就和在中国与奥斯曼帝国的情况一样，外国公民享有治外法权（领事裁判权），领事则负责司法执行。其他人也通过直接与当地统治者打交道来发挥外交作用，例如派往巴尔干半岛、北非海岸和拉丁美洲国家的领事官员。在特殊情况下，有些领事甚至必须拿起武器以捍卫国家利益。因此，在 1805 年，美国前驻突尼斯领事发起了对利比亚的入侵以解决的黎波里帕夏[①]带来的麻烦。还有，1840 年，法国驻利马总领事认为，出于对本国荣誉和金钱的考量，他有必要拿起长矛和军刀与秘鲁财政部长进行决斗。

英国首任驻德意志帝国大使奥多·罗素（Odo Russell）勋爵曾预计领事们的工作将更像今天的所谓公共外交活动。他在 1872 年 3 月就做了这样的分析："如果我们有一百万英镑用于领事服务，我们就可以任命一流人才，将我们的思想、经验、习俗和智慧传播到全世界，我们将因此获得数以千倍的利益。"[②] 但这一观点在当时未被普遍接受。19 世纪的领

[①] 帕夏，奥斯曼帝国的一种高级官员。——译者注

[②] University of Durham Library, Archives and Special Collections, Wylde MSS., Odo Russell to William Henry Wylde, letter, March 30, 1872.

事被贴切地描述为外交的继子女，他们往往得不到应当的奖赏，而且通常在大使馆和公使馆中受到来自国内官员以及比他们更为显赫的同事们的轻视。美国领事的工作特别艰苦。直到1856年，除了在伦敦、巴黎和北非国家工作的领事，其他人常常处于"被欠薪"状态。通过收取领事服务费确实可以缓解窘境。然而，在多数情况下，美国商人是为了从他们的官方地位中获得好处才愿意来谋一份领事职衔。英国政府也同样充分利用维多利亚时代的人们对体面职位的追求，尽管从1825年起除了名誉领事（很可能是外国人）以外的所有人都能获得了薪酬，但当时既没有系统性的职位分级也没有晋升和调动的相关规定。与美国一样，英国的领事任命也受到赞助（指来自外交大臣的赞助）的影响。尽管在1855年后引入了资格考试，但进入"一般事务"部门的新人则除了要在外交部工作三个月以外，不会再经过任何专门培训。在1903年以前，聘用制度进行了改革，只有在远东和黎凡特服务的候任者必须经过类似公开竞争的遴选，这是因为在远东和黎凡特任职，对法律和语言技能要求很高。相比之下，法国领事官员的选拔受到的监管要比外交官员更为严格。1815年和1816年颁布的法令要求未来的副领事必须修完大学课程，并掌握英语、德语、西班牙语中任一门语言。法国在1825年建立了一个"指名领事学徒"（élève）制度。从1833年起，法国领事的级别不再按职位划分，而是按人员水平划分。尽管如此，由于领事的后代们更倾向于继续干领事这一行，领事"王朝"成为法国外交一个重要特征。

在整个19世纪，大多数欧洲国家的领事和外交业务之间的区别仍然很大。这并不是说相互间没有人员交流。对于一个位置偏远或当地语言特别难学的地区，拥有专门知识的德国领事偶尔会得到比外交部门级别更高的奖励。俾斯麦喜欢随时关注国外经济发展情况，他也赞成他的外交官们担任领事职务。事实上，德意志帝国大约有三分之一的外交职员和四分之一的专业外交官曾一度或多次从事领事工作。威廉大街高级官员冯·里希霍芬男爵（Baron von Richthofen）的职业生涯始于口译员一职，后于1900年成为国务大臣。其他领事出身的高级外交官还包括文森·贝内代蒂（Vincent Benedetti），他于1864—1870年担任法国驻柏林大使；威廉·怀特爵士（Sir William White）于1885年成为英国驻君士坦丁堡大使。此外，尽管一些贵族外交官对商业深恶痛绝，但到19世纪70年代后期，贸易和金融对外交产生深刻影响，他们无法做到对此视而不见。俾斯麦因此开始努力为德国在罗马尼亚铁路上的利益提供长期外交保护，同时，德国出台的相关投资和关税政策导致了德俄关系持续恶化。英国在1882年对埃及的军事占领也成为欧洲外交的重要问题之一，它的根源就是埃及破产问题。

1879年，时任英国外交大臣的索尔兹伯里（Salisbury）勋爵对埃及债权人似乎能够影响欧洲大陆大国外交的情况感到不安。他抱怨说，这是"外交的新特点"。[①] 伦敦政府坚持维多利亚中期的放任理论，认为虽然外交官总体上应该为贸易和企业寻求尽可能最好的条件，但招揽订单和进行让步并不是他们职能的一部分。然而，英国外交部也必须注重其他国家政府鼓励和帮助其海外银行家和企业家的坚定决心。巴黎证交所的国外报价需要法国政府的批准，而奥赛码头则充分利用法国的财政资源来实现其外交目标。俄国在巴黎货币市场的借款是法俄联盟产生和演变的重要因素。俄国财政部长谢尔盖·维特（Sergei Witte）在巴黎保留了自己的代理人。由于1888—1912年，俄国政府与每家金融机构签订的每一笔贷款都是经由两国外交谈判签订的，因此奥赛码头能够在谈判条款中附加政治条件。法国的外交官也同样积极推动对奥斯曼帝国的投资，法国大使欧内斯特·康斯坦斯（Ernest Constans）将极高利率的贷款压在奥斯曼帝国政府身上，他因此还获得了"百分之十二先生"的绰号。如果英国的怀疑是正确的，那么实际上，一些法国使节其实并不反对他们

[①] Platt, *Finance, Trade and Politics in British Foreign Policy, 1815–1914*, p. 32.

自己也进行一点金融投机。1908年一位英国官员指出:"法国大多数对外政策在很大程度上受到官员和部长的直接经济利益的驱使。"①

当然,英国领事和外交官无论是作为代理人,还是仅仅作为与外国政府沟通的渠道,其代表债券持有人行事的做法也广为人知。但是,外交部及其代表的一般做法只是在涉及更广泛的经济、政治和战略问题谈判时进行特许权交易。因此在1898年,当中国主权的完整性和英国商人进入潜在利润丰厚的市场的途径受到激烈争夺特许权的威胁时,英国驻北京的外交公使克劳德·麦克唐纳(Claude MacDonald)立刻加入了这场争夺。同样,德国在土耳其的投资和企业的政治战略影响也引起了英国外交部的警觉。1906—1909年,英国曾试图与法国建立"工业协约",以遏制德国对该地区的经济影响。因此,英法两国驻伦敦、巴黎和君士坦丁堡的外交官试图鼓励商人和银行家组成一个财团,目的是追查和利用奥斯曼帝国的工业合同。这是一场经济外交活动,尽管最终未能成功,但却有力驳斥了后来有关"1914年前外交官对经济学一窍不通"的说法。

外交官在海外促进资本风险投资方面的参与程度很少能与交易员和商人相提并论。由于对使用较多法国财政资金购买德国商品感到不安,奥赛码头试图将外国在巴黎的贷款与法国制造商的订单联系起来,并于1913年任命了公共工程部的一名官员作为顾问,就如何做到这一点向外交部提出建议。但外交部的商务职能通常仅限于提供有关海外市场和产品的信息,以及组织、参与关税协定的谈判。毕竟,理查德·科布登(Richard Cobden)曾宣称,自由贸易是"上帝的外交手段"。② 直到1865年,英国外交部才拥有了专门负责商业事务的部门。但即使在那时,领

---

① K. A. Hamilton, "An Attempt to Form an Anglo-French 'Industrial Entente'," *Middle Eastern Studies* XI (1975): 59.

② Alan Palmer, *The Chancelleries of Europe* (London: Alan Palmer, 1983), p. 112.

事馆和使团提供的商业报告实际上都是提供给商务部使用的。然而,人们认识到英国在国外的商业利益需要更广泛的代表权,并因此于 1880 年向驻巴黎的英国大使馆提议设立一个商业随员,他不从事常规领事工作,而是专注于收集有关整个法国经济发展的情报。在这方面的尝试很成功。随后英国也在柏林、君士坦丁堡、北京和横滨派驻类似职员。法国和德国随后效仿了英国这一模式。1906 年,法国政府正式成立了一支商业随员队伍,该队伍的等级与一级领事相同。在 1914 年之前,尽管商业外交的品牌价值还不明显,但使团的下属人员中却出现了不少这一全新领域的专家。

武　官

设置商业随员一职恰逢工业化国家和处于工业化进程中的国家之间的经济竞争越发激烈的时代,欧洲大陆正在转向保护主义,越来越多的人意识到国家权力在国际关系中影响力的大小取决于一个国家的生产力。与此同时,现代技术也在改变着战争的艺术,而使之变得更加重要的是,那些负责国防的人应该尽可能获得有关潜在盟友和敌人的军备和武装力量现状的完整资料。为了满足这一要求,陆军以及后来的海军人员都应加入大使馆和公使馆的常任工作人员队伍中。不过,这是一个逐渐发展的过程。马基雅维利曾写道,大使们在伪装成仆人的军事专家的陪同下,在 17 世纪和 18 世纪的同盟战争期间作为军事观察员在盟军指挥官之间担任联络官。1806 年,拿破仑任命法国驻维也纳大使馆的一名陆军上尉为二秘,以打探奥地利军队的实力。1809 年,奥地利人派了一名军事助手到巴黎大使馆以示回应。普鲁士也认识到了把军官纳入外交使团的重要性。和其他德意志公国一样,普鲁士在法兰克福的邦联军事委员会中拥有代表。1830年，普鲁士向驻巴黎公使馆派遣了一名军事专家。三年后（1833年），法国对外交部雇用总参谋部的工作人员制定了具体规定，确保他们能够被派往大使馆和其他使团。但直到19世纪60年代，授予军事随员即武官资格的做法才在欧洲流行起来，即使那时对这一职位的名称还没有达成普遍一致。

导致这一武官体系进一步发展的决定性因素是欧洲协调未能维持大国间的和平，以及19世纪下半叶机械化战争的发展。为了在克里米亚战争期间促进盟国军队的合作，英国政府任命军官担任驻巴黎、都灵和君士坦丁堡的专员。1856年的和平协议签订后，驻巴黎和都灵的军官继续保留了下来。1857年起，巴黎的克莱蒙特（Claremont）中校被任命为武官。然后，在1864年的奥普丹战争之后，柏林、法兰克福、圣彼得堡和维也纳等地也出现了类似任命。与此同时，奥地利人和普鲁士人互派了全权军事代表。到1860年，之前已经向柏林派遣过军官的法国军事部门正式任命了驻欧洲主要首都的武官以及驻伦敦的海军武官。由于在1870—1871年的军事行动失败，[①] 法国迅速扩大了他们的武官队伍规模。到1914年，他们共有多达26名武官。即便是在1889年之前从未派出任何驻外武官的美国也效仿欧洲。到1914年，俄国驻外使团中拥有的陆军和海军人员比其他国家都多。

武官的真正价值在于他们拥有技术专家的专业能力，从而有助于他们的政府了解国外的军事和战略发展。他们也可以与将军、军事部门和总参谋部进行联络，在危机时期，友好国家和盟国可能希望通过武官协调它们之间的战备。然而，武官也可能对大使的权威构成持续的威胁，尽管理论上他们应服从大使。但无论如何，他们是根据各自部门的建议选出的人员，虽然通常的规定是他们应该通过现有外交渠道发送官方报告，但有时使团团长有权在报告中附加他们的意见，但这并不能阻止武

---

① 指普法战争。——译者注

官私下与他所属的军方或海军的上级进行联系。此外，他们对防务问题的关注意味着，与他们的文职同事需要在更广泛基础上做出评估的方式相比，他们对潜在的敌对邻国意图的评估显得极为悲观。这从俄国驻君士坦丁堡大使馆在1908年土耳其爆发的青年土耳其党人的革命后对奥斯曼帝国武装力量重组的态度中可以明显感受到。虽然恰里科夫（Charykov）大使对改革表示欢迎并希望这些改革能促进巴尔干地区的稳定，但他手下的武官担心一个复兴的土耳其可能会威胁俄国在近东的利益。

这种向国内提交双重报告的做法很不容易，这一点在德国等国家表现得尤为明显。在这些国家，军事机构占据着极为重要的政治和社会地位，元帅和将军们准备利用武官提供的信息和建立的联系来制定政策，这些政策往往与其他执政精英所主张的政策截然相反。个人和官僚之间的对抗、任职者之间的钩心斗角以及他们对受到平民大使控制的不满，都导致大使与武官的关系变得越发紧张。在19世纪90年代，总参谋长阿尔弗雷德·冯·瓦尔德西（Alfred von Waldersee）依靠他的"真正的普鲁士"随员给历任总理留下深刻的"恐俄症"观点。后来在伦敦，德国大使保罗·冯·梅特涅无法控制一位海军武官，此人对炮舰政策的热情导致了大使与英国进行和解的建议落空。然而，即使没有武官，德国的一些最重要的使团中仍会包含庞大规模的军事特遣队。威廉大街会刻意在军官团内寻找潜在的外交官。因此，1867—1895年，普鲁士五分之一以上的外交职位由军事人员担任，被派遣到圣彼得堡和维也纳的大使几乎都是将军。从1819年到19世纪90年代，普鲁士和俄国的君主还通过交换全权军事代表，使两国宫廷之间传统上的密切关系神圣化，这些全权代表完全独立于已成立的外交使团。1904年，德国皇帝威廉二世（William Ⅱ）恢复了这一制度，允许两国君主就军事问题进行直接沟通，而不需要借由德皇所说的"笨拙而粗鲁的大臣、使馆和其他机构"。①

一位积极行事而雄心勃勃的武官可能会对大使提出的建议产生怀疑。如果武官被驻在地发现在利用大使馆的豁免权和特权从事秘密行动,他也可能因此而有损使团的名声。通常,公开搜集情报和秘密情报工作是应加以区分的,因为后者中可能包括贿赂外国国民的行为。此外,大多数欧洲国家政府都正式宣布,反对利用外交使团从事间谍活动。1878 年、1890 年和 1900 年的帝国指令都警告德国代表不要从不光彩的来源寻求信息,而且很可能真实情况恰恰就是大多数德国随员更喜欢依靠他们可以培养的社交渠道获取情报。然而,当法国发生德雷福斯事件时,② 德国驻巴黎大使抱怨他的武官参与了间谍活动,威廉二世则在电报中简短地写道:"该死的!我的武官到底是用来做什么的?"③ 俄国人对这类工作的疑虑似乎要少些。在第一次世界大战爆发之前,俄国派驻哥本哈根的一名武官掌控着一个在德国境内的庞大的特工网络,1914 年,他在柏林的同事因为从事间谍活动而被宣布为不受欢迎的人。

特务机关

早在任命第一名武官之前,文职外交官就已经卷入了各种贿赂和欺骗行为。在 18 世纪,外国使节为了获得情报、同情和支持,动用资金是很常见的。1785 年,一位英国大使说:"我讨厌这种肮脏的工作,但很无奈的是当一个人被雇来打扫烟囱时,他的手指肯定会被弄脏。"④ 在没有

---

① Cecil, *The German Diplomatic Service, 1871–1914*, p. 128.
② 指 19 世纪 90 年代法国军事当局对军官阿尔弗雷德·德雷福斯的诬告案。——译者注
③ Cecil, *The German Diplomatic Service, 1871–1914*, p. 142.
④ Foreign and Commonwealth Office Historical Branch, *History Notes*, No. 7, "*My Purdar Lady*": *The Foreign Office and the Secret Vote, 1783–1909* (London, 1994), p. 3.

自由媒体的情况下，这种做法在其他难以获得准确信息的职位上似乎更为必要。在激烈谈判期间，它们的作用不可估量。梅特涅拥有欧洲最有组织的秘密警察部队。在维也纳会议上，他的特工的报告、贿赂信使和大使馆官员以及从废纸筐中收集到的任何外交资料，都为他提供了充足的政治情报。他还得到了一个密码小组的协助，他设立密码部门（黑屋）的目的就是要破译外国政府和特使的密码通信。此外，在后来的几年里，他有效利用了哈布斯堡领土的广阔地域，并试图通过降低成本和选择时间段让其他国家在使用奥地利邮政网络时得到好处。除了皮埃蒙特-撒丁王国外，意大利所有的王国最终都把他们的邮件业务委托给了奥地利人。1817年后，奥地利信使也处理了法国与意大利之间的大部分邮政通信。因此，梅特涅得以接触到几个政府的官方通信，在他的黑屋的帮助下，到19世纪40年代，他获取了破解的85条外交密码，其中包括特别困难的俄国密码，他因此得以吹嘘自己成为"欧洲警察总长"。[1]

其他国家也有自己的黑屋。1657年，由英国克伦威尔政府建立的邮政总局配备了一个专门负责拦截外国邮件的特设办公室，1703年英国的第一名官方解密员被任命为该办公室负责人。英国人还得益于他们的君主与德国的关系，这让他们得以使用汉诺威的邮政服务。从1809年到1864年，英国人占领下的爱奥尼亚群岛给他们提供了一个位于地中海东部的"监听站"和间谍中心。因此，经由这些岛屿的外国邮件会被扣留，并按照英国实施的检查规定进行例行检查。但随着各国政府发展了自己的邮政服务并将信件放进密封的外交包裹后，这种拦截逐渐失去了作用。此外，自由主义舆论强烈反对盗窃公共和私人邮件。1854年，英国下议院爆发了激烈的抗议活动，人们发现意大利流亡民族主义者朱塞佩·马兹尼（Giuseppe Mazzini）的信件被篡改。为此，破译办公室被正式废除。同样，在1848年革命之后，奥地利和法国黑屋的运行也被暂时中止。然

---

[1] de Sauvigny, *Metternich and His Times*, p. 105.

而，在电报的发明并被广泛应用于外交通信不久之后，官方资助下的密码破译又重新兴起。尽管这次英国并未试图重组破译办公室，但法国共和党人却表现得格外积极。外国政府和官员通过法国电缆发送的电报被监控并转发到奥赛码头，狂热的密码学家在那里努力揭开其中的秘密。与此同时，法国内政部的一位内阁成员也参与了破解外国密码工作。

法国密码学家在第一次世界大战之前的 20 年里取得了相当大的成就。德国和意大利的外交密码被他们破解，并且在日俄战争期间，日本的电报也被巴黎破译。能够预先知道朋友、敌人和对手的意图会让自己在谈判中拥有显著优势。但其他国家的外交部也意识到，他们的邻国可能也有途径获取他们电报通信的内容，并采取了适当的预防措施。在某些情况下，数字密码会定期更改，还可能为了混淆密码学家而使用进行改述过的消息，而且似乎还会故意为了欺骗对方制造冗余密码。截获的信息并不总是能被准确破译，因此对破译的过度依赖可能削弱而不是加强一个大国的谈判立场。此外，黑屋的独立存在激起了部际竞争，1905 年和 1911 年截获的德国外交电报显示，急于同德国达成谅解的法国总理选择绕过奥赛码头采取行动，这竟然导致了法国国内的政治危机。

在整个 19 世纪，旧式的外交间谍活动仍然存在。在 19 世纪 90 年代和 20 世纪的前 10 年，英国外交部使用其特务机关的资金雇用了中亚探险家、布达佩斯大学东方语言教授阿尔米纽斯·万贝里（Arminius Vambéry），他像布拉姆·斯托克（Bram Stoker）笔下的吸血鬼杀手亚伯拉罕·范·海辛（Abraham van Helsing）一样，作为一名中间人、线人和公关人员，处理与奥斯曼帝国以及英俄在近东的竞争的相关事务。1914 年，威廉大街有一位名叫伯恩特·冯·西伯特（Bernt von Siebert）的间谍，是一名波罗的海德意志人，他混入了俄国驻伦敦大使馆工作并及时向柏林提供俄国大使通信的副本。正是他在 1914 年春天警告威廉大街，英国和俄国海军正在考虑缔结联合应急计划。德国政府随后故意向新闻界泄露这一消息，试图影响英国公众反对与法俄达成协议。然而，正如过分热心的武官经常不受大使待见一样，维多利亚时代晚期和爱德华时代的职业外交官也同样倾向于对秘密消息来源不屑一顾。一个日益专业化的外交官队伍的文化和风俗习惯，很难与使用收费线人的黑暗世界相调和。外交部反对利用领事来监视德国港口的海军发展，这导致英国海军部和国防部在海外更多地雇用他们自己的特工。事实上，协调这些行动和打击德国间谍的需要，引发了1909年通过建立从事情报工作的特勤局以在英国实现情报搜集制度化的第一步。这种行动绝不可能是完全独立于外交的，因为它们既相互沟通，又相互补充。不过，英国和其他地方是向着将二者分开的方向发展的。

报道和宣传

19世纪早期，拦截和拆开邮件既可能是为了监测国内舆论，也可能是为了获取外国势力的信息。复辟和重建的欧洲君主国可能不需要得到民众的同意，但也至少要得到他们的默许，那些见证了法国大革命影响与其他地方的自由主义以及高涨的民族情绪的统治者也不能忽视大多数人的观点。梅特涅于1808年6月指出，"公众舆论"是最有力的媒介，"就像宗教一样，它会渗透到哪怕最黑暗的角落"。① 用路易十八（Louis XVIII）驻汉诺威特使的话说，它"已成为总体政策的动力之一"。② 然而，梅特涅的观点不能轻易地等同于以民意调查和统计分析等现代方法来衡量的公众舆论的变化和趋势。也许更恰当的理解应该是，这个短语

---

① Alan Palmer, *Metternich* (London: Littlehampton, 1972), p. 60.
② Henry Contamine, *Diplomatie et Diplomates sous la Restauration, 1814–1830* (Paris: Hachette, 1970), p. 295.

包括了所有公开发表的非政府组织的意见。具体而言，包括了在报刊和小册子、全国和各省议会、各大学和其他学习中心、各大家族、沙龙以及知识分子和政治精英团体中发表的意见。这些意见对外国的影响会根据不同国家的政治和社会制度而发生变化。但即使独裁统治下的沙俄，沙皇的大臣们在处理与土耳其的关系时也不得不考虑到斯拉夫知识分子的意见。此外，识字率的提高、大量发行的报纸的出现以及民选议会的建立，使得各大臣、部门和外交官更多地参与到捍卫其在国内立场的行动中，并试图通过操纵媒体和其他公共传播手段影响外国政府的工作。

梅特涅充分意识到动员公众情绪以支持特定政策的好处。在维也纳会议期间，当塔列朗被怀疑企图在德国就撒克逊人命运的问题挑起公开的冲突时，梅特涅试图通过奥地利观察员予以回击。在伦敦，外国观察员密切关注着议会辩论，奥地利和巴伐利亚的特使都会在英国媒体上发表文章和信件。俄国大使利文（Lieven）亲王也同样使用这种方法。他接到指示，如果他无法赢得内阁中卡斯尔雷勋爵反对者的支持，就应该努力与议会反对派以及记者合作。尚不清楚这种类型的努力是否严重影响到维也纳做出决定，但可以明确的是，在后来的几年里，外交大臣们和各部门仍继续通过媒体影响国外舆论。梅特涅资助了用法语出版的《法兰克福日报》，该报除了发行量大外，还同时向其他各报纸提供消息材料。他还在《巴黎日报》和《伦敦晨报》发表了一些作品。帕默斯顿同样意识到媒体的效用：作为英国的外交大臣，他要确保他的重要演讲得到广泛传播，并鼓励他手下的工作人员向外国期刊供稿。1840年3月，当英国和法国在近东地区的发展问题上产生分歧时，他敦促驻斯图加特的英国领事利用《总汇报》发表观点"让德国走在正确的道路上"。[1] 与此同时，英国报纸通过发布政府广告和超前信息，为其政策提供支持，确保混淆外国政治家的视听。

---

① Kenneth Bourne, *Palmerston: The Early Years, 1784-1841* (London: Macmillan, 1982), p. 481.

然而，英国外交部及其代表与新闻界之间的联系仍然是非正式和不定期的，在很大程度上取决于外交大臣和官员与个别记者之间建立的个人关系。到 19 世纪末，像《泰晤士报》这样严肃报纸的编辑们通常会被授予新闻采编的资格，尽管大使们不愿意为刊登文章接受记者的私人采访，但记者们对于英国使团来说仍是很有价值的客人。有时，《泰晤士报》还会被用于加强外交举措，例如警告犹豫不决的外国政府，说它们在有争议的问题上已经让其"民众感到不安"。然而，与欧洲大国为应付媒体而建立的机制相比，这种方法仍显业余。到 1870 年时，鲍尔豪斯广场和奥赛码头都拥有自己的新闻部门。拿破仑三世敏锐地意识到，其政权的合法性取决于公众支持，他努力通过鼓动性文章和小册子来操纵法国内外舆论。这种行为可能会让法国外交官感到尴尬，尤其是在 1866 年 9 月，一份通知在送达当地大使馆之前就已经出现在《箴言报》上。第三共和国的政治家们也同样意识到了一家富有同情心的媒体的价值。1879 年，外交部成立了新闻局。1907 年，根据菲利普·贝特洛的提议，奥赛码头的结构进行了重组，专门成立了一个通信局以负责出版物的采购和分析，同时监督外交部与媒体和公众的关系。

与此同时，巴黎的一家报社对俄国的资助表示了感激。1884 年，沙皇秘密警察的一名正式军官被派往俄国驻巴黎大使馆，目的是调查和打击逃亡的革命者在那里的活动和影响。为了确保在巴黎证券交易所成功发行债券，俄国政府试图在法国营造一种有利舆论环境，这位军官的工作因此而变得更加重要了。后来，1911 年意大利土耳其战争爆发后，他的同僚，意大利驻巴黎大使托马索·蒂托尼（Tommaso Tittoni）似乎也效仿了俄国的做法，通过贿赂媒体，让其对意大利的野心表示同情与支持。更传统的意大利外交官曾将记者视为"危险和有害的因素，应不惜一切代价加以回避"。① 但是，在 1901 年意大利外交部内的新闻局成立后，尤其是 1908 年意大利外交部扩大和改革后，新闻局就开始了定期为外交大臣审查和总结报纸文章的工作，随后和欧洲其他地方一样，媒体在意大利也越来越多地被认为是外交行动的一种手段。事实上，根据意大利外交部一位高级官员在 1913 年 9 月起草的一份报告可以看出，民主的出现使公众舆论成了"任何外交政策不可或缺的基础"。②

在第一次世界大战前的几年里，公众越来越多地批评德国外交太沉闷，缺乏生机与活力，这也在一定程度上解释了威廉大街为何决定任命前记者奥托·哈曼（Otto Hammann），他的任务就是密切跟踪民意，必要时进行引导。当时由于对外国媒体的不当处理和遭到宣传部门排挤，外交部在国会内因招募贵族以及未能理解来自贸易和工业领域的要求而受到了批评。英国外交部也受到了类似的指责。1911 年的第二次摩洛哥危机几乎将英国带到了与德国交战的边缘。这场危机之后，自由派外交大臣爱德华·格雷（Edward Grey）爵士不得不一边对付议会内外的激进分子（这些人声称他的政策受狭隘的贵族精英左右），一边表达对更开放和民主的外交的主张。此类批评并不鲜见，但它们也不是完全不对。大多数外交活动都是秘密进行的。直到 1911 年秋，英国议会才了解到 1904 年英法协议的所有条款。然而，尽管英国外交部没有新闻部门，但在提供信息这个至关重要的方面，它比欧洲大陆任何国家的外交部都要开放得多。通常采用的信息公开方式为发布议会文件，或以蓝皮书的形式公开部分外交信函。

七年战争之后，英国政府就已经公布了有关 1763 年巴黎和谈的文件。但直到 19 世纪 20 年代和 30 年代，也就是坎宁和帕默斯顿在外交部

---

① D. J. Grange, "La découverte de la presse comme instrument diplomatique par la Consulta," *Opinion publique et politique extérieure*, Vol. I (Rome, 1981), p. 493.

② Paul Gordon Lauren, *Diplomats and Bureaucrats: The First Institutional Responses to Twentieth-Century Diplomacy in France and Germany* (Stanford, CA: Hoover Institution Press, 1976), p. 185.

工作时，发布有关各种国际问题蓝皮书的事情才得到认真对待。它们的目的是告知并影响国内外的国会议员和舆论，文件往往是坦率认真地以宣传为目的来进行挑选的。因此，外交大臣们试图为自己的行为辩解，并以此争取来自国内和国外的支持。其他国家也纷纷效仿英国。1833年英国重新占领福克兰群岛①后，布宜诺斯艾利斯政府发表了外交信函，追溯了1770—1777年的岛屿危机。50多年后，英德因殖民地主张引发的摩擦促使俾斯麦在国会发布了他的第一本白皮书。此时，拿破仑三世已经批准每年出版一批奥赛码头文件选集。同时，在1861年，美国国务院以《美国的对外关系》的形式出版了一系列类似文选，供长久保留。不幸的是，对于历史学家来说，法国这方面所做的尝试并没有在普法战争中幸存下来。尽管如此，奥赛码头仍继续出版黄皮书，与英国蓝皮书一样，黄皮书介绍外交部处理具体问题的谈判和外部发展问题。

这些公开的文件有时会遭到人为删减或篡改。也有这样一些情况，报告在起草时已经特意考虑到了发布当时的境况。但这并没有阻止如下情形发生，即早在所谓的"旧外交"让位给"新外交"之前，外交部门和外交官就已经意识到吸引欧洲内阁和大臣之外的民众及民意所能带来的好处。这便是后来所谓的"文化外交"，也就是说，政府支持在海外保护和推广本国文化。在欧洲民族主义以及亚非帝国主义之间互相竞争的时代，各国很自然地会试图通过援助和赞助外国的学校和学院以寻求扩大其影响力。毫无疑问，法国是一个由于军事失败而丧失了欧洲支配地位并积极在海外扩展其正式和非正式帝国的国家。1870年以前，法国政府曾协助法国宗教使团在海外特别是在近东和中东地区的宣传教育工作。值得一提的是，克里米亚战争从表面上看，起源于法国天主教徒关于圣地权利的争论。此外，尽管一些共和党政府采取了反教士的立场，法国外交官和领事仍然继续支持宗教和世俗基金会，这些基金会的法语和文

---

① 原文如此，即马尔维纳斯群岛。——译者注

学教学似乎增强了法国的文化影响力，并最终创造了经济和政治遗产。

德国和意大利的私立机构也因为其努力保护其在海外的语言和文化而获得国家的支持和补贴。德国普通学校协会（后来的德国海外协会，Verein für das Deutschtum im Ausland，VDA）成立于1881年，在普鲁士的援助下，它为东欧那些德国少数民族地区的很多学校和语言教学活动提供资金。然而到1910年，法国才是那个真正在文化与外交之间建立起重要行政联系的国家，法国驻外学校和企业管理局（负责海外法语学校和基金会的部门）坐落在奥赛码头，职能是协调国家对从事文化与外交活动的组织的支持。正如儒勒·康朋在1914年6月提醒他的上司时表示的那样，思想和情感是"有效的工具"，因而在外交上很容易成为"有用的宣传手段"。[①]

个人和私人外交

到了19世纪90年代和20世纪，国际政治中另一个具有全新意义的内容是国王、总统和其他次一级的高官对外国首都和港口进行大肆宣扬的官方访问。对于驻外外交官来说，这种活动常常是乏味和令人厌烦的，因为他们必须解决访问过程中有关礼仪和优先权的各种问题，还要参与既浪费时间又只具有象征意义的"娱乐"活动。这些互动活动的目的主要是用来展示精心策划的"国际友谊"，旨在利用那个时代日益倾向民粹主义的政治，以在外交上起到类似于军演和阅兵的作用。通过举行此类活动，国与国之间新的友谊得以建立，旧的友谊得到重申，各国的外交政策自然也随之发生变化。1893年俄国舰队前往土伦进行访问并且军官

---

① Lauren, *Diplomats and Bureaucrats: The First Institutional Responses to Twentieth-Century Diplomacy in France and Germany*, p. 523.

们在巴黎受到了接待、1896年和1901年沙皇尼古拉斯二世访问巴黎、1891年和1902年福尔（Faure）总统和卢贝（Loubet）总统访问圣彼得堡等一系列事例，都是俄国人与法国人建立联系的一部分，同时让其他国家都知道法俄同盟的存在。同样，英王爱德华七世1903年前往巴黎的行程标志着英法关系的缓和，1898年德国皇帝在土耳其的巡游以及他于1905年对丹吉尔的访问表明了德国决心在奥斯曼帝国和酋长制（Shereefian）帝国的未来拥有发言权。这种皇室访问虽然主要是礼节性的，但实际上也为其他官员进行外交讨论和谈判提供了机会。例如，1907年在卡塔赫纳举行的英国与西班牙君主会议，让随行的大臣与外交官们完成了就地中海现状交换意见的文件起草工作，又如，1914年乔治五世国王对巴黎的访问让格雷得以重温与法国外长的友好关系。

不过，国家元首和政府首脑、部长以及官员之间的会议本身并不鲜见。奥地利皇帝约瑟夫二世（Joseph Ⅱ）曾会见了普鲁士的腓特烈二世，并应俄国叶卡捷琳娜二世（Catherine Ⅱ）的邀请访问过圣彼得堡、基辅和克里米亚。事实上，在整个19世纪，奥地利、普鲁士和俄国的统治者都时不时地通过私人之间的王室外交强化他们的同盟关系，以共同反对各自国内变革和革命的保守路线。1833年9月，奥地利皇帝和俄国沙皇在明兴格拉茨的谈话就是这种安排之一。1872年9月奥地利、德国和俄国的君主们在柏林举行的会谈，以及随后造就了三皇同盟对圣彼得堡和维也纳的访问也都是同样的情况。所以很明显，这些会议之所以很重要，很大程度上是因为各国首席大臣和外交部长的出席。维多利亚女王1843年在诺曼底的德尤城堡（Chateau d'Eu）对路易-菲利普（Louis-Philippe）的访问正是这样的例子之一。由于这是1520年亨利八世在金缕地会见了弗朗索瓦一世（Francis Ⅰ）之后双边王室的首次会面，所以具有非常特别的历史意义。而一位英国君主礼节性地拜访了一位法国国王这样的事件，其外交上的重要意义实际上在于英国和法国的外交大臣同时也参加了会面。

大多数职业外交官可能会同意德国前驻维也纳大使菲利普·祖·尤伦堡（Philipp zu Eulenburg）的观点，即"只有当两位国王的讨论仅限于谈论天气时，大家才能一团和气"。[①] 然而，欧洲皇室的血统如此错综复杂，以至于19世纪下半叶在哥本哈根或温莎举行的家族聚会实际上就是一个名副其实的君主峰会。欧洲铁路网的建设和延伸也让国王们可以更快捷地抵达更远的地方，他们前往的中欧地区的时尚温泉以及欧洲大陆海岸的度假胜地也可以为他们提供充足的时间来讨论政治以及天气等话题。但是，尽管大臣和外交官的耐心很可能受到王室的兴致和偏见的考验，国王自己同样会受到宪法的制约。例如，由于没有政治顾问的支持，德国和俄国的皇帝都不能实施他们在1905年7月波罗的海巡洋舰上缔结的防御同盟。尽管如此，还是存在一些皇帝的意志占上风的例子。作为法兰西皇帝，拿破仑三世既有意愿也有权力委派他最信赖的人去执行特殊任务，并且可以绕过奥赛码头采取外交行动。因此，在1858年，拿破仑三世与撒丁王国大臣在布莱尼埃的一次谈话中承诺，法国将以实现意大利统一的名义对奥地利发动战争，而直到事发两天之后他的外交大臣才得知此事。

海外旅行和度假的机会也使欧洲的政治领导人能够在享受度假和温泉期间进行外交活动。1865年在比亚里茨，俾斯麦与拿破仑三世讨论了德国的发展。1879年在迪耶普，法国外交部长与索尔兹伯里勋爵讨论了非洲事务。法国总理乔治·克里孟梭（Georges Clemenceau）则充分利用了他前往波希米亚温泉浴场的机会，与在那里享受假期的外国高官们讨论政治问题。到1904年后，每当英国使臣们想访问地中海时，法国人总是想把他们截留在巴黎，因为法国人非常渴望得到英国对协约国忠诚的保证。不过，这种非正式谈话还可能导致严重误解。1907年，英国首相

---

① Michael Balfour, *The Kaiser and His Times* (London: Cresset Press, 1964), p. 257.

似乎在某种场合暗示,尽管英法去年进行了会谈,但英国政府并没有考虑向欧洲大陆派遣军队,这让克里孟梭感到大为震惊。与此同时,即便这种非正式谈话的参与者拥有足够的外交经验,也不能保证获得成功。例如,1908 年 9 月,同为职业外交官的奥匈帝国外交大臣莱克萨·冯·埃伦塔尔和俄国的外交大臣亚历山大·伊兹沃尔斯基(Alexander Izvolsky)在摩拉维亚的布赫劳(Buchlau)会晤,讨论巴尔干半岛问题,但他们未能就达成的共识起草一份联合声明。结果,不久之后,当埃伦塔尔根据他所认定已达成的协议采取行动时,差点儿导致两国关系的破裂。

然而,职业外交官更为持久地关注的是国际对话渠道的多样化。在某种意义上,这也是一个老问题了。在过去,各国一般会派遣特使处理既定任务。但随着欧洲经济的发展,政治家们更倾向于密谋策划和幕后外交,他们很容易利用商人和金融家之间建立起来的跨国联系渠道。例如,担任过俾斯麦的非正式大使的盖尔森·冯·布莱希罗德(Gerson von Bleichröder)是个银行家,他会向俾斯麦提供经济和政治情报,并于 1884 年被派往巴黎以促进德法间进一步合作。1905 年和 1911 年摩洛哥危机的特点都是时任法国总理利用他们与金融界的联系绕过了外交部开展行动。在 1909 年和 1911—1912 年的另外两次英德海军谈判中,德国犹太裔银行家欧内斯特·卡塞尔(Ernest Cassell)爵士和汉堡航运业巨头阿尔伯特·巴林(Albert Ballin)担任中间人,试图促成英德海军协议,但未获成功。此外,除了这些非官方机构发生的变化外,外交部和外交官还必须考虑到他们对其他政府部门的参与程度也应该有所深入。这不仅指那些负责殖民地、商业和传统上与外交有关的武装部队部门,还包括以前几乎完全只处理国内事务的部门。

交通和通信技术的改善以及科技的全面进步都有助于拓展国际政治的主题。曾经只涉及国内利益的问题已经逐渐成为国际性问题。由于各国政府试图通过双边和多边外交来规范国际邮政系统、电报信息的传输以及欧洲的铁路、公路以及最终的空中交通,所以外交部需要技术专家提供帮助。这种新型外交的典型例子是1909年的国际汽车会议和1910年的国际航空导航会议,后者是在巴黎召开的,英国政府为此派遣了一个由陆军和海军军官以及内政部官员组成的代表团前往参加会议。起初,代表团成员们只向内政部进行汇报,直到他们发现在会议期间明显被法国人和德国人耍了花招而且同时意识到有关民用航空的决定具有战略意义时,外交部立刻参与进来发动了一场外交变革。英国政府随即要求会议休会,并且任命英国驻巴黎大使为代表团团长。实际上,外交部此后就一直面临着20世纪外交的一个关键问题:即在实际谈判主题是技术问题时,外交专家和具体部门专家各自的角色该如何决定。

通信革命

那些有助于拓宽外交议程的技术成就也限制了外交行业中个体参与者的行动范围。18世纪的大使们出发前往外国宫廷时,随身带上了帮助他们进行政策调研的目标及行动指示。在那个年代,外交信件寄送的最快速度取决于一匹好马的速度,这时特使们有相当大的空间采取自主行动,特别是在当地的危机处置需要快速反应时更是如此。他们离家越远,行动上的自由空间就越大。詹姆斯·门罗(James Monroe)于1803年被派往巴黎协助在那里的美国公使罗伯特·利文斯通(Robert Livingstone)谈判购买新奥尔良和邻近领土的事宜。一开始他被授权可以花费1000万美元,但在当时一份从欧洲发往华盛顿的邮件可能需要耗时将近两个月。在这种情况下,他和利文斯通都认为没有必要请求进一步的指示,因为法国对整个路易斯安那州领土的报价比原来多出了500万美元。如果不存在跨大西洋的电报，美国在欧洲的特使就真的是作为超然的全权代表而存在了。其他国家的使节当然也是如此。沙皇亚历山大驻法国大使波佐·迪·博尔戈（Pozzo di Borgo）有充足的机会帮助制定和执行俄国在巴黎的政策，而长期在君士坦丁堡任职的英国大使斯特拉特福德·坎宁（Stratford Canning）则在土耳其取得了几乎等同于地方总督的地位。

19世纪初，东欧和东南欧的道路交通状况特别糟糕。在冬天，从伦敦到圣彼得堡的旅行可能需要一个月，而从君士坦丁堡派人到伦敦则可能需要花费三四个星期或更长时间。寄送巴黎与在特罗普和莱巴赫的大会上的法国代表之间的信件花了20天。1822年，从伦敦紧急派遣前往维也纳时间最短的纪录是一周。不过从1829年起，克劳德·查普（Claude Chappe）的摇臂信号系统开始用于传输政治情报，从而提高了法国国内的外交通信速度。此外，俄国在1838年也完成了一个类似的信号链，普鲁士也采用了该系统，这意味着信息可以在50小时内从圣彼得堡发送到柏林。各国外交部还与横跨欧洲的信使建立了定期快递服务，以便在规定的时间间隔内发送和接收信件。但直到在19世纪40年代和19世纪50年代铁路和轮船得到大规模建造，再加上电报技术的发明，人们才有资本谈论真正的通信革命。1853年，电报电缆连接了伦敦、巴黎和柏林。仅仅半个世纪之内，电报已经成为外交部与其大使馆和公使馆之间的主要通信手段。大使和外交人员仍会继续使用普通的邮件以及不太正式、却通常更有趣的私人信件处理日常和非紧急事务，以此提供更详细的信息和建议。然而，除了在欧洲向远东派出的使团这种重要的远程岗位必须使用电报的情况以外，电报一般很少用，因为费用实在高得令人却步，以至于到了1914年，这种通信手段在外交通信方面已失去了以往的地位。

以上所有改变都对外交代表的性质产生了明显影响。一旦在技术上实现了来自上级的指示能够在24小时内传达给特使，就可以基本保证每日监督其行为。斯特拉特福德·坎宁辩称，电报非常简短，这让外交官在与外国政府沟通时不得不更加谨慎以避免做出不符合电报指示的行为。在过去确实有一些谨慎的大使，他们甚至被禁止在没有定期指示的情况下采取行动。然而，早在1861年，具有经济头脑的英国改革者就认为新技术已经使开销昂贵的大使馆过时了。维多利亚女王似乎也赞同他们的观点。例如在1876年，当英国考虑将驻罗马公使馆提升为大使馆时，维多利亚女王表达了强烈反对，理由是"大使和他们的自命不凡的时代已经过去了"。① 无论如何，电报的发展似乎加强了外交政策的集中决策的趋势。几乎所有地方的外交部都必须成为效率更高的官僚机构。一定程度上，电报带来的大量信息产生了更大的业务量和新的工作实践（包括打字机和电话的使用），这将外交部的官员从抄写员变为顾问。正是这一点有助于理解爱德华时期一位著名外交官弗朗西斯·伯蒂（Francis Bertie）爵士发出的哀叹："在唐宁街（外交部），人们至少可以操作线，而大使只是一个被线操纵着的木偶。"② 在1903年被任命为英国驻罗马大使之前，伯蒂已经在外交部工作了近40年，他在两年前促成英日同盟的谈判中发挥了重要作用。但相比之下，他在前往罗马后的最主要成就之一仅仅是安排王室访问了梵蒂冈。

1905年1月，伯蒂成为英国驻巴黎大使，此后他在此位置上供职长达13年，这使他能够更好地利用自己丰富的经验做出一些贡献。尽管他手下的一位工作人员（后来成为常务副部长的一位外交官）称赞伯蒂是"最后一位伟大的大使"，③ 但是伯蒂从未享受过斯特拉特福德·坎宁那一代外交官所拥有的外交独立性，一丁点儿也没享受到。他的行为实际

---

① R. A. Jones, *The British Diplomatic Service, 1815–1914*, p. 173.

② Keith Hamilton, *Bertie of Thame: Edwardian Ambassador* (Woodbridge: Royal Historical Society, 1990), p. 60.

③ Lord Vansittart, *The Mist Procession: The Autobiography of Lord Vansittart* (London: Hutchinson, 1958), p. 53.

上受到电报指示的制约，他的名声取决于他稳健的个性、他对英法两国间友好关系（entente cordiale）的认同，还有也是最重要的，就是外交部长和其他官员都愿意听取他的建议。真正的权力，即决定外交行动的形式和时机的权力已经转而归属于外交部了。然而，在部长级别的职位多有变数以及行政竞争不断持续的情况下，大使们仍然可以发挥相当大的影响力。例如共和国时期的法国就是这样的，在罗马的巴雷尔、在柏林和伦敦的康朋兄弟以及其他高级外交官定期相互通信，构成了如一位历史学家所称的"某种宫廷委员会"。通过该"委员会"，这些人指导了后继的外交部长们。[1] 当时的铁路运输能够让人快速到达巴黎，这使他们执行任务更为便利。在总理约瑟夫·卡约（Joseph Caillaux）的帮助下，儒勒·康朋于1911年夏秋季在柏林谈判解决第二次摩洛哥危机期间，成功有效地回击了奥赛码头的官员。与此同时，他的弟弟保罗提醒外交部长："一位大使不是只知道负责执行指示的下属，他是一位合作者，即使冒着冒犯上司的风险，即使巴黎只愿从自己的角度看待问题，一意孤行，他也必须始终自由地解释自己的观点。"[2] 法国民主的进步与大使自称的地位下降在内涵上并不一致。

1911年法德两国在摩洛哥问题上达成的协议是秘密外交的胜利。然而，谈判代表们总是要顾虑到孚日山脉两侧[3]双方激化的民族主义情绪。事实上，正如法国历史学家阿尔伯特·索雷尔（Albert Sorel）总结的那样，电报使外交更容易受到这种大众情绪的影响。若邮件到达目的地需要花5天到1个月的时间，大使们就可以花更多的时间起草报告，总理们也有更多的时间来回复，这样因特定事件产生的民族主义情绪也有更

---

[1] Centre National de la Recherche Scientifique, *Les Affaires Étrangères et le Corps Diplomatique Français*, Vol. II (Paris, 1984), p. 190.

[2] Ibid.

[3] 指的就是法德两国。——译者注

多的时间来平息。① 英国外交大臣约翰·罗素（John Russell）勋爵也提出了同样的观点。1853 年 10 月，他通过电报了解了土耳其对俄国的战争。他抱怨说："这些电报非常糟糕。以前的内阁经常既要审议事实也要考虑来自外国政府的提议。现在我们只有一个事实摆在面前。"② 在内战期间，英国驻华盛顿的大使莱昂斯（Lyons）勋爵后来声称，如果 1861 年有一条跨大西洋电缆，英国和美国之间因后者在一艘英国船上劫持邦联特工而引发的危机就会导致战争。事情发生时，莱昂斯有足够的时间向美国人明确表示，他们必须交出俘虏否则就必须面对战争，而"不必发出会让美国人蒙受无法承受的巨大耻辱的威胁"。③ 此外，电报还导致了国际行为标准的下降。例如，奥匈帝国大使于 1914 年 7 月提早离开了贝尔格莱德，这意味着维也纳对塞尔维亚的宣战是通过电报发出的，而没有通过大使当面告知。塞尔维亚总理在 28 日下午收到电报时还一度怀疑自己是恶作剧的受害者。但仅仅几个小时后，当轰炸贝尔格莱德的行动开始时，他发现没有外交官的外交可不是在开玩笑。

转型期的外交

第一次世界大战的爆发结束了欧洲大国之间持续了 43 年的和平。在那些年里，欧洲国家更加意识到了它们之间的相互依赖，特别是在经济、社会和技术领域方面更是如此。无论是政府还是外交官都很快明白这种相互依赖的意义。1890 年奥赛码头的一份报告解释说："外交涉及的领域

---

① Albert Sorel, *Essais d'histoire et de critique* (Paris: Plon, 1913), pp. 273-282.
② Muriel Chamberlain, *Lord Aberdeen: A Political Biography* (London: Longman, 1983), p. 487.
③ Lord Newton, *Lord Lyons: A Record of British Diplomacy* (London, n. d.), p. 59.

确实是无限的。任何人的利益都与之相关。"① 1914年5月，英国驻维也纳大使建议英国政府任命武官或秘书时，要明确他们"特别的职责是密切关注劳工问题或社会问题"。② 然而，欧洲的和平因巴尔干半岛和远东地区的殖民战争与冲突而遭遇周期性危机，并似乎越来越依赖相互竞争的军事联盟来维持不稳定的平衡。同时，对于公众来说，国家和同盟之间的条约的确切条款却总是一个秘密。也有一些人敦促各国政府对处理相互间问题的机制和方法进行改革。社会主义第二国际的参加者主张世界革命是解决世界和平问题的办法。但是，诸如成立于1889年的各国议会联盟（Interparliamentary Union）以及世界和平大会（Universal Peace Congress）等组织的支持者，基本上还是采取了法律的方式来解决冲突，并主张更多地使用仲裁和调解，同时限制武器以及进行裁军。

这些想法也启发了"新外交"的追随者，他们的观点在1899年和1907年的两次海牙和平会议上得到了展现。海牙和平会议是一场在俄国沙皇的鼓动下举行的国际集会，其最大成就是建立了常设仲裁法庭。然而，无论是仲裁还是旧的欧洲协调机制，都不能阻止大国一旦感到它们的生存和地位受到威胁就诉诸战争的做法。外交似乎已经失败了，甚至那些否认外交是灾难的罪魁祸首的人都认为，在当时的情况下，外交的前景显然是黯淡的。查尔斯·李斯特（Charles Lister）是一位有前途的年轻英国外交官，他很认可这种观点，因此于1914年9月从外交部门辞职并尝试在军队中谋得一个职位，并且宣称"外交已死"。③ 不到一年，李斯特自己就死于达达尼尔战役。而经历了改革的外交却得以幸存下来。

---

① Ministère des Affaires Étrangères (Paris), Archives des Archives, Commission des Archives Diplomatiques, Procès-verbaux des séances, Vol. II, ff. 22-27.

② *5th Report of the Royal Commission Appointed to Inquire into the Civil Service, 1914-16* (Cd. 7749), XI, p. 57.

③ Lord Ribblesdale (ed.), *Charles Lister: Letters and Recollections* (London, 1917), p. 129.

5. "新外交"

> 目前，大众对待传统外交的态度就和之前对正统神学一样，已然是深恶痛绝。因为二者都无法保证为世上的善良之人带来安宁。
>
> ——乔治·杨（George Young）[1]

第一次世界大战一爆发便立刻引起了学术界关注，这在现代历史上不多见。在战争的第一声炮火打响之前，人们就已开始对目前的危机进行分析。各交战国政府忙不迭地发表各自外交通信中的某些选段，以证明己方行动的正义性。同时，爱国历史学家们也跃跃欲试，剖析敌方的邪恶意图，助力政府决策。但是，除了德、英、法三国之间的政治议和，社会主义者准备好和"左倾"党派一起支持谋求赫赫战功之外，仅凭某一力量或者联盟的勃勃野心就能挑起战争的说法还不能让人信服。例如，自由激进的英国外交政策批评家仍在强调欧洲国家体制的弊端，其中就包括不久前出现的各国间的商业竞争与帝国间的相互对抗，随之而来的军备竞赛和对均势的追逐，还有那些为促成并巩固战前同盟以及协约国而签订的秘密协定与条约，还包括当时无视民族自决原则下的领土状况，等等。同时，外交家们不仅因为个人的好战言论与阴谋诡计而受到传讯，

---

[1] George Young, *Diplomacy Old and New* (London: Swarthmore Press, 1921), p. 15.

他们的这份职业也因为未能避免战争爆发而饱受诟病。1914 年，作为英国驻里斯本公使馆的第一位秘书，乔治·杨与其他人一样，对"传统外交"已不再抱有希望。他们那一代人已经认可这样的观点，那就是人类要避免再遭战祸，就必须从根本上改变处理国家间事务的方式。旧的外交实践遭到了摒弃，取而代之的是战后孕育而出的"新外交"。

战争的影响

"新外交"一词，不仅在用法上谈不上新奇，在定义上也并不算准确。1905 年，儒勒·康朋认为，更快速的交流、更随意的媒体和更不谨言慎行的民主已经摧毁了"旧外交"；儒勒及其兄弟保罗已然成为新派大使的代表。[①] 25 年后，儒勒认为新旧外交的更替就像是"经历了一次没有差异的改变"。[②] 不过，"新外交"这种说法似乎确实听起来不像是一个外交术语。问题在于，那些希望结束当时盛行的"国际无政府主义"的人们，一旦想要对国际社会个中特点进行描述时，就会用到"新外交"一词，比如为民主的发展创造安全的全球环境等理念。但诸如此类特点更应当成为外交政策目标，而非大使及其他外交人员的具体行动。但是，从某些外交改革的倡导者的著作里，我们可以总结出两类观点：第一，要求对外交进行公开审查与管控；第二，任何拟建的国际组织都必须既要能为和平解决争端提供平台，又要能对战争的爆发形成威慑。这些改革者们将会对国家间关系产生直接影响。人们认为，公开外交不但可以让国际政治向更加坦诚的方向发展，还能借"世界公共意见"并通过集

[①] Ministère des Affaires Etrangères (Paris), Pierre de Margerie MSS., J. Cambon to de Margerie, letter, March 24, 1905.

[②] J. Cambon, *The Diplomatist*, p. 142.

体制裁相威胁以阻止滥用武力。

　　1914年秋，欧洲与北美洲的各反战国紧急宣布，迫切需要以上述方式改革外交。因此，一小群德国和平主义者成立了一个名为"新祖国同盟"（Bund Neues Vaterland）的组织，号召人们应当与"现有体制"决裂，因为"在这一体制下，少数人手中掌控着数百万人的命运"。[①] 但不久后德国军方就禁止了该组织的活动。同时，战前英国外交政策评论家依旧在大肆批判英国白厅的政府高官。1914年7月，拉姆齐·麦克唐纳（Ramsay MacDonald）辞去了劳动党议会领导人职务，不久他便开始敦促社会主义者们必须共同努力以"结束秘密外交，不能再让贵族和富豪阶级一小撮人来制定外交政策"。[②] 麦克唐纳在这一问题上与他的一些同伴看法大致相同。这些人来自一个名叫民主控制联盟（Union of Democratic Control，UDC）的组织，该组织由一些著名学者和左派政客在战争爆发后不久组建，成员包括诺曼·安吉尔（Norman Angell），伯特兰·罗素（Bertrand Russell），H. N. 布雷斯福德（H. N. Brailsford），查尔斯·杜威廉（Charles Trevelyan）以及阿瑟·庞森比（Arthur Ponsonby）。其中阿瑟·庞森比就曾经从事过外交工作。民主控制联盟的秘书长名为E. D. 莫雷尔（E. D. Morel），此人才是真正引领组织发展的核心人物。战争爆发前，莫雷尔就曾因发起反对欧洲在刚果殖民暴政的运动而声名远扬。之后，他开始抨击外交部中存在着"某些影响因素"，认为正是这些因素导致英国与法国和沙俄两国间纠缠不清，势必导致日后与德国开战。但是，莫雷尔赞同外交政策民主化，并做了详细解释。他认为，外交政策民主化并不意味着"外交官就得和小说家一样，一边写作，一边邀请读者来

[①] J. D. Shand, "Doves Among the Eagles: German Pacifists and Their Government during World War Ⅰ," *Journal of Contemporary History* X (1975): 97.

[②] F. L. Carsten, *War against War: British and German Radical Movements in the First World War* (London: Batsford Academic and Educational, 1982), pp. 29-30.

追踪情节的展开。外交官不得在公开场合谈论外交会谈等事宜"。① 外交官是否应停止秘密谈判并不重要，重要的是公众应当对谈判议题有更大发言权。而且就算以秘密谈判的方式达成了某种共识，议会也应该有完全知情权。

还有些外交改革的支持者们强调，应建立新的机制来监管国际政治。他们提出的一些计划也并非不切实际，尤其是其中蕴含着"实现欧洲协调永久制度化"的理念。但这些改革者同样也受到19世纪和平运动的启发，他们看到各国政府在人道主义、社会和技术议题上的合作已经取得了进展。同时，两次海牙和平会议也成功将仲裁与调停列为和平解决国际争端的手段。法国律师莱昂·布儒瓦（Leon Bourgeois）曾两次出任法国外交部长，他敦促第二次海牙和会应批准建立一个主权国家间的国际特别法庭。翌年，也就是1908年，他对自己的主张做了深入阐释，并将其写入著作《国际联盟》（*La Société Des Nations*），该书思想颇具前瞻性。的确，对于激进自由主义者来说，仲裁、调停、裁军以及对外宣传在1914年时已经是维护和平方面的基本内容。但是对于保守主义者而言，战争的破坏性影响显然让他们备感惊恐。最终，他们像他们激进的对手一样，在筹建国际组织的进程中发挥重要作用，通过国际组织，每个成员都将致力于维护和平。在一战争爆发后的头12个月，英国出现了两个组织：一个由布莱斯勋爵（Lord Bryce）领导，此人是一名法官，曾担任驻美大使；另一个名为国际联盟协会（League of Nations Society），这两个组织扛起了建立国际组织以维护和平的重任，爱德华·格雷和他的议会次长罗伯特·塞西尔勋爵（Robert Cecil）也对此事业表示支持。在美国，前总统威廉·塔夫脱（William Taft）也协助成立了类似组织，名为美国强制和平同盟会（League to Enforce Peace）。这些压力集团和民主控制联盟一样，都旨在教育公众、引领政府意见，使民众和政府认识到当前国

---

① E. D. Morel, *Morocco in Diplomacy* (London: Smith, Elder & Co., 1912), p. 201.

际体系已然失效。这样的努力得到了回报:时任美国总统伍德罗·威尔逊(Woodrow Wilson)公开接受了这些组织的集体主义抱负。1916 年 5 月 27 日,威尔逊总统在对美国强制和平同盟会的讲话中说道,他希望能够建立"一个世界性国际组织……以预防战争,无论是违反协定盟约的战争,还是毫无预警的、违背世界人民意愿的战争"。①

新世界需要新外交,新外交应有强有力的政治领袖来引领。由于地理上远离欧洲大陆,美国得以远离欧洲各联盟间的纷争。威尔逊支持签订了一系列双边仲裁协定,显然这让他觉得自己有足够的道德力量来说服那些旧世界的政治家们,让他们认识到自己错误的做法。但是在威尔逊插手之前,欧洲的敌对状况已经改变了强权外交的方式与内容。各地的职业外交官都倾向于认为,打仗就和战前盟国间制订应急预案一样,都是将军们的事。外交部门及其官员似乎从一开始就都明白,战时外交必须服从大战略要求。格雷之后回忆道:"在战争中……外交不过是陆军部和海军部的仆从。"② 这样的看法在一定程度上反映了大多数高级外交官对近代战争本质的无知。他们长期处于和平年代,总觉得战争只是一种暂时的失常,甚至或许还是一种完全必要的失常。面对同盟间军事行动不断升级,情报机构的作用在日益增强,但外交部门则显得杂乱无章,无力配合。在原本是让各位大使大展拳脚的领域,却充斥着来自商业、金融、宣传还有供应部门的代表们。此外,迫于战时快速决策之需,政界领袖们开始更热衷于个人外交,同时同盟合作中也出现了新的管理机构和制度,这时职业外交官们的权威受到了新的挑战。到 1918 年,一些主要交战国的大使馆就算还不显多余,也一定是过时了。英国驻法国和美国的大使馆就属此类。

---

① George W. Egerton, *Great Britain and the Creation of the League of Nations: Strategy, Politics and International Organization, 1914-1919* (London: Scolar Press, 1979), p. 31.

② Roberta M. Warman, "The Erosion of Foreign Office Influence in the Making of Foreign Policy, 1916-18," *Historical Journal* XV (1972): 133-159.

从战争伊始，外交官们就面临着战争带来的独特问题。其中最突出的就是驻外使团应如何保持与本国政府的联络。比如，英国皇家海军的鲁莽行动切断了德国跨太平洋电报电缆，德国驻美大使伯恩斯托夫伯爵（Count Bernstorff）就只能通过设在柏林附近的信号发射机的无线电中继信号来接收指示。他的同行，法国驻美大使儒勒·朱瑟朗（Jules Jusserand）当时还在法国度假，也因此差点儿被困在大西洋彼岸，多亏了美国驻法大使迈伦·T. 赫里克（Myron T. Herrick）的帮助，朱瑟朗才得以秘密搭乘英国轮船迅速返回美国。赫里克本人也和其他外交官一样，为那些正在度假又害怕卷入战争的同胞们提供帮助、慰藉及建议。此外，赫里克身为一个强大中立国的外交代表，还须为德国和奥匈帝国的使馆馆舍提供保护。从1914年9月开始，随着德军不断逼近巴黎，法国政府和外交使团被迫南逃至波尔多，赫里克便答应关照英国、俄国及其他国家在法利益，看管它们在当地的财产。面对来自国内外络绎不绝的求助，他发现自己的使馆俨然变身成了"银行、救济会还有火车中转站"。[1]

不仅如此，外交使团在战争早期各方面的工作压力也显著增大。它们必须努力巩固联盟、协调政策，协约国或同盟国的外交代表们还须游说那些未交战国，让它们要么加入己方阵营，要么保持中立，对各方友善慷慨。内阁外交虽然以市场竞争的方式进行，但并不像市场竞争那样开放，原因就在于各联盟不但需要努力协调它们扩张领土的野心，同时还要和友邦与敌国一同竞争以获得中立国提供的服务，而那些中立国大都掠夺成性。同时，由于英国试图对德国实施海上封锁，也就带来了商业和法律上的诸多问题，这些问题随后演变成一场关于中立国权利与义务的外交争论，过程持久而艰难。

在一战开始的头三年，外交工作和战前别无二致，秘而不宣，尔虞

---

[1] T. Bentley Mott, *Myron T. Herrick, Friend of France: An Autobiographical Biography* (London: Heinemann, 1930), p. 155.

我诈。协约国私下里对瓦解和分裂奥斯曼帝国做着准备，它们也和自己的敌人一样，向潜在盟国隐瞒想要占领的领土。但就像阿尔诺·J.迈耶（Arno J. Mayer）所说的那样，战时秘密签订的协议是对"'旧外交'精神、技巧还有目标"[1]最生动的体现，但这种说法有些言过其实。然而不可否认，尽管这样做并不符合某些政治领袖所倡导的道德准则，但确是为了赢得军事胜利、扩张领土并确保战后安全。例如，《伦敦条约》于1915年4月签订，将意大利拉入了协约国阵营，该条约中关于领土划分的条款就与民族自决的理念相悖。但无论怎样，战时协议的签订方式与战前还是有着显著不同。相对于对话沟通等传统外交手段，各国政府更倾向于用政治宣传、颠覆破坏的手段来开展外交。就对人民和其统治者产生的影响来看，这种方式既不属于旧外交，也不代表新外交。在欧洲东南部，交战国之间相互竞争，只为得到巴尔干半岛国家的援助，传统外交已为各种各样的政治诡计与伎俩所取代。此外，由于战时协议中所规定的领土变化会对一国经济与战略产生影响，其他部门对政策的制定和政策的实施就有了更大的发言权。英国与法国就中东阿拉伯世界的未来治理问题进行了谈判，英国的陆军部、海军部还有印度办事处因此都参与到谈判的准备与监督工作中。两国通过谈判签署了《赛克斯—皮科协定》，但是参与协定起草工作的马克·赛克斯爵士（Sir Mark Sykes）无论怎么看都算不上一位职业外交官。赛克斯曾出任英国驻康士坦丁堡荣誉公使，但是1915年12月在与法国外交官查理·皮科（Charlie Georges-Picot）的谈判开始之后，他便成了受雇于英国陆军部的中东问题专家。

当然，启用有某方面专业知识的人士来进行国际谈判并非新鲜事。此外，战时需要更多半官方甚至非官方的对外关系专家进行协调。为了尽早实现或单独实现和解，政府会在敌国政府中安插线人，然而这些安

---

[1] Arno J. Mayer, *The Political Origins of the New Diplomacy, 1917–1918* (New Haven, CT: Yale University Press, 1959), p. 17.

排却很难做到审慎稳妥，万无一失。不过派遣这种密使的一大好处在于，政府可以在必要时否认密使身份及其行动。例如，在直接参与奥匈帝国与英法两国单独和谈的人中就包括：一名英国公务员、一名丹麦商人、一位前奥地利驻英大使、两位波旁亲王、一群贵族妇女、法国前总理，还有一位是南非未来的总理。如果他们当时做出的努力成功的话，战争或许会提早结束，就算这个目的达不到，至少也能扫清一些中欧旧秩序的残余。但是，为了打击敌人，每个主要交战国都会鼓动民族主义以及社会主义者进行活动，有时甚至给予资助。具有讽刺意味的是，正是俄国的尼古拉斯大公在1914年8月14日对奥匈帝国的斯拉夫人发表了一份公告后，开创了上述做法的先河。在接下来的四年里，交战国政府任用了大量此类人员并给予他们丰厚回报，以达到颠覆和宣传的目的。这些人包括阿拉伯部落成员、与政府持不同政见的捷克人和波兰人、愤懑的爱尔兰人、乌克兰独立主义者、俄国的布尔什维克主义者以及野心勃勃的犹太复国主义者。从严格意义上讲，这样的行为是否可以被称作外交行为依旧是个疑问。无论怎样，外交官的职责之一就是找出潜在的反叛者并与之进行谈判。1915年3月，德国财政部为德国外交部提供了200万金马克，用于对俄政治宣传。之后，德国政府便与流亡瑞士的布尔什维克主义者之间也建立了联系。到1918年1月，德国外交部耗费了4100万金马克掀起了一场意图削弱外交作用的革命。

德国在俄国的颠覆活动使其在东方的领土野心得以实现，但付出了惨重代价，德军失去了在西方的决定性胜利。再有，由于战时仅凭武力来获得并维持中立国的支持变得越发艰难，对外宣传便成为外交的辅助手段。在一位前任大使的指挥下，德国外交部成立了对外劳务总局（Zentralstellefür Auslandsdienst），与其他政府部门相互协调以影响外国舆论。对外劳务总局的工作基本上就是用大量的金钱买通海外记者，出版外语报纸与书籍，并支持民间爱国团体。此外，该局还建立了新闻部门，进行文化宣传。如此一来，外国人不但可以看到德国遭到围困的危局，也能了解其文化优越性。法国外交部也采取了类似做法。因此，1915 年 10 月，贝特洛创建了宣传中心（Maison de la Presse）。在法国外交部的资助下，该中心负责利用报纸、书籍、宣传册、电影以及艺术品向世界表明法国的友好，并展现其文明价值。然而，该宣传中心常常遭到外交官、军人及议员的抨击，他们不仅不认同中心自主运作的方式，还谴责其毫无章法的作风。虽然宣传中心熬过了战争的硝烟，但也被迫大量裁员，被冠以一个更加冗长的名字：信息与宣传总署（Cornmissariat general à l'information et à la propagande），不过这个名字确实要更加贴切一些。

外交部门与外交官不断参与到政府对外宣传活动中，突显公众舆论在国际政治中的重要性与日俱增。战争要求一个国家能够动员各种国家资源，其中之一便是人力资源，那种求贤若渴的程度也可谓前所未见。因为充足的人力资源不仅能够重挫敌方士气，还能吸引外国盟友。所以，维持国内民众的忠诚至关重要。也就是说，必须向社会各阶层就当前时期的外交行为做出解释，因为社会民众一直以来未对外交政策有过多少关注。在全面战争爆发之际，各国政府对公开外交的某些原则更是口惠而实不至。然而，英国外交部则不然，在开战之初快速建立起一个新闻部，正式而系统地对外播发外事新闻。与其他欧洲国家中的类似新闻组织一样，该新闻部也与大学和出版社进行合作，形成完整的公众教育体系，以激发民意。此外，战时宣传局（War Propaganda Bureau）起初由内政部资助，但在 1916 年初转由外交部管理，成员主要由学者和记者组成。两年后，整个宣传机构进行全面重组，媒体大亨比弗布鲁克勋爵（Lord Beaverbrook）创建了独立的信息部（Ministry of Information），一大批杰出学者加入外交部新成立的政治情报部（Political Intelligence Department），该部门主要负责拟写并发布时事信息小结。然而从一开始，作为副主任的历史学家詹姆斯·黑德勒姆-莫利（James Headlam-Morley）

教授常鼓励职员多发表、出版关于国际事务的文章、书籍和册页。在他的努力下，民众开始对外交部更有信心。在他看来，只对民众进行"启发引导"是不够的，还需要向民众提供外交部进行决策的政策基础。[1] 更让他担心的是，要是外交部做不到这一点的话，民众还是会无视外交部，那么外交部在政府中的权威和影响也会遭到进一步削弱。

不久，黑德勒姆-莫利教授出任外交部历史顾问，并为英国解密战前外交信函扫清障碍。但是外交官与宣传者并不一定就是最佳搭档。没错，大使馆和领事馆的确参与了在驻在国发布政治与军事信息的工作。外交官也对普通公民所做的工作给予支持。比如英国驻意大利大使就派遣了一名叫唐娜·贝蒂娜·迪·卡萨诺娃（Donna Bettina di Casanova）的公民来说服意大利加入协约国阵营。很明显，多数外交官并不认为自己适合从事宣传工作，他们也厌恶那些宣传鼓吹者。这倒也司空见惯。成功的宣传意味着要去迎合并影响广大民众，就这点来说，宣传和外交完全背道而驰。因为外交是建立在克制、谨慎和秘密沟通基础上的，虽然普遍饱受误解之苦，但还要面对民众失控的情绪。法国驻美大使朱瑟朗还有英国驻美大使塞西尔·斯普林·赖斯爵士（Sir Cecil Spring Rice）都认为，自己的角色已经变成美国舆论的讲解员而不是引导者。结果他们二人都受到批评，原因是他们态度消极，未能运用适当的对外宣传手段达到目的。然而，经常接受媒体采访的塞西尔做出过这样的错误推断，那就是只有花钱做的宣传就可算是"被证实的事实"，再有就是美国民众不喜欢被"说教"。[2] 另外，德国大使馆为了推进本国的事业，借助德国移民族群和德语报纸在美国建立了一个信息服务机构和一个宣传委员会，

---

[1] K. A. Hamilton, "The Pursuit of 'Enlightened Patriotism': the British Foreign Office and Historical Researchers during the Great War and Its Aftermath," *Historical Research: the Bulletin of the Institute of Historical Research* LXI (1988): 323.

[2] S. Gwynn (ed.), *The Letters and Friendships of Sir Cecil Spring Rice* (2 vols, London: Constable, 1929), II, pp. 239, 320-321.

但这一切还是无法阻止美国加入其敌对阵营。此外，德国陆军和海军武官也参与到对美宣传当中，同时竭力阻碍美国向英法进行军售。但这最终导致德方随员与奥匈帝国驻美大使遭到指责，原因是他们参与工业破坏。1915年，美国务院因此宣布上述三人为"不受欢迎人员"。

在1917年4月美国对德宣战后不久，法国就派遣了《时报》（Le Temps）的前外语编辑安德烈·塔迪厄（Andre Tardieu）以高级特派员身份前往纽约。一到美国，他便彻底抛弃了朱瑟朗的工作成果，转而建立了自己庞大的宣传与信息系统。不过，法国对塔迪厄的任命预示了国际政治新发展，这对职业外交官权威构成的挑战不亚于外宣对他们工作方法带来的挑战。这意味着非外交部门将取代外交部，对政府间关系进行直接干预，结果导致特殊使团的数量迅速增加，出现了不少与大使馆和公使馆伴生的独立或半独立机构。例如，法国作战部对外派出大量代表以监督武器和其他军事装备的采购，其中在英美两国尤甚。同样，由于国内经济困境，法国任命让·莫内（Jean Monnet），一位白兰地商人，作为商务部代表前往伦敦。同时，还派奥克塔夫·杭伯格（Octave Homberg）以财政部代表的身份前往纽约。

法国政府正是为了便于对这些不同使团进行集中控制，但在常驻大使对此却无能为力的情况下，才决定在英国和美国建立如此之多的高级委员会。其中，由马利·盖尼耶（Marie Guernier）负责的委员会在伦敦仅工作了几个月，但是塔迪厄负责的委员会则一直不断壮大，最后招募了上千名员工，甚至还派出委员会驻英代表。此外，在巴黎成立的类似组织还协助协约国之间的军事联络，比如法国的协约国中央情报局（Bureau Central Interallié）就是为搜集情报而设立的。与此相似，同盟国之间为了便利在粮食封锁、运输、采购和供应等方面的合作也设立了各种机构。在最早建立的一批机构中，有一家成立于1916年秋天，名为小麦执委会（Wheat Executive），主要负责英国、法国和意大利三国的小麦采购和分配。更有趣的要数 1918 年春成立的同盟国海上运输执委会（Allied Maritime Transport Executive，AMTE）。起初，在莫内眼中，同盟国海上运输执委会是为了处理同盟国间长期存在的船运短缺问题而成立的。该执委会由阿瑟·索尔特爵士（Sir Arthur Salter）领导，委员会成员全是公务员，每天都要在索尔特的主持下开会以便在盟国间配置运力。和盟国间其他执委会一样，同盟国海上运输执委会有着强大决策力，是主要由一批技术专家组成的超国家行政管理机构。同盟国海上运输执委会的出现意味着对传统外交实践的再一次偏离。战争时期国民经济管控的一大特点就是国家干预指导经济，如今这一概念已经由国内转向国际。

法国商务部部长艾蒂安·克莱门特尔（Étienne Clémentel）极富远见，他希望这些同盟经济合作组织能够熬过战争，便利欧洲的和平过渡。但无论是美国还是英国都不赞同延续战时管控，盟国与其他国家于 1919 年 2 月成立的欧洲最高理事会（Supreme Economic Council）也并无真正的执行权。但是，如果经济战争可以促进联盟内部乃至部门间更广泛的合作，那么也就能够对外交的范围和内容产生更加持久和深远的影响。英国负责对轴心国进行封锁的部门敦促外交部加强与海军部及商务部的更紧密合作，尽管合作过程并非一帆风顺。这样一来便又催生了更多专门委员会，还有一个负责政策协调的独立部门。艾尔·克劳（Eyre Crowe）是英国外交部禁运品部负责人。他很快认识到经济问题有可能在战后成为新的重要议题，由他主持的一个内部委员会强调，外交部不能继续将贸易和财政排除到其工作范围以外。外交部和商务部因此陷入争执，最后两部门不得不做出让步，共同建立并监督海外贸易部门。相比之下，法国外交部在这方面则要比英国外交部稍胜一筹。雅克·赛杜（Jacques Seydoux）在 1919 年 5 月接管法国新成立的贸易关系分局（sous-direction des relations commerciales），在应对战争债务和赔款等战后财政问题上，没有哪位英国外交官能与赛杜比肩。在巴黎和会上，赔款委员会的英国代表并非来自外交部，而是由英国财政部派出。尽管赔款对于国际关系意义重大，财政部还是会对相关各方的对外政策制定产生重要而持久影响。

然而，对于国际政治具有更重大现实意义的是战时"会议外交"（Diplomacy by Conference）的演变。这一术语由英国战时内阁秘书莫里斯·汉基（Maurice Hankey）提出。汉基认为，这种政府间关系的表现形式可通过"相关首要领导人之间经常性的直接磋商"来构建。从很多方面看，无论是当盟国间需要快速决策，抑或是汉基所称的"当盟国面临的问题过于繁杂、专业性强、事态紧急、通过正常外交途径无法处理时"，[①] "会议外交"在战时顺应时势，发展到了极致。就协约国而言，"会议外交"最先始于英法两国间。1915年7月6日，英国首相与法国总理率各自政府官员在法国城市加来召开会议。鉴于英法两国间相邻的地理位置，安排两国部长级领导人会晤相对容易一些，然而当时常有德军潜艇在英吉利海峡出没，给会晤带来风险。到1916年1月，协约国间设立战时盟国委员会的基本原则已经确定。该委员会成员包括各盟国总理以及政府官员，有时或许也会委派陆军与海军军官参加。法国殖民地部长加斯东·杜梅格（Gaston Doumergue）前往俄国参会，英国外交大臣贝尔福（Balfour）去美国开会，除此之外，在1917年的前10个月里，盟国之间至少召开了11次部长级会议。同年秋天，意大利军队于卡波雷托战役失败后，英法意三国成立了最高战争委员会，以集中协调盟军战时指挥，成员包括各盟国的政治领袖，一名常任总参谋以及一名秘书。实际上，该委员会俨然成为西欧主要盟国的内阁，负责战时制定并指挥全局性大战略。

英国首相大卫·劳合·乔治（David Lloyd George）很乐于通过会议

[①] Lord Hankey, *Diplomacy by Conference: Studies in Public Affairs, 1920-1946* (London: Ernest Benn, 1946), pp. 12-15.

外交方式与欧洲各国领导人建立个人关系。这种外交方式与他的执政方式十分契合，当时英国政府的有效政治权力都集中于由五人组成的战时内阁。会议外交可以让乔治首相摆脱职业外交官，因为在他眼中，这些人简直就是在浪费时间。乔治一贯对外交部这样的传统机构嗤之以鼻，他经常无视来自外交部的建议，甚至完全无视其存在。他更愿意听从唐宁街的秘书处和白厅花园的内阁秘书处给出的建议，也更倾向于任用那些跃跃欲试、急于展现自己才能的业余外交人员。乔治首相派遣《泰晤士报》老板诺思克利夫勋爵（Lord Northcliffe）前往华盛顿担任英国的战时特使，此举让英国驻美大使斯普林·赖斯陷入了尴尬境地；乔治首相还与伊舍勋爵（Lord Esher）来往颇多，并授意此人担任英法两国间非官方调解人，这让英国驻法大使伯蒂大为恼怒。实际上，1918年春天，塞西尔就被仓促免去其在华盛顿的职务。3个月后，乔治首相又以伯蒂的身体状况欠佳为由，让战事大臣德比勋爵（Lord Derby）代行其职，德比勋爵是位麻烦的政治人物。但是这些改变并不可简单归结为是乔治首相对权谋的偏爱或是在行政上的创新，实际上，这些调整是出于当时的形势做出的理性之举。老一辈外交官们虽然资历深厚，但他们已经不再是政府间交流的主渠道，同时也无法在不断增多的国内非外交代表中树立威信。此外，1918年4月，乔治首相还对战时内阁说过这样的话："面对法国，我们不再需要外交手段了。"① 英法关系已经成型，作为盟友，两国关系的问题在最高战争委员会上就可以讨论解决。尽管在巴黎的德比勋爵身兼驻法大使和英国战争使团团长，却常被视作"跑龙套的主角"，因为他的主要工作是为来访英国部长和官员提供食宿和消遣。

1917年11月，乔治·克莱门梭（Georges Clemenceau）出任法国总理，他与时任美国总统伍德罗·威尔逊都如乔治首相一样，不仅不尊重

---

① Keith Hamilton, *Bertie of Thame: Edwardian Ambassador* (Woodbridge: Royal Historical Society, 1990), p. 384.

传统外交，而且对自己个人的谈判才能颇为自信。克莱门梭对他的外交部长有着绝对控制权，威尔逊也把国务卿当成是办公室文员那样使唤。前者无论对方是谁都可以畅所欲言，但是后者所说的话却总令人费解，在外国外交官眼中不是那么好打交道。威尔逊更倾向于和非正式外交人员打交道，其中他特别信赖的是他的密友、受人尊敬的得克萨斯上校爱德华·豪斯（Edward House）。豪斯上校是威尔逊的全权代表，在1915年和1916年，豪斯遍游欧洲宣扬议和思想。豪斯还将自己在纽约曼哈顿的一处公寓变成另一间外交部，他在那里接见大使，向国务院发布指示。在这种情形下，身在纽约的英国情报官员威廉·怀斯曼爵士（Sir William Wiseman）就能够讨得威尔逊和豪斯的欢心，最终，他可以成为英国与美国政治阶层之间至关重要的联系纽带，并可以向在伦敦的英国外交部和内阁提供意见与协助。这样规模的平行外交让身为驻美大使的塞西尔懊恼不已，当然，这与他自身的外交才能和性格特点也密切相关。他与美国总统间已无法直接联系，还抱怨威尔逊总统"有任用国外特务的明显倾向"。同时，塞西尔还自怨自艾，抱怨自己没能为本国政府输送有用的信息。他对威尔逊总统的看法是这样的："他很神秘，人格上有种超然的感觉，还把自己隐身于暗处，但会时不时发布令人震惊的消息，犹如晴天霹雳。"[1]

其中的一个"晴天霹雳"就是威尔逊总统在1917年1月22日对美国参议院的讲话中呼吁，要在平等国家间推行"没有胜利的和平"。在此之前，他还听取了主要交战国各自的战争目标。之后，他重申了用"权力共同体"来代替均势，回应了英国激进主义者的观点。威尔逊还支持建立一个国际组织，该组织成员为了共同利益，而非各自利益而努力。自美国在没有显现任何和平进程的情况下加入协约国作战开始，这种主张越发显得自命不凡。威尔逊双管齐下，用道德力量对抗国际旧秩序的

---

[1] Gwynn, *The Letters and Friendships of Sir Cecil Spring Rice*, Ⅱ, pp. 366–367, 374.

价值观，美国强大的经济实力和军事潜力足以颠覆以欧洲为中心的旧秩序。但是，经过长时间的全面战争，外交方式已经发生了改变，威尔逊也正是要对这样的外交进行改革。此外，不仅俄国发生了革命，欧洲其他国家内的政治喘息也趋于结束。这一切都将外交朝着更加公开但不一定更加民主的方向加速推进。

布尔什维克外交

1917年3月，沙皇在俄国的独裁统治土崩瓦解，之后由利沃夫亲王组建的自由主义临时政府并没有给外交实践带来任何实质性变化。毕竟共和制的政府更容易倒向协约国阵营，并与之共同参与到威尔逊所谓的那场"争取民主的战争"。但是，俄国的政权也有可能进一步"左倾"，社会革命者与布尔什维克也刚成立了数量不少的工兵委员会（即苏维埃），新政府可能会迫于它们的压力而与德国及其盟国实现单独和解。西方国家为缓解这一危险局势，刻意将风格与当时俄国政治氛围相契合的外交使团派往俄国。例如，法国派去的代表是军需部部长阿尔伯特·托马斯（Albert Thomas），此人就是一名社会主义者。英国首相劳合·乔治则委派其工党同僚阿瑟·亨德森（Arthur Henderson），以报告在俄国彼得格勒常驻大使的辛苦工作（1914年彼得格勒更名为圣彼得堡）。但是在俄国发生的事件引发别国不满。1917年春夏，整个欧洲都表现出厌战情绪。产业工人的骚乱，法国军队的叛乱，德国社会民主阵营的分裂，德国国会通过了和平决议，社会主义第二国际在斯德哥尔摩举行了秘密集会……所有一切都预示着一场超越国界的社会革命即将来临。面对这样的恐慌，交战国政府开始考虑重新界定其激进民粹主义的战争目标。同时，文艺复兴时期外交又一次短暂回暖，8月1日，教皇用基督教"普世主义"的观点,敦促各国政府按照各自战前的领土划分情况开始议和。教皇的此条信息中包含了关于国际仲裁和裁军的提议,对新外交精神不无启发作用。但那之后,有能力将最新的外交理论转化为外交实践的人并未选择基督教救赎,他们选择的是马克思的唯物主义。

1917年11月7—8日,布尔什维克夺取了俄国政权,其主要领导人认为,此次革命并不单是俄国人的"家务事"。列宁和托洛茨基预计,一场全球性阶级斗争会迅速席卷西欧与中欧的发达国家,它们都将卷入这场斗争。之后到来的世界革命很可能会将现有的国家和国家体系付之一炬,代替它们和其他资本主义社会形态的将是崭新的社会主义秩序。不同种类的外交形式能否在战后的世界中发挥作用还不得而知,因为马克思主义理论并未对此给出明确答案。布尔什维克可能或多或少仍需要借助传统外交方法来使俄国摆脱战争,保卫革命。同时,他们还等待着马克思主义辩证法传遍西方。托洛茨基担任了外交人民委员一职。对他来说,这些不过是暂时的权宜之计。西奥多·冯·劳厄(Theodore von Laue)曾表示,苏维埃外交始于托洛茨基,而"托洛茨基一开始就摒弃了外交"。[1] 他将自己视作革命的煽动者,这一新身份可以让他有时间去处理他认为更重要的国内和党内事务。他一心想的是务必先向人们发布几篇革命宣言,而后便可做甩手掌柜。[2] 但是,即使那些深谙社会发展规律的预言家,要预测未来都会有风险,尤其对于正要输掉一场重大战争的战败国更是如此。欧洲其他国家不会再爆发布尔什维克所设想的大规模革命。面对交战双方,一边是士气低迷的俄国军队,一边是驻扎在沙俄西部地区的组织有序、指挥得力的德国士兵,托洛茨基和他的同志们不得不先和德国签订一份停战协议,然后试图与同盟国进行和谈,不过

---

[1] T. H. von Laue, "Soviet Diplomacy: G. V. Chicherin, People's Commissar for Foreign Affairs, 1918–30," in Gordon A. Craig and Felix Gilbert (eds.), *The Diplomats, 1919-1939* (2 vols, 8th edition, London, 1974), Ⅰ, p. 235.

[2] Ibid.

谈判过程着实艰难。布尔什维克因此开始主动外交。之后，外交的重要性突显，苏俄正是运用外交手段与资本主义国家在一个充满敌意的世界中共存。

与临时政府不同的是，布尔什维克必须建设一套全新的外交体系。沙俄外交部成员曾拒绝布尔什维克接管，托洛茨基由于既不信任也不尊重沙俄官员，所以仅保留了其中一小部分。结果，到 Narkomindel（外交人民委员会通常使用的缩写）上班的都是彼得格勒党委任命的布尔什维克干部班子。在驻外代表中，仅有 10 人表示愿意听从托洛茨基的领导，有一些驻外大使不仅坚决反对布尔什维克政府，还将大使馆变为进行反动活动的阵地。托洛茨基和他极富传奇色彩的副手伊万·扎尔金德（Ivan Zalkind）认为这些人不适合做外交官，转而开始利用之前遭到驱逐的布尔什维克主义者。在几年前已经定居英国的马克西姆·李维诺夫（Maxim Litvinov）就是他们中的一员。托洛茨基任命李维诺夫负责处理伦敦事务。在英国看来，由于担心英国驻俄大使馆以及当地英国人的命运，英国外交部接受了俄国新政府对于李维诺夫的任命，但没有给予他官方身份，同时也没有将俄国临时政府所派人员驱逐出俄驻英使馆。

布尔什维克政府想要稳住其在别国的外交使团，但这样的尝试并没有像在英国那么成功。布尔什维克使节参加革命的履历以及相关声明让他们成为西欧国家眼中的可疑分子，甚至遭到逮捕和驱逐，有损尊严。苏维埃政府要想不陷入完全孤立，其盟国继续在彼得格勒设立外交使馆的做法就对俄国越发重要。西方国家一边积极与布尔什维克政府保持着某种联系，一边又在准备对俄国进行武装干涉。英国外交大臣将俄国称作"一个疯狂政体"，[1] 西方国家可不愿意因这个"疯狂政体"提出的要求做相应调整。这样一来，外交使节再一次被绕过，西方国家依旧采用

---

[1] Richard K. Debo, *Revolution and Survival: the Foreign Policy of Soviet Russia, 1917–18* (Liverpool: Liverpool University Press, 1979), p. 38.

私人外交的方式与布尔什维克政府搭建沟通的桥梁。例如，英国派了高级专员布鲁斯·洛克哈特（Bruce Lockhart）前往彼得格勒，法国派了军事代表雅克·萨杜尔（Jacques Sadoul）上校，美国则派了红十字会的雷蒙德·罗宾斯（Raymond Robins），这些官员成为西方大国与布尔什维克之间的主要协调人。虽然扎尔金德在其负责的混乱不堪的外交人民委员会大楼走廊安装了机枪，使西方外交官们倍感安心。但是，负责保卫外交人民委员会的都是动不动就开枪的士兵，让人感到焦虑。而让这些人感到幸运的是，有关对外政策的重要决定都是在人民委员会（Sovnarkom）的总部斯莫尔尼宫做出的。

在布尔什维克夺取政权后不久，苏维埃政府秉持前所未有的公开外交政策。1917年11月8日，人民委员会公开发布了和平法令，呼吁开始进行谈判，以迎来"不存在领土侵占或者赔款的、公正民主的和平"。此项和平法令是新外交史上的又一里程碑。该法令的出台既是为了巩固布尔什维克主义在俄国的地位，也是为了点燃国外的革命之火。法令首先提到的是"所有交战国的人民"，其次才是"他们的政府"。同时，苏维埃政府还宣布废除秘密外交，终止一切让俄国资本家和地主受益的国际活动，承诺将未来进行的全部谈判"向人民完全公开"，并开放俄国史料档案中的一切秘密协定。[①] 因此，苏维埃政府希望舆论能够推动交战国政府加入实现总体和平的谈判中，同时，也意图解除与盟国的关系，并打破旧外交的惯例。

布尔什维克在与同盟国签署停战协议时一改先前的做法。在之后的和平谈判中，布尔什维克政府坚持让德俄两军建立友好关系，同时和平会议也应公开举行。结果，双方在苏俄的要塞城市布列斯托克-立托夫斯克进行了一系列匪夷所思的对话，其中，德国国务秘书理查德·冯·居

[①] Jane Degras (ed.), *Soviet Documents on Foreign Policy*, Vol. Ⅰ, *1917-24* (Oxford: Oxford University Press, 1951), pp. 1-3.

克曼（Richard von Kühlkmann）以承认民族自决权为借口，要求俄国放弃波罗的海各省以及波兰和乌克兰；托洛茨基则谴责了同盟国企图"割占"苏俄的野心。正如外交人民委员会同时向全世界工人还有受"剥削人民"发出的呼吁一样，俄国此番善意言论也是为了赢得更广大民众的同情与支持，这似乎也预告了在将要举行的国际联盟大会上要发生的争论。最终，1918年2月10日，托洛茨基拒绝了德国的要求，重新提出了他"不战不和"的理念，并且告诉对此毫无防备的居克曼，俄国不会继续参战，但也不会签署和约。实际上，托洛茨基已经不再将军事力量与外交手段视为外交决策的工具。但是，德军因此再一次大举进犯彼得格勒，迫使布尔什维克政府接受了《布列斯托克—立托夫斯克条约》中的条件，条约内容虽严苛，却也非"有失公正"。由于没能在中欧国家中掀起革命，列宁和托洛茨基仍不能置身国际政治之外。

将俄国重新融入欧洲国家体系的重任最终落到了格奥尔基·契切林（Georgii Chicherin）肩上。契切林曾是沙俄时期外交部的档案保管员，有着良好的外交背景，并于1915年接任托洛茨基成为外交人民委员。尽管加入布尔什维克的时间很短，但是他此前担任过俄国社会民主党的对外局秘书，同时也是列宁外交政策的积极拥护者。在他的领导下，包括外交人民委员会在内的所有苏俄政府机构都于3月25日迁往莫斯科，苏俄政府的官僚等级逐渐成形。然而，外交依旧是革命的"仆人"与"出气筒"。在一个革命社会中，精英主义的外交实践会被视作反常行为，其执行者也会遭人白眼。为确保平等，人民委员会于1918年6月撤销了所有外交级别。此后，外交人民委员会派出的使节都被冠以全权代表的统一头衔。同样，苏俄政府也拒绝将国家划分为大国和小国。但是在与欧洲主要大国建立全面外交关系后，苏俄政府发现，根本无法确定驻外使团中全权代表的确切职位，所以，苏俄政府之后勉强承认了个人与国家之间早已建立的外交级别。此外，出于外交礼节的需求，布尔什维克还暂时放松了奉行节约、一切从简这类要求。早期的苏俄外交官在某些时刻行事相当谨慎。为了弥合欧洲新旧秩序之间的分歧，他们不得不经常发挥主观能动性。在此方面，共产主义革命对外交产生的最初影响或许与19世纪发生的通信革命的影响正好相反。

尽管如此，苏俄外交在形式和内容上都具有很明显的革命性。派遣到别国首都的苏俄代表必须得依靠当地共产主义者的帮助，在柏林就是如此。此外，俄国内战的爆发以及一些前盟国的插手也使得苏俄与外部世界进行正式外交联系的机会进一步减少。暴徒闯入英国驻俄领事馆，一名英国海军专员被杀，还有，在1918年9月，洛克哈特被捕，李维诺夫也因用外交邮袋向英国境内输送革命材料而被驱逐出境……这一系列事件导致英俄两国的外交关系完全破裂。虽然德国之前隐忍了驻俄大使遭到刺杀一事，但也在1918年秋与苏俄终止了一切正式往来。不久后，苏俄的外交代表就只能在几个亚洲国家的首都活动，布尔什维克也不得不更依赖于西方的民意诉求并使用非官方渠道进行对外交流，此外还动用了各类非外交人员和团体。卡尔·雷迪克（Karl Radek）因为偷偷潜入德国参加1918年12月举行的全德工兵苏维埃代表大会而被普鲁士当局逮捕。在狱中，他接见了不少实业家和军人，实际上算是完成了一项外交任务。还有，参与战俘救济和遣返工作的组织和团体也起了相似作用。

在消灭了国内敌人、平息了西部国界的军事冲突后，布尔什维克才逐渐与欧洲其他国家建立起传统的外交关系。这样的结果起初得益于苏俄与别国进行的商业与金融谈判，对发达国家希望重新打开俄国贸易市场的希望做出回应，此外，这些国家也希望收回之前沙俄政府所欠的债务，尽管新的苏俄政府对此拒绝承认。在对英关系上，列昂尼德·克拉辛（Leonid Krassin）虽然名义上是苏俄驻伦敦贸易使团负责人，但实际上他就是驻英大使。此外，1922年4月，得益于之前商定的各种工业合同，苏德两国签订了《拉巴洛条约》。

苏俄在发展的同时也对其颠覆和宣传的策略进行了改进和确定。对于别国发生的革命运动，无论是无产阶级运动、民族运动还是反殖民统治运动，苏俄都会给予帮助。这已成为苏俄公认的外交目标。1919年3月，苏俄支持创建了共产党第三国际（下称共产国际），旨在全球范围内协调并推动革命运动。通过共产国际，苏俄进行海外革命运动的目的得以制度化。共产国际中设有信息服务与情报收集中心。该中心受苏维埃领导，向莫斯科的政治局提供情报，伺机对他国内政实施渗透，产生影响。在苏俄政府得到国际认可并与西方资本主义国家建立外交关系后，布尔什维克在对外关系上仍是外交手段与革命手段双管齐下。意识形态方面也能够为外交人民委员会的特工提供不少有利条件。在苏俄发展之初，除了意识形态优势，其他各方面均处弱势，而共产国际可能对一国秩序造成的颠覆也让别国感受到了威胁，让它们时刻切记不可无视世界上第一个社会主义国家的存在。德、英两国政府与苏俄政府进行的谈判便是明证，目的就是遏制苏俄的共产主义宣传。但是，共产国际对于苏俄外交官们耐心细致的宣传工作也造成了不小的阻碍和破坏。比如，如果共产国际想要推翻一个政府，外交人民委员会就很难与这个国家建立友好关系。苏俄政府也努力对外维持着一种假象，即共产国际是不受其控制的独立组织。其实，共产国际的特工会在苏俄外交使团任职，并享受着外交职位带来的豁免权和其他特权。但在他们身边不仅常有安全局成员，而且还会受地方党组织的指使，这一切无不表明苏俄大使馆才是历次秘密行动的始作俑者。布尔什维克可谓新外交的第一批实践者，他们的外交方式受到马基雅维利的影响甚于莫雷尔的思想。

宣传与调解

1917年秋，布尔什维克对公开外交的尝试不仅没能尽早在西方掀起革命，也没能推动和平谈判的进程。然而，这的确促使英国政府重新制定自己的战争目的并且向民众公开发表声明，不止于此，他们还有意修改内容，以讨好左派批评者。面对前景黯淡的冬季大选，劳合·乔治采取了诸多行动，其中包括为继续战争蓄积力量，劝阻苏俄不要背弃盟友。1918年1月5日，乔治在对英国贸易工会大会的讲话中强调，欧洲文明的未来不能"由几个谈判者任意摆布，这些人只想通过欺骗或劝说来确保某个王朝或民族利益"。他呼吁，领土问题的解决必须以"民族自决权抑或得到人民同意"为基本前提。并强调，和平缔造者还必须"创建相关国际组织以限制军备，减少战争的可能性"。① 三天后，威尔逊总统对美国国会发表了类似演讲，只不过他的措辞更加精确，提出了著名的"十四点原则"。威尔逊迫切希望推动旧世界社会与外交的民主化，并倡导将和平建立在民族自决的原则之上，同时还重申了对建立一个"普遍国家联盟"的支持。"十四点原则"中的第一条对于外交实践的发展具有重大意义，内容如下："公开的和平条约，以公开的方式缔结，嗣后国际间不得有任何类型的秘密默契，外交必须始终在众目睽睽之下坦诚进行。"② 威尔逊的很多想法都来自民主控制联盟（UDC），该组织所倡导的理念在美苏两国的和平议程中都得到了体现。单就这点来看，民主控制联盟无疑是成功的。另外，1918年11月与德国签署停火协定这一事实说明，各缔约方正式接受将威尔逊的"十四点原则"作为未来和平的基础。这似乎也宣告了哈罗德·尼科尔森口中所谓"民主外交"新时代的到来。③

许多记者都期盼1919—1920年召开的巴黎和会是一个开诚布公的大会，可事实却远非如此。人们不久后发现，威尔逊和莫雷尔一样，只喜

---

① David Lloyd George, *War Memoirs* (popular edition, 2 vols, London: Odhams Press Ltd., 1938), II, pp. 1510-1117.

② Mayer, *The Political Origins of the New Diplomacy, 1917-1918*, pp. 353-367.

③ Harold Nicolson, *Diplomacy* (3rd edn, London: Oxford University Press, 1969), pp. 125-126.

欢把谈判的结果呈现给公众，过程则秘而不宣。1919 年 1 月，他同意媒体旁听全体会议，但不能参加十人委员会的审议。十人委员会包括威尔逊总统、美国国务卿、两位日本首席代表，还有英法意三国的总理和外长。这些大国领导人们深知彼此之间可能存在的分歧，他们担心如果讨论结果过早见诸报端，不仅会激发群情，还会限制回旋余地。而从前，公众还可以根据媒体的只言片语和正式签署的公报来推断哪些条款是以人民的名义签订的。但是，此次和会在其他方面的确还是与 19 世纪的外交有明显不同。威尔逊决定亲自参加会议本身就是一种创新。之前还没有哪位美国总统为了谈判一项国际条约而离开美国，也没有哪位总统像威尔逊这样对欧洲政治施加如此大的影响。美国总统现身巴黎这一事实本身就反映出欧洲国家体系的式微。毕竟在巴黎和会开始前，欧洲战前协调的两大重要力量已经消失：俄罗斯帝国在革命和内战中垮塌，而奥匈帝国也四分五裂成诸多民族国家。旧的王朝业已消亡，尽管贵族的"美德"和矫饰曾经在欧洲粉饰出一派统一联合的假象，但现在则受尽白眼，惨遭抛弃。此外，长达四年的战争不仅掏空了欧洲经济，还极大地削弱了欧洲的国际地位。美国的参战在击败同盟国的战争中发挥了决定性作用，这预示着国际政治将由之前的欧洲主导变为一个全球体系。在巴黎，无论战胜国还是战败国都得听威尔逊向自己强行兜售他的"十四点原则"。

通常情况下，欧洲国家在签订停战协议后会迅速着手为迎接和平进行准备，且不久便会为最终的和平条约进行谈判。但是威尔逊参加巴黎和会后抛弃了这一传统。相反，从停战协议签署到各国代表团会聚巴黎参会之间多耽误了两个月。威尔逊总统在会议召开后的四个礼拜中，专门安排时间大谈国际联盟的建立。不仅如此，在一位美国学者看来，威尔逊总统与其他主要欧洲盟国领导人共同出席这次和会似乎改变了这次会议的性质，使其成为一次早期"峰会外交"。而"峰会外交"这一国际政治概念直到20世纪50年代早期才为人所知。① 从1月18日到与德国签订《凡尔赛和约》期间,一共召开了6次全体会议。但是大多数会议不过是走个形式。与1814年的情况如出一辙,即便是在1919年,战胜国仍然认为重大决定理应由它们来做出。这一点在和约最后阶段显得尤为突出:3月底,和约的起草依旧毫无进展;10人委员会也变得臃肿不堪,算上各种官员和秘书的话,委员会已达53人。鉴于此,威尔逊提议英法意3国总理直接去他的公寓私下会晤就好了。作为公开外交的倡导者,得知劳合·乔治担心与会人员太多,可能向媒体泄露会议细节时,威尔逊竟然做出如此提议,着实有些可笑。不过,这样一个仓促成立的"四人委员会"虽然并不正式,但也确实加快了决策速度。不可否认,威尔逊虽曾一度尝试实施公开外交,却差点儿带来灾难性的结果。4月23日,威尔逊呼吁意大利人民反对意政府对领土的要求,这一做法适得其反,最终导致意大利领导人怒气冲冲地离开会场。直到5月6日,意大利代表才重返会场,见证了第二天对德和约的草签。

德国虽被排除在谈判进程之外,但也开始诉诸公开外交来寻求出路。新成立的共和政府派往巴黎的代表团团长是一名职业外交官——身为德国外交部长的乌尔里希·冯·布鲁克多夫-兰祖(Ulrich von Brockdorff-Rantzau),但是他远不及普鲁士的塔列朗。《凡尔赛和约》由四人委员会草拟,虽然德国按要求提交了其对于草稿的看法,并试图做了些对德国有利的修改,但实际上摆在德国面前的只有两个选择,要么接受、要么拒绝。所以,《凡尔赛和约》基本上所能达成的其实是人为设定的和平。德国既失去了盟国,也没有任何朋友,孤立无援,只得摒弃旧外交的策略,转而像布尔什维克一样开始寻求更大范围的民众支持,来对同盟政府施压,希望在处理德国问题时能够对"十四点原则"进行灵活解释。

---

① Keith Eubank, *The Summit Conferences, 1919–60* (Norman, OK: University of Oklahoma Press, 1966).

但这也只是空想罢了。克莱门梭和劳合·乔治并不想通过和解的方式实现和平,英法两国的民意更是如此。但德国很快就掌握了新外交。在民族自决原则下,各国对战后领土的处理在很多情况下无法通过调解来达成。这就给了德国的政客和外交官们很好的机会,他们可以借此对外宣称德国遭受了不公正待遇。此外,《凡尔赛和约》中有关赔款的条款称,这场战争是"德国和同盟国强加给"协约国的"侵略战争",因此,德国外交部也鼓励国内历史学家积极参与和约的议定。[1]

此外,德国外交部还设立了战争罪责处(Schuldreferat, the War Guilt Section),目的就在于动用一切可能手段让民众相信德国不应对战争负责。如果这场没有硝烟的战斗能够取得胜利,那么要求德国进行赔款的道德乃至法律基础都将荡然无存。该机构的工作之一就是有选择地大量发布德俄两国战前外交文件。相应地,英国和法国政府也不得不相继效法德国,向历史学家开放档案。这样一来,伴随着对战争罪责问题的处理,一种具有竞争性与追溯力的公开外交应运而生。随着社会民主进程加深,这一新形式的外交不仅回应了社会诉求,也顺应了战争带来的强烈民族主义情绪。公开外交最为重要的目的就在于通过民意来影响政府。在那时,美国一跃成为新兴大国,地位举足轻重,在战争债务与赔款问题上尤其如此。面对这样的情况,英国与德国外交部都认识到,如果有关新近发生的事件的解读能够影响北美舆论,这将对他们颇为有益。同时,实施这样的开放政策在国内也产生不错的影响。布鲁克多夫-兰祖(Brockdorff-Rantzau)希望民众能够支持他在巴黎的外交工作。他和他的继任者们都通过否认对战争罪责的指控,来唤起德国民众对本国外交政策的支持。同时,批评家指责英国外交部捏造并篡改关于战争起源的文件证据,对此,英国外交部也竭力为自己辩护。事实上,战争时期英国外交部在协助政府制定外交政策的过程中曾一度悄无声息,这样一来,

---

[1] *The Treaty of Peace between the Allied and Associated Powers and Germany* (London, 1919), p. 203.

反倒激发英国外交官更主动、更积极地向公众阐明自己的工作目标。

英国外交部的官员希望和平能够重振因战争和劳合·乔治而丧失的权力和影响。但是无论是英国外交官还是法国外交官,对自己在和会上遭受的各种限制倍感失望和沮丧。英法两国外交部为和会制订的详细计划均未发挥任何作用。由于汉基和菲利普·克尔(Philip Kerr)在战争期间与劳合·乔治走得很近,于是在和会期间,乔治任命汉基为英国代表团秘书处负责人,而把外交部常务副秘书长晾在了一边,此举显现了他对职业外交的轻蔑。同样,法国外交部也受到克莱门梭的蔑视。尽管外交部第一秘书长儒勒·康朋才刚出任法国派往和会的首席代表,克莱门梭却将保罗·杜塔斯塔(Paul Dutasta)推上了和会秘书长的位置,而此人只是一位籍籍无名的外交官。即便如此,杜塔斯塔仍旧只是一介平庸之辈,不但曾遭到克莱门梭当众羞辱,还被排除在四人委员会之外。克莱门梭每次参与四人委员会议时,随行的只有一位翻译。到头来,汉基取代杜塔斯塔成为和会常务秘书长。因此,在《凡尔赛和约》的核心决策集体中,职业外交官并没做出什么作用,他们的贡献主要在于组建各种专业委员会来为和会建言献策。

对英美两国来说,协约国领导人决定进行私人谈判还是带来一定好处,那就是,自此之后,英语和法语一样成为国际关系语境下的正式通用语。法国外交部成功地维护了法语在对外交往中的独特地位。甚至列宁在第一次会见驻彼得格勒的外交使团时,就坚持让使团中一位资深外交官用"外交语言"[1]——法语称呼他,尽管这位外交官是一位只懂英语的美国人。列宁这么做似乎并不为显示他对某种传统的尊重,更多是出于讥讽嘲弄。不过,在1919年的巴黎和会上,汉基为了给英语争取一个与法语平起平坐的地位着实下了不小的功夫。好在汉基的这一任务其实并不像他想象的那么艰难,因为克莱门梭的英语相当流利,而劳合·

---

[1] Esme Howard, *Theatre of Life* (2 vols, London: Hodder and Stoughton, 1935–36), Ⅰ, pp. 292–293.

乔治和威尔逊对法语却知之甚少。时任意大利总理维托里奥·奥兰多（Vittorio Orlando）则是一个特例，他会说法语但是对英语一窍不通。意大利外长当时还提议将意大利语设为和法语一样的外交语言，但事实上出了欧洲几乎没人会说意大利语。最终，奥兰多因没达成目的而生起了闷气，法国也不得不做出让步，《凡尔赛和约》便发布了英语和法语两个正式版本。大使们对这一改变深感懊悔，因为他们认识到，在这样一个越发分裂的多语种国家体系中，维护法语"唯一外交语言"地位还是大有裨益。然而，在英国外交部图书管理员斯蒂芬·盖斯利（Stephen Gaselee）看来，将英语提升至与法语同等地位是"巴黎和会为数不多的实际成就之一"。① 不过，这样的改变要是由那些"不懂外交"的外行来完成，似乎更为合适。

国际联盟

战后签订的五项条约都有一个共同点，那就是每一项条约的第一条都是关于草拟国际联盟盟约，《凡尔赛和约》就是其中之一。鉴于此，越来越多的业余外交官参与到了国际谈判进程中。英国的政府决策层中，罗伯特·塞西尔勋爵于1916年2月出任封锁大臣，他对建立这样一个联盟的提议表示出极大支持，1917年夏天加入战时内阁的简·斯马茨（Jan Smuts）对此也表示了支持，这是个哪儿都少不了的人，哪里都有他的身影。其余的人则对于英国卷入国际承诺这种做法持怀疑态度，但是不久他们就看到此举的价值所在，那就是用英国来诱使美国加入协约国阵营。不过，这也没能引起职业外交官多大兴趣。1918年1月，劳合·乔治成

---

① K. A. Hamilton, "A Question of Status: British Diplomats and the Uses and Abuses of French," *Historical Research: the Bulletin of the Institute of Historical Research*, LX (1987), 128-129.

第二部分　从1815年至今

立了菲利莫尔委员会（Phillimore Committee），该委员的作用只是提议通过召开部长以及大使级会议来实现欧洲协调的制度化，并对违法国家进行有限制裁。英国外交部的高级官员对于诸如此类相当温和的建议多不以为然。克尔和汉基所倡导的另一项计划则是以最高战争委员会为基础建立国际联盟，该计划同样遭到了一些外交官的反对，因为他们认为会议外交是对其职业的否定。无论怎样，建立联盟的想法最终得以实践，一是威尔逊、塞西尔和斯马茨坚守信念；二是英国亟须博得美国好感；三是因为法国希望该组织能够监视德国并且确保本国安全。这样一来，人类历史上第一个致力于和平解决争端的永久性政治机制得以建立，促进国际合作的新机构得以形成，为规范国际行为而确定了新的原则、权利和义务。

　　为维护和平，国际联盟提出的集体安全理论简单易懂。集体安全理论规定，国联成员必须和平解决争端，不诉诸战争，除非盟约中规定的仲裁与调解程序不再起作用。那些无视规定，挑起战争的国家将被"视作"向其余成员宣战，同时，这样的国家必将受到经济制裁，受制于其他成员的优势军力。此外，《国联盟约》第十条还规定，成员"尊重并维护"所有会员国领土完整及独立，"以防止外来侵略"。同时在第十九条中还隐晦地表示可在必要时进行和平改变，该条款明确"重新考虑""长此以往将危及世界和平之国际局势"。① 因此，侵略虽然会受到威慑，却不会导致联盟纷争，更不会引发成本高昂的、危险的军备竞赛。但是，对于外交的日常实践来讲，国联的创新不在于这些条款，而在于国联创建的一种包括行政院、全体大会和秘书处的全新政治和管理机制。至于那些条款，不过是为了将国家先前通过缔结结盟和仲裁条约而做出的承诺弘扬光大。按照预先设想，行政院应由5个主要盟国和4个其他国家代表组成，这一机构完全沿袭欧洲国家体系传统。行政院也被视为对欧

---

① F. P. Walters, *A History of the League of Nations* (Oxford: Oxford University Press, 1960), pp. 48, 54.

洲大国协调的继承，不同之处在于行政院成员组成更广泛、更平等。然而，国联大会和秘书处却无先例：在全体大会上，每个与会成员都享有平等的投票权；而秘书处则服务于行政院和国联大会。国联大会为多边外交提供了新舞台；秘书处则带来一类新行为体，即国际公务员的诞生。

1919 年，许多职业外交官们都在思考世界是否真的需要这么多新的机构。无论是对国联还是对威尔逊的外交，保罗·康朋都有一种强烈的不祥之感。他的儿子亨利（Henri）当时刚刚被派到驻布加勒斯特法国公使馆工作。保罗在 1919 年 4 月曾慨叹："我每天都在后悔让我儿子选择了这样一份没前途的职业。"[①] 保罗过去深谙秘密外交之道，而国联在原则上与秘密外交背道而驰。国联盟约要求成员注册并公开它们之间签订的条约及相互间的接触。国联大会所扮演的角色就是威尔逊声称的"形成人类有组织的意见"。1920 年，国联第一次全体大会召开，与会成员中有不少是当时最杰出的政治家。英国政府甚至还派去了议会反对党成员；日本代表团的人数多到得专门包一条轮船才能将其送往欧洲。要想在全体大会议会式辩论中获得成功，靠的是雄辩术和演说技巧，而不是传统的外交沟通技巧。但是国联盟约认可双边外交在国际交往中的重要地位。因此，盟约规定，如果分歧无法"用外交手段得到满意解决"，[②] 则应采用仲裁方式解决。

国联全体大会无论从其规模还是讨论的开放程度来看，都无法作为调节争端或应对危机的有效手段。同样，行政院作为大国的指挥所，其自身组成就有碍于这一作用的发挥，同时，随着美国参议院对《凡尔赛和约》及国联盟约的否定，再加上美国拒绝成为国联成员，行政院的权威进一步受到削弱。1926 年德国加入国联后，行政院会议以及一年一度

[①] Paul Cambon, *Correspondance* (ed.) H. Cambon (3 vols, Paris: Politique étrangère, 1940-46), Ⅲ, pp. 327-328. 保罗·康朋写的，但由其子亨利·康朋进行了编纂。——译者注

[②] Walters, *A History of the League of Nations*, p. 50.

的国联大会让英法德三国外长有机会定期会面，共同商讨那些尚未解决的分歧，有时还能设法解决某些分歧。然而，不久大国间出现裂痕，尤其是首先由日本，而后由德国、意大利对当时国际形势构成的挑战，行政院因此失去了一致的目标，影响力尽失。行政院和国联其他机构一样，最后成为职业外交的补充，并未取代职业外交。

提出国联思想的先驱们认为国联能在国际事务中发挥更重大、更关键的作用。但是国联的首任秘书长埃里克·德拉蒙德爵士（Sir Eric Drummond）似乎从一开始就认为国联扮演的其实是日常外交活动的极其次要角色。德拉蒙德之前曾担任爱德华·格雷爵士的私人秘书。在看到格雷尝试将各大国代表聚在一起的努力全部化为泡影之后，他就认识到像国联这样的永久性组织的作用不过是能够避免再次发生1914年那样的战争危机。同时，拉姆齐·麦克唐纳曾这样形容德拉蒙德，说他"所修行的是巧言无信的外交手段"。① 而德拉蒙德充分利用了他学到各种本事和经验进行了大量秘密活动。他与之前外交部的老同事仍保持着密切联系，从他们那里他能获得机密文件的复本，而他的第一副秘书长让·莫奈同样也是他与法国外交部进行沟通的重要渠道。德拉蒙德的所作所为有悖于塞西尔对国联秘书长一职的理想形象设定，那就是秘书长应该是国际社会的"总理"，是国联的化身，他能够集中全世界的智慧，遏制那些行为不当的国家。然而，德拉蒙德则是用旧外交之实行新外交之事的一个典型。

或许对德拉蒙德来说，阻止成员在日内瓦总部设立永久代表是再典型不过的事了。他认为秘书处就是行政院和全体大会提出的各项决议的执行者，而且他更偏好与政府直接沟通，不喜欢通过中间人。此外，瑞士官方已经对秘书处这一成员十分国际化的机构准予外交豁免，但不愿

---

① James Barros, *Office without Power: Secretary General Sir E. R. Drummond* (Oxford: Clarendon Press, 1979), p. 15.

意再将豁免权给予更多仅驻在区区一个省会城市的外国代表。但是无论怎样，常驻代表团数量还是呈现出上升趋势。到 1937 年，使团数已升至 46 个，如此多的各国使团组合而成一个大型外交使团，由推选出的一名资深外交元老来领导。这些使团在组成、命名以及权力大小等方面都不尽相同。这其中超半数使团具有自主权，而且是专门派驻国联。还有些使团，尽管在日内瓦有办事处，仍隶属于或附属于它们国家在其他城市派驻的外交使团。有时，这些使团只不过是行使永久代表团职责的领事馆。起初，它们只具有咨询功能而不具有代表权。大多数政府都更倾向于派遣政治领袖或者高级外交官员去参加全体大会和行政院的讨论，在这种情况下，代表团成员则多扮演配角儿。慢慢地，它们才开始承担更多的责任，比如代表它们的国家参加国联的技术性委员会等。的确，除日本外，国联行政院的永久成员没有一个在日内瓦设立常驻代表团。但是，这并不妨碍一些非成员在日内瓦建立事实上的驻外使团。因此，1930 年，一位名叫普伦蒂斯·吉尔伯特（Prentiss Gilbert）的美国前国务院官员被派往日内瓦担任总领事，以监督华盛顿与国联秘书处的关系。即使第一个退出国联的国家日本，仍在日内瓦保留一个办事处以便参加国际会议。

　　常驻代表团是国联特权的一种体现，也是国联融入现存国家体系的标志。尽管常驻代表团自称为"日内瓦精神"的体现，但是它们都没能忘记自己的职责是促进各自国家的利益。有趣的是，秘书处曾提出在各成员的首都设立特别办事处用以接收、整合并传播国联的通信。对于这一提议，只有少数几个（最多十二个）国家给出了积极回应。通常，设置这种办事处的国家很快会将此类机构并入外交部的其他部门，这样办事处也就失去特殊性。英国外交部内的国联处实质上只是英国外交部的一个分支机构。20 世纪 30 年代末，该机构也只有三名官员。他们经常会离开伦敦，前往日内瓦参加国联大会和行政院会议。只有法国外交部在两次世界大战期间一直设有完全独立的国联处，负责与日内瓦保持联系并协调法国对国联的政策。但是在其存在的 20 年间，法国国联处的规模也缩减了到刚成立时的一半。

法国国联处的职责之一，就是与其他相关部委一起，检查法国在由国联负责的几个经济、社会以及技术部门中所实行的方针及其代表模式。因此，国联某种程度上可以被看作一个各种国际人道主义与社会组织构成的伞状组织，其中有些组织在国联成立之前就已经存在了。国联设立了不少委员会来应对一些特殊议题，例如关于奥地利的经济与金融重建的议题。此外，这些委员会还会召开各种会议来处理 1927 年和 1931 年的世界经济问题以及 1932—1933 年的裁军问题。国联还资助创立了一些组织以促进各国在教育、医疗卫生和通信运输方面的合作。同时，国联还与国际劳工组织一道，召集雇主与雇员代表共同研究如何改善工作环境，国际劳工组织就是和平会议的产物。在日内瓦进行着密集外交活动，目的并非只是扩大外交的内容。毕竟欧洲各国政府在过去也曾试图整顿奥斯曼帝国的财政，还尝试通过签订国际协定来处理罗马尼亚的犹太人问题，白人奴隶以及阿比西尼亚阉人的走私问题。然而，国联及其机构还任用了大量非外交领域的专家来处理国际政治问题。1922 年国联设立了国际常设法院，在某种程度上给律师们分派了更多的法律事务。该法院起初由 11 名法官组成，旨在为与国际法相关问题给出意见并对一些在其成立之前就存在的争端做出裁决。各国人民和政府都渴望建立一个更合理的国际秩序，而国际常设法院正好对这种诉求给予了回应。此外，该法院还鼓励各国在处理分歧时更多诉诸法律程序，而不要仅限于外交手段。

会议外交

在一战结束后的几年间，一些有争议的国际政治问题既未得到国联的调查，也未得到国际常设法院的裁决，反而由另外两个多边外交机制处理，这两个机制在战时及战后的和平谈判中就已见雏形。第一个机制位于巴黎，是由来自主要的协约国与同盟国的大使组成召开的常设会议；第二个机制是国际领导人在战后和平时期的头三年中举行的不定期临时会议。前者又简称大使会议，1919年7月，协约国各成员决定成立一个常委会，各国代表可以在会上对各种和平协定进行解读。大使会议便由此而来，这一会议机制于1920年1月26日正式实施。大使会议每周召开一次，主要对各委员会就和会上提出的各项工作进行督导，包括边界划分、公民投票、军备管控以及赔款，等等。大使会议在儒勒·康朋领导下，逐渐形成并展现了独特的团队精神，并很快成为一个信息枢纽，在这里，前盟国成员也可以运用传统外交方式谋求进一步合作。但是，东欧与西安纳托利亚地区仍旧战火不断，同时，布尔什维克主义以及再度兴起的土耳其民族主义也很有可能会推翻新的领土划分安排。在此情形下，大使们有时会在某些问题上产生分歧，并且需要紧急寻求各国政府的建议。为了解决这类问题，原先的战时盟国会召开部长级会议，以取代先前的最高委员会（最高委员会即最高战时委员会在调停时期的称呼）。这样的部长级会议在规模和组成上都很大的差异。例如，1920年5月，英国首相与法国总理在海斯进行为期仅3天的会晤；而1922年在热那亚举行的会议不仅有34个国家参加，而且耗时长达6个礼拜。此外，德国在1920年参加斯帕会议来商讨赔款事宜。在此之后，战败国代表便开始越来越多地现身会议外交，热那亚会议上甚至有布尔什维克代表出席。

　　起初，政府间的再度合作主要是为了和平解决问题，这与大使会议是一致的。尽管战后条约未能解决所有国际问题，国联行政院还是试图重点解决那些国际关系中久拖未决的问题。这样一来，行政院因此未能及时回应德国在1921年提出的一项诉求，由于当时在赔款问题上产生的争执，协约国便扩大对德军事占领，从原先的莱茵兰扩张到鲁尔港。但是，由于担心关于和约中个别条款的争执可能危及同盟关系，战胜国毫不迟疑地选择了拒绝履行己方责任。依据《凡尔赛和约》，德国与波兰两国就上西里西亚的边界主权归属问题进行了公民投票，但未能得出明确结果，最后只好交由国联来裁决，干了件吃力不讨好的事。另外，由于美国、苏俄和德国缺席国联，会议外交便成为处理海军裁减和欧洲经济重建的便利工具。但同时，一些大国其实并不愿将涉及本国尊严和利益的问题交由国联解决。1923年，参与到希腊—阿尔巴尼亚边界划定谈判的一名意大利官员遭到谋杀，之后，意大利便对科孚岛进行轰炸。而前一年上台的贝尼托·墨索里尼坚持此事应由大使会议解决。的确，如果有更合适的解决问题的渠道，部分大国更倾向于避开国联。

　　会议外交的存在不仅限制了国际联盟的行动范围，而且阻碍了欧洲各国之间回归传统外交的对话模式。1922年10月，劳合·乔治领导的英国政府倒台，但在那之前，他依旧在世界事务中发挥着举足轻重的作用。在"重大问题"上，他仍然更倾向于通过各国领导人之间的讨论来解决，而不是交由外交官们来处理。尽管英国首相本人有时不会直接参与外交决策，但是劳合·乔治却多有干涉，着实令人困扰，尤其是他总是自作主张，而不与外交大臣寇松勋爵（Lord Curzon）沟通。劳合·乔治保留了战争时期的习惯，继续通过私人秘书以及内阁秘书来联系外国政府，而且，汉基对组织与协调的把控似乎也是对外交部能力的否定。这就导致了之后英国外交部门的士气低迷。然而，这些变化并不能完全归咎于首相对于"依据外交照会谈判"① 的厌恶。要想解决有关裁军及赔款的评估、收集和归属等问题，需要至少两个条件：首先，战略与金融方面的知识必不可少，这是传统外交无法做到的；其次，需要在多边谈判中解决，双边谈判无能为力。战争让欧洲政治家习惯于个人外交，战后个人外交似乎还应持续下去，政治家们应继续进行会晤，以便检视并维持和平。

自劳合·乔治辞去首相一职后，欧洲召开部长级会议的频率就下降了不少。1922 年 1 月，雷蒙·普恩加莱（Raymond Poincaré）再度出任法国总理，他是部长级会议的公开反对者。劳合·乔治虽然十分杰出，但接下来的两任英国首相都没效法。然而在 1923 年，欧洲大国关系上的两个重大问题最终都是通过会议方式解决的：第一个是近东地区实现和平，那里的土耳其民族主义者曾经公然藐视一战战胜国；第二个是法国—比利时联盟试图通过对鲁尔港的军事占领来获取德国的赔款。的确，洛桑会议是两次世界大战之间英国外交取得的最为长久、最有影响力的成就之一。寇松亲自参加了此次会议并与土耳其重新签订了和平协定，而 1924 年的伦敦会议在德国赔款问题上接受了相关财政专家的建议，为法德两国缓和紧张关系打通了渠道，相关的条约也最终于 1925 年 10 月召开的洛迦诺会议上得以签署。伦敦会议与洛迦诺会议最主要的内容之一是比利时、法国与德国正式接受了莱茵兰地区的现状，并且得到英国和意大利两国担保。两次会议期间，尽管英法德三国政府都想借机达到各自目的，但最终还是促成西欧朝着政治和解的方向迈进。对法国而言，这不仅意味着安全得到了保障，而且可以得到德国定期支付的赔款；对德国来说，这样的结果让《凡尔赛和约》的修订朝着对德国有利的方向发展，并且国家的权利和地位也得到国际社会认可。而这些目标最终要通

---

① Alan Sharp, "Lord Curzon and the Foreign Office," *The Foreign Office, 1782–1982*, ed. Roger Bullen (Frederick, MD: University Publications of America, 1984), p. 72.

过日内瓦"茶会"来实现,即英国外交大臣奥斯丁·张伯伦(Austen Chamberlain),法国外长阿里斯蒂德·白里安(Aristide Briand)以及德国外长古斯塔夫·施特雷泽曼(Gustav Stresemann)三人之间的所谓定期会晤。在1926年德国加入国际联盟之后,三人会议通常会和行政院的季度会议同时进行。

国际矛盾基本上是误解与沟通失败的产物,这是流行于会议外交倡导者中的一种假设。如果外交政策的制定者们可以在没有中间方插足的情况下坐在一起讨论事宜,那么矛盾是可以避免的。他们应该会更好地理解彼此的担忧、希望和抱负;如果还能对选举产生的与会者负责,那他们的对话就能在很大程度上确保政策的民主性。因此,像白里安、张伯伦还有施特雷泽曼这样经验丰富的议员,就有机会把在内阁与政党政治中学到的技巧运用于他们非正式的秘密会议之中。在酒店的私人房间里,他们三人可以协调各自政策,安排欧洲事务,而大使的作用显然遭到了削弱,他们做的不过是处理低端的日常事务,筹备未来会议以及执行部长的决定。欧洲政治在那段时期较为稳定,经济也相对繁荣,他们的努力看上去很是成功。此外,《凡尔赛和约》中有关德国裁军以及莱茵兰军事占领这两部分的修改也取得了进展,作为一种构建信任的实践,"茶会"也帮助法国打消了关于德国意图的一些疑虑。但无论怎样,有两点依旧悬而未决:一是法国人是否愿意接受一个强大的德国;二是德国是否愿意继续接受对自己力量的限制。两国之间仍横亘着巨大的鸿沟。随着20世纪20年代末期开始的经济衰退,以及德国国内朝着政治极端主义的陡然转向,劳合·乔治心中预想的欧洲"总体缓和"局面烟消雾散。

1929年春,奥斯丁·张伯伦被免去职务,同年10月,施特雷泽曼去世。而早在这之前,洛迦诺式外交的缺点就已经突显出来。新外交的保守派批评家们一直以来都认为,国际关系的掌控是十分专业而复杂的,需要掌握特殊的谈判技巧，而没有几个政客能掌握这种技巧。政治领袖们由于急于追求成功并得到民众的赞扬，往往会要么做出不必要的让步，要么摆出过于僵硬的姿态。而因为没有留下正式的书面协定，这些领导人之间的会议将再度对已经解决的问题产生疑惑，最终可能会造成更多国际矛盾，这正是人们一开始就想要避免的局面。劳合·乔治与克莱门梭之间的谈话导致英法两国就先前做出的承诺出现了分歧，法国要求继续履行承诺，而英国则发布了免责声明。同样，白里安与施特雷泽曼之间也在德国签署《洛迦诺公约》之前关于一些条款达成的口头协定产生了分歧。1928年12月，在开完国联会议后，施特雷泽曼怒气冲冲地回到国内，错以为张伯伦在指责德军违反了《凡尔赛和约》的多项规定。然而，职业外交官如大使，也会犯同样的错误，他们也会做出片面、武断的报告。但是大使们犯错是可以被批评的，更何况大使们如果进行秘密谈判的话，他们犯下的错误就不大可能导致因领导人失态引发政治尴尬。

为了避免遭到公众的诟病，洛迦诺式外交倡导者们之间进行着高度机密的交流。而在国联支持者眼中，这似乎又退回到了战前的方式——大国的代表们只是把自己的个人决定带到全体大会和行政院上接受评论。罗伯特·塞西尔指责张伯伦只是将国联当成"行旧外交之实的便利工具。"[①] 1926年9月，白里安与施特雷泽曼在图瓦里进行了会面，而大约18年前，俄国外交大臣伊兹沃尔斯基（Izvolsky）和奥匈帝国外交大臣埃伦塔尔（Aehrenthal）在布赫劳也有过一次类似会面，不过这种巧合并未带来什么严重后果。白里安与施特雷泽曼还都曾前往日内瓦出席德国正式加入国联的仪式。会晤之前，二人事先采取措施成功避开了媒体，并分头来到法国汝拉省图瓦里的一个小村庄。在那里，他们一边吃着午餐一边探讨法德两国间进行谈判的基础，桌上摆着四瓶佐餐酒和一瓶香槟，而这样一次"席间"谈判竟然也收获颇丰，几近修改当时德国的赔款协

[①] Jon Jacobson, "The Conduct of Locarno Diplomacy," *Review of Politics* XXXIV (1972): 71.

定,也扭转了莱茵兰地区局势。在过去 12 个月中,法国外交官曾多次为达成这样一个协定向德国进行试探。而在图瓦里,法德两位外长则尽情展现热情与决心。后来,白里安故意混淆法国外交部在推进该计划中发挥的作用,他这么做出于这样两点考虑:一是法国国内反对对德国做出任何重大让步;二是已有指控称这位外长牺牲了法国的安全,他必须要为自己辩护。正如在洛迦诺会议期间,人们对会议结果抱有很高期望,但期望未能兑现,沮丧和失望便接踵而至。洛迦诺式的外交方式创造出一种欧洲正在走向缓和的假象,但事实上,法德关系在 1929 年秋季并不比 1925 年夏季好多少。

尽管日内瓦"茶会"没能取得多少实质性成果,但是外交部长和国家领导人与对立国领导人进行谈判这一做法已流行起来。1929 年,拉姆齐·麦克唐纳成为第一位访美的英国首相,他与胡佛总统共同就未来英美之间新海军武器的限制协定进行了探讨。五年后,法国外长路易·巴尔都(Louis Barthou)利用苏联外交委员会身在日内瓦这一时机,向他提出在日后建立法苏同盟的建议,并最终得以实现。不过这样的例子只占少数,20 世纪 30 年代,部长级外交其实充斥着误解与不睦。1934 年 6 月,墨索里尼在威尼斯第一次与希特勒会面,之后还于 1935 年 1 月与巴尔都的继任者皮埃尔·赖伐尔(Pierre Laval)见了面。但这两次会晤中,双方都误解了彼此的意图而产生了问题。此外,法国外长还出访了欧洲东部和中部国家,但此举既没有厘清也没能巩固法国与当地盟国的关系,虽然巴尔都曾为缓和与两个潜在盟国的关系做出了不懈努力,但随着 1934 年 10 月时他与南斯拉夫国王亚历山大一世双双在马赛遇刺,这样的努力也只能以灾难收场。甚至就算职业外交官参与到协议签订的准备工作当中,相关部长级会议最后也可能陷入政治混乱。1935 年 12 月,英国外交大臣塞缪尔·霍尔(Samule Hoare)与赖伐尔关于意大利—阿比西尼亚战争处理结果的言论被媒体曝光后,英国爆发了强烈的政治抗议。尽管英国外交部对"霍尔—赖伐尔计划"考虑再三，霍尔还是因胆敢设想肢解法西斯侵略的受害者而被迫下台。

当然，政治家外交官早已是国际政治的一个特点。但部长级外交在两次世界大战期间得到迅速发展。1938年慕尼黑会议召开，当时世界四个主要大国的政府首脑都参加了会议。因此，尽管该会议与1878年召开的柏林会议在表面上有些相似之处，但是，英国首相内维尔·张伯伦（Neville Chamberlain）匆匆安排好飞往贝希特斯加登和巴德戈德斯贝格的航班，与此同时，英法两国的部长们仍待在伦敦进行商谈，这种情形在19世纪是无法见到的。这一切不能简单地归因于交通方式的迅捷发达。这一时期，电话开始在外交实践中得以广泛应用，且在20世纪30年代中期，飞机也在一定程度给人们提供了更为舒适便捷的交通。然而，虽然电话能让世界领导人之间的联系更加快捷紧密，但他们还是更倾向于亲自出国访问，而且那时火车和轮船依旧是最为普遍的交通工具。更重要的是，人们仍然认为如果想要避免再次发生1914年那样灾难性事件，外交政策的制定者们必须直接沟通。但是，国际联盟没能阻止日本侵略中国东北，也没能阻止意大利对阿比西尼亚的进攻，而且日本、德国与意大利三国相继退出国联的事实凸显西方政治家们必须共同为和平做出努力，这一认识尤为重要。20世纪30年代晚期危机重重，极权主义国家大肆进行反动宣传，实施政权颠覆和明目张胆的霸凌政策，迫使英法两国的政治家们不得不主动开展外交，同时还通过召开高级别部长级会议来协调政策。

国家政府再一次启用了非官方与非外交的中间人员来办外交，成为20世纪30年代外交的另一个特点。内维尔·张伯伦曾作为英国财政大臣，参与过德国赔款问题的谈判。1938年9月，他派遣英国政府首席工业顾问霍勒斯·威尔逊（Horace Wilson）前往柏林，警告希特勒英国不会放弃为捷克斯洛伐克而战。1939年夏，威尔逊与海外贸易部部长罗伯特·哈德逊（Robert Hudson），还有两名瑞典商人都在努力为波兰问题寻求解决方案。同样，法国总理爱德华·达拉第（Édouard Daladier）与法国外长乔治·博内（Georges Bonnet）为了与轴心国搞好关系，向银行家保罗·博杜安（Paul Baudouin）和右翼国际法学家费尔南·德·布里农伯爵（Count Fernand de Brinon）寻求帮助。但这可算不上创新。过去金融家、商人和国际法学家会被充实到外交队伍中，有时尤其是在危机时期，他们还会越过官方外交渠道行事，原因是他们在国际上有着广泛的人脉和影响力。但是，对于这些人员的任用让职业外交官们很是不满，他们气愤地抱怨着部长们及其私人代表是如何抢走了他们的工作。

二战后，职业外交官抗议政府无视他们的建议。他们经常抱怨说，如果他们专业、明智的建议能得以采纳，野心勃勃的领土扩张计划就算不被废除也会被修改，还能避免做出未经斟酌的草率承诺，这样一来，旧交不会被抛弃，潜在的盟友亦不被疏远，更不会向危险的对手做出让步。外交回忆录中披露的史实和一些历史学家们口中不断重复的故事人们早已耳熟能详。两次世界大战期间政治领袖们经常会将外交政策的执行与制定混为一谈，他们一边支持新外交原则，一边又运用新外交的方法来达成旧外交的目的。此外，他们对所谓先见之明过分的相信和依赖让这个世界再次陷入了战争，并彻底摧毁了当时欧洲的国家体系。然而这样的泛泛之论忽略了两点事实：第一点是大使的建议与部长的意图之间的相符程度；第二点是不同国家外交官经验水平的差异程度。德国前外交部长厄恩斯特·冯·魏茨泽克（Ernst von Weizsäcker）在回忆录中写道，在德国纳粹时期，外交部已沦为一个"简单的技术机构"。[①] 法国的一个议会委员会认为，1940年法国失败的部分原因在于当时法国外交部的高层几乎独揽外交决策大权，而且还在政治领导人与法国驻外外交官之间设置障碍，阻挠沟通。不管怎样，想要弄清外交官对决策到底有多

[①] Ernst von Weizsäcker, *Memoirs*, trans. John Andrews (London: Gollancz, 1951), p. 106.

大影响可不容易，必须要调查清楚外交官的私人关系以及他是否与部长有何关系。我们也有理由认为，随着国际政治的复杂性日益加强，部长们已无法有效处理所遇到的各种问题。这样一来，职业外交官在政策制定方面的作用将会越来越重要。或许，完全业余外交人员在某些场合可能还将居于支配地位，但是实际上，新外交不仅对外交部提出了新的要求，还大规模拓展了海外代表团以及领事馆的工作范畴。

外交机构：改革与紧缩

许多大国的外交部门在两次世界大战中都经历了新的适应—改革期。政府为了在一定程度上回应公众批评，纷纷尝试挑战外交部，使外交人员的任用更广泛、更民主，并初见成效；同时，还重新规划了外交人员的职业模式，使之更加灵活，并让有特长人员享有更大升职空间。外交机构的现代化进程始于一战前，在某些情况下，上述做法可以视作是这一进程的延续。然而，这样的改变也受到各种因素影响：新兴的科技发展、日益重要的经济因素以及对国际政治影响越发显著的公众意见。因此，各行各业的专家开始进入外交使团的成员当中，且数量持续上升。起初，战败国的使团中不允许配备陆军与海军武官，而且非敌对中立国对国际情势十分乐观，也不在使团中配备此类专员。但是现在，使团中不仅有陆军与海军的身影，空军也加入进来。此外，商务专员的数量也在增多。由于大量的国际债务以及各国政府对政治宣传的重视，来自金融和新闻行业的新型专员应运而生。然而，大使们其实并不欢迎此类人员，对这些人得到的半自主待遇极为不满。再者，商业、金融，还有些国家的宣传部门都参与到了人员的选拔和任用当中，再次突显了一个问题，即应该如何界定外交部以外的部门在外交政策的制定和执行过程中扮演的角色。

在德国，外交部的权威在战争期间迅速地下滑，于是外交机构改革在德意志帝国行将灭亡前的几个月便开始了。改革重要推手是埃德蒙德·舒勒（Edmund Schüler），一名前领事官员，此人1918年时曾是德国外交部人事部门的负责人。变革的压力却来自外部，尤其是以下两个方面：一是德国北部港口的贸易集团，他们指责德国的贵族精英对他们所面临的问题根本不了解。二是新成立的经济办事处，该机构曾扬言要接管外交部的商务和领事工作。来自这两个方面的压力对外交部工作能力形成挑战，情况令人担忧，于是舒勒在外交部建立一个大型外贸部门，此举甚至得到了外交部中最保守势力的支持。但由于公共开支的削减，最终实际建成了一个较小的商业机构。但是，舒勒意欲更好协调外交政策制定过程中的经济利益和政治考量，这一点在他进行的其他改革中得到了体现。因此，按地缘设置的部门取代功能性部门，领事与外交业务相互融合，外交服务向商人、政客和记者们开放。这可谓一场名副其实的彻底的"资产阶级革命"：从事领事服务的公职人员得到升迁，身居高位；非外交人员被派往重要使团；根据《魏玛宪法》规定，德国还选出了一名向议会负责的外长。

英国也是如此。批评家们在战前就明确指出了英国外交部在经济领域的短板，英国外交部试图对此进行改革。在征得海外贸易总部的支持后，外交部开始启用商务参赞，不再设商务专员，但此举非但没有加强外交部在促进和强化商业方面的作用，反而有所削弱。此外，外交部还想进一步调用英国的经济和财政资源来为外交服务，却碰了一鼻子灰，原因在于财政部对此举持怀疑态度。但这并不意味着财政部的常任副部长沃伦·费希尔爵士（Sir Warren Fisher）自己不会游走于国际贸易、金融与外交政策相重合的灰色地带。1932年，渥太华会议通过了帝国关税制度，虽然这一制度对于英国与其他大国的关系至关重要，但英国外交部的高级代表在此会议上的仅仅是个观察员身份。三年后，费希尔派遣了政府首席经济顾问弗雷德雷克·利斯·罗斯爵士（Sir Frederick Leith Ross）前往远东，希望他能够促成中日间和解。外交部虽然不愿让财政部干预其行政领域，却又苦于缺乏专业能力。此外，1930—1938年，外交部常任副部长罗伯特·范西塔特爵士（Sir Robert Vansittart）在实现部门间更大程度上的政策协调方面不愿做出让步，也对外交部的进一步发展构成阻碍。相比之下，德国外交部则与农业部、经济部和财政部一起，于20世纪30年代早期在东中欧成功发起了强硬的经济政治行动。相比之下，英国的外交总是反应迟缓，且过分受制于部门特权。

英国外交机构接下来的改革进程缓慢且优柔寡断。一个皇家委员会（麦克·唐纳委员会）在1914年提出建议，将外交机构和外交部的职业结构进行融合，而到战后，这一目标仅仅完成了一部分。外交部中的保守派认为两种职业并不相同，需要的是能力与性格不同的人才。尽管在接下来的几年里驻外代表与伦敦官员之间交流逐渐频繁，但是合并后的外交部门最后也只是采用普通外交的头衔，不过是些二秘和三秘而已。随着公众对于外交部的兴趣逐渐减弱，英国外交部需要顶住财政部的压力，以确保本部门人员聘用、职务升迁及薪酬标准与其他行政部门一致。抱负远大的外交官们不再奢望拿到400英镑年薪，外交部入部程序放宽了；尽管新人依旧大多来自牛津和剑桥这样的老牌大学，但伊顿公学的毕业生占新招人员的比例则在20年代时下降到战前的一半。然而，外交部在判定候选人是否适合担任外交职务时，仍然将面试作为重要手段。正如一位高级官员所说，如果不这样做就无法排除"同为英国国民的犹太人，有色人种和异教徒"。[1] 诸如此类的偏见也让英国人竭力反对英国外交效仿其主要商业对手，将领事服务与其他外交机构整合起来的

---

[1] Zara Steiner and M. L. Dockrill, "The Foreign Office Reforms, 1919-21," *Historical Journal* XVII (1974): 131-156.

做法。那些质疑者们担心,这么做恐怕会让那些从事领事工作的人们拥有"独特的个性","得体的谈吐"和"随机应变"的品质,正如一位前英国驻中国的使节所说,这些品质会让他们"与任何国家的统治阶级友好相处"。①

在美国,外交的形象很符合亚瑟·施莱辛格(Arthur Schlesinger)所描述的那样,是一个"软弱而传统的老男人的庇护所,这些人爱慕伯爵夫人们,与姑娘们打情骂俏,袖子里还揣着手帕"。而即便是在美国,未来的改革者们也会强调要发扬外交这一职业的诸多优点,其中最重要的一点是,外交从业者必须要尊重"世界的习惯"(unecertainehabitude du monde)。② 但美国外交机构的改革有两个重要特点:一是要强化实施职业原则;二是尝试将备受重视、专业性更强的领事服务机构纳入美国外交。毫无疑问,美国通过一战对自身外交系统中存在的缺陷有了更真实、全面的认识,例如,驻外代表大部分都是经总统提名的人士和有钱的年轻人,他们毫无经验可言,就算没有足够薪酬和稳定任期仍然能生活下去。有些学者甚至指出,如果美国在1914年夏天派出去的不是那帮门外汉,美国应该可以更好地缓和欧洲形势。然而,伍德罗·威尔逊却明目张胆地重新推行"政党分肥制"(Spoils System),无论是在战时还是和平谈判期间,众议院及其幕僚们一手遮天,将国务院操纵于掌股之间;在海外,财政部和陆军部的人员抢尽风头,外交官们光鲜尽失,黯然神伤。直到20世纪20年代早期,美国国会才逐渐意识到必须保护并促进美国新生的经济力量,美国政界才逐渐有了清醒认识,到了对其外交机构进行彻头彻尾大变革的时候了。美国国家公务员制度改革联盟敦促国会立法,确保外交机构真正能够选贤与能,让外交人员得到更合理的薪酬和升迁机

---

① D. C. M. Platt, *The Cinderella Service: British Consuls since 1825* (London: Longman, 1971), p. 241.

② R. D. Schulzinger, *The Making of the Diplomatic Mind: the Framing, Outlook and Style of United States Foreign Service Officers, 1908-1931* (Middletown, CT: Wesleyan University Press, 1975), p. 15.

会。外交官与领事官员应一道发出呼吁，只有专业而完善的外交体制才能更好地服务于美国商业，为他们提供更有效的支持。

1924年5月，《罗杰斯法案》的通过似乎完成了改革者们预设的大部分目标。该法案是以其发起者、国会议员约翰·雅各布·罗杰斯（John Jacob Rogers）的名字命名的。法案规定了外交与领事官员的级别及各级别的薪资水平，建立了以个人才能定职位的制度，同时大幅提高外交官薪水，发放职位津贴及养老金。尽管"政党分肥制"依旧存在，但是驻外使团的负责人并不在此分级制度之内，外交部门的官员也因此可以被正式推荐为驻外使节。从理论上来看，财富的多少不再是入职的先决条件，年轻职员也可以对自己事业有所期待，也有希望日后达到事业巅峰。尽管如此，该法案还是没能完全达到预期效果。据推测，如果有些领事官员精通商务，那么他们未来将可能进入大使馆和公使馆工作，而外交官则可能被派到政治敏感地区的领馆任职。英属印度就是一例。那里并无任何其他类型使团存在。但这些外交官同样希望他们的提议能赢得国会支持，所以虽然他们似乎是默许了外交与领事的合并，但他们还是会反对让社会地位较低的领事官员从事外交工作。此外，他们还反对外交机构聘用女性和有色人种，但是并未取得成功。直到1927年，由于民众对于法案执行方式的不满，领事服务处主任威尔伯·卡尔（Wilbur Carr）出任外交部的人事委员会主席后，领事和外交机构的人员往来才得以进一步放开，变得更加活跃起来。不过，美国外交官还是保留了精英主义情怀和价值观，和他们旧世界的同行们如出一辙，而且他们还将自己那份强烈的集体荣誉感传给了成长中的下一代外交官们。同时，美国国务院也在与农业与商业部的竞争中胜出，建立了属于自己的随员部门。

英国外交部和美国国务院都曾面对机构之间的对立与争执，而法国外交部则在两次战争期间免受其扰。原因有二：第一，法国外交部及其代表依旧享有威望；第二，事实上，在1920—1933年的大部分时间里，法国外长都由总理兼任。此外,早在 20 年前,法国外交部其实就已经改革,进行了根本性调整。自 1907 年以来,外交部中按地理位置划分的各部门就一直负责商业和经济事务,尽管仍有一些旧的偏见,但是领事与外交两机构中平级的官员已经为外交部门的一体化做出了努力。可以确定的是,法国(当时为法兰西第三共和国)的外交官们对自己职业的社会特性并没有进行多少自我反省。法国外交部深受任人唯亲风气之害,并仍在继续任用富有的资产阶级与贵族成员。1929 年通过的一项法令还规定女性不能担任外交职务,行文中透着法国人言简意赅的风格。早在 1915 年 10 月,法国外交部就已设立了秘书长一职,这是除宣传中心外,法国外交部在战争时期唯一一次管理创新。据一项部内法规规定,秘书长主管部内所有机构。1920 年 9 月,贝特洛出任秘书长,他的继任者为阿列克西·圣-莱热·莱热(Alexis Saint-Léger)。这二人推动法国外交政策制定显现出某种连贯性,而在部门调整期却缺乏这种连贯性。但有些评论家却认为,法国外交如果没有这种连贯性也许会更好。莱热和他的同僚因为太过依赖过去的政治理念而在日后备受指责,这些理念或许在白里安与施特雷泽曼的时代还能发挥作用,但显然不足以应对希特勒时代的现实要求,而且法国的驻外代表也抱怨他们的报告没能得到充分传达和重视。然而,造成法国外交政策短板的原因不完全是外交机制本身的不正常运转,更多还是因为政治领导人无法提供必要的机制来协调外交与总体战略。

  法国外交部在那些年对新闻和文化部门进行了拓展,也正因如此法国外交得以在外交领域留下深远影响。新闻和信息服务处(Service de presse et d'information)取代宣传中心,此外,法国于 1920 年成立海外事务部(Service des oeuvres francaises a l' etranger)。该机构的前身是战前一家名为法国海外学校和事务办公室(Bureau des ecoles)的机构,而这一新机构的职责相当重要,主要负责促进法国在海外的"文化推广"。法国外交部不仅掌管着本国海外教育机构的预算，而且直接负责在东中欧地区大学里设立法国文学教授之职，促进法国艺术展项目推广，鼓励外国游客来法旅游。这样做可以让外国人更好地欣赏和理解法国文化和价值观，进而更容易接受法国先进的商业和政治。然而其他国家对文化外交却并不感兴趣。英国战时的主要宣传机构遭解散。另外，虽然外交部想保住重组后的新闻部门，但是人们普遍对此举十分反感，财政部也不例外，所以未获得足够财政支持，外交部在这方面的努力也就化为乌有。不过，该新闻部门还是可以继续向海外机构和社团提供书籍，报刊和电影，之前在纽约设立的英国信息局也被改造成了一座图书馆以掩人耳目。总的来说，在20世纪20年代，信息部门大部分的工作内容主要是向媒体提供事实信息，并通过电报和无线电将这些信息传播至海外。直到20年代末，英国财政部对文化外交的态度才有所改变，但是直到1934年12月英国外交部才得以在其名下设立了英国文化协会（British Council），加强对外宣传。

英国外交部对于文化外交的兴趣并不只是从法国得到的启示，其他国家的外交部在此方面所做的工作也起到了促进作用。德国外交部就是其中之一。除去在战争罪责问题上所花费的时间和精力，德国在海外文化宣传方面与法国不分伯仲。基于舒勒的改革，文化外交的相关工作由外交部下属的一个文化部门负责。该部门和法国的文化外交部门一样，通常会资助巡回讲学、艺术展览还有体育竞赛。但德国的文化外交和法国相比有其独特之处。虽然依据战后条约，德意志帝国和奥地利的一些领土被割占，并入一些中东欧国家，但德国外交部仍致力于保护这些地区的德语与德国文化。首先因为那些中东欧驻在国有时会流露出冷漠的排外情绪，所以德国外交部会努力保护这些地区日耳曼民族的利益，这一点很值得称赞。另一个原因是德国希望以此来重塑自己在中东欧的政治经济影响。不过，随着希特勒上台，这一考量就蕴藏了意识形态新含义。

意识形态与外交

　　外交实践不断适应意识形态的激变是 20 世纪世界政治中不断重现的主题。1917 年，托洛茨基曾错误地以为布尔什维克主义能够摆脱传统外交及其贵族式的繁文缛节。然而事实恰恰相反，"一国社会主义"论，苏维埃俄国的成立及其 1934 年加入国联都使苏俄进一步加深了对于外交官的依赖。在契切林和他的继任者李维诺夫担任部长的那段时期，苏联外交人民委员会在组织和结构上都与沙皇时期颇为相似。外交部官员和驻外代表大多来自中产阶级，谙熟外事工作，谈判能力高超，其中不少人在十月革命之前流亡海外。他们受过不同文化的熏陶，而且怀抱自由主义情怀。因此，出于对这些人的不信任，秘密警察会对他们的档案资料进行严密审查。这类人总是有些提心吊胆，时刻担心这个世界会被革命颠覆，他们自己随时都有可能会变成反布尔什维克暴力运动的牺牲品，而且有些人的确已经深受其害。同时，共产国际不仅继续让苏维埃的外交思想变得越发复杂，还在李维诺夫呼吁世界和平、进行国际裁军之时，提出要进行阶级斗争。但随着海外革命活动的减少，共产国际在苏维埃阵营中的影响力也大不如前，开始越发变成招集外贸工会主义者的工具以及一个支持苏维埃政权的"左倾"运动团体，这一切在人民阵线和西班牙内战时期显得尤为明显。此外，尽管苏联外交官行事风格略显僵硬，还善于用马列主义术语来陈述观点，但他们所用的谈判技巧在西方的外交官看来，似曾相识。

　　同样，许多制度性问题并非苏联外交部所独有。和其他国家的外交部一样，苏联外交部在国内的政治影响力主要来源于该部门所积累的丰富经验、所具有的专业能力和所掌握的信息，只要能够遵守政治局规定的政策方针，外交部的官员就能够享有较大行动自由。斯大林的私人秘书处有一个海外分支，而且这位苏维埃独裁者还会时不时地绕过外交部来行动。1939年8月签订的纳粹德国—苏维埃协定①就是一例。该协定起初是由斯大林通过外贸部向柏林试探，希望双方可以达成共识。但是苏联外交部面临的最大的国内挑战始于1937—1938年的大清洗运动。表面上，这次运动是为了清除间谍和反苏维埃势力，但实际上却严重削弱了人民委员部。部内的官员与外交官尤其受到怀疑，不仅因为他们与国外有联系，还因为他们中很大一部分是犹太血统或非俄罗斯后裔。在大清洗结束后，苏联外交部损失了超过三分之一的人员，剩下的三分之二则要接受弗拉基米尔·迪卡诺佐夫（Vladimir Dekanozov）的领导。这位新上任的副政委此前就是秘密警察。还有一些在国际上声名远播的外交官得以保留原职，例如身在伦敦的伊万·麦斯基（Ivan Maisky），但其他人则选择了叛变。当中有些人还遭到绑架，被押解回国。此次行动所要达到的目的就是要削弱外交部对决策的影响，同时培养、提拔新一代外交官。然而这些人中没几个了解外国局势、掌握流利外语。但从某种意义上讲，这样的改变与当时的时代精神似相吻合。这些"新人们"绝大多数都是大俄罗斯人，他们的性格成型于20世纪20年代，并且不像契切林、李维诺夫和他们的同僚们那样，会从国际革命者"大家庭"中获得启发。新一代外交官代表着苏联的外交政策从根本上变得本土化，与此同时，意大利的墨索里尼和德国的希特勒也都在鼓吹他们各自国家外交的优势。

但从国际政治角度看，布尔什维克主义的信念和法西斯主义的言辞之间确有明显不同。前者预测到了资本主义国家日渐衰落，最终走向灭亡，而后者则将其存续和最终胜利建立在民族认同之上。墨索里尼和他的军官们对国际社会做出了社会达尔文主义的假设，然而对墨索里尼等

---

① 指《苏德互不侵犯条约》。——译者注

人及其政治主张的口诛笔伐与任一关于外交的定义均可契合,因为外交本质上就是强调通过长期而耐心的谈判以达成协定,通过和缓民族报复以求得和平妥协。意大利高级外交官斯福尔扎伯爵(Count Sforza)始终认为法西斯的外交政策实践"不过是感伤和仇恨的结合罢了"。[1] 1922年10月,墨索里尼在攫取政权之后马上裁撤了意大利驻巴黎大使馆。其他的意大利外交官们则认为法西斯政权是秩序力量的胜利。他们认为自己能够遏制法西斯过分激进的风格,并且运用自己的力量为意大利赢得尊重和影响,因为他们觉得一战一来,意大利的前盟友们已不再对其保有尊重,也不再承认其国际影响力。尽管墨索里尼曾斗胆参与会议外交,1923年时还挑起科孚岛事件,但墨索里尼的法西斯政权却并没有让这些外交官失望。意大利外交部并未发生什么重大变化,唯一的改变是地址从原来的孔苏塔(Consulta)迁到了基奇宫(Palazzo Chigi,意大利总理府)。此外,法西斯统治的头十年中职业外交官与法西斯政党之间也没有出现明显对抗。意大利在占领奥匈帝国的南蒂罗尔后,对当地的德国少数民族进行虐待,导致墨索里尼与施特雷泽曼之间的公开漫骂,之后,意大利驻德国大使与意大利外交部秘书长分别于1926年早些时候辞职。墨索里尼的党羽之一迪诺·格兰迪(Dino Grandi)1925年受命出任外交部副秘书长,并在之后接替墨索里尼成为外交大臣。而面对职业外交官们的管理,格兰迪显得相当听话。同样,这些外交官还成功地调教出一组名为凡多提斯提(Ventottisti)[2]的法西斯党员,他们虽毫无外交经验,但在1927年被纳入外交部门。如此一来,新的法西斯意志便得以渗透到外交部当中。

令职业外交家们更为担忧的是,墨索里尼喜欢将他的阴谋诡计伸向国外。他任用了非正式代表出席国际谈判,而对国外各种由民族主义者

---

[1] Alan Cassels, *Mussolini's Early Diplomacy* (Princeton, NJ: Princeton University Press, 1970), p. 9.

[2] Ventottisti,意大利语,英译为"The generation of 1928",即"1928那一代人"。

和与政府持不同政见者们挑起的运动，他也会给予支持。但墨索里尼不仅没能从中获得多少实际好处，还加快了魏玛共和国和奥地利第一共和国的瓦解，破坏了巴尔干地区的稳定，为插手西班牙内战付出了高昂的代价。此外，虽然法国与美国曾对意友好，但由于意大利不仅反对法国反法西斯流亡者发起的活动，而且维斯特罗荣誉秘书（Segretaria dei fasti al Vestero）还试图将美国的意大利移民群体改造成法西斯运动的分支，从而导致意大利与法、美关系交恶。墨索里尼还让那些信奉新外交原则的人十分苦恼，因为他蔑视国联，还在1933年提议建立由四个大国主导的新欧洲协调，更有甚者，他还入侵了埃塞俄比亚。然而，要说法西斯意大利对于外交发展真的有什么贡献的话，那只是在形式上，而非在内容上。这一点在1936年加莱阿佐·齐亚诺（Galeazzo Ciano）担任外交大臣后的几年中尤为突出。齐亚诺是墨索里尼的女婿，也是前新闻与宣传大臣，他私人秘书处的成员全是年轻的法西斯党员。他通过自己的密友和秘密使团，同资深外交官应付自如。在他的领导下，《法西斯之声》（*tona fascista*）得到重视，外交部工作的重点也放在了开展关键性行动，摆出更威武的姿态上，同时更注重直接与外国政要打交道。意大利由于不尊重传统外交实践，谈判屡屡受挫；给意识形态披上了反共产国际主义的外衣，与邻国建立了新的图谋不轨的不正常关系；意大利草率签订条约的不负责任的做法也使其做出了不少责权不清且危险的承诺，1939年与德国签订的《钢铁条约》就是一例。

阿道夫·希特勒一直以来都提倡德意结盟。希特勒在自传《我的奋斗》中预测，与英国和意大利结盟能够帮助德国战胜法国，赢得"生存空间"。该自传共两卷，分别于1925年和1926年出版。希特勒赢得"生存空间"要达到的目标其实来自他对世界政治的消极看法，他认为，人类各种族，和生物物种一样，被卷入了一场生存之战，这场战争的逻辑结果必然会有一个种族在冲突中得到强化，得到净化，最终得以统治世界。关于希特勒的很多事情在历史上都充满争议,引人猜测,比如,希特勒的上述观点与纳粹德国的外交政策有多大关联?希特勒对于逐步对外扩张的计划到底有多坚定?以及他的行为到底有多少纯粹的机会主义成分?不过,德国外交部的保守派官员似乎还真希望德国能够通过纳粹而强大起来,这样一来,他们就可以重新修订《凡尔赛和约》,将奥地利收回德意志帝国,并最终在中东欧地区建立德国的势力范围。面对纳粹政府,这些官员之所以还坚守岗位,第一是出于他们对祖国的忠诚;第二是因为和意大利同事一样,他们仍然相信有希望说服纳粹政党中的革命分子,让他们不要过于激进;第三,自然也是出于对自己职业前景的担忧。所以,在1933年纳粹政党掌权之后,仅有一名当时在任的大使辞职。德国当时的外长和外交部国务秘书分别是康斯坦丁·冯·纽赖特(Constantin von Neurath)和伯恩哈德·威廉·冯·布洛(Bernhard Wilhelm von Bülow),前者于1932年进入政府任职,是一位职业外交官;后者是一位前帝国大臣的侄子。布洛一直担任国务秘书,直到1936年去世。此外,1938年之前,德国外交部虽曾经历过一次,也是唯一一次较大规模的机构调整,但相当保守。因此,在1936年时,德国外交部恢复了前舒勒时期的一些功能性部门。

无论是对德国外交部还是部内职员,希特勒都没有什么好印象。他将外交部称作"有脑袋的垃圾箱",将外交部的官员贬损成一群"圣诞老人",除了在"平安年代"有点用之外,其他时候就是一件摆设。但希特勒不久后便认识到,这些老派外交家们也是可以发挥作用的。在纳粹党团中,地位显赫的人物都没有任何外交工作经验,因此,无论是希特勒还是他的部下都不能忽视外交部在外交方面所能提供的经验和情报。如果德国想要成功达成重新修订《凡尔赛和约》的目的,哪怕只能修订一小部分,也需要向其他国家表明其意图之坦诚,手法之连贯。否则,其中一个或多个邻国可能会因此先发制人,一起对当时军事力量还比较弱小的德国发动进攻。此外，不管德国纳粹领导人的长远目标是什么，短期内的目标中肯定会包括摆脱《凡尔赛和约》在西部对其军备和防御的限制，而外交部官员在这一点上与纳粹保持了一致。因此，希特勒有理由先将外交部放在一边，转而去和其他部门协调以达成一致。

但这并不意味着纳粹对外交部的权威就完全不构成威胁。纳粹中有不少党员有可能成为未来的外交专家，而且不乏各色谋权之徒。因此外交部不得不做好准备，坚持与这些人展开斗争。1933年4月，希特勒准允在党内成立一个纳粹外交政策办公室（德文 Aussenpolitischesamt，APA），负责人为阿尔弗雷德·罗森堡（Alfred Rosenberg）。罗森堡是纳粹党内的"思想领袖"，曾写过一本书，分析德国外交政策的未来。虽然罗森堡预期自己将对外交政策的协调发挥重要作用，然而希特勒似乎仅仅将外交政策办公室视为一个执行党内特殊任务而非官僚任务的机构。罗森堡，这位可怜的公使，最多不过是一个头脑混乱的种族主义理论家。1933年，罗森堡出访英国，这是他的首次外交尝试。尽管当时顶着"元首私人代表"的头衔，但由于他准备不充分，最终还是没能接触到一位英国领导人，此次出访也只好在尴尬和沮丧中收场。而对于外交部来说，纳粹党内的另一个机构，纳粹党海外组织（德文 Auslandsorganisation，AO）才是更强大的对手。纳粹党海外组织受希特勒的二把手鲁道夫·赫斯（Rudolf Hess）的庇护，还得到恩斯特·威廉·伯赫尔（Ernst Wilhelm Bohle）的领导，致力于保持与海外纳粹党员和德国公民（Reichsdeutsche）的联系。这自然给其他国家的职业外交官们造成了麻烦，因为当地政府均反对纳粹党海外组织试图将那里的德裔群体纳粹化，这点在波兰体现得尤其明显。伯赫尔还企图扩大纳粹党海外组织的管辖范围，将国外生活的德裔（Volksdeutsche）全都纳入其中。不仅如此，伯赫尔还免不了与外交部产生冲突，因为他坚持认为外交官们应当收归纳粹党海外组织进行管理，并敦促将纳粹专员派往德国的驻外使馆中工作。无论怎样，他的努力还是得到了回报。1936 年,纳粹党海外组织成了希特勒与西班牙国家元首弗朗西斯科·弗朗哥将军(General Franco)之间的沟通渠道,当时由于纽赖特及其手下官员反对德国插手西班牙内战,纳粹党海外组织还可以协助纳粹领导人绕过纽赖特行事。为此,翌年 1 月,伯赫尔接替纽赖特入主外交部,并在之后担任国务秘书,纳粹的海外代表也取得了和德国外交官平起平坐的地位。此后,德国的外交机构全部交由德国纳粹海外党部(Gauleitung Ausland)管理。

纽赖特不仅准确地预料到了伯赫尔将进入外交部,同时认为他还可以与赫斯和伯赫尔结成盟友,一起对付共同的敌人——约阿希姆·冯·里宾特洛甫(Joachim von Ribbentrop)。作为一名新纳粹党员,里宾特洛甫对希特勒可谓极尽溜须拍马之能,甚至唯命是从。他去过很多国家,能讲一口流利的外语,而且喜欢在德国与英法两国的关系方面摆出一副行家里手的样子。里宾特洛甫不断迎合希特勒种种心血来潮的臆想,而希特勒显然对他赏识有加。在元首的授意下,他出任德国裁军事务代表,享受大使级别。同时,里宾特洛甫还在外交部对面的大楼里组建了自己的机构"里宾特洛甫办公室",并派出手下专员执行外交任务。尤其让纽赖特深感懊恼的是,里宾特洛甫在 1935 年 6 月与英国的谈判中取得成功,签订了一项关于限制海军武器装备的条约,还在 1936 年出任德国驻英大使。此外,里宾特洛甫还在同年与日本签订了《反共产国际协定》,职业生涯捷报频传。最终,纽赖特辞职,在德国经历了一系列政治和军事领导的剧变后,里宾特洛甫于 1938 年 2 月出任德国外交部长。自此,他已能够逐步把德国外交部导向纳粹,并协调外交部与希特勒的德意志帝国其他各个部门间的关系。

纳粹德国独裁统治相当混乱,这不仅体现在里宾特洛甫的夺权之路上,还体现在他和罗森堡、伯赫尔,还有他们的特使进行的准外交实践中。外交政策也因此发生了很独特的变化。在德意志第三帝国(纳粹德国）中，个人、国家和纳粹党的部门之间相互争权夺利，而希特勒就是那位终极仲裁者。纳粹领导人们全身心地投入官僚帝国的建设中去，将其中各种机构和部门统统抹除。这些领导人包括党卫队（Schutzstaffel，SS）帝国长官海因里希·希姆莱（Heinrich Himmler），帝国治安警察领导人莱因哈德·海德里希（Reinhard Heydrich），还有德国空军总司令、四年重整军备计划负责人赫尔曼·戈林（Hermann Göring）。他们的活动很快影响了德国的对外关系与外交。因此，除了亚尔马·沙赫特（Hjalmar Schacht）领导的德国经济部，约瑟夫·戈培尔（Josef Goebbels）领导的宣传部和外交部之间已有的竞争之外，德国的外交官们还不得不应付戈林想要独自登上世界舞台上的欲望，而最终，赫斯、海德里希和希姆莱也插手到一些民族组织的事务当中，比如海外德国文化关系协会（VDA）以及邻国捷克斯洛伐克的苏台德德意志人党。尽管希特勒对于外交政策的制定有最终解释权和决定权，而且为了纳粹帝国的长远利益，德国少数族裔也备受压迫剥削。但是面对国外敌对纳粹以及伪纳粹组织的行动，纳粹德国有时必须做出一些重要的决定予以回应。虽然弗朗茨·冯·帕彭（Franz von Papen）[①] 本人谙熟阴谋政治，但他还是不得不去应付一个不愿迫于压力与德国建立更友好关系的奥地利政府，就和德奥合并之前的几年里德国驻奥地利大使所做的那样。同时，他还要处理非法的奥地利纳粹中的派系冲突，这些人当中有的急于煽动德国军队的介入，以图谋和德国纳粹高官建立私人联系。在此之前，德奥关系还可以靠两国外交部之间的沟通来处理，不幸的是，这样的时期已经一去不返。

　　德国虽在外交政策的执行上权力分散，但这样的局面并非德国独有。应现代战争之需，外交的主题不断扩展，革命宣传和颠覆行为被机制化，这几乎让各国的外交机构权威尽丧。但是希特勒凭借他独有的残酷无情，给欧洲外交仅存的传统和价值观带来了毁灭性的一击。在外交政策的制

[①] 德国政治家和外交家，曾任德国总理。——译者注

定上，希特勒从不先和外交部沟通，而且在给自己所谓良好意图辩护的同时，他也几乎毫不尊重国际法和国际条约中所规定的义务。此外，希特勒很少与外交官沟通，在与外国领导人的对话中，他也总是夸大其词，几乎不留任何谈判或妥协的空间。希特勒更为注重的可能是怎样影响更广大的民众，以及自己的行为会对人们造成多大的心理影响。因此，1938年2月，希特勒在德国的贝希特斯加登接见了奥地利总理。他在会晤期间就威胁说，如果这位总理不在和德国的一项新协定上签名，他就出兵占领奥地利。13个月后，捷克斯洛伐克的总统埃米尔·哈查（Emil Hácha）迫于德国空袭布拉格的威胁，不得不与德国达成新的协议。同时为达到目的，希特勒随时可以除掉某位外交官。帕彭在1938年1月就已经觉察，当地纳粹分子为了加快德国入侵奥地利的步伐，已经在考虑将他置于死地。同年4月，希特勒还打算安排刺杀德国驻布拉格的公使库尔特·艾森洛尔（Kurt Eisenlohr），为进攻捷克斯洛伐克制造借口。至此，外交这一职业就算还没彻底消亡，从事外交工作的风险也变得相当之高。

扭曲的外交

毫无疑问，在希特勒眼中，一两个大使的死对德国来说无足轻重，反正他也期望能够培养新一代的纳粹外交官，即里宾特洛甫式的外交官。希特勒认为"只有这样的外交官才能在海外为第三帝国赢得荣誉"。1938年11月，希特勒对着一群报社编辑抱怨道："外交官并不代表他们的国家，他们只是国际社会的小集团罢了。"[1] 很久以前，欧洲的政治权力还掌握在贵族的手中，他们有着相同的价值观，对欧洲体制也有着共同的

---

[1] David Irving, *The War Path: Hitler's Germany, 1933-39* (London: M. Joseph, 1978), p. 166.

看法，有些外交官对于该时代的逝去确实感到遗憾。帕彭在他的回忆录中写道，如果各国的有效权力都由旧世界的贵族掌控的话，处理国际问题将会简单许多。世界大家庭就应"由这些贵族来组成。"① 而这样老旧的观点和希特勒对未来的设想一样，都十分扭曲怪异。毕竟在1914年一战爆发之前，贵族外交官和他们的国民一样，都怀有民族主义的优越感；当时欧洲的君主们也和之后全世界的工人们一样，并未阻止战争的爆发。然而，帕彭在某种程度上也是正确的。成功的外交依赖于双方政府和代表能否共同接受某种特定的组织与行为准则。若要使国际协议的签订有意义，谈判各方必须至少要对彼此目的的诚实性有一定程度的信任。然而，希特勒则往往对先前做出的承诺置若罔闻，不断曲解国家间相互沟通的意图，最终把事态引向暴力。凡此种种都让德国的信誉一落千丈。希特勒随意玩弄民众情感，诉诸民族自决权，这些都严重歪曲了新外交的方法与原则。西方政治家和外交家们刚刚适应了布尔什维克主义者的行事风格，对纳粹现象还十分不解与茫然。终于，他们认识到与德国继续谈判是徒劳。与1914年一样，1939年的外交也失败了，正如乔治·杨所言，外交已无法"保证为世上的善良之人带来安宁"。但显然这只是外交事业中的一个不同寻常的变量，其作用就在于决定了第二次全球性斗争的时间和布局。

---

① Franz von Papen, *Memoirs*, trans. Brian Connell (London: Andre Deutsch, 1952), p. 400.

6. 整体外交

> 我们开始意识到，当今的对外事务需要整体外交……美国驻外大使的工作不能再仅限于宴饮、汇报、分析和审慎的预测。
> ——切斯特·B. 鲍尔斯（Chester B. Bowles）[①]

政府权力的逐步扩张是19世纪和20世纪国家发展的一个显著特点。即便在那些最钟情于自由贸易的社会，人们也开始希望政府在国民经济的管理中发挥更积极、主动的作用。或许，这是全球大部分地区工业化和城市化的必然结果。但战争无疑促进并加速了这一进程。那些挑起两次世界大战的国家所调动的不仅是人力，还有全国的经济和金融资源。而二战中，各盟军政府从与盟友和中立国打交道到处理战败的轴心国这一过程中，也开始关注经济援助和遏制等问题。因此，二战后欧洲重建的各项问题可以说验证了大国在两次世界大战之间得到的教训，即国际政治和国际经济是密不可分的。越来越多的产业、社会和技术问题成为国际问题，进而成为外交问题。此外，冷战的开始某种意义上推翻了克劳塞维茨的著名论断"战争是政治的继续"。外交和国家大战略始终紧密联系在一起，很多时候已不再被视作战争以不同方式的延续。同时，和20世纪的战争一样，外交的目的和所涉及的内容也日趋整体化。

[①] Cited in Warren Christopher, "Normalization of Diplomatic Relations," *Modern Diplomacy: The Art and the Artisans*, ed. Elmer Plischke (Washington: Aei Press, 1979), p. 41.

外交的内涵在迅速扩展的同时，外交的语境也正发生着巨变。从法国的沦陷到轴心国的溃败，从英国的衰弱到1945年美苏两个超级大国作为战胜国的崛起，欧洲主导的旧国际秩序已然崩塌。1949年苏联引爆第一颗原子弹之后，新的"恐怖均势"两极体系取代旧欧洲的"力量均势"已是大势所趋。那时，欧洲大国在亚非建立的庞大殖民帝国开始解体。不仅法国失去了在中东重振权威的机会，英国和荷兰也分别在1947年和1949年放弃了对印度次大陆和印度尼西亚的殖民。

此后10年，非殖民地化运动持续发展并在60年代加快了进程。二战之后的30年里，全球主权国家的数量增加了两倍。当时，这些国际政治舞台上的新生力量都很贫穷，加勒比和太平洋地区一些新独立国家尤为弱小，人口和占地面积和文艺复兴时期的意大利城邦相差无几。作为独立国家，这些国家都设立了外交部，但大都不过是空架子，无法提供真正意义上的外交服务。尽管如此，第三世界的出现以及随之而来的以循旧和排外为特征的民族主义还是同之前的布尔什维克主义一样，对西方文化、经济理念和外交方法与传统构成了挑战。

军阀、战士和外交官

1939年9月爆发的欧洲战争本身并没有给各国外交带来多大革新。和一战一样，二战期间各参战国外交人员的主要工作是在盟友和中立国之间斡旋，为本国争取最有利的开战条件。商贸问题再次成为外交重点。就英法而言，对德国实施的禁运外交意义尤为重要。因此，让·莫内（Jean Monnet）以英法联合委员会负责人的身份前往美国，采购物资给养。与此同时，和一战时期的领导人相比，当时各大国领导人似乎更加青睐个人外交。法国沦陷后，1940年10月希特勒先穿越法国，在法西边境的昂代伊先后与西班牙的佛朗哥将军和法国维希政府元首贝当元帅会谈，又前往意大利与墨索里尼协调轴心国政策。之后的三年里，已经接替张伯伦成为英国首相的丘吉尔至少五次穿越大西洋与罗斯福总统进行会谈。1942年8月，丘吉尔赴莫斯科会见斯大林。1943年和1945年，丘吉尔更是赴德黑兰、雅尔塔和波茨坦与美国、苏联领导人展开了三方谈判。虽然斯大林不愿意去远离苏联边境的地方，但罗斯福却在1943年1月飞往卡萨布兰卡与丘吉尔会面。此举不仅让罗斯福成为第一个在战时离开美国的美国总统，还让他成为第一个乘飞机出行的美国总统而创造了历史纪录。

也就是在英美领导人会面的同时，各国外交部长开展了频繁的外交活动。齐亚诺、艾登①、莫洛托夫和里宾特洛甫奔走于各国首都，为解决保持中立、继续战斗还是谋求和平等问题纵横捭阖。虽然在很多方面这一系列活动不过是战前外交的延续，但考虑到1941年6月德国入侵苏联和1942年12月日本偷袭珍珠港之后的世界形势，若没有飞机所带来的交通便利，这种高层外交恐怕也无法在战时得到飞速发展。一战期间，英法两国大臣之所以能保持频繁而直接的私人互动，原因就在于英法在地缘上的接近。反观二战，美英苏等国所结成的"伟大同盟"相隔大洋、大洲，日本与德意两个盟友之间也存在横跨6000英里的欧亚大陆。1941年春，日本外相乘火车到达莫斯科，随后到访柏林和罗马。9个月后，英国首相经大西洋和摩尔曼斯克访问莫斯科。但也就在之后的两年里，由于没有安全的航空路线，里宾特洛甫不得不放弃了原定出访东京的计划。当然，丘吉尔、罗斯福、斯大林之间战时会议的召开绝不能简单归结于飞机的出现。毕竟，1941年9月丘吉尔和罗斯福第一次会见时，会谈地点是纽芬兰海岸边的一艘战舰。1943年5月，丘吉尔去美国乘坐的是穿越大西洋的远洋班轮。新科技可以推动战时外交，但起不到决定性作用。

---

① 指艾登伯爵，第三章已经出现过。——译者注

或许，西方民主国家领导人凡事亲力亲为的习惯在这个时期的外交中扮演了更为重要的角色。和劳合·乔治、克莱门梭一样，丘吉尔和罗斯福一方面对自己的谈判能力信心十足，另一方面不愿意下放手中的权力。同时，当战略问题成为外交和未来世界和平规划的一部分时，由最高政治领导人出面斡旋也确实是最明智和最有效的办法。会议外交耗时长，习惯了在国内说一不二的领导人很快也因外交行为的各种限制而心生反感。罗斯福总统曾向美联储主席马里纳·埃克尔斯（Marriner Eccles）抱怨道："你只要试试改变那些职业外交官的想法、政策和行为，就明白问题出在哪儿了。"劳合·乔治和希特勒对此可能也感同身受。[①] 对于那些政治家出身的军阀来说，外交官来处理联盟事务中似乎是多此一举，外交部长甚至有时也不过只是跑龙套。安东尼·艾登在1940年12月接替哈利法克斯（Halifax）成为英国外交大臣。他诠释了丘吉尔大胆的外交举动，即便如此，首相却从来不能独立制定外交政策。自二战伊始，丘吉尔就一直和罗斯福保持着私人联系，并一直干涉外交部各项事务。到了1941年，他更是绕过外交部直接与斯大林联系。在这方面，比起艾登，美国国务卿科德尔·赫尔（Cordell Hull）更是有苦难言。罗斯福总统故意设立了多个平行领导岗位，有事就找副国务卿萨姆纳·韦尔斯（Sumner Welles），根本不让他接触各种信息。实际上，在罗斯福的坚持下，艾登和赫尔都没能参与罗斯福和丘吉尔在卡萨布兰卡的会谈。

业余外交官又有了大展身手的机会。罗斯福的心腹和前商务部部长哈里·L. 霍普金斯（Harry L. Hopkins）就是一个典型的例子。对于罗斯福来说，性格远比官阶更重要。因此1941年1月，罗斯福专门派霍普金斯以私人代表身份赶赴伦敦，执行特殊任务。[②] 当时罗斯福希望能帮助英

---

① Robert Dallek, *Franklin D. Roosevelt and American Foreign Policy, 1932 – 1945* (London: Oxford University Press, 1979), p. 532.

② Robert Sherwood (ed.), *The White House Papers of Harry L. Hopkins* (2 vols, London: Daily Telegraph, 1948-49), Ⅰ, p. 233.

国抗击纳粹德国，霍普金斯便在伦敦呆了6周，和丘吉尔分析了英国面临的各种问题以及美国提供援助的可能性。用他自己的话说，他的任务就是"尽力在两个主角间扮演'催化剂'的角色"。[1] 考虑到美国当时在伦敦并没有常驻大使，霍普金斯工作的意义毋庸置疑。回国后，霍普金斯又作为《租借法案》的执行管理人继续参与外交工作。根据《租借法案》，美国先是向英国运输补给，之后更是为其他国家提供武器、商船、汽车、食品、燃料、工业设备等多种物资和服务。由此，该法案成为美国和各交战国以及中立国关系的重要组成部分。之后不久，不少在华盛顿的外国使团也来和霍普金斯及其团队接触，谈判生意。紧接着，W. 埃夫里尔·哈里曼（W. Averell Harriman）被派往伦敦，任《租借法案》稽查员一职，这对赫尔和国务院的权威构成了进一步的威胁。理论上，哈里曼是美国驻英大使约翰·怀南特（John Winant）的下属。但实际上，哈里曼行动可以不受制于上司，他可以直接和霍普金斯联络。同时，虽然英国外交部依然和怀南特保持着联络，但丘吉尔总以国防部长的身份和哈里曼保持着私人联络，并经常通过他联系霍普金斯和罗斯福。在当时，在海外负责多项外交事务的霍普金斯已俨然是又一个豪斯上校。[2] 而很快，和后者一样，他也成了人们眼中的总统"私人外交部"。[3]

此外，罗斯福还鼓励工商业人士参与重大外交任务。欧战早期，罗斯福就曾派威廉·R. 戴维斯（William R. Davis）和詹姆斯·D. 穆尼（James D. Mooney）赴欧洲伺机调停战争，寻求和平。这两人中前者是和德国各界关系密切的美国商人，后者是通用汽车公司主管。这类中间人当时数不胜数。在德国，族群政治名宿阿尔布莱希特·豪斯霍弗

---

[1] Robert Sherwood (ed.), *The White House Papers of Harry L. Hopkins* (2 vols, London: Daily Telegraph, 1948-49), I, p. 237.

[2] 指爱德华·豪斯（Edward House），美国前总统威尔逊的智囊。——译者注

[3] Robert Sherwood (ed.), *The White House Papers of Harry L. Hopkins* (2 vols, London: Daily Telegraph, 1948-49), I, pp. 268-269.

(Albrecht Haushofer)就曾于 1940—1941 年冬试图与英国政府联系，以期达成英德和解。然而，1941 年 5 月，希特勒副手鲁道夫·赫斯突然飞往苏格兰会见汉密尔顿公爵，彻底打破了豪斯霍弗的计划。赫斯的苏格兰之行可谓荒唐，非但没能加快结束战争，反让赫斯自己从此身陷囹圄，成为自己错付的热情和私人外交的牺牲品。当然，由于战时缺乏合适的沟通渠道，很多时候各国政府还得借助公民个人的力量。1940 年 6 月法国战败，英法外交关系破裂后，丘吉尔政府就面临着如何以最佳方式影响以贝当为首的法国维希政府的问题。两国大使在马德里时有谈判，商讨殖民地和其他事务。英国财政部还派了一名官员去维希政府解决两国之前亟待解决的多项财政问题。但非常时期当行非常之法。英国外交部还派了路易斯·鲁利埃（Louis Rougier）教授和前加拿大外交官雅克·迪普伊（Jacques Dupuy）向维希政府传递英国立场。然而，这两位未能成为英国政府的可靠助手。和一战时的不少非官方特使一样，他们邀功不成反而很快失去了政治雇主的信任。

另一个二战和一战类似的地方就是，各国政府的外交团队中常有不少没有外交工作经验、但专业或政治取向特别适合某种岗位的人。早在 1939 年 3 月，凡尔登战役中的英雄贝当元帅就曾被任命为法国驻西班牙大使，负责与弗朗哥政府接触。此后不到两年，即 1941 年，仍旧是这位贝当元帅在法国接见了美国驻维希政府大使海军上将威廉·D. 莱希（William D. Leahy）。后者是罗斯福总统最信任的顾问之一。英国政府驻苏联大使则是斯塔福德·克里普斯（Stafford Cripps），英国工党左翼领袖。同时，还有一批失意的政治家参与了战时外交。1939 年春，巧舌如簧的冯·帕彭，这位魏玛共和国时期最无建树的一届总理，刚被希特勒任命为驻奥地利大使不久，便又被派往安哥拉出任大使。随后 1940 年 5 月，英国前外长塞缪尔·霍尔（Samuel Hoare）被派往马德里任大使。1940 年 12 月，哈利法克斯勋爵在无奈中离开了英国外交部，改任驻美大使。和德比勋爵1918年驻法大使的任命一样,对于哈利法克斯勋爵职位的调动,官方说法是英国需要一个"掌握英国整体外交政策"[1]的驻美大使。但实际上,这不过是政治借口,并非出于真正的外交工作需要。驻美大使任上,哈利法克斯的工作其实是统筹英国在美的几个常驻和特殊使团的工作,协助它们处理英国的财政和补给问题。哈利法克斯治下的美国大使馆最终成了一个庞大的行政机器,其涉及事务之广与英国外交部别无二致。类似的情况在各国都能看到。即使是在中立国土耳其,英国外交人员和相关随员的人数都大幅激增。1939年,英国外交部安卡拉大使馆圣诞晚宴只有19人参加。但在接下来的5年里,英国在土耳其的军事使团迅速膨胀。到了1944年,时任驻土耳其大使休格·纳奇布尔-许阁森(Hughe Knatchbull-Hugessen)再召开圣诞晚宴时,宾客已达近360人。如此庞大的外交使团也表明英国和其他参战国高度重视和土耳其发展友好关系。诚然,二战强烈的意识形态色彩使争取中立国同情和支持显得尤为重要。哈利法克斯明白宣扬英国立场的重要性,因此他一有时间便离开华盛顿,在美国各地开展活动。1940年11月成为德国驻法大使后,奥托·阿贝茨(Otto Abetz)运用其在里宾特洛甫办公室任职时学到的本事,极力鼓吹德法合作以建立"欧洲新秩序"。比起一战外交官来说,二战的职业外交官似乎更得大众宣传、启蒙之要领。英国驻伯尔尼公使大卫·凯利爵士(Sir David Kelly)在二战的头三年一直命其新闻专员整理宣传部电讯,以发布公使公告的形式向瑞士人民介绍英国对战争走势的解读。之后在1942年,凯里调任布宜诺斯艾利斯。在那里,他成功结识当地颇有影响的日报《新闻报》业主,并让《新闻报》之后主要转载英国方面的新闻和评论。正如凯里事后回忆,在宣传领域,一个驻外大使可以在"没有政府指令,甚至政府不知情的情况下"

---

[1] Earl of Halifax, *Fullness of Days* (London: Collins, 1957), p. 236.

做出些成绩。[1]

情报和安全

　　现代战争让职业外交官开始探索处理公众和媒体事务的新方法。但这样一来,外交官便难以兼顾其最秘密的使命,即收集、整理、鉴别各类情报。作为信息和建议的提供者,外交官历来就要参与一定的情报收集工作。威克福特就曾称驻外大使为"荣誉间谍"。鉴别潜在敌友的军事实力一直是外交人员的主要使命。当然,不使用欺诈手段,在公开或私下场合通过公开刊物以及和记者、官员、政治家对话得到的情报和利用贿赂、密码分析、安插间谍和监视设施所取得的情报有着本质上的不同,前者是外交的合法功能,后者则是间谍活动。

　　1914年之前,没几个国家打算放弃通过秘密渠道获取情报。尽管当时欧洲的贵族外交官对军方同事们"轻率而不道德的好奇心"颇有微词,但大体上他们也都同意诺阿耶侯爵(Marquis de Noailles)1901年发出的抱怨,他认为这就是"那些戴肩章的武官易犯的罪"。[2] 自那时起,大部分国家都设立了专门负责谍报、反谍报以及破译别国密码和通信手段(电缆、无线电、卫星)的部门。无论在哪个国家,情报部门都会有一段神秘不可知的时期,在那段时间里外交官、军方和警察有着各自独立的安全、监察以及分析机制,互相较量。在20世纪20年代初之前,英国外交部同时掌握了秘密情报部门(Secret Intelligence Service, SIS,即军情六处)和政府密码学校(Government Code and Cypher School, GC & CS)的

---

[1] David Kelly, *The Ruling Few or the Human Background to Diplomacy* (London: Hollis & Carter, 1952), p. 313.

[2] *Documents Diplomatiques Français*, 1871–1914, 2nd series, Vol. I, No. 147.

管辖权。前者脱胎于秘密情报局外事处，后者成立于1918年。一方面，秘密情报部门不断以英国大使馆和领事馆护照检查工作人员为身份掩护向海外派遣间谍；另一方面，政府密码学校不断进行着海军一战期间恢复的密码破译工作。但同时，各地服务组织和英国工业情报中心也会参与军事和经济情报的收集工作。到了30年代，英国成立了反谍报的军情五处，以便伦敦德国领事馆中的反纳粹人士与英国外交部联络。此外，时任英国外交部常务副部长兼政府首席外交顾问的范西塔特（Vansittart）不仅有网络遍布中欧的"私人侦探部门"，还鼓励前护照检查员克劳德·丹西（Claude Dansey）成立了绝密组织Z。

一战后，政府密码学校在破译美国、法国以及苏联外交密码方面取得了不俗的成绩。无独有偶，美国新成立的密码局（Cypher Bureau，又称黑室，即Black Chamber）也在1921—1922年华盛顿会议之前和会议期间破译了日本电报密码，让美国国务院能够提前得知日本在拟议中的海军限制协议上的底牌，为公开外交做出了贡献。但是，英美两国密码破译人员的工作却遭到了政治家的严重搅扰，以致前功尽弃。英国方面，斯坦利·鲍德温（Stanley Baldwin）政府向苏联昭示其已洞悉苏方颠覆阴谋的举动，让苏联明白英国已经破译了苏联密码。而美国方面，1929年亨利·L.史汀生（Henry L. Stimson）上任国务卿后以一句"绅士不会窃读他人电报"就解散了密码局。[1] 幸运的是，英美两国的情报部门并没有因此而完全解散。二战期间，两国密码破译人员的贡献超出了所有人的预计。据估计，他们的努力使战争缩短了好几年。因此，在法国以及波兰密码破译人员的帮助下，英国破译了德国的恩尼格玛密码机。而到1940年夏末，美国陆海两军也已破译日本外交密码。可以说，当时英美两国领导人面临的主要难题是如何分析和整理新增的海量数据，各官僚

---

[1] Christopher Andrew, *Secret Service: The Making of the British Intelligence Community* (London: Heinemann, 1985), p. 298.

部门之间互相竞争、互相较量，使他们的困难更大了。

英国外交部曾一度不愿意和其他部门分享权力。若非战争的威胁和影响，英国当时可能还没办法有效协调整理收集到的经济、军事和政治情报。几乎每个国家的外交官都不愿意放弃自己在情报方面的特权。1932年12月，当《凡尔赛条约》对德国外交随员任命的禁令解除时，德国大使们心中必定也是喜忧参半。很多新到岗的随员甚至遭到了冷遇。一开始，德国外交部和国防军曾达成协议，使馆不会被军方用于谍报工作。尽管如此，外交部还是得和各党组织、国家机构竞争，因为情报对他们在德意志帝国获得权力和影响至关重要。德国外交部有自己的密码破译部门，到30年代末，约一半的柏林外国使团电报都由德国外交部破译。与此同时，戈林手下还有一个调查办公室，负责包括监听穿过德国境内的电话线和电缆在内的多项任务。德国海陆空三军都有自己独立的情报通信部门。此外，在卡纳里斯海军上将（Admiral Canaris）主持下，德国成立了从事军事谍报、反谍报以及破坏工作的国防军情报局阿勃维尔（Abwehr）以服务三军。

意识形态和社会情报本是纳粹党卫队（包括党卫军SS和帝国安全局SD）的专长。党卫队虽然主要负责国内安全事务，但和国外的德国族群一直保持着联系。1939年，党卫队国家安全部（*Reichssicherheitshauptamt*，RSHA，简称国安部）成立。该部门因承诺向德国外交部提供情报而获得了在外交使团安插警察随员的机会。但之后，这些随员开始干预外交活动，甚至拒不分享情报。对此，里宾特洛甫选择了成立外交部自己的谍报部门。而这，只是里宾特洛甫扩大德国外交部活动权限所实施的各项措施之一。此前，他已经建立了德国部。该部门由其亲信马丁·路德（Martin Luther）领导，在监督外交部谍报部门的同时，他还有权与党卫队国安部合作并监视纳粹的政敌。之后，马丁·路德的德国部俨然成了纳粹党外交部的中心。后者的工作中心并非协调德国和其他大国间关系，而是对德国潜在的敌友进行全面分析（如其国内政治冲突和经济、意识形态和社会发展状况）。这和整体外交相距甚远。要知道，到1942年德国外交部只在10个中立国驻有外交使团，其在盟国以及附庸国的代表主要以负责监督和占领等政治任务的办事人员为主。当然，德国外交部依然参与德国的情报收集和处理工作。谍报这方面的成功也使其能重振在第三帝国的权威。

戈林领导下的地下电话和无线电通信组织（*Forschungsamt*）的窃听活动为希特勒提供了一部分最有价值的政治情报。1938年夏，该办公室为希特勒提供了捷克斯洛伐克总统与伦敦、巴黎公使电话的转录文本。这些文件随后便被德国用于攻击、诋毁捷克斯洛伐克的外交政策。从截获的电报中，德国也大致猜到了英国要求捷克斯洛伐克可能做出的领土上最大让步。此外，轴心国在谍报方面的成功也有一部分是因为英国外交人员那些令人遗憾的疏忽。这当中最严重的案例当属英国驻罗马大使馆的一名档案管理员西康多·康斯坦蒂尼（Secundo Constantini）。此人多次从大使保险柜中窃取文件供意大利情报部门拍照。即使在1937年，大使夫人的一条钻石项链失窃后，大使馆进行了一次安全审查，康斯坦蒂尼竟未受到怀疑，也未被免职。1940年6月意大利参战后，康斯坦蒂尼还被调往英国驻梵蒂冈公使馆任职。还有一个例子是许阁森爵士的阿尔巴尼亚籍男仆，代号为"西塞罗"，当时德国驻安哥拉大使馆收买此人从大使保险箱窃取文件等。然而，德国情报部门也并非滴水不漏。为苏联提供情报的德国传奇间谍理查德·佐尔格（Richard Sorge）当时在德国驻东京大使馆工作。他为苏联提供了大量珍贵的情报，让苏联得以获悉德国是如何一步步将《反共产国际协定》转变为德意日三国联盟的。

国外共产主义者对苏联的忠诚对苏联情报部门帮助极大。在德国共产党的帮助下，苏联拓展了在魏玛共和国时期搭建的情报网络。20世纪30年代，英国年轻人的理想主义让苏联情报部门得以通过所谓的"剑桥第三国际"渗透英国外交部和秘密情报部门。意识形态为这些年轻人提供了信念和方向，让他们成为世界革命的新生力量。在中欧，安全局和党卫队的谍报活动和纳粹的大规模种族清洗运动脱不了干系。在英国，苏联在利用这些年轻人窃取情报的同时，也对他们进行思想重塑。在这方面，民主国家和集权国家并无二致。面临可能发生的世界大战，西方民主国家也开展了一系列洗脑般的宣传、心理战，最后甚至针对法西斯进行了破坏工作。各大使馆、公使团都越过了它们外交和谍报工作的本分，出面协助各种非法活动。在策划的各项计划中，梅森-麦克法兰（Mason-Macfarlane）上校在1938年提出的刺杀希特勒计划可谓最为大胆。麦克法兰上校是英国驻柏林武官。当时他建议在希特勒的生日游行上射杀希特勒，因为那时他"瞄准希特勒就是眨眼的事"。[1] 此外，德国吞并奥地利不久，英国秘密情报部门便专门组建了一个部门（D部门）来进行破坏活动。1940年，为破坏瑞典对德铁矿石的出口，英国情报部门在英国公使不知情的情况下将塑料炸弹经外交包裹寄到了斯德哥尔摩，并存放在公使馆地窖。随着秘密战线工作不断专业化、机制化，外交和谍战的界限、谍战与隐秘军事行动的界限正逐渐消失。

1940年夏，D部门刚并入英国特别行动处（Special Operations Executive, SOE）时，英国的破坏任务和情报工作在行政上还是分开的。但美国在正式参战后，设立了战略情报局（Office of Strategic Services, OSS），将破坏和情报工作合二为一。战略情报局在冷战中蜕变为中央情报局（CIA）。一开始，战略情报局的任务仅是统筹各部门收集到的情报，但很快展开秘密行动以应对共产主义的攻势便成了该部门的工作重点。该情报局之后演变为一个行政部门，是美国在受到共产主义和民族主义革命威胁的世界维护其利益的工具。虽然中央情报局只是美国情报网络

---

[1] Christopher Andrew and David Dilks (eds.), *The Missing Dimension: Governments and Intelligence Communities in the Twentieth Century* (London: Palgrave, 1984), p. 6.

的一个组成部分,虽然美国情报网络还有负责通信情报侦察的国家安全局、国防部下属的国防情报局以及国务院下属的情报研究局,但有时,中央情报局似乎有着自己独立的外交政策,甚至偶尔会和国务院及其代表产生竞争关系。1970年秋,为了对付信奉马克思主义的智利总统,中情局利用外交包裹为其政敌运送轻机枪时,美国驻圣地亚哥大使爱德华·科里(Edward Korry)并不知情。与此同时,各情报部门的国际合作也让各同盟国以及友好国家之间多了一条联系纽带。英国秘密情报局和美国战略情报局在战时的联络是对两国的外交往来有益补充。正如在该领域最近的一份研究指出的那样,"英美特殊关系中最特殊的那部分"……一直是情报关系。[1]

英美在通信和信号情报方面的合作也许是最成功的。也正是在这个领域,各种现代科技,尤其是卫星监控,已经大大降低了外交使团及其随员在收集军事战略、武器发展与部署等情报的作用。当然,新科技的诞生并没有大幅度减少谍报工作人员数量。在获取机密材料,分析政治、军事领袖意图和态度方面,特工的作用仍是难以估量的。例如,在20世纪40年代和50年代,当驻苏外交官无法和平民接触,且和苏联各部长以及其他官员接触机会也极其有限时,特工的作用就显得尤为重要。冷战期间,长时间的核僵持状态更凸显了获得潜在敌国先进武器上研发情报的重要性。基于"知识就是力量"这一信念,苏联在情报收集方面采取了"吸尘器"方针,即各类情报,无论是高度机密的工业、科技成就的信息,还是公开资料中就能获取的信息,事无巨细,一并网罗。因此,苏联国家安全委员会(KGB,克格勃)以及武装力量总参谋部情报总局(GRU)特工占苏联外交使团的比例相当大。有研究估计,苏联特工占该国驻西方国家首都的外交使团人数的40%—45%,占驻发展中国家使团

---

[1] Andrew and Dilks (eds.), *The Missing Dimension: Governments and Intelligence Communities in the Twentieth Century*, p. 10.

的75%。同时，克格勃出身的外交官身居高位的例子也并非罕见。1960年，曾在渥太华潜伏的核特工S. M. 库德里亚夫采夫（S. M. Kudriavtsev）就被任命为苏联驻哈瓦那大使，以帮助卡斯特罗巩固政权。不过，大部分克格勃和武装力量总参谋部情报总局特工只有三秘或随员头衔。

在苏联使团中，克格勃官员的职责之一就是观察其他成员的表现，监视他们是否忠诚。据报道，自从苏联解体后，一些外交官会假装自己是克格勃官员，只为留住自己的官职。但是无论何时，几乎没几个现代外交官敢忽视安全工作的重要性。外国情报机构可能会使用最先进的电子窃听装置，对他们的谈话内容进行窃听和录音，外交官们不得不谨慎应对。警惕并防范此类装置已成为现代大使馆的一大难题，尤其是在新楼宇建设和老馆扩建等施工过程中，这样的风险更高。[1] 当前，一些大型使馆已经设立了特别隔离区用于召开机密会议。然而，其他国家的使馆也会成为驻在国情报机构的目标，甚至在友好国家的首都也是这样。如果英国前情报官员皮特·赖特（Peter Wright）所言属实的话，20世纪60年代，英国"军情五处"曾与英国邮政总局一起，对法国驻英使馆发起了"栅栏行动"（Operation Stockade），目的在于找到使馆内的密码室并在相关电话机和电报缆线上安装窃听器。之后，莱特宣布，在政府通信总部（Government Communications Headquarters，GCHQ）的协助下，已破译法国的外交密码。因此，在英国加入欧洲经济共同体的三年谈判期间，英国外交部对法国大使馆与法国外交部的通信了如指掌。无论如何，正如莱特所说，"栅栏行动"证明外交情报方面确有局限性。一旦戴高乐将军宣布继续将英国排除在欧洲共同市场之外这一决定后，再多情报也于

---

[1] 例如，1985年，美国建筑师负责建造美国在莫斯科的新使馆大楼，但他们发现，由俄罗斯承包商提供的金属顶梁装有复杂而先进的窃听装置，由于顶梁已经安装完成，一切为时已晚。1988年，当时拆毁并重建这一建筑的成本估计为3亿美元。同时，美方也要求俄方搬出早已竣工的驻华盛顿新使馆大楼。《每日电讯报》1988年10月28日。

事无补。①

评估政府在多大程度上利用最新情报收集技术获益,不属于我们这里的分析范畴。然而,我们显然可以从沃尔特·拉克尔(Walter Laqueur)的话中获得一些真相:

> 所收集的情报越多,也就越难分清主次轻重,同时面临的风险也更大,就是说,与那些关于进展与事件真正重要的信息会淹没在堆积成山的信息中,而这"成山"的信息大多微不足道,有些甚至毫不相关。②

政府对于情报的需求让驻外大使的日子也不好过。为了搜集情报,职业外交官需要与别国政府的情报机构进行联系,就伊朗伊斯兰革命一例来说,他们会承担很大风险,被视作与"镇压"武装有密切联系。同时还要学会与外交官同事一起生活,这些同事中,有的还会将自己的报告向不同的上级汇报,而他们的上级做出的长远预测与他们当前对于各种事件平淡无奇的看法格格不入,使团中这些人的存在有可能会破坏大使们与驻在国政府的关系。此外,针锋相对的使馆成员驱逐行为往往还会暴露主要的间谍组织,这导致的问题就不仅仅是让外交陷入窘境那么简单了。有时,类似行为还会妨碍使团的有效工作并影响原本合法的活动。同时,外交部还需要应对一些新设立的机构,这些机构能够从不同渠道获得国外事态发展的最新消息,而由于组织结构及行动保密性等原因,此类机构更接近国家元首和政府首脑。因此,外交政策的制定与执行越发地纠缠在一张张阴谋与怀疑的大网中。在 1918 年,那些所谓有远

---

① Peter Wright, *Spy Catcher: The Candid Autobiography of a Senior Intelligence Officer* (London: Viking Adult, 1987), pp. 110–113.

② Walter Laqueur, *A World of Secrets: The Uses and Limits of Intelligence* (New York: Basic Books, 1985), p. 36.

见的人士曾预言，在未来新时代，国家间交流不仅会更加开放，而且会更加坦诚。然而，情报界逐渐专业化的事实证明了这些预言家的目光是多么短浅。

联合国

相较于第一次世界大战，1939—1945年对秘密外交缺点的报道少了很多。也许是因为纳粹与生俱来的邪恶本质以及轴心国明目张胆的大肆进攻，英国、英联邦自治领以及美国人民都准备好迎接一场无法避免的战争，同时也是一场有预谋的战争。政客和外交官们备受指责，一是因为缺乏远见，二是先前在反对希特勒及其同谋的立场上犹豫不决。如果能在制止战争方面证明新外交和旧外交作用一样的话，那么被解散的国际联盟也并非是一次毫无价值的试验。西方的政治家和他们的顾问认为世界需要范围更广、效果更好的集体安全机制，可以通过这场战争来证明。在这些人的一些声明中还透着些许威尔逊式的理想主义意味。在1941年8月签订的《大西洋宪章》中，丘吉尔和罗斯福做出承诺，表示将信守国家自决原则、国际经济合作原则和各国在原材料可及性方面享有平等权原则。然而，在美国加入战争后不久，人们就清楚地发现，一个改良过的国际联盟并不能满足美国的需求，罗斯福总统希望能够在未来几年与英国、苏联和中国一起掌控该组织的管理权。他所构想的是，由两个新兴超级大国、一个正在衰败的世界强国以及一个庞大的亚洲国家组成"全球协调"或"全球总部"。因此，1942年1月，人们首次用"联合国"一词来形容这个本质上是由上述四国组成的反轴心国联盟是非常恰当的。1944年8—9月，美英苏三国外交官们齐聚敦巴顿橡树园召开会议，初步规划出了联合国基本框架。1945年2月，来自约50个国家的代表参加了旧金山会议，最终敲定了《联合国宪章》。联合国的主要机构包括联合国安全理事会（下称安理会）、联合国大会、一个永久性秘书处以及一位秘书长，在组织形式上与国际联盟有几分相似。其不同在于，联合国设置了执行其意志所必需的手段。所有的联合国成员必须遵守《联合国宪章》，接受并执行安理会决议，包括与武装力量相关的决议。然而，联合国将一票否决权赋予了英国、中国、法国、苏联和美国这五个安理会常任理事国，使这些国家能够一票否决除程序性事务之外的所有事项，而联合国在保证集体安全方面发挥的作用也因此受到限制。安理会能否做出实际有效的行动取决于五国之间表面是否和睦，冷战的到来将这些战时同盟制定的维护和平的理念全部打消，联合国的前进方向已经偏离了当初罗斯福的构想。安理会在苏联代表团缺席的情况下，以联合国授权的名义允许在朝鲜战争中动用武力（1950—1953年）。自此以后，联合国便开始向局势紧张动荡的地区派出观察员部队与维和部队来协助控制冲突。尽管如此，在冷战结束前，联合国只做出了两项具有约束力的重大制裁决议，一项是对罗德西亚（现津巴布韦）的一般性贸易禁令，另一项是针对南非的军售禁令。

在二战后的头几年中，联合国安理会不仅无法为调停各方、达成共识提供平台，反而充斥着对抗和谴责的声音。此外，向民众转播安理会的会议记录成为推进谈判进程的一个新方面。格拉德温·杰布爵士（Sir Gladwyn Jebb）曾参与《联合国宪章》的起草工作，他在20世纪50年代朝鲜战争期间赴纽约出任英国常驻联合国代表团团长。他和苏联驻联合国代表之间的唇枪舌剑通过广播与电视转播传遍了整个北美，杰布也因此被推入了媒体外交新领域。对于许多美国人来说，英国与苏联之间的舌战已成为不可或缺的必看节目。厄恩斯特·冯·魏茨泽克（Ernst von Weizsäcker）曾担任德国驻日内瓦代表，他曾嘲讽道："从会议中获益最多的是那些来自黑头发国家（dark-haired nations）的代表。"①而杰布（后来升任格拉德温勋爵，Lord Gladwyn）则通过自己的辩论技巧，证明了此言失实。

职业外交官们日后逐渐习惯在电视镜头前对政府的行为与政策进行解释。的确，二战后国际政治行为最有趣的发展之一就是，现代的大使们不仅愿意对着庞大的观众群发表演讲，而且乐意接受新闻界的监督。1950年夏，联合国安理会公开会议在美国的收视率仅次于鲍勃·霍普（Bob Hope）②的节目。然而，公开大会是否真的能够被视作外交的一部分依旧存疑。哈罗德·尼科尔森作为传统外交的坚定维护者，对于这样的做法颇有微词，他认为不应该"将如此重要的会议笼罩在一团马戏团般乱哄哄的气氛中"。相对于做出让步，解决冲突来说，慷慨激昂的演讲和宣传要点的影响力似乎变得更重要了。但是格拉德温在回忆录中写道，用电视转播安理会的辩论不仅有助于化解争议，还能让即将达到爆点的国际紧张局势缓和下来。"这样做并不是要寻求困局的'化解之策'，困难终将化解……不过是这种做法本身就很重要"。③

对于联合国大会来说情况也是如此。乔治·凯南（George Kennan）这位资深美国外交家对联大始终持怀疑态度。在他看来，无论什么样的问题，联大决议"都是由大小不等、利益不等的国家在短时间内投出的多数票来决定"的，"根本不管到底谁应该负主要责任，也不管谁主要负责执行"。完全无视投票国家大小和利益多寡。1949年11月，他曾提醒美国务卿反对联大决议，因为这些决议"把立场当成行动，其中的所谓事实并非经历，不过是些推测"。④ 然而，即便这样，也并未阻止美国通

---

① Ernst vonWeizsäcker, *Memoirs*, trans. John Andrews (London: Gollancz, 1951), p. 75.
② 鲍勃·霍普（Bob Hope），美国演员、主持人、制作人。——译者注
③ Lord Gladwyn, *The Memoirs of Lord Gladwyn* (London: Weybrightand Talley, 1972), p. 232 and p. 240.
④ *Foreign Relations of the United States* 1946, II, pp. 15–23.

过联合国大会来获得广泛支持以遏制其在冷战中的敌人。在20世纪40年代，联合国成员的地缘分配情况可以让美国获得大多数国家的支持。1950年11月，杜鲁门政府支持联合国"为和平而团结"（Uniting for Peace）的决议，目的在于能够绕开安理会的谈判僵局并将联大做出的提议转化为行动。但是，正如凯南所预测的那样，议会制外交是一柄双刃剑。20世纪60年代摆脱殖民的浪潮让大量亚非国家赢得民族独立，联大成员的构成因此而发生改变。到1986年，联合国成员已增至158个，但其中2/3的国家加起来所代表的人口还不到当时世界总人口数的10%。大多数新成员积贫积弱，没有几个国家接受美国政治和社会价值观，大多数国家选择在联合国大会上发泄不满，抨击美国和现存国际秩序。因此，美国代表不得不调整自己的角色，成为联大的少数派，美国对于重要事项做出的决定需要得到2/3国家的支持才能通过。美国不仅有时会被最亲密的盟友抛弃，还得面对来自第三世界国家和苏联阵营的组合投票的阻挠。

这些发展变化对于外交实践的真正意义还值得商榷。在联合国大会上，落后国家大都备感沮丧，渴求获得更多权力，来自这些国家的代表多把联大当"清谈馆"，只是空谈。各方为了宣传效果做着假模假式的斗争，这已经成了联大会议的特点。而因联大通过的决议不具有约束力，对外界产生的影响也就相当有限。尽管如此，联大还是给那些贫困弱小的国家提供了一个发声的平台，这些国家的一些问题也因此引起国际关注，而且几乎全体国家参加的联大赋予了大会对相关问题进行商议的一定合法性。当时的世界已经依不同意识形态而划分为不同阵营，各种思想的冲突碰撞以及唇枪舌剑不绝于耳，在这样的背景下，联合国大会便成为一个相当重要的舞台。联大及其各委员会的辩论使得各国代表们在发表观点时更多采用议会式辩论技巧，而非外交对话。同时，联合国内部出现的不同阵营和利益集团，联合国下属机构及其组织的会议，还有各国代表们都参与到各种游说活动、各种小集团活动当中，这样的做法已被视作准立法程序。另外，早在苏联阵营的力量遭到削弱并最终导致冷战结束之前，国际体系就已经变得越发的多中心化，联合国内部出现了各种复杂的经济与政治结盟，并已经成为东西两大阵营的补充，而在更多的情况下，这样的结盟已经开始取代之前的东西分化。

一些规模巨大的阵营从成立之初就由新成员主导着。最典型的例子就是不结盟运动（Non-Aligned Movement，NAM）和七十七国集团（G77）。不结盟运动最早可追溯到1961年的贝尔格莱德会议。七十七国集团由超过130个发展中国家组成，由1964年成立的联合国贸易和发展会议（United Nations Conference on Trade and Development，UNCTAD，简称贸发会议）倡导建立。建立该论坛最初目的是慎重考量国际贸易政策与第三世界国家之间的关系。七十七国集团最主要关注经济问题，特别是关注在20世纪70年代中期贸发会议倡导的国际经济新秩序（New International Economic Order，NIEO）下大量发展中国家的经济发展。但是，从外交实践的角度看，七十七国集团令人感兴趣之处，其一，在于该集团努力让成员间达成共识的做法：首先，谋求各区域集团内达成共识，再谋求集团间达成共识；其次，在于七十七国集团与其他阵营和派别谈判的模式。在联合国贸发会议日内瓦秘书处的协助下，七十七国集团通过部长级会议、区域会议，以及成员驻外大使之间的磋商与合作等方式，起草并提交综合性政策方案。此外，七十七国集团的理念和实践促成吉东·戈特利布（Gidon Gottlieb）提出"对等外交"。所谓"对等外交"并非针对单个主权国家，而是指一个国家集团（这些国家因共同民族构成，共同地理位置或共同利益而组成）中的各国，以平等方式处理国家间事务，以期通过共识来促成调解与合作。[1]

---

[1] Gidon Gottlieb, "Global Bargaining: The Legal and Diplomatic Framework," in N. G. Onuf (ed.), *Law-Making in the Global Community* (Durham, NC: Carolina Academic, 1982), pp. 109-130.

对于那些高度工业化国家来说，无论它们的大小和国力如何，都要去应对大量来自弱小国家以及其他欠发达国家的代表。上述国际集体谈判形式不仅有助于这些国家应对类似问题，同时，也让那些外交资源有限的弱小国家能够至少在协定框架内对全球事务发出自己声音。的确，20世纪六七十年代群体外交的发展促成了联合国大会成员中按地缘政治分派系的潮流，也催生了诸如贸发会议这样的机制。然而，对于成员单纯因为只想在多边谈判中拥有更多政治筹码而结成的国家集体来说，国家集体间的谈判也会掩盖这些国家在经济和社会发展目标上的严重分歧。准备不充分、业务不熟悉的小国家代表们有时会很乐意接受所在集团领导国家所倡导的政策。但是集团很难永保一致，可能出现独立结盟的情况。例如，在联合国海洋法会议期间，七十七国集团中有的内陆国家发现自己在未来海床开发协定的草拟过程中与一些第三世界邻国意见相左，导致一些国家开始独立结盟。国家集团之间寻求共识的过程不但相当漫长而枯燥，而且可能成果甚微。某些欠发达国家或许因为没有在国际经济新秩序下获得任何进展，而开始转向传统的双边谈判模式。

联合国框架下多边外交的另一个问题是联合国的一些技术性机构的政治化问题。一些国家和国家集团试图将这些机构用于意识形态斗争及对外宣传的目的上，这样不仅降低了这些机构的办事效率，也让它们在西方国家政府那里信誉受损。例如，联合国有关妇女权利的会议却花费大量的时间和精力来讨论关于巴勒斯坦、约旦河西岸地区和南非的提案，还有苏联阵营动用联合国工业发展组织提出有关裁军以及"和平"议题。由于既不想在不受欢迎的议题讨论上浪费时间，又不想遭到孤立，美国在联合国贸发会议的代表只能默认了共识决议，即使是这样的决议实际上也构成了对美国自由贸易原则的挑战。但是1982年在维也纳召开的国际原子能机构（IAEA）大会通过投票取消了美国的盟友以色列的代表资格，美国因此中止参与国际原子能机构的活动。两年后，由于联合国教科文组织一直坚持反对西方的态度，美国与英国相继选择退出该组织。

要想在联合国这一体制中获得成功，不能只是死板地依靠外交技巧，更多取决于立法手段的运用。如果美国国务院能更多地关注这种特殊要求，那么美国在联合国的境况可能会改善不少。要在联合国成功展开多边（或议会）外交，需要具备以下条件：一是要清楚知晓辩论程序与规定；二是了解联合国在纽约、日内瓦、维也纳、罗马、内罗毕、巴黎以及蒙特利尔这些城市所设机构之间的内在联系；三是要有能够建构并动用政治联盟的能力。来自各国的代表们，无论是在纽约总部的一小部分常驻代表团，还是派驻在其他地方的联合国机构的政府代表，它们在规模和人员组成方面都与其他类型的外交使团相似。但是联合国代表团的功能更为开放。这些代表们不仅要维护本国利益，还要维护本国的国家形象。如果一个国家在联大或安理会对另一国家投出反对票，虽然不会阻碍该国坚持某一政策，但也不利于该国赢得其他国家的长期支持。福克兰群岛战争期间，各国政府都渴望为自己找到合适的国内和国际理由以显示其主张的正当性。英国驻联合国纽约总部的大使在安理会上熟练地运用外交技巧，不仅让安理会批评了诉诸武力解决争端的行为，同时也勒令阿根廷撤出福克兰群岛。此举不但巩固了英国的道义形象，也获得了西欧盟友的支持。此外，可以想象，如果布宜诺斯艾利斯的武装政府听取了更为明智的劝告，阿根廷也会接受联合国提议做出的让步，既能保留颜面，又可保住权益。

此外，常驻纽约代表团也积极地参与到更为传统的外交任务中去。有些小国由于只在少数国家设有大使馆，所以它们在联合国的代表团就成为了解国际形势的重要渠道，同时，它们还利用联合国这一平台，与对象国首都未设立使馆的国家进行双边谈判。有的国家尽管已经拥有错综复杂的外交使团网络，还是会利用在联合国代表中的正式或非正式关系来解决分歧，探索未来合作的可能。常驻联合国代表团也会用作重要的沟通渠道，尤其是那些敌对国、断绝外交关系的国家，有时，不曾相互承认的国家间也会通过这一渠道进行沟通。当然，这样的联系是通过其他方式建立起来的，比如派遣特别使团、第三国调解、特派使节在另一中立国首都进行会晤，抑或是通过在不参与争端一国的大使馆中保留"联络处"。但是，如果代表之间已经通过在联合国的工作而相互熟悉，二者之间的交流可能就会更加容易一些，特别是各国派往纽约的代表之间更是如此，他们都是政治和外交领域的杰出人士，这样的情况更普遍。此外，联合国大会的秋季会议上，各国领导人按照惯例都会出席，这也为私下的部长级会晤和谈判提供良好机会，而且使节和代表们在某些问题上也可以去寻求秘书长的帮助。

关于秘书长的职责，《联合国宪章》显然要比《国际联盟盟约》更加具体。在《联合国宪章》中，联合国秘书长被定义为该机构"首席行政长官"，同时宪章第九十九条规定，"秘书长得将其所认为可能威胁国际和平及安全之任何事件"，提请安全理事会注意。但实际上，各位上任的秘书长大都自行或者在联合国大会、安理会或者是某成员个人的授意之下充当了中间人、调查员以及调停人的角色。他们在外交方面发挥的作用受到个性和政治形势的影响。这一方面反映了安理会时常会陷入瘫痪的现实，也体现出无论是化解还是抑制各国国内斗争或是国际冲突，联合国都努力朝着"劝解者"的方向发展，并非采取强制性行动来应对。

联合国最早的两任秘书长分别是特里格韦·赖伊（Trygve Lie，任期1946—1952年）和达格·哈马舍尔德（Dag Hammarskjöld，任期1953—1961年）。他们二人在世界政治领域影响极高。用艾伦·詹姆斯（Alan James）的话说，赖伊身上有一种"乌托邦式的炫耀"，几乎想要把自己变成一支半独立的力量。而哈马舍尔德在倡导"静默外交"（quiet diplomacy）

的同时,还采取了某些手段,造成联合国的分裂。① 他们在任期内都招惹了苏联。苏联代表十分厌恶赖伊在朝鲜战争时期摆出的态度,并在他任期的最后两年视其为"不受欢迎的人"。由于哈马舍尔德处理前比属刚果内部矛盾的方式以及1960年夏派遣维和部队进行干预的做法,让苏联领导人不得不提出,未来联合国秘书处的行动需要得到代表共产主义国家、西方国家以及不结盟国家三方执行委员会,即"三方委员会"的同意。哈马舍尔德的继任者吴丹(U Thant)为人低调、谦和,但是他在1967年第三次中东战争爆发前夕批准驻扎在西奈半岛长达11年的联合国紧急部队撤军。在一些政府看来,这次撤军是联合国遭遇的一次惨败。

没有任何一位秘书长能得到所有成员的一致赞赏和尊敬。不过如果想要在冷战期间有所成就,他们至少要赢得各敌对阵营还有大部分不结盟国家的信任。库尔特·瓦尔德海姆(Kurt Waldheim)是第四任联合国秘书长,也是一位职业外交官,他在任职时间(1972—1981年)没有招致任何超级大国明显不满。通过私人外交与公共外交双管齐下,瓦尔德海姆及其代表们公正可靠的作风为他们赢得了广泛的国际信任。但是如果他能够少一些谨小慎微,多一点冒险精神的话,说不定联合国在推进中东和平及和解方面就能够发挥更大作用。批评家们在对瓦尔德海姆及其继任者哈维尔·佩雷斯·德奎利亚尔(Javier Perez de Cuellar)的外交方式进行评价时指出,如果这二人能够将《联合国宪章》第九十九条中规定的职责落到实处,并且联合国更专注于波斯湾和黎巴嫩这些危机四伏的地区,就可以在1980年与1982年分别对伊拉克和以色列实施有效限制,制止它们诉诸武力。但是,联合国秘书长对争端进行干预的能力实际上取决于分歧各方是否乐意接受联合国干预,这一点在英—阿战争中已经表现得相当明显。此外,秘书长可以调用的资源也很有限。赖伊及

---

① Alan James, "The Role of the Secretary General of the United Nations," *International Relations* I (1959): 620-638.

之后的瓦尔德海姆都曾提议向成员首都派遣联合国大使,但未获通过。秘书长仍然没有完全独立的获取国际局势相关信息的渠道。

在德奎利亚尔及其助手的调解下,起初没有任何交流的阿富汗和巴基斯坦代表团进行了谈判,并最终在 1988 年 4 月促成了《关于政治解决阿富汗问题的日内瓦协议》的签署,苏联军队因此撤出了阿富汗。这充分体现了联合国秘书处的重要性。同样,他们还协助推进了波斯湾与非洲南部地区的和平进程。随着冷战结束,安理会常任理事国之间关系回暖,人们也更加期待联合国秘书长在世界事务中发挥更加积极有效的作用。自 1988 年以来,联合国的维和行动次数大幅增加,伊拉克在 1990 年入侵科威特后也遭到联合国的制裁,彰显了联合国在维护布什总统提出的"新世界秩序"上表现的集体意志。然而,随着旧霸权体系的倒塌,一些陈年旧账又被翻了出来。埃及外交家布特罗斯·布特罗斯-加利(Boutros Boutros-Ghali)于 1992 年出任联合国秘书长,在任期间,他主要应对的是那些源自国家内部而非国际的矛盾,然而当时的危机应对机制与之并不匹配,所以他曾致力于对这些机制进行改革和调整。哈马舍尔德认为,"联合国就是对政府正常的外交工作的补充",[①] 加利就仅仅是该组织中的一名公仆。联合国为现代多边外交提供了框架,并在一个文化与意识形态各不相同的世界里,为各国设置了国际行为标准。用德奎利亚尔的话说,联合国秘书长其实就是"国际谈判的能手"。[②] 现存国家体系仍然很大程度上是在似显无力的联合国及其机构之外运作,而联合国秘书长是对这一体系极有价值的"配饰",为其增光添彩,但绝非关键部分。

[①] Alan James, "The Role of the Secretary General of the United Nations," *International Relations* I (1959): 620-638.

[②] Michael Charlton, *The Little Platoon: Diplomacy and the Falklands Dispute* (Oxford: Oxford University Press, 1989), p. 219.

多边外交与外交专业人员

在草拟《联合国宪章》的过程中,英美领导层流传着这样一种观点:国际冲突的根源在于世界经济与金融体系失灵。毕竟,要是没有 20 世纪 30 年代早期的那场大萧条,希特勒也不会掌握德国政权,中东欧一些新生国家也会有更大的生存概率。因此,在联合国中设立经济及社会理事会(Economic and Social Council)是再自然不过的事。秉承相同的精神,1944 年 7 月在美国新罕布什尔州布雷顿森林召开的同盟会议为国际货币基金组织(International Monetary Fund,IMF)与国际复兴开发银行(International Bank for Reconstruction and Development,IBRD,又称世界银行)的成立奠定了基础。这些机构旨在促进世界金融稳定,重建被战争摧毁的世界经济,并以自由交易为基础扩展世界贸易。但是,即便在 1948 年国际货币基金组织正式成立之前,美国认为,如果西欧想要从崩溃的经济中恢复过来又不受苏联威胁,就需要采取更激进的措施。由此诞生了欧洲复兴计划(European Recovery Programme,ERP),也就是为人熟知的"马歇尔计划"。该计划向欧洲提供大量资金援助以挽救不景气的经济状况,同时还为一批新到来的外交专业人员提供了全新的工作,这些人中有的已经在战争中积累了不少国际经济合作的实践经验和专业术语。

美国的《租借法案》开创了一个先例,即将受过训练的经济学家安排到外交使团中工作。1942 年早期,依据该法案向土耳其的安卡拉市派遣了一名专员,负责评估土耳其的经济状况及战略地位,后来,他协助英国大使馆的一位同事向美国大使建议,可以通过同盟国封锁线从土耳其进口哪些货物。像这样的专业人员在战后的一段时间内持续与职业外交官一同工作。同时，作为欧洲复兴计划的受益方，欧洲需要进行相应的机构设置以配合该计划实施。由于美国希望进一步促进西欧国家经济一体化，于是在 1948 年欧洲经济合作组织（Organization for European Economic Cooperation，OEEC，下称欧洲经合组织）得以成立。欧洲经合组织的目的很明确：一是协助美国援助在欧洲有效分配，二是要为该组织的 16 个成员制定统一的贸易自由化标准。欧洲经合组织作为和平年代一次全新的外交尝试，为其他国际组织提供了范本。组织设有理事会，经常性召开部长级或代表级会议。同时，理事会还与专业委员会一道，制定协调经济发展的共同政策。正如联合国在纽约、巴黎设有总部一样，欧洲经合组织也在巴黎设立总部，并且很快配备相应外交使团。同时，北大西洋公约组织（North Atlantic Treaty Organization，NATO，下称北约）的建立也催生了类似外交使团。作为军事联盟，北约的成立将美国、加拿大和一众欧洲国家结成联盟，范围从北极圈到南边的安纳托利亚半岛。该组织的代表理事会最终成为一个由成员政府任命的常任代表理事会。

经济与军事上的相互依存再次引发了一个问题，那就是在外交中应如何界定专家与通才之间的关系。美国不断向欧洲盟友提供援助，分享建议，还在欧洲建立起结构完整清晰的特别使团，分别与欧洲经合组织、北约及各国政府打交道。成立于美国华盛顿的经济合作署（Economic Co-operation Administration，ECA）在理论上从属于驻在别国首都的美国外交使团，该委员会大部分职员来自商界和工业界。埃夫里尔·哈里曼（Averell Harriman）曾以美国欧洲特别代表（SRE）的身份派驻巴黎，其职责就是协调各种美国经济代表团的工作。不过，他几乎不受美国驻法大使的领导，享有相当大的自主权。哈里曼手下的官员住着舒适的塔列朗酒店（Hotel de Talleyrand），他们的工作是必须要确保欧洲经合组织提出的经济复苏计划和美国国会批准的立法模式一致。他们中大部分是农业、制造业、财政以及法律方面的专家。1953 年，哈里曼加入美国驻北约与欧洲地区组织（United States Mission to NATO and European Regional Organizations，USRO）使团，因此他的团队中又增加了军事专家。同时在华盛顿，国家安全局局长也加入了直属总统的协调所有对外援助项目的团队当中。

然而，对外援助并不能轻易地从较为传统的外交关系中分离出去，驻在欧洲国家首都的各类美国使团也造成了一定程度的混乱现象。例如，法国法郎的贬值虽然或许与美国驻北约与欧洲地区组织有明显的利害关系。但是关于这个问题的讨论究竟应由哪一方来组织呢？是美国驻北约与欧洲地区组织经济事务处的负责人还是美国驻法国大使馆的经济顾问？这一切最终还需要美国各使团团长之间相互协商，以谋求更高效的分工合作。

类似的职权与部门划分不清的问题在其他国家的外交中也常见到。各国内政和外交关联密切，从国内各部门调派海外的专家与代表数量不断增长，都体现出政府调控国民经济的力度逐渐增加，同时，各国对于国际合作有益于推动经济增长有了广泛认同。1960—1961年，欧洲经合组织向经济合作与发展组织（Organization for Economic Co-operation and Development，OECD）的转变就是典型例证。美国和加拿大成为这一新成立组织的正式成员，日本也于1964年加入其中。因此该组织的目标就是进一步协调资本主义世界中主要发达国家间的经济政策。经济合作与发展组织在此之后逐渐演变为一个永久性国际经济会议制度，会上来自各国各部门的官员与组织中各工作组的同级别官员一起，调查评估共同关切的议题，类似于为高级政府官员提供了一个相互磋商而非谈判的平台。同样，成立于1962年的十国集团（Group of 10，G10）也是如此。十国集团的成员是十个世界发达工业国，它们同时也是经济合作与发展组织第三工作小组的成员。来自这十国的财政部代表可以在十国集团的会议上讨论并监督世界金融发展，有时还就此达成一致立场。

专家外交随着欧洲国家共同体的不断发展而发展。最值得一提的是于1951年成立的欧洲煤钢共同体（European Coal and Steel Community, ECSC）。该组织的成立回应了理想主义与务实主义两种声音，前者希望建立一个欧洲联邦，让·莫内就是代表人物之一；后者则代表另一些法国人的想法，他们希望能够用国际制度框架遏制西德的经济复苏。欧洲煤钢共同体的目标就是要建立并规范一个煤炭与钢铁的共同市场。出于此目的，该组织设有一个部长理事会，由比利时、联邦德国、法国、意大利、卢森堡和荷兰六个成员分别派代表组成；一个高级权力机构，用来代表整个共同体；一个共同体议会，高级权力机构对其负责。此外，还设有一个负责争端处理的欧洲法院。六年后，虽然欧洲防御共同体未能建立，但是这些煤钢共同体成员签订了《罗马条约》，成立了欧洲经济共同体（EEC）和欧洲原子能共同体（European Atomic Energy Community, Euratom）。欧洲经济共同体的组织结构与煤钢共同体有不少相似之处，其中包括：部长理事会，确保组织的最高权力掌握在各成员的政治代表手中；负责发起共同体政策提议的委员会，其委员由成员政府任命，并对议会负责。欧洲经济共同体还设立常驻代表委员会（Committee of Permanent Representatives, COREPER），负责准备部长理事会的工作并完成部长们布置的各项任务。此后，之前要通过双边谈判解决的问题现在要由这一系列超国家行政机构和制度化政府间外交来管控。

1965年，欧洲经济共同体、欧洲煤钢共同体以及欧洲原子能机构三者合并，组成了新的欧洲共同体（European Community, EC，下简称欧共体）。同时，这样的快速融合迫使政治家和外交家们不断探索并采用新的谈判方法。欧共体部长理事会的成员来自各成员的内政部门，而非外交部，他们每年召开60—70次会议，在加权表决制的基础上或是通过与委员会达成妥协来决定共同体政策。有时，会议会在讨价还价声中持续很久，这种马拉松式的理事会会议会就各种各样有争议的问题形成一系列外交方案。1970 年，为了给理事会配备财政资源，一场谈判曾连续开了长达 72 小时之久。与会者想要以此向民众和媒体传达一条信息，那就是他们在做出让步之前已竭尽全力，因此，这样的会议不仅具有政治意义还具有心理作用。但是在多数情况下，部长们能做的也只是批准委员会的提议，或是正式通过已经由常驻代表委员会达成的协议。后者在欧共体的决策过程中尤其关键，因为欧共体成员无论是以前还是现在都拥有真正管理权，而不像那些农业部或商业部部长，或是那些有特殊职务的理事那样只有名义上的权力。一名常驻代表需要国内不同部门的多方协助，为成功参与会议外交，他还需要事先做足功课，对多个话题做深入细致了解。在给这样的代表下达指示时，需要为他/她留有足够大的回旋余地。正如一位荷兰外交官 30 多年前所说，常驻代表委员会在处理问题时要"综合考虑，要在协调各成员利益的同时兼顾欧洲联盟的崇高目标，的确不是件容易的事"。[1]

然而，一味夸大这些同盟机构对于外交实践发展的意义的做法，显得太过简单。毕竟对于欧共体来说，之前的德意志邦联就是一个很好的例子，不过是形式上有些原始、简陋。德意志联邦同样由主权国家构成，其位于法兰克福的邦联议会与欧共体的部长理事会和常驻代表委员会相似，基本上是一个拥有类行政职能的外交代表会议。的确，由当初的六大元老国形成的欧共体似乎给拿破仑时期的法国边界赋予了梅特涅领导的德意志邦联的宪法特点。从前，德意志邦联以外的国家很愿意将本国代表派驻法兰克福，认为这样十分便利，与此类似，非欧洲经济共同体成员政府也乐于派代表常驻位于布鲁塞尔的欧洲委员会总部。欧洲经济共同体具有进行商业合约谈判的权力，在其他国家眼中是不容忽视的重要贸易区。自其成立以来的 10 年间，共有 69 个商业代表团常驻布鲁塞

---

[1] Jan Hendrik Lubbers, "New Horizons in Postwar Diplomacy," *The Washington Quarterly* X (1987): 18.

尔。接下来的 20 年中，代表团数量又增长了超过一半之多，它们与其他大使馆的活动相差无几。这些代表团会进行观察、报告、谈判，试图凭借其各种机构来对共同体施以影响。1993 年，欧共体发展成为欧洲联盟（European Union，EU，下简称欧盟），但从职能与地区定位来看，无论是欧共体还是欧盟都多由商业、金融以及财政事务方面的专家组成，与传统大使馆的人员构成大不相同。

在人员任用方面，国际组织对于常驻代表的委派与该代表的外交级别挂钩。有些情况下，在优先权与外交礼仪上出现的问题与文艺复兴时期的欧洲宫廷情况类似。这一点在布鲁塞尔体现得尤其明显，因为有一些国家会在那里同时派遣驻比利时大使，驻欧盟代表和驻北约代表。先前，在招待客人时，如果美国驻比利时大使和美国驻欧共体代表同时出席，欧共体的东道主就不得不面对如何分配餐桌座次的尴尬问题。如果大使们不会因为不满意对其座驾的等次排序而在街头大打出手的话，对于外交车辆车牌的编号促使比利时政府考虑应怎样区分外交使团而又不失体面。最后的解决办法相当巧妙。驻比利时政府的外交官车牌号会从最小数字开始（比如教廷大使的车牌号就是1）；而那些驻在欧洲经济共同体的外交官们的车牌则从大数字开始。还有一个问题，究竟哪一方可以有资格接收代表们的国书。法国人坚持认为不能做任何有损成员至高权威的事，因此，最终的解决办法是，新任大使必须将国书同时交给委员会和部长理事会主席。

法国人也同样不支持欧共体作为一个超国家组织参与世界事务。欧共体成员与英国在 1972 年达成了一项协议，承认新成立的孟加拉国，法国对此表示反对。不过欧洲经济共同体自成立起就与非成员就商业事务谈判并签订了不少协定。共同体还与其他贸易集团和地区组织开展了联合外交（associative diplomacy），其中包括非洲、加勒比和太平洋国家集团（ACP，以下简称非加太集团），东南亚国家联盟（ASEAN，以下简称东盟），还有经济互助委员会（COMECON），后者将由苏联主导的东欧经济体联合起来。欧洲经济共同体的代表还参加由经济合作与发展组织，联合国贸发会议以及《关税与贸易总协定》（GATT，下称关贸总协定）组织的会议和谈判。其中，关贸总协定产生于1947年，总部设在日内瓦，致力于建立一个旨在减少国际贸易壁垒的全球体系。欧盟外事委员不仅在布鲁塞尔总部有自己的员工，而且对外派遣代表团，目的地包括日内瓦、巴黎（经济合作与发展组织的总部所在地）、纽约（欧共体拥有联合国大会的观察员身份）、东京、华盛顿以及拉丁美洲国家城市。然而欧共体没有设立任何等同于外交部门的机构，欧共体进行的"联合外交"主要涉及贸易与援助问题，严格意义上的政治议题只间接涉及。的确，在1986年《单一欧洲文件》签署之前，成员间外交政策的协调从未纳入共同体正式条约范畴。

20世纪70年代早期，欧共体国家在诸多因素影响下开始在对外关系方面进一步合作，主要影响因素包括英国、丹麦和爱尔兰三国加入欧共体，国际事务的总体多边化，日本逐渐增长的工业化实力对西欧国家构成的挑战，石油输出国组织（OPEC）影响力的上升，以及美国意欲重塑与大西洋彼岸的伙伴间关系。但是1970—1973年，在欧洲政治合作（European Political Co-operation, EPC）的框架下生成了不少机制，但未能在外交实践上有所突破和创新，本质上不过是在一个非军事同盟中实现政府间磋商的正式化、系统化罢了。此后，欧共体成员外长们开始每隔三个月见一次面；其中高级官员间举行秘密会议；各成员外交部也会指派"特派员"，就欧洲政治合作相关问题保持联络；欧共体成员使团会在非成员首都和其他国际组织中进行磋商，谋求合作。此外，1974年12月，在国际问题上的整个合作进程得到欧共体首脑会议即欧洲理事会的协助与指导。成员也会在欧洲安全与合作会议（Conference on Security and Co-operation in Europe, CSCE）机制下展开合作，以弥合冷战分歧，为各民族与国家间关系制定准则，并确保对于人权的尊重。通过1973—1975年的谈判，《欧洲安全和合作会议最后文件》（下称《最后文件》）最终拟定，欧共体委员会一位代表参与了此次谈判。之后，欧共体在《最后文件》的审议会议和其他相关会议中对其政策进行了协调，取得重大成功。不过欧洲政治合作仍是严格限定在政府间的合作机制。尽管该机制在1987年设立了自己的秘书处，但它仍是由当时部长理事会的轮值主席国外交部负责，主席团由前任、现任以及继任主席组成的"三驾马车"领导，主席一般由成员外交部长担任。结果致使欧共体集体意志的表现变得十分复杂。在伊拉克从科威特撤军之后，美国便启动了中东和平进程，欧共体参与这一和平进程的过程凸显了这样的复杂性。在1991年10月召开的马德里会议上，代表欧共体出席的轮值主席来自葡萄牙；1992年1月，欧共体还出席了在莫斯科举行的多场多边对话，当时的轮值主席国已经变成了荷兰，与会代表除轮值主席国之外还有欧共体委员会和个别成员。此外，欧共体还成立了特别协调小组，"三驾马车"中的高级官员后来参加了1992年在华盛顿举行的双边会议，会议持续了整整一年。这种大规模的集体外交需要代表们在不同层次、不同场合展开合作。然而，欧共体各机构代表们却少谋合作，更多计较。自那时起，各国为化解分歧，促进合作，分别就《马斯特里赫特条约》（1991—1992年）、《阿姆斯特丹条约》（1997年）和《里斯本条约》（2007年）进行谈判，形成了如今拥有27个成员的欧盟。新的更为紧密的欧盟共同外交与安全政策（CFSP）应运而生，在2009年12月，欧盟任命了首位外交与安全政策高级代表。[1]

  对外关系来说，欧共体对于外交实践发展的最大贡献就是联合外交领域。欧共体与非加太集团分别在1975年、1980年、1985年以及1990年在多哥首都洛美召开会议。在这四次会议中，欧共体与非加太集团达

---

[1] 原文为2009年，实应为1999年。——译者注

成了多项协定，且非加太集团得以进入共同市场，并获得发展援助。这是发展中国家与工业化国家间在多边框架下谋求合作的成功案例。双方最终达成协议，成立欧共体—非加太部长理事会（每年召开一次会议），使节委员会（每半年召开一次会议）和联席会议。2000年，《洛美协定》被《科托努协定》取代，后者将非国家组织和地区政府纳入协商进程中来，这一做法独具创新。同样，1973年中东战争结束后，欧共体与阿拉伯联盟展开对话，表明通过委员会以及经济与财政专家之间的磋商有利于寻找机会，缓和矛盾。但这一系列发展也表明了一种趋势，那就是各国都在通过建立功能性或地区性组织来更好提升本国的国际地位，而这些组织都配有完备的咨询和执行机构。这种趋势在发展中国家和新兴工业化国家间显得尤为突出。以下是三个最典型的例子：1947—1948年成立的美洲国家组织（Organization of American States，OAS）；1961年5月，31个非洲独立国家在埃塞俄比亚首都亚的斯亚贝巴举行会议后成立的非洲统一组织（Organization of African Unity，OAU）；还有1967年成立的东盟，由东南亚国家组成的较为松散的地区组织。显然，这三个组织为缓和成员间的紧张局势起到一定作用。此外，东盟在与其他贸易阵营及非成员的谈判中所采取的方法与欧共体/欧盟并无二致。联合外交与联合国中的阵营外交一样，对于弱小贫穷国家较为适用，这些国家通常既没有资源也没有时间来获得最基本的外交服务。

新兴国家外交

19世纪，欧洲建立国家体系的规范和实践传向世界。到1914年，非洲的绝大部分地区和亚洲的大部分地区都处于欧洲统治之下，而那些仍然保持独立的亚洲国家要么已然采用，要么逐渐适应了西方的外交方法。

在美洲，曾是英国、葡萄牙和西班牙殖民地的那些地区，仍在很大程度上沿袭欧洲模式开展外交，而英国的领地也在20世纪初效法欧洲国家，开始建立自己的外交机构。尽管第一次世界大战后欧洲重新划分权力版图，但未威胁到已有的外交行为模式。然而，新的国家如要加入这样的外交体系，就必须为此付出代价，它们不仅要为外交机构和使团购买和租赁场所，还要招聘、培训雇员。在匈牙利和波兰，如果贵族阶级与国外保持联系，并且有一定外交经验，建立本国外交机构并非难事，但如果一些国家的领导人对外部世界认知有限，且属海外贵族血统，他们则要付出更大代价。会说外语，还会用外语谈判，且具备处理国际事务背景的人才常供不应求。例如，捷克人选择寻求最近在国外进行民族宣传的学者和政论家的帮助。爱尔兰也有过类似经历。实际上，爱尔兰自由邦首任外交部长曾抱怨，"我们在柏林的代表不懂德语，我们在马德里的代表正在学西班牙语，而我们在罗马的代表不懂意大利语"，这种情况在20世纪20年代的欧洲各地，无一例外。[1]

第二次世界大战后，一些新独立国家天然获得了更好的外交资源。例如，印度在1947年8月英国正式移交权力之前，已经拥有了一个准外交部。印度不仅是前国际联盟成员，印度的国民还曾在人员配备问题上协助邻国和周边地区，早在1946年10月，德里就成立了外交和联邦关系部。在英国统治的最后几年，马来亚已在其他英联邦国家拥有代表权。然而，在英国的其他殖民地中，只有黄金海岸（加纳）和尼日利亚能从英国建立的大规模外交事务管理机构中受益。因此，加纳人能够参与1954年成立的国防和对外事务总督咨询委员会。该委员会对外交培训生的选拔提供资助。在尼日利亚1960年获得独立的四年前英国殖民者就设立了一个对外事务部，为此尼日利亚人获得了丰富外交经验，他们服务

---

[1] Dermot Keogh, "The Department of Foreign Affairs [Ireland]," in Zara Steiner (ed.), *The Times Survey of Foreign Ministries of the World* (London: Times Books, 1982), p. 280.

于英国的驻外使团以及英国在伦敦和华盛顿的办事处，以及英国在非洲各地的领事馆。然而，随着20世纪60年代初摆脱殖民统治的进程加快，留给帝国主义大国的时间不多了，它们根本无法顾及那些刚刚摆脱殖民统治、获得新生的民族国家，更无法为这些国家提供参与世界政治的适当机制。某些情况下，这样的后果是灾难性的。比利时人在宣布独立前仅6个月就决定放弃他们在刚果的殖民地，并于1960年7月离开了这块行将陷入无政府状态、完全无力管理自己内政或外交事务的领土。

即使是那些拥有先进行政管理基础的新兴国家也发现外交是一项需要付出高昂代价的事业。它们需要为外交大使提供住所、办公室、电传打字机、密码和信使服务。一些更古老的英国自治领能够帮助一些新兴的和较为贫穷的英联邦国家进行人员培训和使馆邮件运输。但外交代表权仍然是国家主权最显著的表现之一，那些急于宣布民族解放的政府，有时太急于为外交的光鲜仪式感埋单。加纳在独立后立即开设了60个外交使团；在正式获得外交代表权力的第一年，乌干达就将其外交预算的20%用于租用住宅和办公用地。若任人唯亲，选派那些自身无能又追求个人荣耀的职员前往驻欧洲和北美外交机构任职，这种行为付出的代价更是高昂。一名加纳驻波恩大使只花了五个月就预支了相当于其工资五倍的费用，用以购买一辆劳斯莱斯和两辆奔驰。这种大使风格式的挥霍不只存在于第三世界国家的代表中。当一国领导人如果选择越过外交官或根本无视外交官，独揽外交决策权，上述那些行为就更难辨识，这在非洲和亚洲的新生国家尤为明显。一个典型代表是夸梅·恩克鲁玛（Kwame Nkrumah），他曾在1957—1966年担任加纳总理和总统。由于不信任其外交官（该外交官受过英国教育），恩克鲁玛在加纳的大使馆里安插了非职业人员，建立了自己的非洲事务局，并给他的继任者留下一个士气低落、腐败横行的外交机构。

许多非洲、亚洲和加勒比海国家获得独立不久，似乎不可避免地走向独裁政治。那些导致后殖民主义不稳定的因素，如贫困、国内纷争和与工业化伴生的社会压力，也会影响这些国家的外交风格和内容。新独立国家大都比较贫穷，在外交上除了拥有极为有限的海外代表权外，几乎就得白手起家。这就是说，这些国家至少在纽约有一个常驻代表团，在先前殖民国家的首都保留一个大使馆或高级公署，并在一个或多个最重要的邻国派驻一个使团。因此，第三世界国家能够通过在联合国大会及其委员会中的代表权，并在伦敦（英联邦国家在此设有秘书处）、布鲁塞尔和巴黎等地其常设外交机构，扩大其参与国际事务的机会。事实证明，如一国向联合国和美国政府派驻一个使团，在区域组织所在地设立大使馆，这种多重委派的做法能节省使节活动费用。同样重要的是，许多亚非国家领导人更致力于个人外交，他们通常或是通过一次大范围旅行，或是出席地区首脑会议和外交部长级会议等方式来开展个人外交。无论国家大小，各国总统和总理还会通过在国外展示外交才能来提高国内声誉，这样就不必受制于高昂的外交机构费用。此外，由于大部分所谓的南北交涉和谈判涉及援助和贸易，所以在许多情况下，合作、发展、教育和财政等部门更愿意直接与欧洲和北美的对等机构打交道，这并不奇怪。

峰会和官僚竞争当然并非新获独立国家的外交特色。但是，第三世界国家的政府首脑一方面倾向于将对外事务管理个人化；另一方面，又倾向于依赖国内各部门的技术官僚，这样自然限制了专业外交服务的发展和作用。许多发展中国家缺乏合格的外交人员，特别是缺乏现代外交经历所需要的金融和法律专业知识，这同样限制了这些国家的外交外事能力和影响力。另一个问题是外交部和驻外使团之间的联络远不尽如人意，这本身也是由于缺乏经验、人员配备不足导致的。这也许能说明为什么非洲和亚洲的外交官比他们的欧洲同行拥有更大自由决定权。同时，如果一国驻外机构缺乏强有力的行政职能，他们的报告和建议可能不被重视，他们收集的情报也可能没人整理，无法利用。在任何情况下大使都极不愿意主动采取行动。如果稍有越轨，他可能会遭偏执的独裁者解雇，或因国内政变而被永久流放。一个驻外使团内部的纷争有时会导致内部暴力和驻在国政府的干预。1970年春，柬埔寨诺罗敦·西哈努克亲王的政权被推翻后，柬埔寨驻布拉格使馆发生了激烈的权力斗争，一位二秘试图在10名学生的协助下占领使馆大楼。在巴黎，当柬埔寨军事专员试图从支持西哈努克的派系手中夺取他的公寓时，一场街头战斗随之而来。

  幸运的是，这种规模的外交闹剧并不多见。事实上，在20世纪60年代和70年代，随着庞大的国际制度的建立，一些小国因驻外使馆缺少外交官员而无法发声，更无法为使馆利益而论争。1967年申请加入联合国的印度洋岛国马尔代夫几乎无力支付年费，① 无力在纽约设立一个合格的常驻使团，更无法配备人员。拥有13万人口的西萨摩亚②甚至连建使馆的想法都没有，该国外交依靠新西兰的驻外代表，直到1976年，即独立后14年，才在惠灵顿以高级专员公署的形式建立了第一个大使馆。另一个岛国，人口只有7000的磷酸盐出口国瑙鲁共和国，③ 采取了一种非同寻常的方式，在澳大利亚报纸上登广告招聘一名外事秘书。瑙鲁驻澳大利亚的外交代表，不是驻在堪培拉的外交官，而是总部设在墨尔本的那间磷酸盐委员会办公室。然而，紧缩外交开支在人口较多的新独立国家少见，绝不是惯例。在第一波民族独立浪潮中，不少国家只是希望得到更多关注，却毫不在乎建立大规模外交网络所需的费用。正如一名圭亚

---

  ① 原文如此，马尔代夫实为1965年9月21日加入联合国。——译者注
  ② 这是作者成文时的统计数据。另：1962年1月1日，西萨在太平洋岛国中率先独立，定国名为"西萨摩亚独立国"。1963年起改6月1日为独立日。1997年7月4日，西萨摩亚独立国更名为萨摩亚独立国。参见中华人民共和国外交部官网首页〉国家和组织〉国家（地区）〉大洋洲〉萨摩亚〉国家概况，https://www.mfa.gov.cn/web/gjhdq_676201/gj_676203/dyz_681240/1206_681716/1206x0_681718/。——译者注
  ③ 这是作者成文时的统计数据。——译者注

那外交官指出的那样,他们坚持不结盟的强烈愿望让他们更倾向建立与大国同等的外交服务机构。① 即使是那些在被殖民之前就有着外交传统的国家(其中不仅包括亚洲的古代政体,还包括西非的王国和部落社会),似乎也更乐于效法欧洲国家的外交风格、方法和实践。这很好理解。毕竟,主权概念本质上是一个欧洲概念,主权的获得和行使意味着接受一种行为准则,而欧洲人的这种准则已经可以适用整个主权国家体系。

诚然,新独立国家的激增给国际政治活动带来了复杂性和高昂成本。苏联和南斯拉夫的解体使在曾经只有两个国家的地区新出现了21个国家,迅速推高西方各国外交部的预算,因此他们萌生了与其他有类似想法国家的代表合用使团办公场所这一想法。外交规模的不断扩张侵蚀了欧洲驻在各大首都的外交使团间特有的亲密关系。在第一次世界大战之前,驻在伦敦的使团不超过56个,其中只有9个是正式大使馆,各国大使完全有可能对常驻那里所有同行了如指掌。但这在20世纪90年代初的英国已是不太可能了。据估计,英国住有17 000名各国外交官以及他们的家人和工作人员。此外,新的全球秩序充斥着外交平等主义的精神,基于这种精神过去存在的公使馆和全权公使也就没有继续存在的必要性。在两次世界大战之间,一些英国和法国的公使馆被升级为大使馆;1927年,一个由国际联盟任命的专家委员会建议所有使团的团长应该有相同的风格和头衔。然而,这项提议遭到美国和欧洲主要大国的反对,理由是它既不符合国际政治生活的现实,也不符合在每个国家的外交部门保持等级位次的需要。

1939年战争前夕,法国只有16个驻外使馆(其中10个在欧洲),却有38个公使馆(其中22个在欧洲以外)。然而在30年时间里,这种情况发生了深刻的变化。非洲和亚洲那些刚摆脱帝国主义统治获得独立的

---

① Robert J. Moore, *Third-World Diplomats in Dialogue with the First World* (London: Macmillan, 1985), p. 29.

国家，坚定地维护它们的主权和地位平等。在它们看来，既然欧洲的君主政体已不复存在，那继续沿用使团位次标准，令人费解。思想保守的瑞士人一如既往地固执己见。然而，到了20世纪70年代，几乎所有由一国任命的派驻另一国的常驻外交使团都被指定为大使馆或高级专员公署（这个名称用来描述英联邦国家在彼此首都的使团）。于是，一位手下有3名工作人员的西非共和国的使团团长相当于一位有100名或100名以上编制的美国大使。

使团的分类是《维也纳外交关系公约》涵盖的主题之一。该公约是联合国国际法委员会曾经花费近5年时间辛勤工作的产物，也是1961年在维也纳举办的81国会议的产物。由于外交法规则在过去2个世纪中不断发展，因此该公约的编纂目的是试图对这些规则进行编目并加以明确。先前外交法中的大部分内容是那些促成并维护国家间正式关系的习惯和双边协定，法学家和国际机构对外交法公约的准确适用和内容进行反复斟酌。此外，外交法中还包括一份1928年几个拉丁美洲国家签署的一项关于外交官员管理的多边公约。[①] 但是，直到20世纪50年代，为了应对冷战和不断扩大的国际社会的迫切需要，各国才就这项协议达成一致。该协议涵盖诸多事项，如明确使团馆舍、通信神圣不可侵犯及如何对其进行保护，还对外交豁免和外交特权进行规定。除了由此产生的公约，各国还签订了关于领事关系、特别使团和在国际组织中的代表权等条约。大多数第三世界国家赞同这些条约，但还有不少国家批评国际法中残留着西方帝国主义印记。但这并不是说那些信奉的原则无一例外总是受到尊重。在19世纪，一些学者乐观地认为，随着公共秩序的加强以及国家表示愿意承担保护外国人的法律义务，外交豁免权及不可侵犯性最终将变得多余且无用。然而，如果他们能看到今天的现实，一定会非常伤心失望。尽管有《维也纳外交关系公约》，或者说在某些情况下正是因为

---

① 指1928年2月20日签订的《庇护公约》（*Convention on Asylum*）。——译者注

《维也纳外交关系公约》，外交官的行动不仅会受到限制，还会受到国家安全部门的骚扰，会被城市游击队绑架，甚至会成为暴民暴力和恐怖袭击的受害者。但在有些情况下，驻在国政府无法或不愿意对外国使团提供保护，更有甚者，这些政府故意合谋诋毁和污蔑外国使团。

如果外交已经成为一种更危险的职业，部分原因在于现代大使馆规模的过度扩张。大使官邸已经与使馆分开，使馆工作人员还配备大量的文化和技术助理。一些亚非拉国家根本没有办法为越来越多想要获得外交身份的人员提供充分保护。许多国家仍然极易发生冲突和动乱。而事实上，这些国家的政府有义务保护外国外交官的生命和财产。这样一来，后者很可能成为那些持不同政见的游击队组织重点考虑的人质对象。试想，一名特使遭绑架，随之而来的是驻在国政府面临的窘境，这势必提高了叛军的谈判地位。此外，大使馆特别容易成为意识形态、宗教和政治狂热分子的攻击目标，这些人急于惩罚那些他们认定的应对他们遭受的疾病、苦难和压迫负责的大国。然而，从国际法角度来看，在一群潜在的革命者挑起的事端，由公共秩序失序导致的事件，还有因政府职员和当地警察部队串通一气所制造的事件之间有着很大的区别。然而，即使是后者，也可能只是国家一时愤怒的表现。1963年9月，英国和马来西亚驻雅加达大使馆被洗劫，印尼政府却拒绝做出任何赔偿，这显然违反了国际法。然而，回想起来，这与其说是对西方外交理念的挑衅，不如说是地区动荡使然。

此外，常驻使团和职业外交官为维护国际和平所做的努力，可能会招致激进的伊斯兰武装分子更严重的挑战。1979年11月的学生擅闯美国驻德黑兰大使馆事件，以及随后444天的人质劫持事件，无疑是现时代侵犯外交豁免权的最严重案件。再有，霍梅尼统治下的伊朗被认为是伊斯兰世界唯一真正正义的典范。于是，由大多数不虔诚的人所建立的国际准则和公约事实上是错误的，必然遭到蔑视。一位学者认为，在这些原则指导下,德黑兰当局实行"暴力外交",试图通过对他国国民使用国家支持的暴力来获取某些利益。① 这些"他国国民"通常指的是外交官。因此,亲伊朗或受伊朗鼓动的某组织应对 1983 年 4 月在贝鲁特和 1985 年 12 月在科威特发生的汽车炸弹袭击事件负责;1987 年,英国驻德黑兰使团副团长被袭击并遭绑架长达 24 小时。

对《维也纳外交关系公约》的无视与滥用亦常见于其他中东国家。恐怖分子和暗杀小组通过外交渠道得到援助和支持,大使馆有时被作为与外来反对派冲突的小要塞。1984 年,发生了最恶劣事情。在利比亚领导人卡扎菲上校的煽动下,革命学生接管了驻伦敦的利比亚使团(自 1979 年以来被称为利比亚人民局)。在对利比亚移民的暴力袭击之后,这些学生在"人民局"外举行了抗议示威。4 月 17 日,有人从大楼一楼窗户开枪,导致数名抗议者受伤,一名女警察死亡。

这场悲剧的一个结果是,"人民局"被迫关闭,占领者被驱逐。同时,这一事件还激起了英国和其他西方国家的民众强烈要求终止或限制外交豁免权。拖欠停车罚款是外国外交官最常见的违法行为之一,这已经够令人恼火的了,但英国法院却不能对杀害收取罚款的警察的当事人进行审判或惩罚,这显然是不公平的。在法国也出现过类似情形。1987 年,伊朗驻巴黎大使馆雇用的当地翻译瓦希德·戈尔吉(Wahid Gordgi)涉嫌一系列恐怖主义爆炸事件,警察希望对他进行审问,他却得到伊朗大使馆庇护,引发法国民众公愤。作为回应,伊朗人大肆捏造对一位驻德黑兰的法国外交官的指控。事态不断发酵,危急关头,为化解冲突,两国分别对这两人予以遣返。因此,外交豁免成为保护暴力的借口。然而,令人欣慰的是,在要求豁免权时,利比亚和伊朗都坚持西方外交的这一基本原则。无论如何,很难想象,如果不尊重外交官及其财产不受侵害的情况,国家间如何能保持对话?外交法中最古老也可能是最有效

---

① Alex von Dornoch, "Iran's Violent Diplomacy," *Survival* (May/June, 1988): 252-265.

的制裁仍然强调对等，不遵守规则很可能导致报复，最终导致孤立。此外，正如早期布尔什维克所发现的那样，在普适信条被普遍接受之前，能够取代外交的其他手段不但少而且很危险。在一个文化多元、相互依存的世界，塔列朗可能比托洛茨基更有价值。

外交膨胀

随着第三世界的解放、国际组织和国际制度的发展以及外交日程的日益丰富，各超级大国及其欧洲盟友的外交队伍也不可避免地壮大起来。虽然各国都试图裁减人员，关闭海外驻地，但外交却成为20世纪中期的"新兴产业"。当初，托马斯·杰斐逊带领5名文员、2名信使和1名兼职翻译就能处理美国的外交事务。然而到1979年，美国外交工作人员已达10500之众。其他大国的情况也类似。1945年，法国外交部只有447名工作人员；到了1981年，在不到40年的时间里，该数字增长了6倍，达到了2699人。1914年，英国驻华盛顿和巴黎大使馆人员分别为8人和11人。1988年，上述两馆的工作人员已分别增至82人和40人。如果再算上随员以及其他人员的话，英国驻华盛顿大使馆的工作人员有近300人。包括美国驻波恩大使馆在内的很多大使馆就像一个小镇，商店、加油站、休闲设施一应俱全。外交膨胀同时还在一定程度上改变了专业通才的角色。科技的发展、现代通信的便捷以及对地区和全球相互依赖的进一步认识，促使各国各部门如农业、民航、金融和卫生等部门的负责人提高对外交事务的参与度。外交的内在技术性增强，需要多领域专家加入政府间对话。这些专家已成为大使馆、外交部或相关国家外交团队的一员。有时甚至无须外交部长和外交官协助，各国专家可直接展开对话。

在各国，外交膨胀几乎都伴随着外交政策管理和实施职能的碎片化。

在美国，自冷战伊始，国务院就一直在不同程度上和其他执行部门竞争。这一现象的出现，一方面归结于美国国务院官员的"精英亚文化"，他们不愿意接受外交工作新的专业要求。他们死守旧观念，认为绝大多数重要的外交决策本质上都是政治决策，相关技能来自直觉和经验。虽然有预备役军官加入国务院，参与执行行政、文化和经济任务，但这并没能改变外交工作的复杂性。其他机构的加入为相关领域的外交工作提供了专业建议和支持。美国战略情报局（OSS）的研究和分析部门工作内容太过相似，引起该局内部强烈不满，进而促成了1947年美国中央情报局（CIA）成立，成为一个独立机构。同年，美国国家安全委员会（NSC）成立。后者的成立使军队在政治、军事领域对美国外交政策产生巨大影响。接着1953年，隶属于国务院的美国新闻署（USIA）成立，填补了美国外交在宣传、教育以及文化事务方面的空白。1954年，美国农业部获准建立自己的外事队伍。在接下来的20年里，美国国务院的工作人员仅占了美国外交队伍的近1/3。其余外交人员由农业部、商务部、国防部、司法部、交通部、财政部、新闻署、中央情报局和国际开发署（美国国际开发合作署的主要机构）的外交专员构成。

整合国务院和外交团队工作人员的尝试纯属异想天开。这种做法既不能让职业外交官满意，因为职业外交官坚决反对弱化他们的职能；也不能让国务院满意，因为国务院希望拥有更多有影响力的专家，能够助其重整旗鼓，重塑威望。虽然约翰·F. 肯尼迪在道义上支持国务院作为统筹外交工作的主体，但这和白宫希望集中决策权的想法和总统特使的存在相冲突。理查德·尼克松任期内，国家安全委员会是主要的外交决策机构。而基辛格先是作为尼克松的国家安全顾问，之后又作为尼克松的国务卿在外交政策的制定和实施中起着非常重要的作用。彼时的国务院，用一位历史学家的话来说，则成了一个"弃置的官僚机构"。[1] 作为国家安全顾问，基辛格的工作非常隐秘，甚至《美苏防止核战争协定》的文稿都是他最初在1973年让一位英国资深官员起草的。在这件事上，时任英国驻华盛顿大使克罗莫勋爵（Lord Cromer）绝不是唯一一个"感到震惊的，毕竟谁能想到全球最强大的国家会求助于外国政府起草协议，而将本国外交部排除在外呢？"[2] 与此同时，肯尼迪提出"国家团队"这一概念，将所有海外的非军事行动均交由各地驻美使馆、领事馆负责人管理后，美国大使的官方地位自然得以提高。各驻外大使与大使手下资深人员、各机构代表之间的例行会议让他们得以统筹行动。这在某种意义上实现了美国前驻德里大使切斯特·鲍尔斯（Chester Bowles）对美国大使相当于"管理员和协调者"[3] 的认知。但是，这样一来，美国大使也需要对各机构的不同目的进行仲裁而招人怨恨。农业参赞可能希望在当地输出美国的过剩粮食，但国际开发署可能倾向于帮助当地实现粮食生产的自给自足，两者之间的目标分歧往往很难调解。

即使是在像法国这种长期以来由外交部主管外交政策的国家，职业外交官也不得不面对新的强大的竞争对手。到20世纪80年代，奥赛码头已经成了法国政府部门中的"病夫"。总统不断干涉外交政策的制定和实施，再加上国际谈判中经济和战略问题的重要性凸显，其他部门也开始插手外交事务，外交部权威被大大弱化。在此背景下，法国成立了合作部以监督法国对第三世界的援助。该部门在非洲非常活跃。法国内政部也因其对国际恐怖主义的持续关注，长期参与与阿拉伯世界的外交事务。

---

[1] Hugh de Santis and Waldo Heinrichs, "The Department of State and American Foreign Policy," in Zara S. Steiner (ed.), *The Times Survey of Foreign Ministries of the World* (New York: Times Books, 1982), p. 595.

[2] Keith Hamilton and Patrick Salmon (eds.), *Documents on British Policy Overseas*, Series Ⅲ, Vol. Ⅳ, *The Year of Europe: America, Europe and the Energy Crisis*, 1972-74 (London, 2006), No. 44.

[3] Christopher, "Normalization of Diplomatic Relations," *Modern Diplomacy: The Art and the Artisans* ed., Elmer Plischke (Washington: Aei Press, 1979), p. 41.

但是，和美国国务院一样，法国外交部政治影响力的下降也在某种程度上源于职业外交团体过于保守。虽然自1945年始，除了那些专修高难度语言的人员外，法国外交部人员均须通过政府部门培训学院，即法国国家行政学院（ENA）的培训。但是，外交部和其他部门之间的人事借调大幅度下降，那些花时间研究商业和产业以增长才干的年轻外交官，也无法得到重用。法国的外交队伍称得上是"通才大本营"，这里的外交官对于传统的外交谈判、代表权和报告等无不精通。但事实是，在1987年，法国外交部有60位部长级外交官在等待使馆出现升迁职位空缺，但与此同时，法国驻东京大使馆却连一个会说日语的工作人员都没有。

这种情形与苏联和日本的做法形成了强烈反差。有志成为苏联外交官的年轻人在经过严格选拔后，都会在苏联外交部的国际关系学院进修5年。在那里，除了学习历史、国际法、经济学、马列主义和外语，他们还努力成为其他领域的专业人才。很多资深外交官也可以回到校园，在更高级别的外事学校学习。很多被派往第三世界国家的年轻人还会接受农学和水利工程方面的培训。与之类似，日本外务省也鼓励职员掌握解决当代问题的专业知识与技能。面对与强大的通产省的激烈竞争，日本外务省非常重视招收经济学人才，曾经被临时借调至经济部门的外交官通常升迁机会更大。

无论是在风格上还是在内容上，日本外交的发展都像极了过去40年①高速发展的经济。恰恰相反，英国外交的评论者则认为，英国外交队伍的重组成功扼制了英国产业的衰退。在20世纪60年代和90年代，比起力量均势，英国政府更关心国际收支平衡。为此，英国外交部不得不以经济工作为外事工作重心，竭尽全力帮助英国出口商签订合同和寻找市场。经过1943年的一次改革，英国的外事部门、外交、商业外交和领事服务已统筹为一个统一的外事服务部。之后在1968年，英国和各英联

---

① 指作者成文时的"过去40年"。——译者注

邦政府的关系也从先前的由单独部门负责转而并入统一的外交和联邦事务部（Foreign and Commonwealth Office, FCO），即英国外交部。然而，无论是1964年普洛登（Plowden）委员会报告还是1969年邓肯（Duncan）委员会报告都强调，英国外交人员需要专业化培训，特别指出外交工作能促进商业发展的重要性，并赞成减少驻外使馆。

《邓肯报告》特别不受外交官的待见。在这些外交官看来，这篇报告把外交人员贬损成了商务旅客。然而，与外交官们对英国政府的中央政策审查处（Central Policy Review Staff, CPRS）1977年发布的报告所表现出的愤怒比起来，对《邓肯报告》的批评则显得和缓多了。1977年中央政策审查处报告提出，鉴于英国的全球政治影响力已远不如从前，从成本—效益角度考虑，外交人员应并入国内公务员队伍，任何有海外利益的政府部门都可以参与驻外使馆的管理。该报告进而声称，各驻外使团都应审查其工作优先事项，具体而言，优先促进出口，政治工作（比如日常政治关系协调，海外政治形势分析等）则应尽量从使馆移交伦敦；英国委员会的大部分文化工作都是不必要的。批评家对这份报告的愤慨的确无可厚非。毕竟，该报告竟天真地称政治工作"不需要多少智慧"。[①]英国前驻外大使杰弗里·杰克逊（Geoffrey Jackson）爵士指出，相信很多外交官也和他有同样的看法，那就是该报告有一个致命错误，报告让人们觉得报告撰写者没有意识到"无论叫什么名头不重要，有一种永恒不变的职能，那就是外交"。[②] 然而，这里仍有一个问题，那就是在内政和外交的界限变得日渐模糊的时代，"永恒的职能"又该如何定义？中央政策审查处报告中提出的建议虽然从未实施，但至少注意到了这一长期困扰现代外交的问题。

[①] Ernest Albert, "Axing and Pruning Britain's Oversea's Services?" *Aussenpolitik* (English edition), XXIX (1978): 17-27.

[②] Geoffrey Jackson, *Concorde Diplomacy: The Ambassador's Role in the World Today* (London: Hamish Hamilton, 1981), p. 225.

峰会、协调人会议和穿梭外交

由于政治领导人越发倾向参与部长级外交，相比以前，驻外大使的作用就更受限制。飞机等现代交通工具极大缩短全球各地间的距离，政治家们更愿意亲自参与国际谈判。毕竟，航空旅行和电视镜头已经使最卑微的党内小人物也能成为世界性政治家。但同时，自冷战最黯淡的岁月开始，国际社会就特别重视"峰会外交"这一概念。"峰会外交"一词由丘吉尔在 1950 年 2 月的竞选演讲中首次提出。当时，他呼吁进行"高峰谈判"以缓解并克服东西方之间的紧张局势。[①] 显然，当时他所设想的是类似于德黑兰、雅尔塔和波茨坦等由苏联和西方领导人参与的会议。由于德国当时并不是统一的主权国家，所以没能实现和德国签订和平协议。1946 年的巴黎和会上，盟国仅和较弱小的轴心国达成和平协议，与会者多为各国外长。新任美国总统杜鲁门对延续其前任的个人外交并没有多少兴趣。因此，丘吉尔希望通过峰会来重塑战时大国关系，消除和平分歧。然而，无论是 1955 年 6 月的日内瓦峰会还是 1960 年 5 月的巴黎峰会，都没能切实改善超级大国之间的关系，尽管英、法、美、苏领导人都出席了两场峰会。1955 年日内瓦峰会上，东西两方未能就德国未来达成一致。1960 年的巴黎峰会更是因为苏联在其境内击落了一架美国侦察机而草草结束。不仅如此，之后历次由各国国家和政府领导人出席的所谓"峰会"都无法达到丘吉尔最初的设想。

1963 年，D. C. 瓦特（D. C. Watt）试图给"峰会"下一个更精准的定义，他坚持认为，只有"被认可的大国领导人"出席的多边会议才能

[①] Martin Gilbert, *Winston S. Churchill*, Vol. VIII, *"Never Despair"* (London: Houghton Mifflin Harcourt, 1988), p. 510.

定义为"峰会"。依此定义，无论是尼基塔·赫鲁晓夫和艾森豪威尔总统1959年9月在戴维营的会谈，还是赫鲁晓夫和肯尼迪1961年6月在维也纳的会谈都不能算作峰会。同时，瓦特还指出，将1957年12月召开的北约成员政府首脑会议称为"西方峰会"也是错误的。[①] 非大国领导人参加的会议不能算作峰会。然而，这不过是对"峰会"一词的语义限制。政客、公众和媒体已将"峰会"和"峰会外交"用于（或误用于）任何政府首脑之间的会面。因此，之后美苏领导人的历次会面，无论是像林登·约翰逊（Lyndon Johnson）和阿列克谢·柯西金（Alexei Kosygin）1967年6月在格拉斯堡的那种临时会谈，还是像尼克松和勃列日涅夫1972年5月在莫斯科那种精心安排的会谈，都被冠以"峰会"之名。此外，其他大国一般以会议旨在达到的最大公共影响和达成的条约、协议的机制化程度来甄别哪些是峰会，哪些是普通领导人会谈。因此，不结盟国家领导人三年一次的会议、法国总统和联邦德国总理的定期会晤以及西方领导人的年度经济会议都被与会者和媒体称为"峰会"。然而，那些纯礼仪性和非正式会谈一般不称为"峰会"。

毋庸置疑，自冷战以来，尤其是自1973—1974年的能源危机以来，总统和首相级外交一直呈上升趋势。当然，丘吉尔所设想的那种"峰会"还是很少。波茨坦会议十年之后，日内瓦会议才得以召开。除了无果而终的巴黎峰会外，美苏领导人在整个60年代只进行了两次会面。之后在70年代，由于美苏之间希望能缓和关系并就限制战略性武器达成协议，两超级大国间的峰会外交得以迅速发展。算上勃列日涅夫和福特总统1975年7月和8月间在赫尔辛基的会谈，这时期美苏领导人共进行了六次会谈。在盟友和地区集团内部，新当选总统和首相进行一系列的访问、会谈活动已经成了常事。现在，这已经成了友好国家间领导人，甚至非友好国家领导人之间相互认识的必要程式。这和19世纪欧洲各国君主拜

[①] D. C. Watt, "Summits and Summitry Reconsidered," *International Relations* II (1963): 493-504.

访其他国家宫廷以加强家庭和政治关系的做法颇为类似。以色列前外交部长阿巴·埃班（Abba Eban）就将各国政府首脑和外交部长代替大使参加外交活动称为政府的不断"君主化"。① 当然，峰会外交也确实满足了民主政体的需要。峰会外交不仅让政治领导人始终能被媒体捕捉，允许记者使用夸张、冗长的语言，还给了各利益集团展现它们的关切的机会。现代峰会经常也是公关，不仅似乎总免不了新闻发布会和各类采访，而且很多时候连最终公报的条款都是提前拟好，以便为领导人和官员谈判提供基本框架。与此同时，当全球问题被置于多边主义框架时，峰会的选址通常颇受公众关注，外交已从幕后演出变成了公开闹剧。

峰会也扩展了个人视野。亨利·基辛格对总统外交并非没有意见，但他也指出，峰会让政府首脑有机会理解对方的认知和思想。② 在他看来，这能帮助领导人今后更好决策，危急时刻更是如此。在英国和苏联双方官员进行了数月谈判后，英国首相哈罗德·威尔逊（Harold Wilson）和外交大臣詹姆斯·卡拉汉（James Callaghan）于1975年2月访问了莫斯科。此举只是暂时改善了英苏关系。但是，就像一位英国资深外交官之后评论那样，倾向和解的卡拉汉在和安德烈·葛罗米柯激烈的交锋中接受了洗礼，③ 不再轻言妥协。就这点而言，峰会还是有教育意义，让那些负责外交决策的人不得不专注于倡议和关系的个中细节和详情。除此之外，我们还需认识到峰会的象征意义。西德总理维利·勃兰特（Willy Brandt）在1970年对莫斯科和华沙的访问就向公众展示了何为新东方政策。5年后，25国国家元首和政府首脑（另外还有10个国家的高级官员）齐聚赫尔辛基，召开欧洲安全与合作会议（CSCE）第三阶段会议。

---

① Abba Eban, *The New Diplomacy: International Affairs in the Modern World* (London: Weidenfeld and Nicolson, 1983), p. 361.

② Henry Kissinger, *The White House Years* (London, 1979), p. 781.

③ Gill Bennett and Keith A. Hamilton (eds.), *Documents on British Policy Overseas*, Series Ⅲ, Vol. Ⅲ, *Détentein Europe, 1972-76* (London: Routledge, 2001), No. 76.

这一会议就被普遍认为（虽然并不完全正确）是苏联西方政策的胜利，这一政策旨在对1945年后欧洲领土划分现状做出国际承认。其实，赫尔辛基峰会已是长达2年的多边谈判的尾声。在此之前，大量由特别委员会和专业委员会组织的谈判已在日内瓦完成。在这一过程中，苏联及其盟友同意在会议的最后法案中加入涉及个人联系、信息和旅行的人道主义条款，将其国内制度置于西方的审查之下。苏联领导人勃列日涅夫坚持以峰会形式结束会议，并设置最后期限，他这种把谈判地位凌驾于外交谈判内容之上的做法，就是一个致命的错误。

就像赫尔辛基峰会一样，这种国家领导人之间的会谈不过是正式议程之外的几次相对短暂的双边会谈。会谈也不会给陪同官员制造太多的变数。尽管如此，几乎鲜有职业外交官为现代峰会外交喝彩。常驻大使也许能借国家总统或首相的到访扩展交际圈，加强自己的地位。大使尊贵的客人和顾问可能会将大使本人限制在外围社交上，并让大使处理经验不够丰富的谈判者所造成的麻烦。很多使馆负责人一定忘不了菲利普·德·康梅内斯的忠告：两位希望建立友好关系的君主永远不该面谈，而需要通过智慧、忠良的大使沟通。① 大部分峰会外交都有一个明显的缺点，那就是虽然峰会提高了公众对会议成功的期望，但峰会本身却太短暂，根本无法开展实质性谈判。无论如何，让一位日理万机的政府首脑掌握某一问题的个中细节是不现实的。即使该领导人可以做到面面俱到，他也可能因为脾气或口才的问题无法参与国际对话。此外，从政治家的个人角度看，峰会外交的魅力之一是作为全球领导人亮相而带来的政治荣耀。但这样一来，他也就更难在国际谈判中做出必要的妥协。此外，对个人胜利的渴望也可能会促使他做出不必要的让步。因此峰会上的公共外交并没有给"讨价还价"留出多少空间，而这也正是谈判的本质。诚然，大部分超级大国间的峰会召开前都需要进行数月甚至数年的外交

---

① Charles W. Thayer, *Diplomat* (London: Michael Joseph, 1960), p. 113.

准备。比如，罗纳德·里根和米哈伊尔·戈尔巴乔夫于1987年12月华盛顿会谈的举行和《中导条约》的签订就是美苏两国谈判队伍在日内瓦长达6年努力的结果。相比之下，两位领导人此前于1986年12月在雷克雅未克的会面就很特别。那次峰会，两位领导人在没有顾问和全体会议的制约下，共同制定了最终废除核武器协议的框架，美苏双方就达成共识方面取得了真正重要的进展。

相比之下，其他大国间峰会外交的成果则千差万别。在避过媒体耳目的情况下，吉米·卡特总统和埃及、以色列两国领导人于1978年9月在戴维营举行会谈。在那里，经过13天的谈判后，三方成功起草了一份和平协议。可以说，其他任何层级的外交接触都几乎不可能达成如此丰硕的成果。然而，法国总统弗朗索瓦·密特朗和卡扎菲上校1984年10月的会面结果则大相径庭。卡扎菲没能遵守承诺，而将利比亚军队撤出乍得。密特朗和法国也因此蒙羞。相较之下，密特朗的前任瓦勒里·季斯卡·德斯坦（Valéry Giscard d'Estaing）却是制度化峰会外交一次极为成功实践的主要操盘手。在西德总理赫尔穆特·施密特（Helmut Schmidt）的支持下，德斯坦建议借1975年西方领导人齐聚赫尔辛基的机会召开一次经济峰会。他本人和施密特都曾任财长。在70年代早期，二人就习惯于并肩作战。布雷顿森林体系的崩溃和能源危机的爆发让他们确信，世界经济亟须集体管控。因此，在他们的倡导下，其他西方国家和日本政府领导人于1975年10月齐聚朗布依埃进行会议。之后，尽管会议名称各异，西方经济峰会每年召开，而且不久与会各国共同的政治关切也被纳入会议议题。

季斯卡最初设想峰会是非正式的私人会谈。峰会的准备工作均由参会政府首脑的代表完成，之后，人们称他们为协调人。然而，即使是在朗布依埃，人们也马上意识到将其他部长和官员排除在会谈之外是不可能的。同时，尽管要求在巴黎的媒体记者待在离会址35英里的地方，但和其他峰会一样，这次会议还是成为一场媒体盛会。接下来的经济峰会媒体关注度更高，越发偏向政治话题，慢慢地也吸引了各类非政府组织（NGO）参加。尽管如此，最发达工业国首脑的聚会（也就是七国集团，G7。自俄罗斯从苏联脱胎出来后，现在是八国集团，G8①）体现了这种外交形式的最大优点。相关政府首脑、国家元首齐聚一堂，讨论诸如农产品价格、武器限制和裁军、能源保护、出口信贷、货币稳定、政治合作和科技转让等形形色色的问题，峰会因此有助于协调各国统一行动。峰会外交鼓励并允许各国在国际谈判中加强政策协调，促成国际竞价中的彼此合作，这一切在专业外交团队和部门竞争条件下根本无法实现。欧洲理事会的情况也是如此。在那里，通过整体把握各国政策而非仅从某个部门利益出发，这样，各国政府首脑更容易达成共识。理论上，如果将欧洲理事会的农业开支完全交由各国农业部长负责，欧洲农业将被代表各地区狭隘利益的代表所挟持。当然，由于热衷于峰会外交，欧洲各国首相和总统往往不得不忍受数小时的无聊谈判来达成共识，然而这一共识的真正意义连他们自己也不完全明白。

尽管峰会的召开已越发普遍，但同时其产生的影响也不会像过去那样巨大。与20世纪50年代或60年代不同，如今的各国总统或首相若没能就某议题达成共识，也不大可能对国际关系造成恶劣影响。毕竟欧洲各国政府首脑的会议几乎也已是稀松平常。同样，穿梭于各国的部长级外交官在80年代早已司空见惯。直到1947年秋，二战获胜的战时盟国外交部长们（英国、苏联、美国，以及中国和法国）一直在就各种议题开会磋商。外长部长级会议更是在北约和其他欧洲合作机制的演化中起到举足轻重的作用。1945—1951年任英国外交大臣的欧内斯特·贝文（Ernest Bevin）就因在西方联盟的建立过程中所起的关键作用而声名鹊

---

① 2014年6月，俄罗斯因乌克兰问题被排除在八国集团之外，八国集团变回七国集团。——译者注

起。1947年,他率领一个财政官员队伍前往巴黎,动员欧洲响应马歇尔计划提供的援助。安东尼·艾登在1951年重返外交部后也展现了他的"游牧本能"。在任职后的头5周,他在伦敦只待了8天。如果说他在1954年柏林四国会议上没取得什么建树,那么在1955年为解决印度支那问题而召开的日内瓦会议上,他的成功则为世人公认。类似情况在其他地方也有出现。在冷战开始后的10年中,法国外交部长们和英国外交大臣、美国外交部长或多或少都维持着日常沟通。1958—1968年任法国外交部长的莫里斯·顾夫·德·姆维尔(Maurice Couve de Murville)不仅多次陪戴高乐出访,每周还在欧共体布鲁塞尔总部工作2天。

虽然欧洲各国外长参与境外考察和条约谈判的做法由来已久,但美国并没有这个传统。美国前国务卿科德尔·赫尔出国访问的次数几乎不超过6次。然而,在艾森豪尔政府时期,国务卿约翰·福斯特·杜勒斯6年内穿梭了5.6万英里,参加了50多场国际会议。25年后,在英阿战争期间,时任美国国务卿亚历山大·黑格5天内就穿梭3.4万英里,进行了一系列危机对话。显然,美国国务卿的全新角色反映出美国已经成为超级大国。但国务卿的个性、在政府中的地位以及国际事态发展都会对其出访的范围和频率产生影响。1973年8月,基辛格接替威廉·罗杰斯(William Rogers)出任国务卿,而此前,他就已经对美国外交政策的制定和实施产生了重要影响。基辛格亲赴北京、莫斯科和巴黎与中国、苏联以及北约的外交人员谈判。他在第四次中东战争的斡旋向世人展示了现代科技是如何服务于壮观的、秘密的且是部长级别的外交实践的。1973年11月至1974年1月,他将自己乘坐的波音707变成了一座空中通信中心,往来于阿拉伯各国首都和耶路撒冷,试图让各方达成停战协议。

基辛格在重塑美国外交政策和促进中东和平两方面都取得了巨大的成就。当然,"穿梭外交"也从不乏批评。毕竟,就像一位前外交官所说的那样，如果以色列及其邻国需要调解，最合适的做法应该是寻求联合国的帮助。为什么一位美国国务卿要弃置手头精干的专业外交团队不用，转而自己亲自参与谈判解决问题呢？亨利·M. 里斯顿（Henry M. Wriston）在20世纪50年代中期就说过，在华盛顿外交决策权责分散的情况下，一个国务卿"待在国内，和各内阁成员和各机构保持联系，随时了解他人想法"① 更为重要。这点在今天依然适用。与此同时，部长级外交，无论是以穿梭外交的形式还是峰会外交的形式，一定程度上都将降低国家间对话的价值。因为，部长外交会让人们相信谈判的成功取决于部长的干预。如今，不仅公众认为政治领袖需要扮演准外交官的角色，就连政府本身也倾向于认为只有与相关部长或国务卿会面后，谈判才算完成。这一过程中大使的作用虽未被抹杀，但无疑是被削弱了。

1961年，乔治·波尔（George Ball）接替切斯特·鲍尔斯成为副国务卿，1977年，波尔拒绝了卡特总统提供的大使职位。在他看来，"喷气式飞机和总统、国家安全助理还有国务卿的那些坏习惯已经在极大程度上将大使变成了一个礼仪性、公关性职务"。他无意成为"招待往来议员的酒店主人"。② 在美国，波尔关于大使角色的看法并不新鲜。早在60年前，当飞机还只用于侦察和战争时，英国在巴黎和华盛顿的大使就已经抱怨自己总被绕过或被无视。不可否认，他们的苦恼是被总体战争的紧急事态严重扭曲的外交官职业状况。不过他们的苦闷依旧，因为如果说战争推动部长级外交，那么现代科技让部长级外交成为可能。现代科技还拓宽了政府间谈判的范围和内容，孕育并诞生了新一代职业外交官，摧毁了旧欧洲的政治和社会秩序。随着帝国的崩塌，全球体系也越发复杂，各国也因现代科技的进步而越发互相依赖。在此背景下，国际组织

---

① Henry M. Wriston, "Ministerial Diplomacy-Secretary of State Abroad," *Modern Diplomacy*, ed. E. Plischke (Washington: Aei Press, 1979), p. 160.

② Eban, *The New Diplomacy: International Affairs in the Modern World*, p. 332.

和多边外交蓬勃发展。冷战的结束也促进了政治权力的进一步分散。而这一切到底在多大程度上影响了现代外交的方法和结构,还有待进一步思考。

7. 外交的普及

　　国家仍将是最重要的国际行为体。然而，随着新技术的广泛应用和全球化的不断深入，各种人员和组织开始参与外交活动，其国际影响力日益增大。与此同时，民众对本国政府、国际组织以及全球事务日益丧失的信心，则更助长这种势头。

　　——《外交和联邦事务部》，2006[①]

　　主权国家从未垄断外交。19世纪的欧洲，官方外交实践受到社会的普遍接受和尊重，但即便如此，政府为了实现某项外交目标，依然会寻求非官方协调人和非国家机构的帮助。冷战结束后的20多年来，国际行为体的数量增长空前，作用和影响也超越了传统意义上的国家。曾经致密坚固的世界体系已经瓦解，越来越多的权力中心正在形成，这在世界政治形势急剧变化之时尤为常见。文化、种族以及宗教运动已具有全新的全球意义；公民社会组织（CSOs），诸如各种慈善机构、专业团体、应对单一或多个问题的压力集团，已活跃在世界舞台上，日益变得举足轻重；在跨国银行、跨国公司看来，国家已不再是规制它们自主行动的监管者，而更像一位化解困难的协调员。由于上述各种发展和变化，民众和各种政治组织打交道的方式发生了更深远、更广泛、更富戏剧性的变

[①] Cm 6762, *Active Diplomacy for a Changing World: The UK's International Priorities* (London, 2006), p. 20.

化。政府部门及其机构更习惯与它们的外国同行直接对话，有时甚至完全避开常规的外交渠道。企业及公民社会组织也正在加强内部及彼此间的对话，同时也不忘与各种政府间组织（IGOs）交流沟通。许多组织机构已承担起全球责任，这些责任绝非其创始者的初衷，更是它们始料不及的。

外交普及得益于通信技术的进步。卫星及数字网络的发展使群体及个人间的实时对话成为现实，沟通不再受制于距离或国界。国际商业及金融交易更加畅通、便捷，这也许是当下全球化进程最卓越的表现。然而，外交日益普及的趋势在电脑出现以前就早已存在。其实，如果没有冷战及剑拔弩张的两极对峙，外交领域还会出现更多发展与创新。所以冷战行将结束时，西方各国外交部门应充分利用非政府组织（NGOs），在促进共产主义东方的"西化"进程中抢占先机，赢取主动。

变化的外交手段

1989年11月9日，分隔东西柏林的那面墙轰然倒下，之后，冷战在欧洲戛然而止。在西方，那面墙的倒塌以及德意志民主共和国的消失被普遍认为是民众意志战胜专制政治秩序。但奥得河以西的德国能够实现统一，很大程度上是长期形成的行政及外交传统运作的结果。使节、大臣以及政府首脑间的双边及多边谈判在重塑中欧地缘政治的过程中占有至关重要的地位。由于欧洲大陆意识形态多样，经济、政治和社会领域存在诸多差异，这时外交创新显得尤为重要。自从20世纪80年代中叶，西方政治家和外交官就一直试图在苏联控制的东欧地区制造所谓"创新性动乱"。他们最初计划给东欧萎靡不振的计划经济提供经济援助，以此作为给予东欧"自由化"的回报。但后来他们竭力避免向当时仍存在的共产主义政权提供支持,转而继续给这些国家提供此类支持,希冀以此减轻社会激变可能产生的破坏性动荡。为了达成上述目的,西方的外交部门,连同其他机构、部门和地区组织,开始着手向政府以下级别的团体和机构,即现在所说的公民社会,提供并推广技术援助项目。它们这样做的最终目的是促使东欧国家和平地从社会主义体制向多元民主社会以及自由市场经济过渡。这样看来,它们的目标本质上有某种创新性。

在此过程中,英国政府的专有技术基金组织(Know How Fund, KHF)的实践堪称成功。该组织筹办于 1989 年春天,旨在将西方的治理知识传播到正在改革但仍是社会主义国家的波兰。在接下来的几年里,专有技术基金组织的影响逐渐扩大至东中欧及东欧国家,其中还包括 1992 年后苏联过去的那些加盟共和国。该组织总部位于伦敦,由英国外交和联邦事务部的外交部门和海外发展管理局共同管理,并由各使馆和英国文化协会监督其项目实施。该组织获批准实施援助的重点领域包括:会计业、银行业、国有企业私有化;就业相关事务,如建立社会保障体系,重新培训安置因经济变革和私营小企业的冲击而面临失业的人员;企业管理和英语培训;以及一些"政治"项目,比如协助成立议会、培训新闻工作者等。英国其他政府部门也都参与进来,其中包括农业、教育、就业、环境、贸易、工业等管理部门,以及地方政府和警察部门。许多非政府组织也加入这一事业中,比如会计公司、法律公司、商业咨询公司、金融机构、制造企业、传媒公司、商会、大学等。其间,波兰和罗马尼亚建立了银行学院,布达佩斯(匈牙利首都)和斯科普里(南斯拉夫城市)分别成立证券交易所,格拉斯哥警方被派往拉脱维亚,为其同行提供帮助,圣彼得堡的"红色十月"巧克力加工厂变为私有制企业,在白俄罗斯一座以前被称作布列斯特—立陶夫斯克的城市,一家印度餐厅开始提供外卖服务。20 世纪极权国家的诞生推动了完全外交的发展,而极权国家的消亡只会加速完全外交的进程。

其他西方国家政府及欧洲共同体（后来的欧盟）也提供了与专有技术基金组织类似的援助项目。大多数情况下，它们得到的业务预算要比英国财政部划拨的丰厚得多。然而，从外交发展的历史来看，政府投入大量精力财力来传播知识技能，其背后的真正意义并不在于进一步扩大外交议程，而在于收获更广泛的支持与拥护，这正是外交部门及其代表必须做的事。职业外交官努力发掘基金项目，并在咨询公司的协助下拟定新合同，并就此进行谈判。专家顾问也会受邀加入外交官的队伍，以确保项目顺利完成。然而，即使曾经发生革命性变革的时期，外交部门和大使馆也从未如此事无巨细地参与重建别国的经济和社会。不过，处理苏东国家社会转型问题所形成的新方法、新机制也为应对其他地区的棘手问题提供了样板。气候变化、毒品走私、政治及宗教狂热、恐怖主义等问题正给国际稳定、国内治安和人类的美好生活造成严重威胁，想解决这些问题，仅靠传统的政府间外交是远远不够的。正如英国前外交大臣杰克·斯特劳（Jack Straw）在2004年提到的那样，政府如果想完成某项政治目标，"必须将外交落实到实际行动中，必须联合最广泛的人员和组织——不管他们是否隶属于政府机关，也不管他们的级别是地方还是国际"。[1] 斯特劳发表这段讲话之前，人们刚经历了2001年9月11日发生在纽约世贸中心的恐怖袭击，也目睹了美国领导并发动了对阿富汗和伊拉克的军事干涉。这些事件促使人们更加急切地寻求外交途径，来解决这些由失败国家引发的问题。其中一个解决办法就是外交部门要在非政府层面与重要国家建立长期可持续伙伴关系。英国外交和联邦事务部于2003年成立了全球商机基金（Global Opportunities Fund）组织，该组织于2007年更名为战略规划基金（Strategic Programme Fund）组织，专门开发那些旨在提高国家治理能力、保护人权、反对恐怖主义和激进主义的援助计划。

---

[1] Cm 6413, *Global Opportunities Fund: Annual Report, 2003-4* (London, 2004), p. 1.

加拿大的稳定和重建特别工作组（Stabilization and Reconstruction Task Force，START）采取了与上述组织类似的机制。该组织由加拿大的外交和国际贸易部领导，并与其他政府及非政府机构展开协作。2005年该组织开始运行，主要任务包括转型国家的冲突预防。然而，上述这些外交行动的广义哲学概括来自美国前国务卿康多莉扎·赖斯。2006年2月18日，赖斯在乔治城大学演讲时提到，美国需要"转型外交"，或者她称为（共产国际文字中一定也能找到赞许之辞）"一种不仅如实报道世界，而且尽力改变世界的外交"。她提出这样的设想：美国要重新部署在各地区的外交及媒体资源，与盟友一道在世界各地，尤其是非洲和亚洲，建立并维护治理有方的民主国家。这将包括：（1）美国外交官不能只驻扎在首都，而要深入世界各国，同时建立更多的"驻外站点"，在埃及和印度尼西亚已设立这种"驻外站点"，那里有美国外交官常驻，并对那些"变化中的新兴群体"进行控制；（2）建造"虚拟驻外站点"，以便年轻外交官管理重要人口密集区网站，并能拓宽网络交流；（3）允许外交官与美国军方开展更密切合作，确保以前发生过和可能发生冲突地区的重建和稳定。[①] 美国20世纪老一辈外交官早已适应了国内问题的全球化，而他们21世纪的继承者则肩负着使全球问题本地化的重任。

技术革新

如果没有互联网，虚拟驻外站点根本无法想象。电子通信技术的新进发展为外交部门和驻外使团创造了新机遇，确保信息传递更加便捷，处理、应对公众关注的问题更加迅速，并能在更大范围内宣传、推广其

[①] Justin Vaisse, *Transformational Diplomacy*, Chaillot Paper No. 103 (Paris: Institute for Security Studies, 2007), pp. 75-81.

服务。电子电报已取代电报成为正式外交沟通方式,使馆和外交部门的网站,已经成为发布外交活动和外交方案的新媒介,成为新闻发布会的补充,有时甚至取代了新闻发布会的作用。以前,组建一个新的外交使团需要数周甚至几个月的时间,而到 1998 年,用一位加拿大外交部副部长的话说,只需要"一张机票,一台手提电脑,一串拨号音,外加一张外交护照就能搞定"。① 与此同时,外交人员开始使用电子邮件和短信,更加快捷地传递消息和观点,无须在政府传文、电报或部门备忘录上附上解释性的私人信件或短笺。外交方案的起草开始海纳各方意见。国内和国际间的数据库互访,去除了部门办公室间信息存储的固有物理障碍。这些技术进步催生了全新的、更灵活、等级划分不那么明显的行政组织结构,按地域划分的外交部门转变为以功能划分的团组和部门。电视问世后,视频会议成为可能,20 世纪 30 年代末,视频会议最早出现在德国,但直到现在才流行开来,因为电子技术的进步提高了视频会议的质量。从此,一个国家内不同组织不同身份的人员都能参与政策讨论,无论是驻外使团、政府间组织、民间组织,还是全球性商业和金融公司,都可以不受地域限制同时参会。

技术革新带来新机遇,一方面,政府间和非政府间的国际对话更加顺畅;另一方面,外交部门的意见在政策执行过程中的至高无上的地位受到挑战。正如 19 世纪 50 年代电报的问世,20 世纪 90 年代新技术的出现同样引发人们思考:将新技术应用于外交手段意义何在?1997 年 10 月,美国前众议院议长纽特·金里奇(Newt Gingrich)在一次讲话中带有几分 19 世纪英国激进分子的语气,说道:

> 我简直无法想象:在国务院一张传统的桌子前,传统大使

---

① Cited in John Dickie, *The New Mandarins: How British Foreign Policy Works* (London: I. B. Tauris, 2004), p. 62.

馆的一位传统的大使正在述职,提供一些从传统的助理部长那里得来的信息,而这位传统的助理部长将要与一位传统的部长见面。①

大约9年之后,赖斯发表了她的主张,那时的虚拟外交使团已经预示了新型外交的发展,也表明外交的改革有时也并没有完全与数字技术革新"同进退"。究其原因,就是外交工作已不再是收集和发布信息那样简单。具有实际价值的原始资料,需要分析、核对、提炼,这就需要国内及驻扎在国外的外交官具备一定的专业素养、知识储备和理解能力。秘密谈判效果最好。再有,通信安全、信息和虚假信息过多等问题仍有待解决。道格拉斯·赫德(Douglas Hurd)曾于1989—1995年担任英国外交大臣,那时电子邮件还没有被广泛使用,但是他已经感叹,工作时宛如身处"不断来袭的信息风暴"之中。② 面对即时新闻报道和舆论煽动者,政治家和外交官不得不对一些突发事件跟进评论,有时甚至必须即刻采取行动。

1993年,处于解体状态的南斯拉夫爆发种族冲突。此事一直是当时的头条新闻。同年,波斯尼亚穆族遭受周边的塞尔维亚和克罗地亚威胁,整个西方世界不断在报纸和电视上呼吁国际社会对此进行干预,拯救波斯尼亚穆族于水火之中。英国外交大臣赫德不得不与那些他称为"惹是生非俱乐部的创始成员"周旋。③ 而大约一个世纪以前,当土耳其人和库尔德人在安纳托里肆意暴力攻击亚美尼亚天主教徒引发众怒时,赫德的前辈索尔兹伯里勋爵同样进行了外交周旋,以平抚民心。但1896年的新闻报道相对迟缓,为索尔兹伯里勋爵赢得时间与同僚和外交官商议,拟

---

① Cited in Jovan Kurbalija, "Knowledge Management and Diplomacy", in *Knowledge and Diplomacy*, ed. J. Kurbalija (Malta: Diplo Projects, 1999), pp. 11–26.

② Dickie, *The New Mandarins: How British Foreign Policy Works*, p. 207.

③ Mark Stuart, *Douglas Hurd: The Public Servant* (London: Mainstream, 1998), p. 329.

出一份仔细斟酌、措辞巧妙的议会声明。同时拟就的还有一份解释性报道，表达政府的关切和意图，内容表面是由大使面授机宜，实则为安抚公众。然而在信息时代，有关死亡和破坏的图像分分钟就传遍全球，民众对政策的认识可能来源于电视上播报的一条新闻，或政治家讲话的只言片语。各国外交部和驻外使团的新闻机构因此地位提升，队伍得到壮大。没有一项外交计划的执行可以不考虑公众反应，不顾及媒体炒作。

转型中的公共外交

如上文提到，外交部门长期以来努力引导国内外的舆论。卡斯尔雷出席维尔纳会议后不久，为了废除跨大西洋的奴隶贸易，鼓动英国反奴人士进行大规模媒体宣传，以引发法国人民的同情，支持废除奴隶贸易。在这场正处于萌芽的人权外交中，公众对执迷不悟的外国政府的嘲弄和谴责起到了非同小可的重要作用。其他国家的政治家则通过议会声明和公开声明来推动其政治目标的实现。詹姆斯·门罗在美国国会宣讲他的"门罗主义"；伍德罗·威尔逊也发表过他的"十四点原则"；阿道夫·希特勒擅长运用"扩音器"外交，以团结忠心耿耿的党内人士，向其邻国发动心理战；美国国务卿约翰·福斯特·杜勒斯（John Foster Dulles）在 20 世纪 50 年代充分利用新闻发布会，使其成为国际交流的主渠道。然而，专业外交官作为媒体人物亮相，则是相对晚近的发展。19 世纪和 20 世纪早期的外交官，虽然极其警惕政治鼓吹，但也习惯了利用新闻媒体向驻在国政府施加影响，或竭力宣扬本国的政策和主张。不过，弗朗西斯·伯蒂在担任法国驻英大使的 13 年（1905—1918 年），只发表过一次公众演讲，而且，即使在战争期间，他也不愿向民众做任何表态。如今，外交使节出现在电台或电视节目里已司空见惯，外交部门也设有专门工作室，既可供采访使用，又可用于外交官培训，教授他们应对媒体时的实用技巧。即时新闻报道需要即时评论，公然拒绝评论意味着可能将自己暴露在评论家和反对者的谩骂声中。正如1974年一位前外交大使评论的那样，媒体需要"安抚，而非收买"。[1]

对于谈判人员来说，不合时宜的新闻评论和报道永远都可能会制造麻烦。美国的外交官，像其他国家的外交官一样，经常宽慰驻在国的政治领导人不要因美国报纸上的评论而感到不快。然而，外交官同时发现他们的地位有所下降，因为他们在部门或总统新闻发布会上与媒体交换意见时，官方指令实际上遭到了篡改或被断然否定。查尔斯·W. 塞耶（Charles W. Thayer）的那句名言恰当地总结了问题所在：既然"新闻报道通常使矛盾激化，难以和解，记者是唯恐天下不乱，外交官则尽力息事宁人，化解矛盾，解决问题"。[2] 不仅如此，对于大使及其他职员来说，政治领导人永远有可能无视他们的意见和掌握的信息，而愿意依据媒体报道和分析做出决策。据说，法国使馆官员在起草电报前，会等待《法国世界报》的发行，这样他们至少能知道部长们都读过些什么。而媒体竞争也可能导致新闻更多做出预测，而不对美国使团在国外活动进行报道。

然而，为更好帮助外交官影响、利用、回应大众的关注，最新的通信发展已为其提供了更加复杂、功能更加强大的工具。新的通信技术也使非政府组织获得更好装备，使其拥有更完备、更"高大上"的公众形象，不断提升其国际角色。这样便产生了时下流行的"公共外交"。这一术语用来指在外交实践中，人们已感觉到但却未能重视或未给予足够重视的外交的新发展。最初起源于这一事实：虽然外交工作的职能广泛，但远远不只是保卫一国或其统治者的安全利益，不过，外交的首要职能

---

[1] William Hayter, *A Double Life* (London: Hamilton, 1974), p. 170.
[2] Charles W. Thayer, *Diplomat* (London: Michael Joseph, 1960), p. 70.

就是捍卫国家安全,基于民族国家确立的外交机制和外交原则也服务于这一首要职能。为了使其当事人成为这种对内投资自然的受益人,让外交部这样的行政机关去承担改变或至少影响外国民众意见的任务,恐怕需要另请高明。正如布赖恩·霍金(Brian Hocking)评论的那样,"公共外交现在已是世界政治结构中不可或缺的一环,在这一结构中非政府组织和其他非国家角色正努力传达他们的信息,以实现其政策目标"。[①]

"公共外交"这一词汇是美国人于1965年杜撰出来的,当时用其替代"政治宣传"一词。现在它的使用范围变得很宽泛了,从新闻发布会到国家品牌,几乎可以用来囊括所有外交活动。这一词汇涵盖很多内容,比如为电台和电视台提供资金支持,这些事或者不是什么新花样,或者仅仅代表了文化外交的一种延伸或是改良。尽管如此,最近外交部门对公共外交的关注和所做的努力无不表明他们需要适应一个新世界,在这个世界中,跨国问题有时似乎取代了国际问题。例如,一个积极正面的国家企业形象有时变得至关重要,它能吸引外来投资和外国熟练工人,能促进贸易和旅游业的发展。当政府部门及其代表和附属机构与商业公司进行谈判时,或者与其他的非政府机构组建联合政府时,企业形象也非常重要。在实践过程中,公共外交的这些创新,在应对美国外事服务领域所谓的"情报"工作时,需要不同的手段和态度。外交部门通过建立和维护更具吸引力的交互式的网络,努力利用互联网与大众建立更加广泛的协作关系。他们已经通过日益深入的国内推广项目,努力与本国国民建立联系、便利沟通。同样,在创新型外交的发展中,更关注不同社会间的关系构建与培育,不再仅限于主权国政府间的关系。在评论这些工作的前景时,卡特爵士(Lord Carter of Coles)在2005年写道:"这样做的目标是以一种与官方媒体和政府的长期目标一致的方式,向海外的个人及组织通报信息、强化沟通,加深他们对英国的理解,增强英国

---

① Jan Melissen (ed.), *The New Public Diplomacy* (Basingstoke: Palgrave Macmillan, 2005), p. 41.

的影响力。"①

然而，英国外交和联邦事务部所定义的公共外交由英国文化协会和英国广播公司环球广播（BBC World Service）负责。20世纪90年代末期开始，英国卫星新闻公司（British Satellite News）也加入进来，世界各地电视台每天都可以下载它的节目内容。另外，英国商业外交中的公众事务如今主要由英国贸易投资总署（UK Trade and Investment，UKTI）负责，这一机构的前身是成立于1999年的英国贸易国际公司（Britain Trade International），由外交和联邦事务部以及商务创新技能部共同管理，目标是与私营企业协作，促进出口和贸易的发展。在其他地区，比如法国，文化外交及其海外项目在国家资助的公共外交事务中占居中心地位，就是为在社会搭起一座桥梁，消除差异，加强实施战略计划。2007年3月，法国政府与阿拉伯联合酋长国签订了一项协议，将在阿布扎比建立一座卢浮宫博物馆。用一名法国高级官员的话说，这件事既见证了艺术领域的全球化，又"重新定义了法国在海湾地区的影响力"。② 自1972年始，法国与盛产石油的阿布扎比就凭借军事协定构建紧密关系，博物馆项目以及在阿联酋设立的一系列巴黎大学分校，都不过是外交影响力在极具战略地位和政治敏感的地区扩张延伸的最新例证。③ 还有不少例子可以证明，政府为实现其外交目标更易于寻求次国家团体和非国有机构的帮助。

与此同时，面对日益碎片化的世界，国家必须与非政府组织和公民社会组织达成妥协，利用后者对国家没有直接控制的地域施加影响。这种妥协来自全球互联网的问世，比如环境问题，在网上可以引发一场全球大讨论，形成舆论影响。这种事以前几乎只局限于某个社会范围。既

---

① Lord Carter of Coles, *Public Diplomacy Review* (London, 2005), p. 8.

② Laurence des Cars, "Le Louvre-Abou Dabi, un réponse française à la mondialisation?" in *Diplomaties en renouvellement*, les Cahiers Irice, No. 3 (Paris: IRICE, 2009), eds., Laurence Badel and Stanislas Jeannesson, pp. 59–61.

③ Ibid., p. 12.

然这已经成为一种全球化的因素，它就能创造一种不一定准确的社会形象，促使公共外交在某个国家形象变坏以前，发挥必要的影响力，或者在其形象已经变坏之后，起到一种消除不良影响的平衡作用。更准确地说，不管是从其宗旨、成员，还是集资等方面看，一些非政府组织已发展为具有全球操控能力的行为体，一系列互联网活动在全球范围内传播，其中不少活动会对某一特定社会的形象产生影响。[1] 世界经济论坛（World Economic Forum，WEF）是一个相当卓越的合作平台，在这里公共外交和传统外交都起作用。成立该论坛的想法得自于1971年在瑞士达沃斯举行的全球政界、商界领导人年度"峰会"。论坛期间讨论各种问题，产生多种观点，如果机缘巧合的话，还可能达成协议。世界经济论坛由全球公司组成，每年收缴的会费用以支付各项成本费用。世界经济论坛的组织规模不断扩大，不仅举行一年一度的达沃斯盛会，还召集地区峰会，论坛不断扩大邀请范围，媒体、学者、文化人士、各界代表都受邀参与。[2]

非官方外交

外交的参与者必然随着时间的变化而变化。然而现时代的改变似乎尤为明显，究其原因，国家已经在相当长的时间内居于外交活动的首要地位，只是新近这一地位才发生了明显改变，随之引起人们广泛关注：什么是外交，谁在参与外交？尽管如此，与19世纪相比，现在外交舞台上的行为体数量明显增加。外交这场大戏也从过去的陈规中解放出来，

---

[1] See Chapters D1, E2 and E6 in Richard Langhorne, *The Essentials of Global Politics* (London: Hodder Arnold, 2006).

[2] G. A. Pigman, *World Economic Forum: A Multi-Stakeholder Approach to Global Governance* (London: Routledge, 2007).

换上了现代戏剧中那些更为自由灵活的角色。其中有两类长期存在的角色，即政府间组织和跨国公司（TNCs），已经从舞台边缘来到了舞台中央。一些政府间组织角色的改变与经济全球化有密切关系。关于政府间组织有一点非常重要，那就是政府成立这些组织的宗旨已为各成员同意并接受。正因如此，无论过去还是现在，在很多情况下他们是国家外交体系的重要补充。由于政府间组织与国际贸易和金融间的密切相关性，经济全球化一开始就必然影响国际组织的身份和作用。单个国家的能力有限，不足以影响全球经济的运行和结果。所以，全球政治活动激增，不仅限于政府层面，而且涉及广泛，赢得全球公众支持，吸引许多民间组织关注。全球化的进程凸显日益严重的经济不平等，因此布雷顿森林体系下的各政府间组织开始发挥更大作用，他们拥有自身角色所赋予的权力，宛如全球经济的实际管理者，而不只是主要成员意志的执行者。这赋予布雷顿森林体系更重要的外交地位，并能与更多行业、更多公司做生意。举个简单的例子，如果想提升贫穷国家的发展前景，没有多种机构参与是不可能的，应包括一国政府或多国政府、联合国、世界银行、跨国公司以及公民社会组织。这些机构必须相互协商，尽量避免权力过度集中于单一机构。

至于跨国公司，以前遍布全球的国际企业在一些国家会设立公司总部，如今在全球连一个基地都没有，这种变化造成了他们行为的改变。跨国企业具有高度全球化的特点。东芝依然维持与日本政府的关系，荷兰皇家壳牌公司与英国政府和荷兰政府都有联系。微软公司的总裁常以个人名义邀请重要国家的领导人到访，这些公司与美、英、欧关系微妙，有时甚至纷争不断，但仍被公认为全球最卓越的公司。新闻国际（News International）是另一家全球性公司，它在网站上这样介绍自己："新闻国际，足迹遍及美国、欧洲大陆、英国、澳大利亚、亚洲，还有太平洋盆地。"全球化经济会对当地产生影响，相应地会带来公益，主要涉及工人权利，环保，对投资目的地所承担的社会责任，所有这些都会产生外交影响。公司必须与东道主政府谈判，重要的是必须与那些致力于保护人权和工人权利的公民社会组织打交道；它们还要加入联合国全球契约组织；还应与关注发展问题的政府间组织和非政府组织保持往来；顺应新发展，跨国公司还需要加强与同行间的对话。最后一点至关重要，因为在以高科技为主导的全球化经济中，出现一个反常现象：那就是各大公司虽然在研发方面加强合作，但仍然会在最终产品市场营销阶段陷入竞争。

这些发展带来的一个结果就是，全球公司与政府之间变得越来越相似。G. A. 皮格曼（G. A. Pigman）评论道，民族国家政府想创造并保有更多高价值工作，吸引对内投资，维持稳定物价和汇率，促进商品及服务出口，他们这样做特别像在管理一家跻身全球经济竞争的大型公司。[1]

两者的相似不止于此。大型跨国公司为达到外交目的，正努力构建正式代表权。在许多跨国公司总部已设立政府关系办公室——现在没几家公司会在别处设立总部——其功能类似一个国家的外交部。跨国公司会在各国首都或其他重要的工业中心设立常驻代表机构，以确保公司生意兴隆，财源广进。埃克森美孚公司设立的"政治部门"就是一个很好的例子。[2] 这一切说明，全球商业和政府之间的关系存在必然的不对称性，这是因为全球商业具有非领土性，也不会从维护领土的意义上寻求代表权，政府也没必要向全球公司派遣代表。然而政府却有多种组织方式来应对全球贸易和投资，这种组织方式与全球贸易及投资活动一样，不是中央集权，而是广布于政府的贸易、金融、税收、环境等部门，涉及国家、省、地方各个层面。这种外交活动的一个典型例证就是：韩国汽车制造商起亚与前东欧集团国家之一的斯洛伐克之间逐步确立的正式

---

[1] G. A. Pigman, *Contemporary Diplomacy* (Cambridge: Polity Press, 2010), see Chapter 5.
[2] Carne Ross, *Independent Diplomat* (London: C. Hurst and Co. Publishers Ltd., 2007), p. 216.

关系，这个前东欧国家当时正与邻国为了起亚在欧洲的投资展开竞争。①

全球公司与政府的关系有何重要性和局限性呢？不管是驻在国还是其他国家，都可以从美国的经验中找到答案。20世纪90年代末期，苏联解体，经济全球化迅速发展，势不可当，美国在这种发展态势下占据着举足轻重的地位，这一切让美国政府和全球公司紧密联系在一起。结果，主要的政府、公司间为贸易自由协定展开合作；给予中国最惠国待遇的谈判得以启动；世界贸易组织（WTO，简称世贸组织）取代了关贸总协定；曾经的苏联控制地区开始向市场经济转型。曾经貌似纯属国家内部的事务现在已具有了世界意义，美国于1996年颁布的农业法案和1999年金融服务业改革就是两个很好的例子。然而即便在这一背景下，国际社会未能通过世界贸易组织谈判说服其他国家接受新一轮贸易自由化，也未能签订多边投资协议，这再次凸显公民社会组织这一压力组织如何影响全球经济事务。从世界贸易组织内部来看，贸易谈判快速谈判权未获通过，无法延续，美洲自由贸易计划也以失败告终。全球公司在一些领域的做法也是失败的，尤其在应对1994—1997年的全球货币危机时，各家公司没能单独或协作性地采取更为有力应对之策，这就意味着，如果不能在危机初期以一种更节约和预防性的方式来处置危机，就必须在危机过后付出高昂的代价来善后。

跨国公司最有威力的外交撒手锏就是威胁：或者从个别国家撤销一切活动和投资；或者拒绝向某国家进行投资，除非当地可以营造出对他们有利的环境。在一个国家或地区安顿好后再撤退是很破财的事。但这种威胁，即使是真的，也不太可能付之行动，但是在谈判前期这种威胁非常有效。当然，这不是赢得谈判的唯一力量之源。外交谈判中谙熟的

---

① 早在21世纪初，起亚就开始与斯洛伐克协商建立一个总部位于斯洛伐克的欧洲工厂。这样可以减少来自波兰方面的竞争压力。2004年，协商达成一致。2006年，工厂竣工并投入生产。从一开始，该公司一直在不断寻求以各种方式与位于布拉迪斯拉发的斯洛伐克政府建立关系。

老策略——纯熟的谈判技巧和足够的胆大心细，也很能奏效。1999年，花旗公司的首席执行官桑迪·韦尔（Sandy Weill）突然宣布花旗公司将和旅行者保险公司合并，由此诞生了美国有史以来最大的金融机构并购，它挑战了现有法律，随即规定5年内解除并购。实际上，这项并购太庞大，影响力太深，没给美国政府留有余地。然而做好了万全准备的花旗公司，机智地预估了这场事件背后的政治价值，已经有足够的胆量向美国国会公开叫板，促使后者通过必要的司法改革提案。该并购催生的《格雷姆—里奇—比利雷法案》（Gramm-Leach-Bliley Act，GLB Act），已经表明全球公司的这种策略是成功的，因为在全球范围美国机构第一次能够与类似德意志银行这样的欧洲巨头平起平坐。

多边经济机构及其外交

冷战结束后的50年里，多边经济机构（MEIs）三巨头——国际货币基金组织、世界银行、关贸总协定（后来的世界贸易组织），主导着现在为人所熟知的非国家经济体（Non-State Economic Entity，NSEE）领域的活动。这些组织涉及数量庞大的成员，承担着非国家经济体与政府间外交的绝大部分职能，国家贡献越大，该成员在组织中拥有的权力就越大。其他更专业的机构不断涌现。像亚洲开发银行、泛美开发银行、欧洲复兴开发银行这些地区发展银行，有如世界银行地区分支机构，与世行保持一致的工作重点，但它们往往更注重为受援国政府服务。像联合国贸易与发展会议（UNCTAD）、联合国教科文组织（UNESCO）、联合国开发计划署（UNDP）这些联合国的专门经济机构，通常致力于与发展相关的经济目标。这些机构已形成各自的政治文化、机构特性和独特使命感；他们摸索出决策机制，开辟外交渠道。不仅如此，由于他们始终坚持各成员享有平等投票权，合法性已获得广泛认可。世界经济论坛代表另一类型非国家经济体。每年，商界及政界领导人、学者、记者和各种非政府组织的代表齐聚达沃斯年会，探讨亟待解决的全球问题。论坛的程序和筹资完全是非政府性质，是一个激发才智、提供咨询的非国有经济体。

这些机构要求与成员政府建立正规的工作关系。多边经济机构的专业人员大多是从成员的外事服务部门、金融部门或其他相关机构选派的。不过，非国家经济体从最开始就明确必须打造自己的专业，即外交身份，方法之一就是在招聘员工时设立严格的国籍限额制度，聘用标准也远高于成员，比如其对语言能力的要求就很高。通过以上这些做法，它们的员工见识广，具有世界视野，对自身及其价值的认知都要远高于以前供职的政府部门。

虽然从特征、组织和宗旨来看，非国家经济体本质上不同于民族国家，但政府间外交不断发展、日益复杂，从而让非国家经济体具有与政府平等的代表权。大多数非国家经济体拥有规模小但相对集中的专业人员，无论何时何地，一旦有需要他们都将施以援手。在许多组织里，尤其在信息收集和交流沟通方面，大多数专业人员都正式或非正式地扮演着外交官角色。就机构组织的代表性来说，在所有非国家经济体中，多边经济机构鉴于其常驻或短期的使团，最有可能将自己视为政府代表。发展中国家在多边经济机构中占大多数，因此，多边经济机构派往发展中国家的使团与政府的常驻外交使团十分相似。与此类似，世界银行、国际货币基金组织及各地区发展银行召开的年会、世界贸易组织部长级会议、世界经济论坛达沃斯峰会以及国际商会世界理事会的股东年会和政府间"峰会"十分相似。

得益于基于互联网交流网络的出现，从全球公司到非政府组织的各种非国有实体与非国家经济体之间的互动更加直接，绕过了国家机构，这些国家机构以前可能代表了非国家经济体中公民社会的利益。密集的游说、公众宣传和抗议活动迫使多边经济机构重新考虑其政策，或调整实际的外交程序，比如更改会议时间、地点，设置安全防卫，等等。1999年针对世界贸易组织西雅图会议的抗议活动，不仅迫使拟议中的多边贸易回合谈判延期并对谈判内容做出重要修改，还迫使世界贸易组织和其他非国家经济体改变了宣传及活动方式。世界经济论坛也做出类似反应。

随着个别多边经济机构的改革，其作为政府代表的角色也发生了改变。至于关贸总协定/世界贸易组织，正是由于关贸总协定临时秘书处脱离民族国家，这些民族国家就国际贸易而开展的外交活动以特殊方式将其制度化，这一政治进程推动了关贸总协定的建立并获得早期发展。然而，由关贸总协定主导的贸易自由化进程引发了全球经济的结构性变化，随着发展中国家更支持贸易自由化，关贸总协定成员政府一贯的身份和利益发生了改变，继而导致机构及其进程的改变，这很大程度上是由于世界贸易组织办事得力的秘书处及其一贯坚持的"一国一票"决策制度。由此世界贸易组织发生了真正意义上的政治力量再分配。

至此，全球经济机构代表间就全球问题展开的讨论已经如火如荼，然而相应的代表权问题尚未论及。这就是为什么各国为创新外交所做的努力至今未得到有效回应。这就好比一套齿轮准备好工作了，但若缺少某些联动部件，便无法组成一套全新的齿轮。这就产生了要么事不关己、要么胡乱点评的现象，这都是全球政治交流机制引起的。外交史学家对这种情形并不陌生，这就像是努力与新教政府周旋的教皇，尤其是对其统治格外眼红的天主教政府，这也像尝试向欧洲国家解释其身份正当性的中国皇帝。

贸易、金融与外交

贸易外交很可能是最悠久、最重要的外交活动。人们展开贸易外交活动的方式随着时间自然地发生着改变。比如在威尼斯，贸易外交的主要任务是增强安全防御能力，抵御海盗劫掠，有时甚至为了免受别国政府的掳掠。到了19世纪，有了英国海军的保护，自由贸易盛行，有学者甚至将19世纪视为经济全球化进程的开端。在当代社会，贸易外交随着自由贸易不断发展，范围不断扩大，但主要手段是通过设立全球机构，强化贸易规则。20世纪中叶建立的机构开始承担起更加复杂的全球性角色，本质上是为了避免重蹈"大萧条"的覆辙。最主要的因素也许是世界贸易组织在1995年取代关贸总协定时制定的一项决定，将产品和服务一并纳入世界贸易组织的规制下。经常谈判的贸易问题很多，例如，准许的关税及定额水平，补贴及政府津贴水平，健康及安全标准，全球商品分类，知识产权保护，涉及贸易的环境及劳工规制如童工问题和不安全工作环境等问题。

参与贸易外交的主要全球机构都有自己的专属员工。各个国家间都有一项跨部门的外交活动，即依据规章制度持续监管全球贸易系统的运行及各国规章执行情况。每当要举行贸易自由化回合谈判时，就会出现贸易外交活动的高峰，例如，20世纪末期的"乌拉圭回合谈判"、21世纪初期的"多哈回合谈判"（后者已中止）。当出现某一特殊事件或问题时，个别国家需要维护其在机构和其他国家的贸易利益，也会出现另一系列外交活动频发的情况。这项工作至少需要财政部、贸易部、能源部和外交部的相互配合。在美国，这种分工合作尤其清晰：美国贸易代表署主要负责贸易政策及编制协议；商务部负责监督执行国际规制，促进贸易合作；农业部负责处理农业贸易问题，其职员参加所有涉及农业的贸易谈判，上述部门共同对白宫负责。

具备贸易知识背景的国家公务员越来越受欢迎，远不只是在政府部门。最近几年，各国驻外使馆，尤其是领事馆，特别关注贸易及投资问题，所以会广纳贸易专家加入其中。而且，一些富裕国家还会向位于日内瓦的世贸组织总部派遣常驻使团，以便与世贸组织秘书处及其他国家维持日常接触与沟通。日程包括处理其他成员向本国提出的未履行规则的投诉；必要时也会反过来投诉其他成员；与世界贸易组织就贸易政策评审的申报要求进行谈判；以及参加所有世界贸易组织承办的贸易自由化项目。除了发挥核心作用的世界贸易组织，一些地区性组织，比如南方共同市场（MERCOSUR）、《北美自由贸易协定》（NAFTA）、东盟（ASEAN），则承担着另一层次的贸易外交。除了欧盟以外的地区性组织大多从成员中负责常务管理的行政部门借调员工。例行会议前夕，有许多复杂的额外准备工作要做，这时担子通常落在外交部及其他部门肩上；会议结束后，这些部门的员工还必须出席高度紧张的谈判会。

通常，公共外交要服务于经贸，要吸引外来投资。同样一批机构由于拥有更大公众影响力和主导权的私有部门的参与，便有了新的利益诉求。展览、商品交易会上的推介会、借由直接营销手段建立的国家品牌，全部要求公共或私人成分的参与。这些活动既可以是一次性的，在某些国家也可规划为长期项目。比如在印度，印度工业联合会和商务部共同合作，成功创办了印度品牌资产基金会。

为增加投资流动进行的外交活动一般不太成功。19世纪，投资活动在全球各地迅速发展，自那时起，为增加投资额而进行的外交就成为一个传统意义上的难题。欧洲国家支持其投资者在非欧洲国家投资，这可能导致严重外交对峙，甚至是武装冲突，比如1902年美国和德国就因委内瑞拉发生了冲突。关贸总协定和世界贸易组织相继就贸易流动制定过一些规则，虽然为此做了大量外交工作，但最后都未能成功签署。20世纪90年代，关贸总协定发起的《与贸易有关的投资措施》（TRIMs）项目在乌拉圭回合中被搁置。之后，世界贸易组织也没能以折中方式重启谈判。公民社会组织代表贫穷国家和劳动者的利益，1998年该组织通过互联网发起了大量干涉活动，最终使经合组织计划达成的多边投资协议（Multilateral Agreement on Investment, MAI）流产。

国际投资及跨国投资方式的改变经常伴随着货币市场的巨大波动，这时往往需要外交干涉。一战后大国纷纷抛弃黄金及其他金属本位制，各国央行及其他金融机构随后陷入关于汇率及货币价值无休止的谈判之中。不过，布雷顿森林体系及固定平价时代没能抵御20世纪70年代初期的经济危机，接下来的金融外交日益频繁。为了有效调控浮动汇率，政府及央行亟待迅速建立国际合作。如果市场察觉到中央政府与央行之间存在明显乱局，或者接收到不合市场规律的经济消息——不管这一消息准确与否——货币市场都会立刻出现剧烈波动。随后的调整则需要外交部门做出不断的努力。例如，1985年，为抑制美元持续不正常升值，部分国家在纽约市广场饭店召开了货币峰会。广场协议签订后，美国、英国、法国等西方七国央行与政府展开谈判，承诺加强紧密协调合作以阻止美元贬值，保持美元汇率的基本稳定，正是在1987年的这次巴黎货币峰会上，七国成功签订了《卢浮宫协议》。

20世纪70年代，全新的国际合作环境使金融部长年度会议得以制度化，七国集团逐渐形成，随着俄罗斯加入，最终形成八国集团。随着全球货币贸易总量急速增长，久而久之，货币市场情况变得更加复杂。2007年，市场里每天有超过2万亿美元进行流转。如此庞大的货币量，加上市场在面对网络释放出的信息洪流时产生敏感性，要求政府、银行及私营跨国企业开展更加频繁的外交活动，各种不同身份的参与者通过密集会议，彼此间更加紧密地合作。2007年爆发了银行业乃至全球经济危机，全球金融体系几近摧毁。这场危机似乎吸引了更多关注，人们几乎忘记了此前为此做出的艰苦努力。如果没有先前积累的经验，尤其是在 2006 年及时修订了为应对信用危机而签订的 1988 年《巴塞尔协议》，以及早几年兴起的新外交实践，金融系统的崩溃将不可避免。

近几年，为给全球金融系统提供最大可能的安全保障，已出现多种谈判途径。特别值得一提的是国际证券委员会的建立与发展，形成了一个全球中心点。围绕着这个中心点，诸如英国的金融服务局、美国的证券交易委员会这些以前各自独立的国家证券监管机构，开始携手进行谈判，在全球经济外交活动中携起手来。同时，各国交易所共同建立了世界交易所联合会。该联合会是在交易所之间运作的民间组织，成立的目的：一是在资本市场创造一个平等的竞争环境，因为交易所是进行商业竞争的重要场合；二是与政府和监管机构打交道，向国家立法机关进行游说。经济外交中非国家机构间就联合行动进行的谈判，以及机构的政府代表权和民间机构的代表权，均已成为重要的外交形式，即便目前未受重视，也已迫使政府成为对话人，不断产生重要政治影响。

发展外交

开发项目无疑是现代外交一项最复杂、问题最多的领域。皮格曼曾特别提到，外交的代表及沟通功能需要合理规划、得到资金支持、促成项目完成，同时需要大量参与者不断进行谈判与调解。[1] 除了上述根本问题，经济开发对于政府来说有着深远政治意义，无论是项目提供方还是接受方，都是如此，甚至对于像布雷顿森林体系这样的政府间组织，或者更深程度上，对于公民社会组织都意义深远。发展政治具有重要的政

---

[1] Pigman, *Contemporary Diplomacy*, Chapter 9.

治意义，尤其对于全球安全意义非同小可。那么无论在需求国还是在潜在或事实上的援助国，这一问题已备受公众舆论关注，这都得归功于公民社会组织的卓越沟通能力。这一话题在全球收获了众多支持者，不仅仅因为发展问题可提供反全球化——造成全球经济收益分配不平等的主要原因——的部分话语。公民社会组织在全球也有大量潜在参与者，公民社会组织参与公共讨论的方式影响其竞争力，进而影响其筹集资金的能力。除了上述这些政治难题，政府间组织、政府间组织的创始者——政府，以及公民社会组织之间，在开发项目融资、行政管理等方面还存在更加紧密的联系。部门间这样的深度交融势必导致长期不断的外交沟通，各方谈判立场针锋相对，更有甚者，为获取谈判利益相互攻讦，不顾策略。

除了在政府和公民社会组织之间进行的持续不断的谈判，各种全球论坛也发挥着重要作用。比如，巴黎俱乐部定期在巴黎召集债权国会议，与债务国就偿还主权债务的能力及还款时间进行谈判。巴黎俱乐部与国际货币基金组织共同讨论与债务豁免、重新规划及减免有关的事务，已被纳入全球金融体系。自20世纪90年代起，巴黎俱乐部持续发展，为那些重债穷国（Highly Indebted Poor Countries，HIPCs）制定了特殊管理办法。为了努力清除某些个案中的难题，全球范围内更广泛的外交持续进行。克林顿"全球计划"发起于2005年，据报道，至2009年已做出1200项总额达460亿美元的计划承诺。[①] 世界经济论坛也定期召集政府及非国家行为体集思广益，共议发展。毫无疑问，就其多元的参与者、频繁召开的会议、广泛的支持者及在全球政治中的重要性来说，发展问题以及与之伴生的外交，是主要的发展领域。

---

① 参见 www.clintonglobalinitiative.org。

外交的普及与全球公民社会

公民社会组织，或更宽泛意义上的非政府组织，已经存在了相当长的时间。然而，20世纪后半叶见证了公民社会组织数量激增，影响力增强。与公司极为相似，其规模大小不一，但具有深远的地缘意义。它们可能具有相当强的地方性，也可能具有较广泛的地区性或更广泛的全球性。公民社会组织不同于公司或政府，后者必须通过自愿捐款及会员制或者官方资金来筹资。但是它们又很像公司，因为其与政府的关系可能很近并受政府严格控制。公民社会组织已更多地参与到国家治理和非国家治理，或是因为公民社会组织可以做政府不能做的事，有时因为它们可以做政府不方便做的事。同样，许多公民社会组织存在的目的不是要成为国家机器的一部分，而是要从一个对立角度来运作，从而影响政府行为。1983年，联合国成立了兼职的无国界医生（Médecins Sans Frontières，MSF）组织联络处，便是一个很好的例子。无国界医生组织认为有必要在巴黎设立办公室，其职责就是通过专业的经济分析和地区研究，持续为该组织提供关于可能前往地区的可靠可信的政治信息及背景信息。在上述案例中，各种行动及参与行动的人员必须明确，他们的行动目的不再是这些民间机构之前设定的目标，不再是获取贸易收益，也不仅仅是为灾民提供紧急救助。

联合国及其各机构与民间行为体之间在人道主义领域内的关系发生了明显变化。20世纪90年代，围绕经济和社会问题召开了一系列世界会议，使之前一直为局外人的民间行为体成为"局内"成员。民间行为体在规划议程、组建代表团方面都已经承担起主要角色，联合国因此便可绕开官僚机构的各种限制。事实上，约有1400个民间组织获得了里约环境与发展会议（Rio Conference on Environment and Development）的认证，从这一点来看，民间组织被认可成为全球政治秩序的一个新层次。当前关于环境问题谈判主要有三个层次，即国家（国家经常派出各部门组成代表团）、跨国组织以及国家间联合体。即便谈判话题有趣，过程紧张，但现场必然混乱，而且很明显，如果谈判失败，部分要归因于参与者身份的复杂以及参与者实质上的差异。这最后一点就意味着，在环境和贸易谈判中，具有外交代表权的民间跨国组织，有可能会竭力阻止达成谈判决议。这是因为，与一个民族国家的人口相比，民间组织的支持者数量很少，结构简单，所以他们专注于某一问题平台，而且其全球影响力足以说服处于最不利地位的国家加入他们。具有讽刺意味的是，谈判双方做出的某项妥协的主要潜在受益者，却在不知不觉中让人把谈判搅黄了。因此，无论对于老成员还是新成员，一个外交新领域出现了。

民间组织、政府间组织以及政府之间的合作所产生的影响，可能不仅是"偷猎者变成了猎场看守人"那种角色转变。相互关系维持和维护需要一种"内部外交"。但正是在"内部外交"领域，公民社会组织获得了全球影响力，并开始扮演一种更为人们熟悉的外交角色。公民社会组织的外交活动主要涉及以下四个领域：反贫困宣传活动，相关组织有乐施会（Oxfam）、世界宣明会（World Vision）、拯救儿童基金会（Save the Children Fund）等；医疗和人道主义行动，相关组织有无国界医生组织、国际红十字委员会（International Committee of the Red Cross, ICRC）等；维护人权活动，相关组织有人权观察（Human Rights Watch）、大赦国际（Amnesty International）等；环境问题，涉及数量众多的各种组织，其中重要组织有绿色和平组织（Greenpeace）、地球之友（Friends of the Earth）等。

在公民社会组织中，出现了一种新的但尚不完善的外交方式。许多组织，尤其是有些环保组织，开始都是一些压力集团，它们常常从局外人角度提出激进议程。例如，早在 20 世纪 80 年代，绿色和平组织曾试图阻止法国在太平洋上进行核试验，他们驾驶自己的一艘船进行阻止，然而这艘船在新西兰港口被法国安全部队公然击毁。这一事件导致法国和新西兰关系破裂，引发人们对法国整个核计划的普遍谴责。这种做法与其他革命组织的做法类似，更像一种反外交行为，是对整个国际行为体间正式的关系体系的托洛茨基式的反对。和许多革命性组织一样，如果它们能存在足够长的时间，急于和其他组织建立真正的外交往来的迫切心情会逐渐改变其态度，舒适感会有所变化，它们已经成为全球舞台上的一员，并承担起发言人的角色。这种情况的出现部分是因为反外交政策的确在起作用。

在环境问题上，气候变化问题日益凸显，全球安全和国家安全陷入危机，越来越多的政府希望与全国性的公民社会组织合作，甚至与公民社会组织共同组成国家代表团参与相关活动，如在里约气候大会上有公民组织代表参加的英国代表团就是一例，不过也由此引发认证程序和保密措施等问题。在经济领域，比如在布雷顿森林体系会议以及七国集团会议期间，均发生过迄今难以想象的公众暴乱，甚至在达沃斯召开的世界经济论坛上，还发生过大规模的反外交活动，世界社会论坛（World Social Forum）从成立之初，就旨在反对世界经济论坛，却仍受到后者邀请，参与其论坛活动。然而看到如此之多的市民社会组织都受邀参加达沃斯世界社会论坛，世界社会论坛不得不质疑自己是否还有参与的必要。不仅如此，公众对全球不平等自身难以解决的问题表现出强烈的不满情绪，促使公民社会组织跻身国际货币基金组织、世界贸易组织及世界银行的讨论和决策中。

全球环境及人道主义外交

全球环境谈判表现出与其他多边谈判不同的模式,因为这种谈判在代表政府的谈判者、代表政府间组织的谈判者、代表非政府组织的谈判者之间,展现了一种极具建设性的关系。谈判者普遍承认,让非政府组织作为重要参与者的代表参与此类谈判大有好处。如果管理得当,非政府组织的参与可以在发生某种环境危机时,协助国际社会做出最有效的反应,形成更透明的政府间工作流程。同时,非政府组织很乐意与谈判者协商,努力将谈判导向它们所希望的结果。

但是,作为谈判进程的一部分,非政府组织的建设性参与是一个相对较新的现象,大量非政府组织只是近些年才开始定期参与国际环境谈判。尽管臭氧减少威胁着地球上的生命,但在20世纪80年代中期,旨在控制消耗臭氧层物质的国际谈判,只吸引了少数几家非政府组织参与,更没有一个环境类非政府组织出席1985年《保护臭氧层维也纳公约》的签字仪式。相比之下,到20世纪90年代和21世纪初应对气候变化的重要谈判中,非政府组织的数量一般都超过了参会国家数。毫无疑问,信息技术的进步是出现这种变化的一个原因,因为信息技术降低了非政府组织进行跨国协作的成本。非政府组织可以更经济、更便捷的方式对谈判提议和最终结果做出回应,并与政府、其他非政府组织以及公众共享信息。在一些国家,这样广泛的社会政治变化提升了非政府组织的重要性。例如,值得注意的是,在许多国家,有相当多公民现在以"全球思维"来思考环境问题,并且愿意为其他州或地区的环保运动筹集资金。

事实上,1992年的联合国环境与发展会议就是一个明显的转折点:此次会议,非政府组织的参与水平创下了纪录,会议通过了关于可持续发展行动计划的《21世纪议程》，凸显了非政府组织在国际谈判以及国内环境决策中的重要作用。参会的非政府组织近1万家，他们游说政府，举办自己的"非政府组织论坛"，并开展了数百场配套活动。正是受到这些活动的影响，《21世纪议程》认识到，"在实施和审查对环境无害、对社会负责的可持续发展活动时，在一些特别重要领域，非政府组织拥有成熟的和多样化的经验、专业知识及卓越能力"。并建议应继续"挖掘、启用和加强"非政府组织。

自联合国环境与发展会议召开以来，政府间组织普遍采纳了《21世纪议程》中关于非政府组织应更积极、更广泛参与"政策设计、决策、执行和评价"的提议，[①] 非政府组织在越来越多的多边环境谈判中发挥了重要作用，例如，可持续发展委员会（Commission on Sustainable Development）、可持续发展世界峰会（World Summit on Sustainable Development）、《生物多样性公约》（Convention on Biological Diversity）及其《卡塔赫纳生物安全议定书》（Cartagena Protocol）、《联合国防治荒漠化公约》（UN Convention to Combat Desertification）、《联合国气候变化框架公约》（United Nations Framework Convention on Climate Change）及《京都议定书》（Kyoto Protocol）等。

非政府组织的影响力主要取决于问题本身。然而，谈判时间、出席谈判的人员及当时媒体的态度，都将以各种方式影响非政府组织参与国际环境谈判。非政府组织可以利用其人际关系和会议经验，说服谈判者认识到某项提议的作用，并协助制定谈判议程。同时，非政府组织还可以利用其跨国属性，与一些志趣相投的谈判者一起工作，并明确说明一些可能后果在国内的接受程度。通过提高谈判的透明度，在某国建立的非政府组织，有助于增强该组织谈判者的实力，确保谈判者始终捍卫批准该非政府组织所属国家的官方立场，并增强国内团体影响国家政策的

---

① Agenda 21, 1992, 27.3.

能力。最后，环保类非政府组织一贯主张环境无国界，进而可以强化其对最高合法性的诉求，并对妥协性建议及谈判者的可信度提出质疑。与此同时，国际商业类非政府组织将提醒谈判者，其言论在各国内批准辩论过程中具有合法性。与环境类非政府组织相比，商业类非政府组织在国际层面上无法提出最高合法性诉求，因此，它们不像前者那样多用媒体来表达对谈判的关切。相反，商业类非政府组织主要进行面对面互动，但并不热衷于谈论气候问题。非政府组织参加国际气候变化谈判和其他环境谈判，有利于提高谈判达成协议的公众接受度。环境类非政府组织和商业类非政府组织通常代表谈判中的主要利攸关方。尽管它们都渴望一个"更好的制度"，但它们绝不是无私奉献的利他主义者，而是利用自己握有的议价资本来获取某些特定利益，并将谈判引向它们认为有利的方向。它们代表某些特别的实体，并善于利用外交手段来达到目的。

除了全球影响巨大的环境类公民社会组织，还有同样广为人知的人道主义公民社会组织。通过人道主义公民社会组织举办的各种活动，公民社会组织如何参与外交的清晰图景便呈现在人们眼前。在国际社会出现国家间大规模的实力高下、地域大小和局势稳定/动荡的较量中，总有一些最弱、最小的国家无法实现国家治理。国家失败的原因各异，但基本归为两类，如果不是由内部冲突造成的，就是内部冲突诱发的。在后冷战时期，对于那些失效国家爆发的内战，联合国和其他国家一样，不能也不愿做出有效回应，甚至根本就视而不见。结果，公民社会组织成为那些国家减轻痛苦的唯一途径。公民社会组织所面临的情况与过去习惯的情况大不相同。过去，那些陷入困境的国家往往发生了这类或那类自然灾害，重要的是，这些灾害发生的地方尚有政府管理，公民社会组织提供的援助可以送达，而且政府的基本行政职能保证援助产生实效。然而近年较普遍的情况是，那些受援国家或地区已没有政府，公民社会组织在给予一般援助和医疗援助时，必须提供配套基础设施。这意味着公民社会组织需要承担政府之责,处理高度政治化局势,其中包括与交战各方、邻国、政府间组织、其他人道主义公民社会组织以及其他相关问题。在公民社会组织的经历中有一个不寻常的变化,那就是,它们发现其工作人员并未被视为中立方,所以经常被劫为人质或谋杀,20世纪90年代,高加索地区发生的红十字会官员被谋杀事件正是这一变化的明证。这些情况迫使公民社会组织不得不接受这样的事实:提供特定援助前必须先成为外交人员,要么直接参与政府和当地军阀谈判,要么展开非官方合作与谈判,即与以联合国为主的政府间组织、其他公民社会组织以及受委托的提供专门服务的私营企业谈判。最重要的是,公民社会组织需要不断以不同身份出现在媒体前,要么为宣传其安全政策,要么为募集慈善捐赠。

毫无疑问,民间行为体在当前的人道主义危机中扮演着新角色。它们与危机本身以及有关各方都建立了不同的关系。这些关系一般有四种:与有关国家的残余权力间的关系,与其他国家的关系,与公共组织的关系和与其他民间组织的关系。国家无疑拥有代表权,那些公共组织,尤其是联合国下属机构,也拥有代表权。然而,对于民间组织来说,代表权却存在某些问题。因为在民间组织的传统活动中,几乎不涉及代表权,也无须参与协调性谈判。但现在,这两种情形时时出现,需要应对。例如,无国界医生的现场主任和协调员发现,他们不仅要完成医疗任务,还要承担政治责任,尤其是要应付媒体。政治责任更重要,工作人员甚至被派遣去完成几乎纯粹的政治任务,就像1992年以来无国界医生组织的内罗毕协调员所做的那样,他们负责与非洲之角、卢旺达和布隆迪的当地部门建立联系。有时,事情可能会变得非常棘手,比如无国界医生的工作人员曾在车臣被绑架,当时从职能管理部门抽调了四个人组成谈判小分队,他们与"地头蛇"周旋了四个月,确保人质释放。

民间组织越来越多地参与人权事务,已超越其业务范围,它们的行动创造了一种新式外交：以公众名义向政府，甚至企业施加压力。有效施压不仅在于促使地方政府或企业采取局部行动，而且在于通过敦促主要国家政府采取单独行动或通过联合国来推动各国政府共同采取行动。民间组织依据不同形势，或低调处理或大张旗鼓，或与立法委员会和外交部直接接触，或试图煽动国内和跨国公众舆论来达到目的。一般来说，代表第三世界民间行为体的欧洲志愿协会国际委员会（International Committee of Voluntary Associations，ICVA）从事的就是这类工作，与华盛顿的"美国国际行动志工协会"（Inter Action）为类似组织。此外，通常以联盟形式存在的民间组织也进入了游说行业。有时，游说主要由更小团队或"单一问题"成员来完成的，以确保媒体能对它们正在着手解决的事件进行全面报道。一旦公民社会组织联盟建立，这类活动会大幅增加。禁止地雷运动和国际刑事法院的建立都是由这种压力引发的事件。规模更大、存在时间更长的组织已经缔结了半联邦式协定，以确保行动的独立性，但同时会为赢得权力和影响力进行合作，并相应地分配资源。这对于联合国和欧盟的资金筹集尤其重要，而且其涉及的劳动分工也使谈判进程更加顺利。

　　大赦国际是第一个在联合国获得正式地位的公民社会组织，从这一事实可以看出，上述行动更具有传统外交性质。例如，侵犯人权事件，政府虐待囚犯的报告，都会引起各种反应。公民社会组织可以就终止上述行为，直接与政府展开公开谈判；还可以游说其他有同情心的政府，使其向被指控的政府施压；或者可以发起一场公开揭露暴行的运动，以便向世界各地的立法者施加舆论压力，让他们促使各自政府采取措施，对付那些实施暴行的国家。1997年12月缔结了《渥太华公约》，旨在禁止使用、储存、生产和转让能造成人员伤亡的地雷，这一公约就是一个很好的例子，说明了公民社会组织对国家政府施加的压力能产生令人兴奋的综合效应。1992年，国际助残（Handicap International）组织和其他五个公民社会组织发起了国际禁止地雷运动（International Campaign to Ban Landmines）。这项运动促成了《渥太华禁雷公约》的签署，迄今①已有 156 个缔约国（尽管中国、俄罗斯和美国未签署），威尔士王妃戴安娜为这项工作做出了卓越贡献，1997 年 1 月，戴安娜访问了饱受战争蹂躏的安哥拉，她不仅来到被地雷炸伤的受害者中间，还曾两次毅然穿越雷区，以确保媒体准确报道。

同样，2005 年 7 月，在苏格兰奥赫特拉德的格伦伊格尔斯酒店举办的八国集团会议上，公民社会组织领导的旨在减少非洲国家贫困及债务的运动在外交上取得重大成功。这一进程始于 2001 年的热那亚八国集团会议，当时音乐家波诺（Bono）见到时任美国国家安全顾问的康多莉扎·赖斯，两人都对音乐和非洲的境况感兴趣。波诺游说的结果是，他个人组建的公民社会组织"债务援助贸易与非洲"（Debt, AIDS, Trade, Africa, DATA）首次提出将非洲的减贫与良治联系起来的构想。2002 年，波诺邀请时任美国财政部长的保罗·奥尼尔（Paul O'Neill，美国铝业前首席执行官）与他一起，完成了被称为"古怪哥俩"的非洲之旅，这段经历改变了奥尼尔对非洲贫困问题的看法。在英国，人道主义活动家、歌手鲍勃·格尔多夫（Bob Geldof）说服政府成立了一个非洲问题特别委员会，该委员会编制的报告《我们的共同利益：一个论点》（*Our Common Interest: An Argument*）催生了更多新议程，并得到格尔多夫领导的公民社会组织"让贫困成为历史"（Make Poverty History）的大力支持。在 2005 年英国大选的准备阶段，上述运动使得政府领导人就非洲减贫做出了承诺，首相托尼·布莱尔（Tony Blair）和财政大臣戈登·布朗（Gordon Brown）几乎以一种竞争的方式展现其慷慨之心。英国在这一影响下做出决定：将非洲问题列为八国集团议程中最重要的一项内容。与此同时在美国，由演员布拉德·皮特（Brad Pitt）领导的一项好莱坞名人运动使公

---

① 这是作者成书时的数据，截至 2022 年已有 164 个成员。——译者注

众对八国集团应该在非洲采取行动这一想法产生强烈共鸣,会议召开之时,媒体和会议门外的人群,以及全球支持者,迫使八国集团不得不做出回应,结果八国集团确实有了回应,还提出了一系列具体而详细目标。

心灵、思想和杰出人士

在1995年11月的一次电视节目中,戴安娜王妃曾宣称,为了国家的利益,她愿意担任一位"心灵使者"。她的宣言迅即传遍世界。有人说这不过是感情用事。然而,反地雷运动和格伦伊格尔斯八国集团会议的成果表明,知名人士联手公民社会组织确实可以取得显著成就。显赫的声名不再是一成不变、冰冷的灰色。虽然有些名人可能只是因为出名而出名,但他们在外交上的价值可能就在于他们的非外交身份。他们具有很强的大众吸引力,但与官方的政府体系却无任何联系,这两点对于赢得民心和在全球关注的问题上获得公众支持至关重要。此外,世界各地的政府普遍认为,每当有外国直接投资项目,最好给该项目划拨一块特定的区域,并准许该区域实行自我管理,以免受地方性法规的限制。同样,全球政治问题的复杂性使人们认为这些问题无法以现有的沟通和谈判方式解决,而更愿意交给某位或某几位知名人士处理。这不是什么新想法:一些最古老的外交中曾使用过类似技巧,在1983年这种做法被再次实践,当时杰西·杰克逊(Jesse Jackson)牧师被派往叙利亚,寻求释放一名被俘的美国海军飞行员。他这么做,当然代表的是美国,只不过是通过非常规的外交渠道。

然而,在过去几十年里,利用知名人士开展外交活动的做法以一种新的形式出现。美国前总统克林顿和卡特、爱尔兰前总统玛丽·罗宾逊(Mary Robinson)、南非的纳尔逊·曼德拉(Nelson Mandela)、大主教德斯蒙德·图图（Desmond Tutu）、前参议员乔治·米切尔（George Mitchell）和娱乐界名人鲍勃·格尔多夫以及波诺等人，都以各种方式参与其中。不一样的是，这些名人一般不代表任何实体。外交舞台上的这些新来者需要代表的就是他们自己。杰出人士有其特殊的外交作用，因为他们在某一领域享有很高声誉或对某一观点做出的公开承诺，让人们相信他们是真正的"中立者"。如果他们受其他政党邀请或自愿为其服务，他们的身份会更复杂，但如果他们不正式加入任何组织，他们就仍然具有独立性。虽然名人外交家与政府、公民社会组织或跨国公司各不相同，无可比之处，但他们能在沟通不畅的时候重建沟通渠道，也就具有了真正的外交职能。在名人外交家的实践中，最知名的应该是，美国前参议员乔治·米切尔与卡特总统在对北爱尔兰进行多次访问之前在北爱尔兰所做的外交努力。2001年，一个名为"元老会"（Elders）的团体出现，名人外交活动由此变得制度化。这要从英国商人理查德·布兰森（Richard Branson）与音乐家彼得·加布里埃尔（Peter Gabriel）的一次会面说起。他们说服纳尔逊·曼德拉、格蕾丝·曼德拉和德斯蒙德·图图召集一个"元老"团，以便在陷入僵局时可以向这些"元老"寻求帮助。2007年10月，一个"元老"团前往达尔富尔，随后参与了2007年12月富有争议的肯尼亚选举，并努力支持津巴布韦和缅甸的民主建设。值得注意的是，这些"元老"通过建立私人资助的组织取代了临时性名人外交。[1]

---

[1] "元老会"的创始成员包括穆罕默德·尤努斯（Muhammad Yunus，孟加拉国经济学家）、格罗·哈莱姆·布伦特兰（Gro Harlem Brundtland，挪威前首相及世界卫生组织前总干事）、玛丽·罗宾逊、昂山素季（Aung San Suu Kyi，缅甸政治家）、埃拉·巴特（Ela Bhatt，巴西前总统）、费尔南多·卡多佐（Fernando Cardoso，巴西前总统）和拉赫达尔·卜拉希米（Lakhdar Brahimi，阿尔及利亚前外交部长）。如想获取当前成员等其他信息，请参见 www.theelders.org。

第三部分

结　论

8. 外交的改变与超越

听我说，亲爱的妈妈，外交工作确实有过辉煌的日子——很惬意，很舒心，但现在已经结束了。未来，享有特权者将是旅行社。

——南希·米特福德（Nancy Mitford）：
《别告诉阿尔弗雷德》（此处为书中巴兹尔的话），1960[1]

在今天这样的非凡时期，当历史的版图在我们脚下发生变化时，我们必须改革旧的外交机构，为新的外交目的服务。

——康多莉扎·赖斯，乔治城大学演讲，2006[2]

旅行社有朝一日可能取代外交官，这种想法不再是虚构情节。20 世纪 20 年代，刘易斯·爱因斯坦（Lewis Einstein）曾在布拉格担任美国公使，他在回忆录中推测道："像托马斯·库克（Thomas Cook）这样的国际旅行社，能为公众带来极大方便，在人员、租金、时间方面做到经济节约，成为许多国家进行大部分日常外交工作的理想之所。"[3] 同样，英

---

[1] Nancy Mitford, *The Nancy Mitford Omnibus* (London: Penguin, 1986), p. 561.

[2] Justin Vaisse, *Transformational Diplomacy*, Chaillot Paper No. 103 (Paris: Institute for Security Studies, 2007), pp. 75-81.

[3] Lewis Einstein, *A Diplomat Looks Back*, ed. L. E. Gelfand (New Haven: Yale University Press, 1968), p. 211.

国广播公司对英国外交部的一项调查报告的执笔人在 1984 年提出，由大使馆向商人和政客提供援助和信息的许多工作，可以分包给瑞典和瑞士这样的中立国来完成。其中瑞士就会为那些因政治原因与大国没有往来的国家提供领事服务，还逐渐形成了些"小产业"，他们还可能去争取承担其他额外项目。① 这类建议，同以前倡导外交改革一样，都基于这样一个事实，那就是大使馆作为国家的外交代表机构，成本不低，其职能与时下需求相比虽算不上奢侈，但在许多情况下可以由其他机构来执行，效果还更好。毕竟，总统、各政府部长及其助手和顾问与他们的外国同行进行会面和谈判不过是几小时的事；他们与其高级官员通常可以电话协商和交谈；电子和卫星通信在大多数使团早已取代了无线电和电报；电脑传输方式已取代了过去劳神费力的密码传输；信息在电脑上储存，急电快信在电脑上起草。互联网使国内外政府部门之间的即时通信成为可能，同步远程会议，虽非尽如人意，已成为政府间讨论的新途径。1970 年兹比格涅夫·布热津斯基曾断言，外交部和大使馆如果"不是早已存在，现在肯定已没有必要被创造出来"，② 这句话似乎说得太对了。不过，即使传统外交实践在某些情况下可能发生改变，或在其他情况下被新的全球行为体和政治对话机制超越，它们仍将继续存在。

"百事通"、专家、经理人

大使等外交官们是否过时？他们是否有如电气时代的古怪幸存者？要想做出回答，让我们看看这些外交官们所从事的活动。传统意义上，

---

① Simon Jenkins and Anne Sloman, *With Respect Ambassador: An Enquiry into the Foreign Office* (London: BBC Books, 1984), pp. 131–132.

② *The Times*, July 7, 1970.

他们被视作协调人。莱昂斯勋爵在1860年12月指出："外交家的独特作用，是与外国政治家建立私人往来，以此展开政治事务。"他补充说，由于保留驻外代表的主要原因是，仅靠信件无法在国与国之间进行令人满意的交流，因此，通过对话影响他人的能力是"外交家的一项必备能力"。① 换句话说，外交官的价值不在于他拥有的专业知识，而在于他的沟通、谈判和说服能力。然而，现今国际讨论和谈判中的许多问题需要一定专业知识，而这些专业知识只有部门和学科专家才能提供。

随着外交议程的不断扩大，决策和执行过程变得更多元。然而，事实证明，无论是借调到大使馆和其他使团，还是直接与国外同行打交道，国内政府部门的官员在谈判技巧上远不如其驻外同事。他们可能没有专业外交家在各种岗位上的经验，缺乏外语交流的熟巧或对环境的直觉把握———种外交官特有的敏锐洞察力。但是，对于农业补贴、军控和国际金融等复杂问题，他们认为不仅需要敏锐洞察力，还需要对其中的复杂性拥有全面深入的理解。战略专家凭借其专业知识，成为准机制化谈判的重要参与者，这些谈判常以首字母缩写命名，比如："限制战略武器谈判/条约"（Strategic Arms Limitations Talks/Treaty，SALT）、"战略武器削减条约"（Strategic Arms Reduction Treaty，START）、"共同均衡裁军谈判"（Mutual and Balanced Force Reductions talks，"共同均衡裁军"缩写为MBFR）和"欧洲常规武装力量条约"（treaty on Conventional Forces in Europe，"欧洲常规力量"缩写为CFE）②。这种"字母缩略语外交"诞生于冷战缓和时期，工作重点是减少潜在的战争危机，并且需要政府的国防部门提供大量的人员投入。国际机构和谈判论坛（如关贸总协定及其后的世界贸易组织）同样促进了专家外交的发展。世界贸易组织的各

---

① *House of Commons Parliamentary Papers* (1861), Vol. Ⅵ, p. 442.
② 原著中，Mutual and Balanced Force Reductions talks 和 treaty on Conventional Forces in Europe 的 talks 和 treaty 均为小写。——译者注

委员会、理事会、工作机构和其他团体每年可能举行近 3000 次会议，因此，贸易专家、商业律师以及当地使团负责人需要经常出席那些在日内瓦和其他地方举行的会议。

  与此同时，许多现代使馆的庞大规模和庞杂机构，进一步强化了大使的监管职能。和过去不同，更大规模的使团不再是职业外交官的亲密大家庭，用一位大使的话说，大使成了"裁判而不是经理"。① 各机构和部门的代表之间相互竞争，大使必须在他们中间找到并维持一种妥协关系，并在可能已经开始的几次谈判中营造一种气氛，即大家都在为共同的目标而努力。相比之下，主要大国的外交部却常常未能承担起这种协调职能。在华盛顿，白宫和美国国家安全委员会密切沟通，共同制定美国外交政策；在巴黎，爱丽舍宫和马提尼翁府（总统和总理官邸）融为一体，成为法国管理对外关系的主要综合性机构，位于奥赛码头的法国外交部感觉自己被架空。② 在伦敦，决定谈判立场的是内阁办公室，而不是英国外交部。1982 年，时任英国首相的撒切尔夫人拥有了自己的外交政策顾问，尽管她自己也曾是一名职业外交官。随后，英国外交部招来一片批评之声，这时媒体纷纷猜测唐宁街 10 号将另成立一个独立的外交政策部门。20 多年后，英国首相已经有 3 名外交政策顾问，内阁办公室也拥有独立的外交和国防政策秘书处及欧洲和全球事务秘书处。官僚主义往往认为，外交就像沃尔多·H. 海因里希斯（Waldo H. Heinrichs）所说，是"专门技能和知识的组合，而不是一个实质性的努力"，③ 这种想法进一步消除了服务国内与对外交往之间的差别，也助长了政治行政人员亲自参与政策执行的倾向。外交部门最新的行政创新多来自现代企业

---

① David D. Newsom, *Diplomacy and the American Democracy* (Bloomington, IN: Indiana University Press, 1988), p. 5.

② A description applied by a French diplomat, Thierry de Beaucé, *Le Monde*, September 5, 1987.

③ Waldo H. Heinrichs, "Commentary", *Instruction in Diplomacy: the Liberal Art Approach*, ed. Smith Simpson (Philadelphia, PA: American Academy of Political and Social Science, 1972), p. 90.

管理理论，这些创新有时没有推动反倒阻碍外交决策。2006年退休的英国外交大臣艾福·罗伯茨爵士在他的告别信中抱怨说，"文化的激变"已经达到了"革命"的程度。他问道："难道我们在应付过多的商业计划、能力评估、技能审核和零基础评估时，忘记了外交到底是什么吗？"①

无休的机构重组可能不利于提高外交士气。最近的外交组织结构图描绘了不断波动的行政变化，这可能会让未来的外交历史学家感到迷惑不解。然而，政治分析人士可能会对机构的强大适应力感到惊讶，因为它曾服务于一个非常不同的全球秩序。具有讽刺意味的是，国家体系的迅速扩张往往会抑制根本性变化。联合国和其他国际组织，以及电子邮件的最新发展，为一些欠发达国家提供了一种原始但很廉价的与世界其他国家保持外交联系的手段。但是，在非洲、亚洲和加勒比海地区摆脱殖民化后出现的许多新兴国家，以及在苏联和南斯拉夫解体后出现的新国家，已经开始把交换大使或高级专员视为其重新获得的主权的象征。老牌国家则不愿意解散使团，唯恐因此而失去的优势被其他国家占有。即使是那些强烈反对西方价值观和制度、对外交豁免和特权毫无尊重的革命政权，似乎也更愿意保留自己的大使馆。召回大使、解散使团以及将国家关系降至领事级别通常被视为临时性措施，以此来表示不满与反对，或是应对危机。一旦危机过去，外交关系将全面恢复。此外，即使两个国家中断官方交流，他们通常会在对方首都保留外交官员，只不过是将这些官员安插在第三国使馆的"利益代表处"。

事实上，就确保民族或国家利益而言，除了派遣驻外使节，几乎没有其他令人满意的选择。首脑会议、部长级代表团和特派团是增进关系、就具体问题达成协议以及解决具体争端的有效手段；代表团会议和其他国际合作机构有利于处理技术性和多边问题；电话和互联网使各个级别

---

① Christopher Meyer, *Getting Our Way: 500 Years of Adventure and Intrigue: the Inside Story of British Diplomacy* (London: Orion, 2009), p. 17.

的国家间和跨国间的直接磋商成为可能。但是，事实证明，这些办法无法完全取代驻外使团的核心作用，即确保沟通、谈判和代表的连续性。迈克尔·帕利泽（Michael Palliser）爵士在1975年说："大使馆可以在国际会议休会期间依然保持交流的畅通。"① 随着多边会议成为一种永久形式，大使馆还可以提供一种方便的备用沟通渠道。欧盟就是一个很好的例子。根据1987年的《单一欧洲法案》，1991年的《马斯特里赫特条约》和1997年的《阿姆斯特丹条约》等三个文件，欧洲理事会被赋予法律地位，该机构由政府和国家首脑组成，日益成为解决欧盟内部分歧的"调解人"。然而，尽管欧盟建立了定期部长级会议和政府间磋商机制，同时欧盟本身也正在成为一个重要的国际行为体，但其成员仍在彼此的首都互设大使馆。甚至还有先例可循。在1871年德意志帝国建立后，各州间仍保留外交代表处，巴伐利亚还在帝国之外其他国家保留外交代表机构。这样做是为维护他们仅有的国家尊严。在欧盟内部，双边使团也是国家主权的体现。大使馆与驻在国政府的各个机构和部门都有接触，也与国内精英和公民社会组织建立了联系，有助于信息收集，并最终达成联盟，以解决布鲁塞尔（欧盟总部）和欧盟的巡回部长理事会职权范围之外的问题。不过无论如何，仍然存在大量的跨境问题，例如毒品、人口贩运、移民、恐怖主义，尽管这些问题需要遵循欧盟制度或更广泛的国际制度来解决，但地方外交使团展开合作是解决具体问题的最佳途径。此外，与其他地方一样，在欧盟内部的双边使馆的工作中，公共外交、促进贸易和投资仍是重要事项。

现代大使馆的商业部门，和其所服务的行政部门一样，在规模和组成上各不相同。从一开始外交就与贸易密切相关，相辅相成，直到19世纪美国倡导职业外交服务之时，始终不忘强调外交对商业的潜在价值。

---

① Michael Palliser, *Britain and British Diplomacy in a World of Change* (London: David Davies Memorial Institute of International Studies, 1975), p. 11.

同样，在20世纪六七十年代，英国外交部门受到公众监督，被要求削减开支并进行改革之际，正是外交在经济分析、商业谈判和贸易促进方面所具有的潜力，让公众明白设立庞大驻外机构的合理性和必要性。1964年发布的《普洛登报告》认为，英国的驻外代表必须更多地致力于扩大出口。但是这一报告未被广泛接受。1979年伊朗发生伊斯兰革命之后，西方外交评论人士批评道，各国大使馆之所以未能预见到伊朗国王的倒台，正是因为它们过于专注商业活动。尽管英国驻德黑兰大使安东尼·帕森斯爵士（Sir Anthony Parsons）否认这一指责，但他坦率地承认，为英国公司争取更多商业和投资机会是他们的首要工作，他还为此重组了大使馆。因此，他的馆员与其说是在整理军事情报，不如说是在争取武器合同。在其他场合，有人对职业外交家所做的商业报告的质量表示怀疑，也对实行自由市场经济国家的大使馆应在多大程度上积极协助私营公司表示怀疑。与行业联系更紧密、更具明确商业授权的机构，似乎更适合这些任务。例如，德国的工业协会拥有自己的对外商业服务，而新近的经济全球化进程见证了有效利用公共资源和私人财产资源的商业外交的产生和发展。自2002年起，法国企业国际发展局（Ubifrance）就依赖于从私营部门雇用的员工，它在与经济、工业、就业部的经济使团和区域经济事务处进行密切合作的同时，也与那些和企业经常联系的领事和专业机构加强沟通。与此同时，法国大使馆的经济参赞，均由经济部任命，授命完成一项涉及广泛的战略任务，即提供经济和金融分析，并对有利于促进法国贸易和投资的领域进行分析研判。

相比之下，美国大使馆的商务官员中，有多达19个政府机构的代表。在美国，除了商务部、农业部和国防部也有各自的贸易授权，各部门间的协调工作由设在华盛顿的贸易促进协调委员会提供，但协调并不很成功。在其他国家，或者对于人数较少的外交使团来说，大使馆的商业部门的职能仅限于提供有关经济发展和市场行情的相关信息，并为贸易展览会做组织协助和筹集赞助等工作。意识形态也会起作用。那些实行指令性计划或中央集中管理的计划经济的国家的使团,也会参与同当地采购方签订双边合同的谈判中。1971年苏联驻伦敦大使馆有189名馆员,其中贸易代表团就多达121人。然而,从他们后来被驱逐的情况看,不少贸易代表团的官员不仅从事贸易推广,还参与情报收集。较为肯定的是,货物的特许权和订单可能与援助计划、贷款和政府担保挂钩,在涉及上述问题的谈判中,商业外交官或其他官员可能会参与其中。谈判过程中,公司代表可能因根本不了解对方的语言、文化和商业惯例而陷入困境,这时外交官的作用就变得至关重要。另外,到访的商人同样可以求助于大使馆领事处。领事和外交事务的合并在许多情况下意味着将领事官员纳入使馆工作人员中。因此,在美国的外交事务中,首都的总领事可以享有"参赞"的外交头衔;如果是领事,则可享有"一等秘书"的外交头衔。领事馆的主要职责仍然是向本国同胞和当地侨居社区提供帮助和领事保护。尽管领事们不再像以前那样关心遇难船员的命运,但过去30年旅游业的发展赋予他们新的责任,那就是设法减轻海外同胞遭受到的贫困、酗酒和被幽禁之痛苦。的确,外交外事官员似乎注定会取代旅行社。

对于大使馆来说,在向他们寻求帮助的人之中,虽然没有生计艰难者,但有带来不少麻烦的人(有时可能醉醺醺),这些人当属来访的总裁、部长和其他政界人士,大使及其下属可能要为他们在外交活动期间提供食宿、娱乐,甚至为他们出谋划策。将大使比作旅店老板已不足为怪。但不管怎样,大使作为东道主的作用不可小觑。政治家和官方代表团不仅需要食宿安排,通常还需要得到驻在国情况简报。大使馆可以协助安排会议,解读当地政治、经济形势,并就与谁合作、如何最好地解决具体问题向客人提出建议。通常情况下,外交使团会预先为部长间讨论或谈判做好准备工作。在总统或部长级访问结束后,大使馆将会处理或整理所有已达成协议中的细节问题。大使馆或许还须为后续会谈寻找契机。如果此次访问造成双方关系出现混乱、争执或误解，大使还须努力恢复两国间友好关系。20世纪80年代，新上任的美国驻伦敦大使曾把他在这些方面做的工作同空姐的工作相比较，相当贴切。他说，他的工作目标就是向满世界转悠的政治家们汇报情况，让他们放心，并在他们离开后收拾残局。他需要全程陪同政治家们的行程，可能会露露脸，但一旦意外发生，他必须在无法通报上级的情况下独立做出决断。

这样的职位似乎并不适合一个被称作"特命全权"大使的人。然而，职业外交官，尤其是那些大使级外交官，一直抱怨：由于总统、部长和专家越来越多地参与谈判，他们的职责被削弱了。雅克·安德烈亚尼（Jacques Andréani）曾在1989—1995年担任法国驻华盛顿大使，关于这一点，他坦承：

> 是的，外交工作变了。事实上，因为那些最"高贵"的元素，如政治谈判，已荡然无存，这个职业已经出现一些转变甚至退化。实际上，外交工作涉及两种谈判，大使则介于两种谈判之间。但两者都已离他而去——一个向上，一个向下。弃他而上的是政治合作战略的最终签署，这由国家元首自行决定。弃他而下的则是那些由政府职能部门处理的技术问题。①

上述言论恰好回应了在整个20世纪大使们的关切。不过，它忽视了一个事实：职业外交官往往日常琐事缠身，无暇顾及高级决策。在第一次世界大战爆发前的10年里，对于英法关系来说，从当时撰写的大量文书来衡量，纽芬兰渔业的监管问题以及未来对丹吉尔（摩洛哥城市）的

---

① Cited in Laurence Badel and Stanislas Jeannesson (eds.), *Diplomaties en renouvellement*, les Cahiers Irice, No. 3 (Paris: IRICE, 2009), p. 142.

行政管理问题，远比欧洲均势重要得多。60年后，外交官们在欧洲安全与合作会议上进行了长达数年的漫长谈判，其间，常常陷入僵局，而谈判的目的不是把欧洲从冷战愈演愈烈的危险中解救出来，而是要设法让那些居住在苏联主导的东欧地区的离散家庭得以团聚，并确保那里的人们信息自由。这些事项常被历史学家和新闻媒体忽视，然而，不管在过去还是现在，这些事项一直都是古代和现代外交最重要的内容。

秩序、失序与外交

从历史上看，外交具有稳定地区和全球秩序的功能，同时，也是地区和全球秩序的决定因素。如果邻近的独立政体之间没有相互沟通的意愿，外交也就不是很必要了。如果没有外交斡旋，国家体系将变得难以理解。常驻使节是现代外交一个最持久的特色，它是基督教世界及其等级结构和共同道德准则全部崩塌后的产物，首先在意大利出现，然后在欧洲其他政体中出现，在这些政体中统治者不受制于任何最高政治制度的约束。同时，外交有助于形成国际行为模式和法律模式，为新的主权国家体系奠定基础。随着欧洲在海外影响力的增强，主权国家体系不断扩展，继而欧洲主导地位衰退，再到超级大国崛起、新兴国家诞生，乃至普遍信条和意识形态遭到挑战，都以各自独特的方式影响着外交的方法、风格和内容。英国、法国、荷兰和葡萄牙的所有殖民地和附属国几乎都在不到30年的时间获得解放，世界各国的外交使团随之增多，传统外交价值受到严重冲击，制度化的多边外交，或者说委员会外交（一种最恰当的表达），从一种便利之策演化而为一种必要。同时，各国政府间交往和谈判的方式还受以下三个因素影响，并对这些因素产生反作用：战争的威胁、普遍性及其不断变化的性质；国家的演变与治理，经济和社会的成分；以及科技进步，尤其是交通和通信技术新发展。

外交除了是战争的替代品和解毒剂，也是战争的教子、仆人和开创者。常驻使团和常驻军队一样，是文艺复兴时期意大利敌对君主和共和国为达到目的而采取的手段。谈判虽然仍无法摆脱战争威胁，但比武装冲突更划算，比仲裁更可靠。但是，当以往对战争的约束正在迅速消失，各国可以更迅速地调动军队时，驻外使节却被指派这样的任务：调查潜在敌人的军事力量，寻求与潜在盟友的政治联合。他们还参与了阴谋和颠覆活动，其活动受到怀疑，以至于在宗教改革和宗教战争期间，欧洲新教和天主教国家之间的外交关系几乎完全破裂。中世纪的外交豁免权和特权的概念被弃之不用，取而代之的是世俗又实用的治外法权的实践和理论，这些实践和理论为在信仰分裂的世界中交换使节提供了更稳定的基础。战争过后，为缔造和平而举行的外交大会，在过去 200 年里一直被视为消除分歧的手段，以便最大限度减小一般性冲突的危险，更有效管理欧洲事务。

然而，外交官是有执照的间谍这一形象仍然存在，甚至在 19 世纪任命第一批使馆随员时这一形象似乎已得到证实。就像最早的驻外使节一样，使馆随员是外交对战争日益复杂化的一种反应。与此同时，外交官们一如既往地忙于建立军事同盟和公约，事实上，正是由于欧洲协调在维护和平方面的失败，各大国分裂而结为竞争性同盟，军备竞赛和国际危机引发的恐惧，于是在第一次世界大战爆发前的那些年里人们便开始努力寻求新的、更公开的外交形式。这种努力最终催生建立国际组织，以协助管理世界事务的希望，在经历了一场长达四年的战争后，国际联盟才终于在之后成立。

战争是催化剂，加速了外交的演变。毕竟，查理八世入侵意大利，以及此后欧洲其他君主国对亚平宁半岛事务的关注，促使意大利的常驻使节制度在阿尔卑斯山以外推广开来。拿破仑战争同样在各个联盟国的君主和部长之间，培育了一种个人外交形式，这种形式以昙花一现的大会制度为依托，一直持续到战后初期。两次世界大战的情况也大致如此，两次战争都见证了盟国领导人更喜欢进行部长级和总统级外交，1945年之后，这种外交逐渐演变为在冷战时期举行的历次领导人峰会。现代战争包罗万象，催生了国际关系的万千主题，促使盟国在大使馆和公使馆的传统职权范围以外展开合作，也促进了"盟国间行政机构"的发展。这些机构在战后便被新的旨在进行重建、赔偿和发展的国际机构和委员会所取代。此外，冷战的爆发产生了对立联盟，双方均设有自己的理事会、秘书处和常驻代表团。从各个方面看，20世纪为应对战时出现的各种危急事态，更多外交和服务部门以外的部门直接参与国际事务，更多外交专家脱颖而出，导致已成立的外交使团作用下降。同时，战争因何而起、为何而战还必须向做出更大牺牲的民众解释清楚，也必须向可能成为盟国的中立国解释清楚，为此，外交官们越来越多地参与宣传工作，外交也变得更开放，接受公众监督，听取各方意见。

尽管公开外交常被某些专制政权巧妙运用，但这一外交形式还总被认为是现代民主到来的标志。实际上，公开外交就是对道义愤懑的一种宣泄。民主是"新外交"的一个要素，哈罗德·尼科尔森将其归于"一种信念，即人们可以将处理一国内部事务的思想和实践应用于外交事务，几代人以来，现代民主思想和实践一直被视为自由民主的核心要素"。[1] 事实上，外交史无法脱离国家的历史、机制的发展、责任、政治、社会观念的演进。希腊城邦的政治生活离不开集会，各城邦打交道靠的是代表们在集会中展示出的雄辩术；拜占庭的统治者通过仪式、礼节以及对外交官的正式管理和培训，确保其帝国野心得到了尊重；而威尼斯很早就开始关注贸易，实际上，它的商业代理人已摇身成了驻外使节。正是因为欧洲伟大的王朝君主制度兴起并得到巩固，其建立在宫廷、大臣、

---

[1] Harold Nicolson, *The Evolution of Diplomatic Method*, p. 84.

内阁基础上的行政机构又日益变得集中，所以出现秘书、文员等职位，并最终形成了专门负责对外关系的各个部门。17世纪的法国得到最好的证明。当时的外交与军队一样，都是为满足一个潜在霸权国家的扩张性需要而组建的。那时，政府被国王和贵族掌控，使节的头衔和古老的血统一样被视为崇高无价的社会、政治资产，外交也便被附加了贵族气质。这最后一项权力，即大使是其君主的个人代表，再加上外交官所必备的特殊语言技能，往往使他们有别于国内其他官员和工作人员。然而，随着职业公务员制度的出现，以及各国政府采用了官僚政治的方法和做法，外交也逐渐变得专业化。

美国外交也经历了同样的发展过程。但在美国，由于人们不信任以欺诈著称的欧洲外交，对常任官员的既得利益充满怀疑，以及即将上任的政府不愿放弃政党分肥制的政治优势，这一进程发展滞缓并受到限制。美国存在另一种民主传统，这种传统独立于欧洲国家制度，鼓励人们始终相信舆论善意的一面，并竭力宣扬道德规劝在外交中的作用。这种传统很像早期的布尔什维克，他们向各国政府和人民发出呼吁，以赢得世界的同情和支持。然而，他们的初衷更多是为保卫和推动革命，而不为争取国家利益。后来，社会达尔文主义在意大利和德国盛行，进一步证明，一旦开放外交与宣传、颠覆及恐怖策略相结合，其目的很容易发生扭曲。与此同时，纳粹德国内部斗争促成"平行外交"（paradiplomacy），尽管这种外交方式夸张且无序，但展示出在一个现代国家中，众多的个人、机构和团体如何参与到外交事务中来。直到20世纪30年代，外交部和大使馆共同承担或竞相承担文化、新闻和信息事务。然而，从长远来看，政府在经济和社会事务中作用日益增强，进而对国家的对外关系产生深远影响。人们愈加认识到国内和国际事务相互依存加深，外交能力不断细化，以促进国际合作和对话为目的的地区论坛和功能性论坛迅速增加。

用美国国务院一位高级官员的话说："跨国问题不断涌现，有些涉及政府间互动，有些与政府无关，但却是对双边外交和多边外交的有益补充。"① 这类问题大都由官方处理，不过多是在次国家层面或非中央政府的层面。在那些实行联邦制的国家，各州、省已习惯于派遣驻外代表，以便扩大和保护海外利益，而在其他地方，如城市、市政当局和地方政府的相关机构也能够派遣驻外代表。国际国内各级部门共同构建起跨国联系网络，在各种文化、经济和环境事业中既合作又对抗。外交的其他方面再没有像这样的新变化。长期以来，澳大利亚各州和加拿大各省一直在伦敦设有办事处和其他部门。在20世纪最初的10年，英格兰和苏格兰各个城市市长与法国对等官员进行互访，为的是充分享受最新签订的友好协议。但在过去的20年里，随着原本地方性问题日益全球化，次国家级外交蓬勃发展。为吸引投资和促进旅游业发展，也为更好进行移民监管，美国除了7个州以外的所有州都在海外设立了办事处。渥太华和魁北克也欣喜地发现他们在欧洲和其他北美城市保留代表处是很有利的一件事。还有，共同地区身份和利益也促使类似阿尔卑斯—亚德里亚劳工协会（Arbeitsgemeinschaft Alpen-Adria）这样的跨境机构日益正式化，该协会是由奥地利、德国、匈牙利、意大利和前南斯拉夫的邻近省份组成的一个劳工组织。

政府及执政党内部各派系、国家内部的持不同政见者，有时也参与或试图参与非官方外交。对国家现状持反对意见的团体努力寻求国际认可和支持，建立流亡政府，争取发言权，并代表那些土地可能被外国占领和统治的人民不断抗争。"非国家行为体"是国际政治的一个新名词，但其描述的现象却绝非什么新鲜事。流亡的英国国王詹姆斯二世及其继任者可以被视为17世纪的非国家行为体。西南非洲人民组织（South

---

① In N. L. Golden and S. B. Wells (eds.), *American Foreign Policy Current Documents*, 1989 (Washington, 1990), p. 18.

West African People's Organization，SWAPO）和巴勒斯坦解放组织（Palestine Liberation Organization，PLO，以下简称巴解组织）都是当代最新的民族解放运动组织，而这类运动组织的先驱则可以追溯到第一次世界大战期间捷克和波兰建立的国家委员会，以及第二次世界大战期间建立的自由法国（Free French）[①]。然而，老牌国家和政府不得不面临一个突出问题，即何时、是否以及如何同动辄以恐怖主义相威胁的非国家行为体谈判。此外，还有一个问题，应给予非国家行为体领导人、代表和其他发言人何种地位。联合国为非国家行为体提供了一个向世界传递声音的平台，而且，和其他国际领域一样，联合国各机构一直被认为是赋予他们合法性的机构。巴解组织因此被联合国授予观察员身份，其主席亚瑟·阿拉法特曾在联合国大会上发言，巴勒斯坦国也在其他阿拉伯国家的支持下，申请加入世界卫生组织。这其中的大部分当属虚假外交，因为尽管巴解组织可能代表了以色列占领区的巴勒斯坦人的政治抱负，但在1994年以前，它从未对任何一块领土行使过有效主权。不过，这也是一种外交，而且证明了不仅那些新生的、不断演进的国家，就连那些"准国家"行为体也可以助力某种外交惯例的形成。

因国内原因导致的国家解体也给外交带来特殊问题，特别是当外国干预加剧国内冲突时，这种情况尤为明显。解决这些问题有时特别困难，因为一旦同意谈判就意味着将政治合法性拱手让给对手。因此，当1968年相关各国试图在巴黎叫停越战时，尽管美国及其南越盟友已准备与敌对的北越谈判，但并不愿意在相互平等的基础上与声称要在南方发动解放战争的越共游击队代表进行谈判。结果，双方围绕座次安排、谈判桌摆放位置和形状展开了长时间争论，有些类似文艺复兴之后，欧洲和平缔造者围绕优先次序和外交礼仪发生的争吵。距当前更近一些的情况是，

[①] 自由法国是戴高乐领导的，法国人民于1940年在其本土军事失利后组织起来继续抵抗德国的运动。——译者注

中东爆发了无休无止的种族和宗教派系战争，中立调停者不得不被卷入高风险的冒险外交。1989年春天，为结束黎巴嫩境内基督教和伊斯兰武装力量之间的战争，阿拉伯联盟（阿盟）做出过不少努力，阿盟副主席和一名科威特外交官就曾为了躲避炮弹和火箭弹的袭击，驾车疾驶，穿越交战双方控制下的贝鲁特。阿尔及利亚和联合国的外交官曾经扮演了政府和游击队之间的调停人，他们就交换和解放人质问题与政府和游击队进行了漫长无期的谈判。

冷战结束、苏联解体，欧洲前社会主义国家内部的斗争与紧张，以及欧洲边界很快对现有的外交结构提出了新的要求。基辛格后来评论说："世界秩序的各部分，他们之间的相互作用及各自目标都发生着迅疾、深刻、全球性变化，前所未有！"① 为了缓和共产主义国家的"西化"，保持政治稳定，西方政府发起了双边和多边援助计划，充分发挥非政府机构的专业能力，致力于实现意识形态上曾独立于西方的东方世界的经济和政治变革。这一援助倡议与21世纪的转型外交（transformational diplomacy）不谋而合，转型外交旨在通过建立更广泛的社会联系网络，来应对内乱以及政治和宗教狂热对国内和国际安全造成的威胁。因此，在进行人道主义干预的同时，还要进行由外交机构主导的社会干预。达格·哈马舍尔德曾用"预防性外交"（Preventive diplomacy）来描述联合国的维持和平运动，后来布特罗斯·布特罗斯－加利（Boutros Boutros-Ghali）用它来定义对争端的预防和遏制，这一概念似乎又成了"新世界秩序"形成的先决条件。② 实行"预防性外交"意味着对全球及地区性组织的能力进行扩展和再定义。在1990年秋季，欧安会议（1995年后更名为欧洲安全与合作组织，简称欧安组织，OSCE）以秘书处的形式组建

---

① Kissinger, *Diplomacy* (New York: Touchstone Book, 1994), p. 806.

② *Report of the Secretary-General Pursuant to the Statement Adopted by the Summit Meeting of the Security Council on 31 January 1992*, SC Doc. S/24111, June 17, 1992.

了该组织第一个专门官僚机构，组织总部设在布拉格，冲突预防中心设在维也纳，自由选举办事处设在华沙。一年多后，南斯拉夫的解体以及各原加盟共和国之间不断发生的摩擦，为建立调解和干预成员内部事务的欧安会机制提供了强大动力。此外，1992年6月，应联合国安理会第一次首脑会议的要求，联合国秘书长加利提交了一份《和平议程》，在议程中他探讨了如何使联合国更有效承担"预防性外交、缔造和平和维持和平"责任。[1] 他建议，一方面在可能敌对的各方之间采取新的建立信任措施，另一方面强化对国际发展的外交监督。然而，正如一位英国前驻联合国大使所指出的那样，只有在强大的国家或国家集团采取有力的外交行动的支持下，这些措施才可能成功。[2]

在前南斯拉夫，外交手段显然没能阻止原加盟共和国和地方与全国民兵组织之间的战争，欧盟和联合国却在秩序重建中发挥了重要作用。结果，"调解外交"制度化。这种外交得到国际机构的支持，工作重点是控制并解决主权国家内部冲突，而非主权国家间冲突。在某些情况下，各国际机构为谋求和平同心并力。由欧盟和联合国代表共同主持关于波黑问题的日内瓦和平谈判就是一个典型例子。但是，参与多边外交的各方代表有时也相互较量，在国际制度的等级划分尚不明确的情况下，好战国有时能在某次谈判中挽回他们之前谈判中做出的让步。正如在政治动荡和过渡时期初期那样，既定的外交程序常被用来达成明显的非外交目的。1995年11月，在俄亥俄代顿达成了关于波黑未来的框架协定，这既要感谢国际社会所做的外交努力，也要感谢北约的干预和北约在该国的军事行动。面对某些集团利用失败国家向其他地区的平民发动恐怖袭击一类问题时，的确存在有效外交手段缺失的情况。恐怖主义本身并不

---

[1] *Report of the Secretary-General Pursuant to the Statement Adopted by the Summit Meeting of the Security Council on 31 January 1992*, SC Doc. S/24111, June 17, 1992.

[2] Anthony Parsons, "The United Nations in the Post-Cold War Era," *International Relations* II (1992): 189-200.

新鲜。但新鲜的是，当前出现的一些集团，人们无法通过外交手段与之接触，因为根本无法与它们进行谈判，这些组织要么声称解决问题的唯一办法就是满足他们的全部要求，要么根本无法或不愿明确提出其目的。那些有明确目的的恐怖分子一旦如愿以偿，摇身一变成为政治权威，就会像其他革命者一样行事，除非万不得已才拒绝外交途径，即使需要也尽量少用。最后，外交的目的是为确保最大程度获益，这就有一个要求，那就是那些利益必须在某种程度上是可以协商的，而自杀式炸弹袭击者所追求的恐怖主义，有一个不可避免的事实，那就是即使他们的诉求能够被正式表达出来（通常不能），也根本没有谈判的可能。

非国家行为体、持不同政见者或各种革命派系借助媒体报道，将影响推广到其主要行动地域之外。他们是技术革命的受益者，这场革命促进了传统外交的变革，在某些情况下更是超越了传统外交。超级大国失去了对世界事务的主导权，新的经济和政治权力中心出现并快速发展，这不仅给更多的国家，而且给更多的共同体和组织提供了参与环境、卫生、贸易、金融的全球治理的机会。因此，外交活动已超越国家范围，外交官虽然总的来说仍然是政治实体间的调解者，但他们更多的是在与其说"多边"（multilateral）不如说"众边"（polylateral）的体制结构中进行活动。目前，联合国经社会理事会具有咨商地位的非政府组织有3000多个，2008年有750多个非政府组织出席了在日内瓦举行的世贸组织部长级会议。[①] 这些非政府组织在政府间谈判中通常没有正式角色，但其代表可以进行提议、告知、游说及观察等工作，还有其他同事在会议以外进行舆论宣传。非政府组织是公共外交中的关键成员，虽然有时被忽视，然而，他们一旦发声，谁也不敢无视。

2009年12月，联合国气候变化大会在哥本哈根召开。这次大会表明，大规模观众参与似乎成为这一全球性问题大舞台上的常态。每天约

[①] 数据为原作者完稿时的数据。——译者注

有7000名身着各色服装、吵吵嚷嚷的环保人士、各利益团体和非政府组织的代表,获准进入会议中心,尽管随着120位世界领导人的到来,他们的人数大幅减少,但这场集会的最后阶段简直是一片混乱,因为此次峰会就是在嘈杂喧闹的民众集会中进行的。与此同时,各国总统、部长和官员召开了秘密会议,并敲定了协议条款,但许多人认为这些条款并不充分,会议代表也因此选择"备注"而不是"采纳"此类条款。全球性问题需要全球性解决方案,但在一个有着190多个主权国家和众多非政府及跨国机构的世界里,外交尚未设计出能够达成全球一致的机制。对外交变革和创新的需要并非新话题。一个多世纪以前,奥多·拉塞尔曾在一封信中抱怨欧洲各国政府无力应对与国家对立的国际革命组织,他写道,外交"尚处于幼稚阶段,就像惠灵顿和纳尔逊[①]时代的大炮和铁甲衣一样"。[②] 尽管如此,从长远来看,为达到新目标而仅对旧体制进行变革,是远远不够的。

[①] 惠灵顿公爵,即阿瑟·韦尔斯利(Arthur Wellesley),19世纪英国陆军元帅、首相;霍雷肖·纳尔逊(Horatio Nelson),18世纪英国海军将领。——译者注

[②] University of Durham Library, Archives and Special Collections, Wylde MSS., Odo Russell to William Henry Wylde, letter, March 30, 1872.